交通运输行业高层次人才培养项目著作书系

赵尚传 张劲泉
王少鹏 李小鹏 编著

公路桥梁混凝土长期性能研究

Research on Concrete Long-term Performance of Highway Bridge

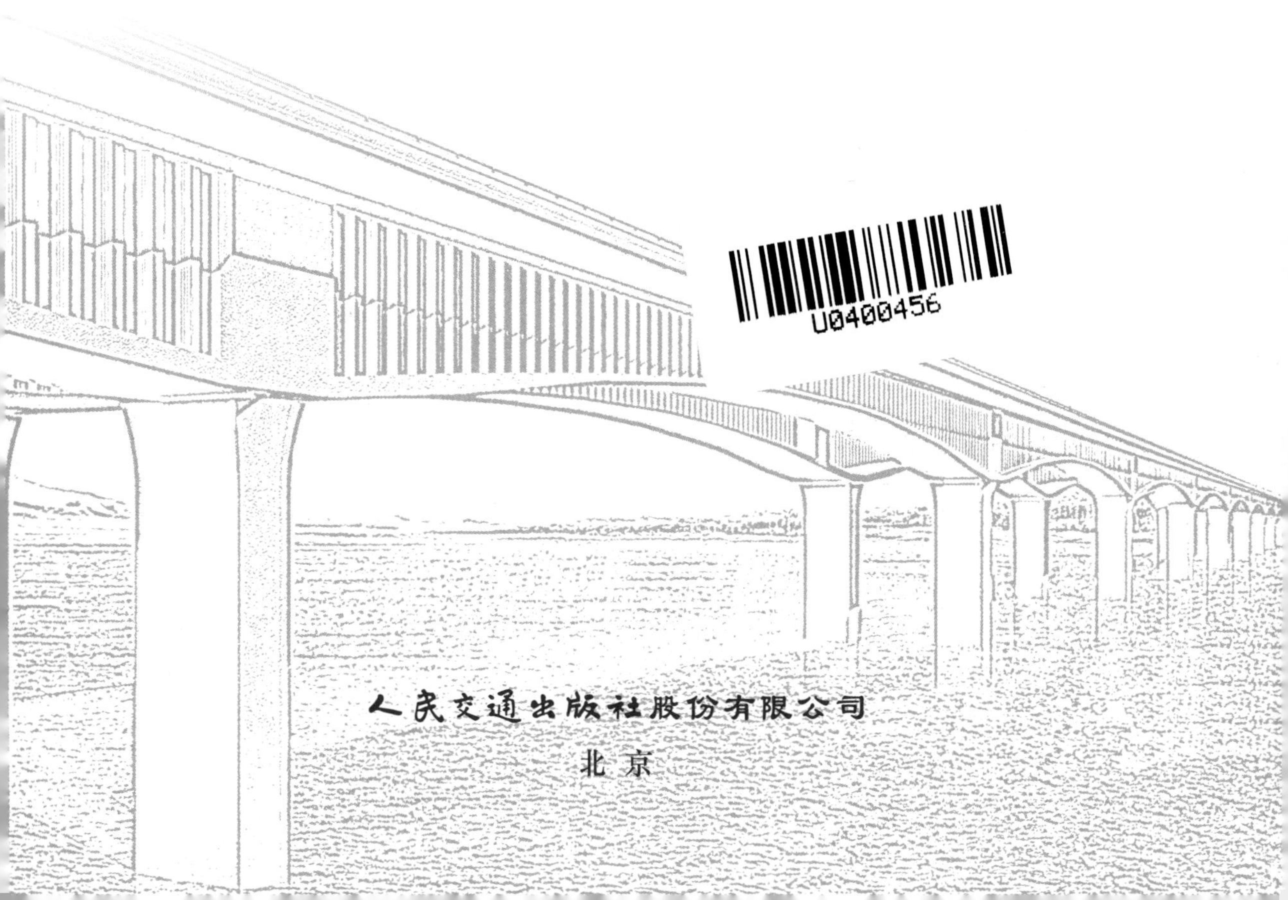

人民交通出版社股份有限公司

北京

内 容 提 要

本书共分为5篇17章和5个附录。内容包括：水泥混凝土长期暴露案例总结分析；桥梁混凝土在典型环境中长期力学性能和耐久性试验研究、劣化机理与细微观分析；掺加粉煤灰、减水剂和引气剂的桥梁混凝土徐变特性；桥梁混凝土长期强度与弹性模量等力学性能、结构变形特性和抗氯盐侵蚀耐久性的现场检测方法；改进桥梁混凝土长期性能的技术措施建议；桥梁混凝土遭受复合作用的长期性能加速试验方法。

本书可供从事混凝土桥梁建设和养护的工程技术人员和科研人员参考阅读，也可供高等院校土木工程专业的在校师生参考。

图书在版编目(CIP)数据

公路桥梁混凝土长期性能研究 / 赵尚传等编著. —北京：人民交通出版社股份有限公司，2021.4
ISBN 978-7-114-16905-2

Ⅰ.①公… Ⅱ.①赵… Ⅲ.①公路桥—桥梁结构—混凝土结构—性能—研究 Ⅳ.①U448.141

中国版本图书馆 CIP 数据核字(2020)第 203407 号

交通运输行业高层次人才培养项目著作书系
Gonglu Qiaoliang Hunningtu Changqi Xingneng Yanjiu

书　　名：	公路桥梁混凝土长期性能研究
著 作 者：	赵尚传　张劲泉　王少鹏　李小鹏
责任编辑：	朱伟康　侯蓓蓓
责任校对：	孙国靖　魏佳宁
责任印制：	张　凯
出版发行：	人民交通出版社股份有限公司
地　　址：	(100011)北京市朝阳区安定门外外馆斜街3号
网　　址：	http://www.ccpcl.com.cn
销售电话：	(010)59757973
总 经 销：	人民交通出版社股份有限公司发行部
经　　销：	各地新华书店
印　　刷：	北京市密东印刷有限公司
开　　本：	787×1092　1/16
印　　张：	21.5
字　　数：	486千
版　　次：	2021年4月　第1版
印　　次：	2021年4月　第1次印刷
书　　号：	ISBN 978-7-114-16905-2
定　　价：	100.00元

(有印刷、装订质量问题的图书由本公司负责调换)

交通运输行业高层次人才培养项目著作书系编审委员会

主　任：杨传堂

副主任：戴东昌　周海涛　徐　光　王金付
　　　　　陈瑞生（常务）

委　员：李良生　李作敏　韩　敏　王先进
　　　　　石宝林　关昌余　沙爱民　吴　澎
　　　　　杨万枫　张劲泉　张喜刚　郑健龙
　　　　　唐伯明　蒋树屏　潘新祥　魏庆朝
　　　　　孙　海

书系前言
Preface of Series

进入21世纪以来,党中央、国务院高度重视人才工作,提出人才资源是第一资源的战略思想,先后两次召开全国人才工作会议,围绕人才强国战略实施做出一系列重大决策部署。党的十八大着眼于全面建成小康社会的奋斗目标,提出要进一步深入实践人才强国战略,加快推动我国由人才大国迈向人才强国,将人才工作作为"全面提高党的建设科学化水平"八项任务之一。十八届三中全会强调指出,全面深化改革,需要有力的组织保证和人才支撑。要建立集聚人才体制机制,择天下英才而用之。这些都充分体现了党中央、国务院对人才工作的高度重视,为人才成长发展进一步营造出良好的政策和舆论环境,极大激发了人才干事创业的积极性。

国以才立,业以才兴。面对风云变幻的国际形势,综合国力竞争日趋激烈,我国在全面建成社会主义小康社会的历史进程中机遇和挑战并存,人才作为第一资源的特征和作用日益凸显。只有深入实施人才强国战略,确立国家人才竞争优势,充分发挥人才对国民经济和社会发展的重要支撑作用,才能在国际形势、国内条件深刻变化中赢得主动、赢得优势、赢得未来。

近年来,交通运输行业深入贯彻落实人才强交战略,围绕建设综合交通、智慧交通、绿色交通、平安交通的战略部署和中心任务,加大人才发展体制机制改革与政策创新力度,行业人才工作不断取得新进展,逐步形成了一支专业结构日趋合理、整体素质基本适应的人才队伍,为交通运输事业全面、协调、可持续发展提供了有力的人才保障与智力支持。

"交通青年科技英才"是交通运输行业优秀青年科技人才的代表群体,培养选拔"交通青年科技英才"是交通运输行业实施人才强交战略的"品牌工程"之一,1999年至今已培养选拔282人。他们活跃在科研、生产、教学一线,奋发有为、锐意进取,取得了突出业绩,创造了显著效益,形成了一系列较高水平的科研成果。为加大行业高层次人才培养力度,"十二五"期间,交通运输部设立人才培养专项经费,重点资助包含"交通青年科技英才"在内的高层次人才。

人民交通出版社以服务交通运输行业改革创新、促进交通科技成果推广应用、支持交通行业高端人才发展为目的,配合人才强交战略设立"交通运输行业高层次人才培养项目著作书系"(以下简称"著作书系")。该书系面向包括"交通青年科技英才"在内的交通运输行业高层次人才,旨在为行业人才培养搭建一个学术交流、成果展示和技术积累的平台,是推动加强交通运输人才队伍建设的重要载体,在推动科技创新、技术交流、加强高层次人才培养力度等方面均将起到积极作用。凡在"交通青年科技英才培养项目"和"交通运输部新世纪十百千人才培养项目"申请中获得资助的出版项目,均可列入"著作书系"。对于虽然未列入培养项目,但同样能代表行业水平的著作,经申请、评审后,也可酌情纳入"著作书系"。

高层次人才是创新驱动的核心要素,创新驱动是推动科学发展的不懈动力。希望"著作书系"能够充分发挥服务行业、服务社会、服务国家的积极作用,助力科技创新步伐,促进行业高层次人才特别是中青年人才健康快速成长,为建设综合交通、智慧交通、绿色交通、平安交通做出不懈努力和突出贡献。

交通运输行业高层次人才培养项目
著作书系编审委员会
2014 年 3 月

作者简介
Author Introduction

赵尚传,1973年生,工学博士,交通运输部公路科学研究院研究员。兼任中国工程建设标准化协会公路分会副秘书长、中国土木工程学会混凝土及预应力混凝土分会理事、中国铁道学会标准化(试验检测)专业技术委员会委员、中国工程建设标准化协会检测与试验专业委员会常务委员。

长期从事公路工程结构耐久性和混凝土材料的科技研发与工程实践工作,对混凝土结构耐久性检测评估方法和技术、混凝土材料性能和机理开展了深入研究,构建了基于可靠度理论的桥梁结构耐久性评估方法,发明了混凝土中钢筋锈蚀量无损量化检测技术和预制构件节段间预应力管道密封装置及施工工艺,研发了疏水性混凝土和常规施工工艺的超高性能混凝土材料,建立了机制砂在公路工程混凝土中应用的技术指标标准。研究成果为提高桥梁服役性能、延长使用寿命提供了技术支撑,促进了新型高性能混凝土(UHPC)与机制砂在公路工程中的应用及可持续发展。研究成果在沿海高速公路既有桥梁耐久性维护改造、混凝土桥梁预制构件质量提升中进行了实践应用。

主持编制了公路工程技术标准《公路桥梁耐久性检测评定规程》(JTG/T 5216)、交通行业标准《公路工程 水泥混凝土用机制砂》(JT/T 819—2011)和《公路桥涵用耐久混凝土》(JT/T 985—2015)等3项行业标准,获省部级科技进步奖12次,其中特等奖1次,一等奖4次,二等奖7次,以第一发明人取得国家发明专利5项、实用新型专利2项。2011年获"茅以升科学技术奖—北京青年科技奖",2017年获交通运输部"交通运输青年科技英才"称号。

作者简介
Author Introduction

张劲泉,1963年生,工学学士,交通运输部公路科学研究院院长、研究员。兼任中国交通建设监理协会试验检测工作委员会主任委员、交通运输部第三届专家委员会委员、中国工程建设标准化协会公路分会和中国公路学会养护与管理分会副理事长、教育部高等学校交通运输类专业教学指导委员会道路运输与工程教学指导分委员会委员,是科技部重点领域创新团队负责人,重庆交通大学、北京交通大学兼职教授、博导。

从事服役桥梁结构性能研究30余年,对桥梁结构检测评定、维修加固与延寿以及千米级多塔连跨悬索结构等理论、技术与装备等进行了系统地创新和发展。创建了我国在用桥梁承载力检测评定方法、标准与体系,发展了桥梁加固设计理论与方法,建立了桥梁加固质量检评标准和后评估方法,开展了千米级大跨悬索桥结构体系研究。研究成果在公路桥梁服役安全性和耐久性评定、桥梁养护以及千米级多塔连跨悬索结构建设等领域得到了广泛应用,被《公路桥梁承载能力检测评定规程》(JTG/T J21—2011)等6部标准采用,为我国桥梁发展做出了重要贡献。

获国家科技进步二等奖3项,省部级科技进步特等奖3项、一等奖8项,出版专著13部,发表论文30余篇,取得发明专利10项。获全国优秀科技工作者、全国交通行业优秀科技工作者、有突出贡献中青年专家、交通科技英才等荣誉称号,获交通运输行业科技特殊贡献大奖,入选国家百千万人才工程、中央万人计划科技创新领军人才,享受国务院政府特殊津贴。

前　言
Forword

　　水泥混凝土是我国桥梁工程中最主要的主体结构材料之一，其长期性能直接影响我国公路桥梁的服役可靠性和可持续发展。20 世纪 90 年代以前，我国普遍采用水泥、水、粗集料和细集料配制的"四组分"混凝土。"四组分"混凝土在桥梁中大规模应用已接近 100 年左右，总结分析其长期暴露试验情况，有助于揭示"四组分"混凝土长期性能演变规律及其影响因素，为推动混凝土技术进步提出明确的发展方向，并为提高采用"四组分"混凝土所建造桥梁的养护管理水平提供支撑。另外，随着桥梁工程对混凝土强度要求的提高以及缓凝、引气等特殊性能要求的提出，从 20 世纪 90 年代中期开始，桥梁混凝土开始大规模采用减水剂、缓凝剂、引气剂等外加剂；在 20 世纪 90 年代末期，为提高混凝土抗渗性能，部分桥梁混凝土开始大量使用掺合料。纵观这期间掺加外加剂和掺合料建造的混凝土桥梁，很多出现了诸如梁下挠增加、强度增长率降低、碳化加快等长期性能降低现象。由于外加剂和掺合料在混凝土中的应用时间较短，工程界对其认知基本局限于其对新拌混凝土工作性能和硬化混凝土早期性能的改善。弄清外加剂和掺合料对混凝土长期性能的影响，有助于对采用现代混凝土建造的桥梁在设计、施工、运营、养护等阶段提出针对性的技术改进措施，为桥梁延寿及提升运营安全保障水平提供技术支撑。

　　本书主要总结分析了水泥混凝土长期暴露案例；阐述了掺加外加剂和掺合料的桥梁混凝土在典型环境条件以及环境与荷载复合作用下的长期力学性能和耐久性演变的加速试验规律；掺加粉煤灰、减水剂和引气剂的桥梁混凝土徐变特性；以及适合于桥梁混凝土长期性能指标现场检测的方法手段；并给出了改进桥梁混凝土长期性能的技术措施建议。

　　本书第 1 章主要概述了公路桥梁混凝土长期性能研究的工程背景；第 2 章主要介绍了我国公路桥梁混凝土材料发展过程；第 3 章主要论述了桥梁混凝土长期性能的内部与外部影响因素以及长期性能的表征指标；第 4 章至第 9 章主要阐述了一般大气、海洋、冻融、盐冻和硫酸盐侵蚀等典型环境中水泥混凝土长期暴露试验案例,论述了典型环境中以及荷载与环境复合作用下桥梁混凝土长期力学性能和耐久性演变的加速试验规律、劣化机理和细微观情况,并以硫酸盐侵蚀环境为例给出了现场环境下混凝土结构承载力演变分析的算例;第10章至第13章主要论述了掺加粉煤灰、减水剂和引气剂的桥梁混凝土的徐变特性,并以掺加粉煤灰的桥梁混凝土为例给出实体结构长期变形分析算例;第14章至第16章主要论述了桥梁混凝土强度、弹性模量、构件变形和抗氯盐侵蚀耐久性的长期观测方法,这些方法为无损或微损、可重复观测;第17章提出了改进桥梁混凝土长期性能的技术措施建议;附录主要介绍了环境复合作用以及荷载与环境复合作用的加速试验方法。

  本书内容以交通运输部西部交通建设科技项目和财政部中央级公益性科研院所基本科研业务费专项资金项目等研究成果为基础,参考国内外大量文献资料编著而成,是集体智慧的结晶。在付梓之际,谨向有关人员与北京交通大学、武汉理工大学、长沙理工大学等研究机构表示衷心感谢!向交通运输部公路科学研究院参与本书内容研究的同事表示感谢。感谢交通运输部交通运输行业高层次技术人才培养项目对本书编著工作的资助。

  由于作者学识水平有限,书中难免存在疏漏和不妥之处,敬请广大读者批评指正。

作 者
2020 年 10 月

目录
Contents

第1篇 公路桥梁混凝土的发展与长期性能概论

1 概论 ·· 3
  1.1 桥梁发展与混凝土桥梁建设成就 ·· 3
  1.2 混凝土长期性能研究的工程背景 ·· 5
2 公路桥梁混凝土的发展 ··· 8
  2.1 混凝土材料组分 ·· 8
  2.2 桥梁混凝土的发展 ·· 12
  2.3 本章小结 ·· 19
3 桥梁混凝土长期性能影响因素与指标 ··· 20
  3.1 桥梁混凝土长期性能劣化因素 ·· 21
  3.2 基于桥梁混凝土性能长期演变的环境区域划分 ··· 24
  3.3 桥梁混凝土材料长期性能指标筛选 ·· 26
  3.4 本章小结 ·· 28

第2篇 长期力学性能和耐久性演变规律

4 一般大气环境中混凝土长期力学性能和耐久性 ··· 31
  4.1 混凝土长期暴露试验实例 ··· 31
  4.2 混凝土长期力学性能和耐久性试验研究 ·· 35
  4.3 混凝土劣化机理与亚微观分析 ·· 43
  4.4 本章小结 ·· 45
5 海洋环境中混凝土长期力学性能和耐久性 ··· 46
  5.1 混凝土长期暴露试验实例 ··· 46
  5.2 混凝土抗氯离子侵蚀性能试验研究 ·· 51
  5.3 海洋环境中混凝土劣化机理 ··· 59
  5.4 本章小结 ·· 62

6 冻融和盐冻环境中混凝土长期力学性能和耐久性 ················· 63
6.1 混凝土长期暴露试验实例 ················· 63
6.2 冻融循环作用下混凝土长期性能试验研究 ················· 72
6.3 氯盐-冻融循环复合作用下混凝土长期性能试验研究 ················· 83
6.4 冻融和盐冻环境中混凝土破坏机理与亚微观分析 ················· 95
6.5 本章小结 ················· 97

7 硫酸盐侵蚀环境中混凝土长期力学性能和耐久性 ················· 98
7.1 混凝土长期暴露试验实例 ················· 99
7.2 干湿循环-硫酸盐侵蚀下混凝土长期性能试验研究 ················· 102
7.3 硫酸盐侵蚀环境中混凝土破坏机理与亚微观分析 ················· 115
7.4 本章小结 ················· 122

8 荷载与环境复合作用下混凝土长期力学性能和耐久性 ················· 124
8.1 荷载与干湿循环复合作用下混凝土抗渗性能试验研究 ················· 124
8.2 荷载与氯盐、冻融复合作用下混凝土长期力学性能试验研究 ················· 127
8.3 本章小结 ················· 129

9 现场环境混凝土结构承载力演变分析 ················· 130
9.1 现场环境作用模拟相似准则 ················· 130
9.2 加速试验与现场结构时变相似性分析 ················· 131
9.3 混凝土箱梁承载力长期演变分析 ················· 133

第3篇 徐 变 特 性

10 混凝土徐变概论 ················· 139
10.1 影响混凝土收缩徐变的主要因素 ················· 139
10.2 混凝土徐变理论 ················· 143

11 粉煤灰混凝土的徐变特性 ················· 159
11.1 粉煤灰混凝土徐变特性试验研究 ················· 159
11.2 粉煤灰混凝土的徐变系数 ················· 164
11.3 本章小结 ················· 170

12 掺减水剂与引气剂混凝土的徐变特性 ················· 171
12.1 掺减水剂混凝土的徐变 ················· 171
12.2 掺引气剂混凝土的徐变 ················· 172
12.3 本章小结 ················· 175

13 掺粉煤灰混凝土桥梁实体结构长期变形分析 ················· 176
13.1 掺粉煤灰混凝土弹性模量演变规律 ················· 176

13.2 掺粉煤灰混凝土桥梁结构长期变形分析 ·· 178

第4篇 长期性能检测方法

14 混凝土长期力学性能现场快速检测方法 ·· 185
 14.1 研究现状 ·· 185
 14.2 混凝土强度现场检测方法研究 ·· 193
 14.3 混凝土弹性模量测试方法试验研究 ·· 221
 14.4 工程示范 ·· 239
 14.5 本章小结 ·· 246

15 混凝土桥梁长期变形性能现场检测方法 ·· 247
 15.1 研究现状 ·· 247
 15.2 CCD图像传感器和激光器相结合的变形测试技术 ······························ 248
 15.3 工程示范 ·· 254
 15.4 本章小结 ·· 261

16 混凝土抗渗性能现场检测方法 ·· 262
 16.1 研究现状 ·· 262
 16.2 海洋环境下混凝土中氯离子渗透性能测试技术 ································ 266
 16.3 工程示范 ·· 270
 16.4 本章小结 ·· 270

第5篇 长期性能改进技术

17 公路桥梁混凝土长期性能改进的技术措施 ······································ 273
 17.1 提升混凝土自身质量 ·· 273
 17.2 提高结构对外界环境侵蚀的防御能力 ·· 278
 17.3 及时维护 ·· 284

附 录

附录A 混凝土在冻融循环-氯盐侵蚀下性能长期演变加速试验方法 ····················· 295
附录B 混凝土在干湿循环-硫酸盐侵蚀下性能长期演变加速试验方法 ··················· 299
附录C 混凝土在荷载-干湿循环作用下抗渗性能加速试验方法 ························· 302
附录D 混凝土在荷载-冻融-盐侵蚀下强度演变加速试验方法 ·························· 304
附录E NEL渗透试验方法（资料性附录） ··· 308

参考文献 ·· 310

第1篇

公路桥梁混凝土的发展与长期性能概论

1 概 论

1.1 桥梁发展与混凝土桥梁建设成就

桥梁是人类文明的产物,对人类突破自然障碍、寻求更广阔发展起到了重要作用。桥梁是线路的重要组成部分。历史上每当交通工具发生重大变化,桥梁在载重、跨度等方面就会面临新的要求,科学技术的发展、基础理论的进步以及结构形式和建筑材料的创新推动了桥梁工程技术的发展,桥梁也成为代表人类进步的标志建筑。

中国历史悠久,古代桥梁的辉煌成就在世界桥梁发展史中占有重要地位。我国古代桥梁大致经历了四个发展阶段。第一阶段以西周、春秋为主,包括此前的历史时代,这是古代桥梁的创始时期。此时的桥梁除原始的独木桥和汀步桥外,主要有梁桥和浮桥两种形式。由于当时生产力水平落后,多数桥梁只能建在地势平坦,水面不宽、水流平缓的地段;桥梁也只能是些木梁式小桥,技术问题较易解决。而在水面较宽、水流较急的河道上,则多采用浮桥。第二阶段以秦汉为主,包括战国和三国,这是古代桥梁的创建发展时期。秦汉是我国建筑史上璀璨夺目的发展阶段,这段时期不仅发明了人造建筑材料——砖,而且还创造了以砖石结构体系为主体的拱券结构,为后来拱桥的出现创造了先决条件。战国时铁器的出现,也促进了建筑对石料的多方面利用,从而使桥梁在原木构梁桥的基础上,增添了石柱、石梁、石桥面等新构件,石拱桥也随之应运而生。石拱桥的出现,在中国古代建桥史上无论是在实用方面,还是在经济、美观方面都起到了划时代的作用。石梁、石拱桥的大发展,不仅减少了维修费用、延长了使用时间,还提高了结构理论和施工技术的水平。因此,秦汉建筑砖石料的使用和拱券技术的出现,实际上是桥梁建筑史上的一次重大革命。从一些文献和考古资料来看,约在东汉时,梁桥、浮桥、索桥和拱桥这四大基本桥型已全部形成。第三阶段是以唐宋为主,两晋、南北朝和隋、五代为辅的时期,这是古代桥梁发展的鼎盛时期。隋唐国力较之秦汉更为强盛,唐宋两代又取得了较长时间的安定统一,科学技术发展较快,工商业、运输交通业等十分发达,是当时世界上最先进的国家。东晋以后,由于大量汉人贵族官宦南迁,经济中心自黄河流域移往长江流域,使东南水网地区的经济得到大发展。经济和技术的大发展,又反过来刺激桥梁的大发展。因此,这段时期建造出许多举世瞩目的桥梁,如隋代石匠李春首创的敞肩式石拱桥——赵州桥,北宋的叠梁式木拱桥——虹桥,北宋的用筏形基础、植蛎固墩的泉州万安桥,南宋的石梁桥与开合式浮桥相结合的广东潮州的湘子桥等。这些桥在世界桥梁史上都享有盛誉,尤其是赵州桥,类似的桥梁在世界其他国家中,晚了7个世纪方才出现。第四阶段为元、明、清三代,这是桥梁发展的饱和期,几乎没有什么大的创造和技术突破。这段时期的主要成就是对一些古桥进行了修缮和改造,并留下了许多修建桥梁的施工说明文献,为后人提供了大量文字资料。此外,也建造完成了一些像明代江西南城的万年桥、贵州的盘江桥等艰巨工程。同时,在川滇地区兴建了不少索桥,索桥建造技术也有所提高。到清末,随着我国第一条铁路的通车,迎来了我国桥梁史上的又一次技术大革命。

在世界范围内,从17世纪中叶到20世纪中叶的300年时间,是近代土木工程迅猛发展的时期。1638年,意大利学者伽利略最早论述了材料的力学性质和梁的强度,用公式表达了梁的设计理论;1660年,英国学者胡克建立了材料应力与应变关系的胡克定律;1687年,英国学者牛顿的三大力学定理奠定了土木工程的理论基础。此后,1744年瑞士数学家欧拉建立了柱的压屈公式,成为结构稳定的理论基础;1773年法国工程师库仑对材料的强度、梁的弯曲、拱的计算以及挡土墙的压力理论都做了系统的研究。这些理论为近代桥梁工程的发展创造了重要条件。

1760年开始的英国工业革命造就了现代科学技术,也使欧美各国率先进入了现代桥梁工业新时代。机械工业的兴起和材料科学的成就使现代桥梁的建造成为可能,主要表现在钢材等金属材料性能研究的进展,为土木工程的结构种类和施工机械的革新创造了基本条件,使得人类不再仅仅依靠自然界提供的土、石、木、竹等天然材料和简单加工,也不再仅凭人力、畜力建造。

1824年英国人阿斯普丁(J. Aspdin)注册了第一个硅酸盐水泥——波特兰水泥专利,继而出现了混凝土与钢筋混凝土。1867年发明的钢筋混凝土逐步从房屋建筑领域应用到桥梁建设中,并随着材料与技术的迅猛发展,逐渐成为桥梁工程中应用最为广泛的建筑材料。1875年,法国人莫尼埃建成了第一座跨度为16m的钢筋混凝土梁桥。第一次世界大战后,美国率先出现了兴建高速公路和城市交通基础设施的高潮,大量兴建中小跨度的钢筋混凝土桥。为适应日益增多的汽车交通需求,欧洲各国在20世纪30年代也建造了许多公路桥梁。混凝土材料以其广泛的适用性和低廉的造价而成为土木建筑工程中不可缺少的材料。由于养护方便,钢筋混凝土简支梁桥、带挂孔的悬臂梁桥以及拱桥逐步代替了小跨度钢桥,成为20世纪上半叶中小跨度梁桥的主流桥型。

第二次世界大战后,世界进入了相对和平的建设时期,土木工程进入了以计算机为标志的"现代土木工程"新时期。欧美各国于20世纪50年代陆续实施高速公路建设计划,桥梁工程也迎来了建设大发展的机遇,出现了许多现代桥梁工程新技术。

中国自1978年改革开放以来,国民经济飞速发展,公路客货运输量急剧增加,对交通设施的需求不断增大,大规模的基础设施建设自此出现。在高速公路建设热潮中,公路桥梁大规模建造,新材料、新技术不断涌现,桥梁事业得到了空前的发展,中国在桥梁设计建造技术方面也取得了举世瞩目的成就。在2000年底,我国公路桥梁总数为27.9万座;至2010年底,我国公路桥梁数量达65.8万座;截至2019年末,公路总里程达501.25万km,公路桥梁达87.83万座(见图1-1),共计6 063.46万m。钢筋混凝土结合利用了钢筋抗拉与混凝土抗压的优点特性,能够充分发挥两者强度性能,并且具有造价较低、强度高、整体性好、可模可塑性好、易于就地取材等优点,迅速成为我国桥梁中应用最为普遍、范围最广的材料,已建和在建的桥梁中混凝土桥梁占90%以上。在混凝土梁式桥建设方面,我国建成了世界最大跨径的梁桥——重庆石板坡长江大桥,跨径达330m,并修建了一大批跨径在200m以上的连续梁、连续刚构桥,如虎门辅航道桥(270m连续刚构)、苏通大桥辅航道桥(268m连续刚构)。

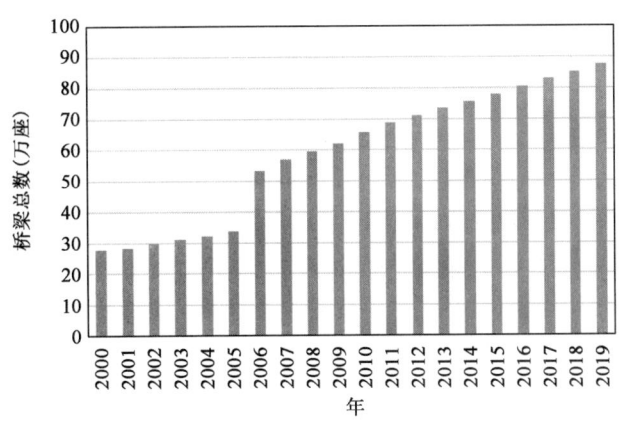

图 1-1 中国公路桥梁数量柱状图

自 21 世纪起,中国公路桥梁数量增长迅速,桥梁建设进入了跨江越海、跨沟越谷时代,如图 1-1 所示。山岭重丘桥梁建设方面,重点解决了高墩、不对称和弯坡斜结构、峡谷风作用、大跨桥梁选型、连续跨越、施工场地狭窄、生态保护要求高、地形地貌与地质条件复杂等方面的工程技术难题,建成了湖南矮寨大桥、贵州坝陵河大桥、贵州北盘江大桥、四川合江一桥、云南红河大桥、陕西洛河大桥等一批适应山区工程特点的桥梁,推动了相关桥梁建设技术的发展。在横跨长江、黄河、珠江和闽江等大江大河的超大、多连跨桥梁建设方面,主要解决了摆动性河床桥位桥型选择、超长桩基础建造、防流冰设计、季节性施工等方面的技术难题(北方水系),以及河槽大跨径桥梁选型、宽阔水面连续跨越、厚覆盖层深水基础施工、抗风、抗震和船撞作用等方面的技术难题(南方水系),建成了重庆朝天门大桥、上海卢浦大桥、郑州黄河大桥新桥、苏通大桥、福建闽江大桥、泰州长江大桥、南京四桥、珠江黄埔大桥等一批超大跨径的桥梁。在跨海联岛桥梁工程建设方面着重解决了风-浪-流耦合作用、海工耐久混凝土、钢结构防腐、大型预制构件架设与安装、钢管复合桩、预制基础和下部结构施工等方面的工程技术难题,建成了港珠澳大桥、舟山跨海大桥、杭州湾大桥、东海大桥、胶州湾跨海大桥等桥梁。

1.2 混凝土长期性能研究的工程背景

公路交通基础设施关系到国民经济的稳定可持续发展,公路桥梁是其中的关键节点。桥梁作为公路交通线路的咽喉要道,对于保证交通的安全运营起着重要作用,是关系社会和经济发展的生命线工程。随着国内桥梁的快速建设发展、资金投入越来越大,以及桥梁在经济社会中的作用更加凸显,人们对桥梁的长期服役状况与桥梁混凝土的长期性能越来越重视。

桥梁混凝土材料是随着混凝土技术的进步而发展的。混凝土已有上百年的历史,自 1824 年波特兰水泥问世,而后混凝土材料以其广泛的适用性和低廉的造价而逐渐成为土木建筑工程中不可缺少的材料。水泥混凝土自 19 世纪末期开始用于桥梁等结构工程,到了 20 世纪 50 年代初,就已确立了它在整个土建工程领域中作为最大宗材料的地位,并为建设 20 世纪的人类物质文明做出了不可估量的贡献。几乎所有的现代基础设施工程都离不开混凝土,绝大部分土建工程都用混凝土结构建造。全球混凝土的年消耗量已从20世纪60年代初的人均1t增加到80年代初的人均1.5t和现在的接近2t,如果考虑到世界人口的增长速度,混凝土消费总量的增加是相当惊人的。目前我国水泥的年产量已飞速增长到7亿t,可以配制混凝土约23亿m^3,年人均近4t,并将继续上升。

混凝土自问世就被称为人造石,人们认为它能像石材那样的坚固耐久。然而,实际情况表明,由于混凝土组成成分物理性能的差异以及本身存在孔隙等缺陷,混凝土材料并非人们想象的那样耐久。在使用过程中,随着时间的推移,受环境因素(腐蚀、温度、湿度变化等)和使用条件的影响(荷载作用、材料与结构的疲劳等),混凝土会出现材料老化与结构损伤,不仅降低对其中钢筋的保护作用,而且本身的物理力学性能也逐渐劣化。

对于早期的混凝土工程,很少有关于钢筋锈蚀和混凝土开裂的报道。直到20世纪70年代以前,混凝土结构的长期性能还未广泛引起世界各国的重视,人们依然相信混凝土具有良好的耐久性。大约从20世纪60年代起,在冬季的公路上普遍使用除冰盐来清除道路积雪以解决积冰引起的交通堵塞问题,此后10~20年,混凝土腐蚀现象大量涌现,其中由于氯盐引起的钢筋锈蚀和混凝土腐蚀成为最突出的问题,而混凝土的碱-集料反应、硫酸盐腐蚀以及由于混凝土开裂而加剧腐蚀等破坏现象也不断呈现,混凝土耐久性逐渐引起人们的重视。

20世纪60年代末期,美国公路桥面板结构出现锈蚀破坏的事例大幅增加。在喷洒除冰盐的环降雪带地区和海洋环境中,采用普通钢筋、保护层厚度为40mm的桥面板往往在建成7~10年后就出现钢筋锈蚀引起的混凝土胀裂,一般建成后20年左右就必须进行大修。美国国家标准局(NBS)1975年的调查表明,美国全年各种因为腐蚀造成的损失达700多亿美元,其中混凝土中钢筋锈蚀造成的损失约占40%,即约280亿美元。据1999年的统计资料,美国当时共有在册桥梁58.6万座,其中有缺陷的桥梁为8.8万座,占全部桥梁的15%,比起1992年在册桥梁57.2万座中有缺陷桥梁(11.87万座)所占的比例20.7%呈下降趋势,但维修更换老桥的费用却在显著增加,其中除了荷载增加、受地震或船舶撞击作用外,最主要的原因就是混凝土桥梁的耐久性不足。美国现有的近60万座桥梁中,普通钢筋混凝土桥约占40%(其中有缺陷的占9%),预应力混凝土桥占19%(其中有缺陷的占3%),钢桥占34%(其中有缺陷的占27%),其他桥梁(悬索桥、斜拉桥等)占7%(其中有缺陷的占36%)。1998年美国土木工程师学会(ASCE)发表了一份报告,对其国内已有的基础设施工程作了评估,认为美国现有29%以上的桥梁和1/3以上的道路已经老化,估计需有1.3万亿美元来改善这些基础设施中存在的不良安全状态,并将桥梁的等级评为"差"。劣化结构的修理与更换现已成为公路机构的一个主要任务。

英国调查统计了271项混凝土工程劣化破坏事例,其中环境氯盐锈蚀占33%,内部氯盐(由配制混凝土的原材料带入)锈蚀占5%,以上两项钢筋锈蚀总和占38%。另外还有:碳化锈蚀占17%,混凝土冻蚀占10%,混凝土磨蚀占10%,混凝土碱-集料反应破坏占9%,硫酸盐化学腐蚀占4%,以及其他很少发生的腐蚀破坏。1972年英国建造环形快车道,有11座混凝土高架桥,全长21km,由于冷天撒盐除冰,建成两年后就发现钢筋锈蚀造成的混凝土顺筋裂缝现象。1998年英国高速公路桥梁由于除冰盐引起腐蚀的损失仅在英格兰与威尔士两地就达6.2亿英镑。英国现有桥梁中有35%~40%必须修复,每年用于修复钢筋混凝土结构的费用达200亿英镑。在混凝土劣化的耐久性破坏因素中,钢筋锈蚀占一半以上。

日本混凝土结构的早期劣化成为社会问题要比欧洲国家稍晚,大概到20世纪80年代初才引起媒体和学术界的关注,主要问题是碱-集料反应以及使用海砂和在海洋环境中氯盐引起的锈蚀。据统计,日本运输省检查103座混凝土码头,发现凡使用20年以上的均有相当明显的需要立即修补的顺筋开裂现象。而许多国家和地区的码头状况比日本还差,一些码头往往使用不到10年就需大修。日本的新干线使用不到10年,就出现大面积混凝土开裂、剥蚀现象。

我国公路桥梁实际使用年限统计表明,大部分公路混凝土桥梁按大修计,使用年限在25~35年之间,平均使用年限为30年左右。由于恶劣的自然环境条件,西部部分省区混凝土桥梁平均使用年限为16年左右,这些地区交通流量远低于东南沿海地区,交通荷载对桥梁结构损伤退化的影响相对较小,抵抗恶劣自然环境作用的设计保护措施不足、施工质量差和环境侵蚀是造成问题的主要原因。

混凝土材料在很多环境中并不像当初设想的那样耐久,其长期性能并非保持良好不变。根据发达国家已有的经验,按常用材料、正常设计和施工技术工艺水平来控制,混凝土桥梁在运营20~30年后,将会有10%~20%出现长期性能不足的问题。若长期性能不足,必然会导致桥梁结构使用寿命下降,养护费用大幅度增加,带来巨大的社会影响和经济损失。从近些年来我国公路桥梁普查情况看,部分在役混凝土桥梁的长期性能过快衰减和耐久性不足的现象已开始显现,危桥数量的逐渐增多以及繁重的桥梁维修任务大多与桥梁混凝土长期性能不足有关,今后所面临的长期性能问题将会比较突出。混凝土作为全球用量最大的人造材料,随着可持续发展观念的日益增强,以及土建工程规模不断地扩大并向更加恶劣的环境中的延伸,对混凝土耐久性与长期性能演变规律研究的需要就变得更加迫切,混凝土桥梁长期性能已成为结构工程学科发展研究的前沿课题之一。

当前,国际上仅有美国在2008年明确启动了桥梁长期性能研究,目标是通过20年研究,收集和研究科学数据,扩展对桥梁使用性能的认识,提升无损和桥梁健康监控技术;支撑改进桥梁设计、施工和养护技术,量化养护维修战略。美国LTBP(桥梁长期性能研究)计划的工作主要分成两个阶段:①准备阶段(2008—2013年);②执行阶段(2014—2028年)。准备阶段的工作主要有:确定需要采集的数据;建立一套开放的、可扩展的数据管理与分析系统;制定保证数据采集、传输质量的标准;建立从国家桥梁档案中筛选桥梁的方法,并初步确定桥梁类型、数量及结构位置。目前,该计划的第一阶段工作已经完成,基本明确了桥梁长期使用性能的表征指标,并研发了部分观测设备。

我国为保障在役桥梁安全运营,在借鉴国外先进技术的基础上,建立了比较完善的桥梁检查、养护技术体系,制定了桥梁检查、养护管理制度及相关的技术标准,构建了桥梁养护管理系统(BMS)。在2006年交通部列项"公路桥梁混凝土长期性能演变规律跟踪观测技术研究"对公路桥梁混凝土长期性能演变的规律进行了深入的试验与理论研究,在2006年交通部列项"桥梁混凝土性能长期演变规律与跟踪观测技术的研究"对公路桥梁长期性能演变的规律进行了深入的试验与理论研究,设计了考虑多因素复合的混凝土长期性能加速试验方法,研发了公路桥梁混凝土长期性能检测方法,得出了典型环境下掺加掺合料与外加剂混凝土的长期力学特性和耐久性能的演变规律以及徐变特性。在2014年,交通运输部又列项"混凝土梁桥长期性能研究"对混凝土长期性能的演变规律进一步深入研究。这些成果对于保障结构安全、耐久起到了积极的作用。

2 公路桥梁混凝土的发展

桥梁混凝土材料是随着混凝土技术的进步而发展的。混凝土已有上百年的历史,自1824年波特兰水泥问世以来,混凝土材料以其广泛的适用性和低廉的造价而成为土木建筑工程中不可缺少的材料,水泥混凝土自19世纪末期开始用于桥梁等结构工程,到了20世纪50年代初,就已确立了它在整个土建工程领域中作为最大宗材料的地位。从世界范围看,混凝土虽然已经有接近二百年的历史,但大量并广泛地应用于各类土建工程则不过10年。

2.1 混凝土材料组分

普通混凝土材料由通常四组分构成,包括:水泥、粗集料、细集料和水。粗集料、细集料起骨架作用;水泥与水形成水泥浆,水泥浆包裹在集料表面并填充其空隙。在硬化前,水泥浆起润滑作用,赋予拌合物一定和易性,便于施工。水泥浆硬化后,则将粗集料、细集料胶结成一个坚实的整体。混凝土的技术性质在很大程度上是由原材料的性质及其相对含量决定的,同时也与施工工艺(搅拌、成型、养护)有关。

2.1.1 水泥

现代水泥按化学组分可分为硅酸盐系水泥、铝酸盐系水泥和硫铝酸盐系水泥三大类,土木工程中用量最大的为硅酸盐系水泥。现代水泥的诞生是在众多古代建筑胶凝材料的基础上,结合实际生产实践发展而来。

公元前5000—公元前3000年中国的仰韶文化时期,出现了用天然姜石磨细而成的"白灰面"用于涂抹山洞、地穴表面,使其变得光滑坚硬,姜石是一种二氧化硅含量较高的石灰石块,"白灰面"是迄今为止发现的中国最早的建筑胶凝材料。公元前3000—公元前2000年间,古埃及人采用煅烧石膏作为建筑胶凝材料,并在金字塔建造中使用这种材料。公元前800年左右,古希腊出现了硬度较高的石灰砂浆。公元前7世纪,中国周朝出现了用大蛤外壳烧制而成的石灰,烧制大蛤外壳制备石灰这种工艺在中国历史上流传了很久。公元前146年,罗马帝国吞并希腊,这一事件催生了建筑史上非常重要的材料——罗马砂浆,古罗马人将砂掺入石灰对石灰性能进行改进,同时掺入磨细的火山灰,这种"石灰-火山灰-砂"三组分砂浆就是建筑史上大名鼎鼎的"罗马砂浆"。

1756年,史密顿在建造举世闻名的普利茅斯港的漩岩大灯塔的过程中,研究了"石灰-火山灰-砂"三组分砂浆中不同石灰石对砂浆性能的影响。他发现,使用含有黏土的石灰石制成的砂浆加水后能慢慢硬化,在海水中的强度较"罗马砂浆"高出很多。史密顿的这一发现是水泥发明过程中知识积累的一大飞跃,不仅对英国航海业作出了贡献,也对"波特兰水泥"

的发明起到了重要作用。1822年英国人福斯特发明了"英国水泥"。福斯特将两份重量白垩和一份重量黏土混合后加水湿磨成泥浆,送入料槽进行沉淀,置沉淀物于大气中干燥,然后放入石灰窑中煅烧,温度以料子中碳酸气完全挥发为准,烧成产品呈浅黄色,冷却后经细磨制成水泥。"英国水泥"由于煅烧温度较低,其质量明显不及"罗马水泥",尽管售价较低,但销售量不大。这种水泥虽然未能被大量推广,但其制造方法已是近代水泥制造的雏形,这是水泥制造工艺中的又一次重大飞跃。英国人阿斯普丁(J. Aspdin)是第一个为硅酸盐水泥规定配方的人,并在1824年注册了最早的硅酸盐水泥——波特兰水泥专利,现代硅酸盐水泥由此诞生。自此之后,人们对波特兰水泥不断改进优化,胶凝材料进入了人工配制水硬性胶凝材料的新阶段,水泥基材料逐渐成为土木工程中用量最大的建筑材料。

自硅酸盐水泥出现后,其在工程中应用日益广泛,对近现代工程发展起到至关重要的作用。现在配制桥梁混凝土的水泥主要为通用硅酸盐水泥,包括硅酸盐水泥、普通硅酸盐水泥、矿渣硅酸盐水泥、火山灰质硅酸盐水泥、粉煤灰硅酸盐水泥和复合硅酸盐水泥,必要时也会采用快硬硅酸盐水泥、低热硅酸盐水泥、抗硫酸盐水泥等专用水泥或特种水泥。

硅酸盐水泥(P·Ⅰ,P·Ⅱ)是通用硅酸盐水泥的基本品种,硅酸盐水泥是指在硅酸盐水泥熟料中不掺或掺入少量矿物外掺料,以硅酸钙为主要成分,添加适量石膏制成。未掺混合材料的为Ⅰ型硅酸盐水泥(P·Ⅰ),掺入不超过水泥质量5%的石灰石或粒化高炉矿渣混合材料的为Ⅱ型硅酸盐水泥(P·Ⅱ)。

普通硅酸盐水泥(P·O)是由硅酸盐水泥熟料,添加5%~20%水泥质量的活性混合材料,其中允许用不超过水泥质量8%的非活性混合材料,再加入适量石膏制成,具有早期强度高、水化热高、耐冻性好、耐热性差和干缩较小的特点,主要用于路桥、高层建筑和重点工程。

矿渣硅酸盐水泥(P·S)是由硅酸盐水泥熟料,混入20%~70%水泥质量的粒化高炉矿渣,再加入适量石膏磨细而成。其中20%~50%掺量的为A型(P·S·A),50%~70%掺量的为B型(P·S·B),其中允许不超过水泥质量8%的活性混合材料、非活性混合材料和窑灰中的任一种材料代替部分矿渣。矿渣硅酸盐水泥具有早期强度低、后期强度增长较快、水化热较低、耐热性较好、抗冻性较差、干缩较大的特点,具有较好的抗硫酸盐类侵蚀能力和抗碳化能力,广泛应用于工业、水利和民用建筑,特别适用于水下工程和桥墩等大体积混凝土。

火山灰质硅酸盐水泥(P·P)由硅酸盐水泥和20%~40%水泥质量的火山灰质材料,再加适量石膏按比例混合磨细而成,具有早期强度低、后期强度增长较快、水化热较低、耐热性较差、抗冻性较差、干缩较大和抗渗性好的特点,同时抗硫酸盐侵蚀能力和抗水性较好,适合地下水下工程以及大体积混凝土工程。

粉煤灰硅酸盐水泥(P·F)由硅酸盐水泥熟料掺入20%~40%水泥质量的粉煤灰,加适量石膏混合后磨细而成,具有早期强度低、后期强度高、干缩性小和抗裂性较强的特点,适合大体积混凝土、地下工程和一般民用工程。

复合硅酸盐水泥(P·C)是指在硅酸盐水泥熟料中掺入两种或两种以上的20%~50%水泥质量的混合材料,并允许用不超过水泥质量8%的窑灰代替部分混合材料,再加入适量石膏。复合硅酸盐水泥综合质量较好,弥补了掺入单一混合材料的缺陷,同时改变了水泥石的微观结构,促进了水泥的水化,因此复合硅酸盐水泥早期强度大于同等级的其他通用硅酸盐水泥,是目前大力发展的水泥品种。

在桥梁工程中除了使用通用硅酸盐水泥外,为了满足某些工程的特殊性能要求,还采用特种水泥和专用水泥,如耐热性较好的铝酸盐水泥,硬化快、早期强度高的快硬水泥,抗硫酸盐侵蚀能力较强的抗硫酸盐水泥,水化热较低、性能稳定适用于大体积混凝土的水工硅酸盐水泥等。

随着施工技术的发展和工程建设的需求,水泥品种越来越多,功能也逐渐多样化,制备的混凝土性能也越来越高。

2.1.2 粗、细集料

随着我国基础设施建设的发展,混凝土用量迅速增加,其消耗的砂石集料等天然资源也越来越多。据估算,我国混凝土业现在正以每年50亿t的速度消耗砂石集料。传统观念认为砂石在混凝土中的作用无足轻重,其质量好坏对水泥混凝土质量影响不大。而从现代混凝土学分析,这种认识是片面的。作为混凝土重要组成成分的砂石集料,其在水泥混凝土中的体积和质量均占到70%以上,其几何特性、物理性能、化学成分等对水泥混凝土早期的工作性能、硬化后的力学性能及耐久性能都存在不可忽视的影响。实践表明,重视砂石集料的物理力学指标和化学成分,使用级配和粒形良好的砂石集料,可以增加混凝土的密实度,减小水灰比,提高混凝土的强度,改善耐久性,这不仅有较好的经济效益,同时还有很好的社会、环境和资源效益。

桥梁混凝土粗集料一般采用碎石和卵石,碎石和卵石的规格和品种根据混凝土的工作性能和强度等级要求在施工规范中均有明确的规定。在重要桥梁中,很少采用卵石作为粗集料使用,在新疆、河南等地区小桥涵预制板中偶有采用卵石作为混凝土粗集料。

细集料一般采用粒径在0~5mm的天然河砂。当前,随着河砂资源的枯竭和对环境的保护,使用机制砂替代已经迫在眉睫。20世纪70年代,我国贵州、云南、河南、重庆已开始应用尝试,积累了大量的经验;20世纪90年代后,北京、天津、上海、重庆、广东、福建、浙江等地相继开展了机制砂的应用研究,并先后建立了部分专业机制砂生产线。虽然机制砂在桥梁混凝土中已经开展应用,但是对于机制砂的基本物理力学特性指标和使用级配范围尚没有深入的认识。由于机制砂由机械破碎、筛分制成,颗粒形状粗糙尖锐,多棱角,多片状颗粒,并且机制砂内部微裂纹多,空隙率比天然河砂大,比表面积大,石粉含量高,级配与河砂有很大区别等,必然会在工作性、强度、弹模、抗裂、抗渗等方面对混凝土产生影响,需要有针对性地采取相关改善措施。

2.1.3 外加剂和掺合料

随着桥梁施工技术的发展及桥梁结构对混凝土强度和耐久性要求的提高,如混凝土泵送技术要求混凝土拌合物的大流动度和抗离析特性、快速施工所需的混凝土早强特性以及高强混凝土等,四组分混凝土(水泥、水、粗集料、细集料)已难以满足性能需求,对传统的混凝土进行改进已经成为当代桥梁混凝土技术发展的必然。当代桥梁混凝土的大流动度、高耐久性、高强度、低水胶比,都需借助外加剂和掺合料的应用。采用外加剂和矿物掺合料已成为改进桥梁混凝土性能的主要技术手段,也是当代桥梁混凝土的主要特点。

外加剂的使用几乎和混凝土的年代一样久远,在古罗马时代即有采用动物血液改善混凝土性能的实例,外加剂系统的研究和应用是从20世纪30年代开始的。大多数现代高性能混凝土在配制过程中都使用一种或几种外加剂。外加剂已经是高性能混凝土的重要成分,是现代混凝土技术的重要标志之一,最为常用的是降低混凝土水胶比、改善流动性的减水剂;为了改善桥梁混凝土的抗冻耐久性能,最有效的技术手段是使用引气剂;另外,目前还发展了缓凝剂、防冻剂、阻锈剂、速凝剂等多种外加剂,以达到满足新拌混凝土和硬化混凝土性能要求的目的。

矿物掺合料大部分是工业副产品,没有在混凝土中普遍应用时,基本上是工业废料。在1914年,美国Anon发表了《煤灰火山特性的研究》,首先发现粉煤灰中氧化物具有火山灰特性,从此有人开始研究粉煤灰的综合利用,而粉煤灰在混凝土中应用比较系统的研究工作是由美国加州大学伯克利分校的R. E. 维斯在1933年后进行的,我国在1960后开始粉煤灰在建筑工程中的应用研究。矿渣和硅灰的应用研究相对较晚一些,开始于20世纪90年代。对于粉煤灰、矿渣和硅灰在混凝土中的应用主要是从提高混凝土致密性、改善混凝土耐久性开始的,主要应用于在2000年以后兴建的跨海大桥混凝土结构中。

目前在桥梁混凝土工程中常用的外加剂和掺合料种类及其功能见表2-1。直到目前,对于使用外加剂和掺合料的混凝土的性能仍然存在一些盲区,如高性能混凝土的徐变,从1985设计规范[《公路钢筋混凝土及预应力混凝土桥涵设计规范》(JTJ 023—85)]到2004设计规范[《公路钢筋混凝土及预应力混凝土桥涵设计规范》(JTG D62—2004)],在计算方法和考虑工况方面都有了很大程度的完善。但是在混凝土材料方面,依然没有相关使用掺合料和C50以上等级强度的混凝土徐变计算规定,这给使用掺合料和高强度等级混凝土的结构的性能预测带来了不确定性。

常用外加剂和掺合料种类及其功能　　　　　表2-1

名　称		主　要　功　能
外加剂	减水剂	①在保持混凝土配合比不变的情况下,改善其工作性;或在保持工作性不变的情况下减少用水量,提高混凝土强度; ②在保持强度不变时减少水泥用量,节约水泥,降低成本; ③加入减水剂后混凝土更为均匀密实,改善系列物理化学性能,如抗渗性、抗冻性、抗侵蚀性等,提高了混凝土的耐久性
	引气剂	①引入细微观气泡,改善混凝土抗冻性、抗盐冻剥蚀性能; ②提高混凝土抗渗性
	缓凝剂	①延长凝结时间,使新拌混凝土较长时间保持塑性; ②缓释水泥水化热,减少因水化热而产生的温度裂缝
	早强剂	加速水泥水化速度,促进混凝土早期强度的发展
	防冻剂	在冬季施工过程中采用,降低混凝土拌合物冰点或提高早期强度,防止混凝土冻坏
	膨胀剂	使混凝土在硬化过程中产生一定的体积膨胀,避免由于混凝土收缩而产生的裂缝

续上表

名 称		主 要 功 能
掺合料	粉煤灰	①填充集料颗粒的空隙并包裹它们形成润滑层; ②对水泥颗粒起物理分散作用,当水胶比较低时,粉煤灰可以提供部分水分,使水泥水化更充分; ③粉煤灰具有火山灰效应,改善集料、浆体界面过渡区; ④粉煤灰延缓水化速度,削减或延缓水化热温升峰值,防止混凝土温度裂缝; ⑤粉煤灰呈玻璃态实心或空心球状微颗粒,改善拌合物工作性
	矿渣	①减少混凝土拌合物泌水,增加坍落度,改善混凝土拌合物工作性; ②在水泥水化生成物 $Ca(OH)_2$、硫酸盐的激发作用下,矿渣微粉二次水化,增加了混凝土的密实度,提高了混凝土的强度; ③取代部分水泥用量,降低混凝土水化热,避免温度应力裂缝,提高混凝土抗渗性; ④物理和化学吸附作用,吸附渗入混凝土内的氯离子,提高混凝土结构抗腐蚀能力和耐久性
	硅灰	①硅粉在混凝土中具有很强的活性,提高混凝土早期强度; ②具有火山灰效应,改善集料、浆体界面过渡区

在生产实践中,人们对混凝土组分不断优化改进,为了改善混凝土工作性能,人们在普通混凝土四组分基础上掺加第五组分(外加剂)和第六组分(矿物外加剂、聚合物、纤维等)。混凝土中引入第五组分和第六组分大大促进了混凝土技术的发展,极大改善了混凝土材料的性能,但是人类社会进步和科技发展对混凝土性能提出了更高的要求,外加剂和掺合料种类不断丰富。

2.2 桥梁混凝土的发展

根据我国公路桥涵施工技术规范的发展演变,我国公路桥梁混凝土材料的发展基本上经历了三个阶段:20世纪90年代以前、20世纪90年代—2000年、2000年以后。

2.2.1 20世纪90年代以前桥梁混凝土

20世纪90年代以前建造的混凝土桥梁,以强度作为混凝土的主要指标。在78版的设计规范[《公路预应力混凝土桥梁设计规范》(试行)]中,规定预应力混凝土构件的混凝土标号不低于300号,主要承重构件和采用碳素钢丝、刻痕钢丝等做预应力钢筋的构件,混凝土标号不宜低于400号(混凝土强度等级表示方法调整前的表述);根据85版的设计规范规定,预应力混凝土构件的混凝土标号不宜低于30号(C28),当采用碳素钢丝、刻痕钢丝等做预应力钢筋时,混凝土标号不宜低于40号(C38)。根据对相关文献资料的调研,上部结构采用的混凝土强度汇总如表2-2所示。

混凝土强度标号汇总表　　　　　　表2-2

序号	桥 型	混凝土标号
1	PC简支梁板	40号
2	T形刚构桥	40~45号,以40号为主
3	连续梁桥	40~45号
4	斜拉桥混凝土梁	30~50号

由于年代久远,且不重视对混凝土组成资料的积累,混凝土组成基本上没有资料可查。在混凝土连续梁桥建造中,有使用减水剂(NNO高浓扩散剂)的报道。对20世纪90年代以前4座不同环境条件下混凝土桥梁使用现状的调研情况如表2-3所示。

20世纪90年代以前修建的混凝土桥梁现状 表2-3

序号	年代	桥名	结构形式	混凝土强度(MPa)	现状	地点
1	20世纪70年代	和平大桥	板拱	15~27	表面进行防护,局部钢筋锈蚀	广东省,南方湿热
2	20世纪80年代	旧佛山大桥	板拱	15~25	表面进行防护,局部钢筋锈蚀	广东省,南方湿热
3	20世纪70年代	广河桥	PC-T梁	37~49	钢筋锈蚀严重,已拆除	山东省,北方寒冷
4	20世纪70年代	汉河桥	PC-T梁	28~51	钢筋锈蚀严重,已拆除	山东省,北方寒冷

实测普通混凝土强度基本在15~27MPa,预应力混凝土强度基本在28~51MPa,在混凝土强度方面仍然基本符合设计要求,但是从其现状来看,耐久性已经严重不足。

2.2.2 20世纪90年代—2000年典型桥梁混凝土材料

典型环境条件中部分桥梁混凝土组成的调研结果见表2-4。可以看出,减水剂的使用已经比较普遍,用于改善混凝土工作性能,但是几乎没有使用掺合料的报道。

20世纪90年代—2000年典型桥梁混凝土材料调研结果汇总表 表2-4

序号	年份	桥名	结构形式	混凝土强度等级	水灰比	坍落度(mm)	外加剂	掺合料	环境条件
1	1992	东明黄河大桥	PC箱梁	C50	0.36	120~140	减水剂	—	北方一般大气
2	1995	龙山跨线桥	PC箱梁	C40	0.40	140~160	FDN减水剂	—	南方一般大气
			T梁	C30	0.47	50~70	FDN减水剂	—	
			墩柱	C25	0.46	50~70	N3减水剂	—	
3	1996	新基田跨线桥	PC-T梁	C50	0.33	40~45	FDN减水剂	—	南方一般大气
			现浇腹板	C30	0.40	50~60	N3减水剂	—	
			立柱	C25	0.52	50~70	—	—	
			桩基	C25	0.52	160~200	N3减水剂	—	
4	1996	北江大桥	PC箱梁	C50	0.37	160~180	FDN减水剂	—	南方一般大气
			PC箱梁	C50	0.38	50~70	FDN减水剂	—	
			PC工字梁	C50	0.32	50~70	FDN减水剂	—	
			PC圆孔板	C40	0.39	50~70	FDN减水剂	—	
			立柱	C25	0.52	50~70	—	—	
			桥台	C20	0.55	50~70	—	—	
			桩基	C25	0.48~0.52	160~200	N3减水剂	—	
			桥面铺装	C35	0.38	80~100	FDN减水剂	—	

续上表

序号	年份	桥 名	结构形式	混凝土强度等级	水灰比	坍落度（mm）	外加剂	掺合料	环境条件
5	1992	威海双岛海湾大桥	T梁	C50	—	—	减水剂	—	北方海洋环境
6	1992	金山港大桥	PC梁板	C40	0.37	10~30	木钙减水剂		北方近海环境
			盖梁	C25	0.51	—	—	—	
			系梁桩柱	C20	0.55	—	—	—	
7	1997	虎门大桥	PC箱梁	C55	0.35	160	FDN\缓凝剂	—	南方近海环境

2.2.3 2000年以后建设的桥梁的混凝土材料

在2000年以后,我国开始使用高性能混凝土(High Performance Concrete,HPC)。高性能混凝土是20世纪80年代末—90年代初,一些发达国家基于混凝土结构耐久性设计提出的一种全新概念的混凝土,它以耐久性为首要设计指标。这种混凝土可为基础设施工程提供100年以上的使用寿命。2000年以后典型环境条件中部分桥梁混凝土组成的调研结果见表2-5。

2000年以后典型环境桥梁混凝土材料调研结果汇总表　　　表2-5

序号	年份	桥 名	结构形式	混凝土强度等级	水灰比	坍落度（mm）	外加剂	掺合料	环境条件
1	2006	张石高速公路沿线	主梁	C50	0.35	145	减水剂	无	北方一般大气环境
			盖梁	C40	0.39	135	减水剂	无	
2	2011	之江大桥	主梁	C55	0.28	170	减水剂	粉煤灰	中部一般大气环境
			墩身	C30~C40	0.44~0.38	180~220	减水剂	粉煤灰	
			陆上承台	C30	0.43	180~220	减水剂	粉煤灰	
			水中承台	C30	0.39	180~220	减水剂、阻锈剂	粉煤灰	
3	2009	顺德互通高架桥	PC箱梁	C50	0.33	120	FDN	无	南方一般大气环境
4	2010	青岛海湾大桥	PC箱梁	C50	0.33	180~220	聚羧酸减水剂	粉煤灰、矿渣	北方海洋环境
			索塔	C60	0.29	180~220	聚羧酸减水剂、引气剂	粉煤灰、矿渣	
			墩柱	C40	0.35	180~220	聚羧酸减水剂、引气剂	粉煤灰、矿渣	
			承台	C35	0.34	180~220	聚羧酸减水剂、引气剂	粉煤灰、矿渣	

续上表

序号	年份	桥名	结构形式	混凝土强度等级	水灰比	坍落度（mm）	外加剂	掺合料	环境条件
5	2006	杭州湾跨海大桥	主梁	C50	0.33	160~200	减水剂、阻锈剂等	粉煤灰矿渣	中部海洋环境
6	2011	港珠澳大桥	主梁	C50~C55	0.30~0.32	180~220	减水剂	粉煤灰矿渣	南方海洋环境
			墩身	C50	0.32~0.35	180~220	减水剂	粉煤灰矿渣	

为了应对环境作用，改善混凝土结构长期性能和耐久性，除混凝土抗裂、抗渗、密实性等常规要求外，不同环境对混凝土的性能要求尚有不同。典型环境中常用的混凝土配合比特点和要求见表2-6。

典型环境下桥梁混凝土组成 表2-6

序号	典型环境	桥用混凝土材料要求	混凝土组成实例				备注
			主要材料组成	强度等级	水胶比	工程名称	
1	一般大气环境	提高碱度	普通硅酸盐水泥，高效减水剂，无掺合料	C50	0.35	河北张石高速公路混凝土桥梁主梁	北方
			普通硅酸盐水泥，高效减水剂，部分掺粉煤灰	C50	0.33	湖北十白高速公路混凝土桥梁主梁	南方
2	海洋环境	抗氯盐渗透	高效减水剂，粉煤灰，矿渣	C50	0.33	青岛海湾大桥箱梁	北方
			高效减水剂，阻锈剂，粉煤灰，矿渣	C50	0.33	杭州湾跨海大桥箱梁	中部沿海
			高效减水剂，粉煤灰，矿渣	C50~C55	0.3~0.32	港珠澳大桥主梁	南方
3	冻融环境	含气量	高效减水剂，引气剂，粉煤灰	C40	0.38	鹤大公路某空心板梁	—
4	硫酸盐环境	胶凝材料中C_3A控制	P.HSR水泥，缓凝减水剂	C30	0.44	新疆疏附过境项目中桥桩基	—
5	盐结晶	密实性	聚羧酸减水剂、引气剂粉煤灰、矿渣	C40	0.35	青岛海湾大桥墩柱	—

促使矿物掺合料和外加剂在混凝土中应用的主要推动力是改善预应力高强混凝土的工作性和提高结构耐久性。从调研结果可以发现：

①在腐蚀性强的海洋环境中，掺加矿物掺合料来改善混凝土的致密性，以提高耐久性。

②在北方海洋环境中，掺加引气剂来改善经常与水接触的部位的混凝土结构的抗冻性能。

③在一般大气环境中，为了改善重要的结构工程的混凝土耐久性，也开始采用掺加矿物掺合料的方法来配制桥梁结构混凝土。

2.2.4 国外混凝土组成实例

美国 SHRP(Strategic Highway Research Program)计划开始于 1987 年，结束于 1993 年，目的是改善公路结构的使用性能和耐久性。其研究成果代表了 20 世纪 90 年代初期美国桥梁混凝土的典型组成，即高性能混凝土，为后期桥梁建设提供参考。表 2-7 是美国各州 SHRP 项目预应力大梁和桥面板混凝土的组成与配合比。在预应力混凝土方面，美国已经开始采用掺合料和外加剂，采用的类型和品种根据各州的实际情况而定。

美国 SHRP 预应力大梁和桥面板混凝土的组成与配合比　　　　表 2-7

	桥梁地点	科罗拉多州	洛杉矶	俄亥俄州	弗吉尼亚州	华盛顿州
混凝土抗压强度	预应力张拉强度(MPa)	45	48	41	45	51
	规定强度等级	70	70	70	70	70
	强度等级龄期(d)	56	56	56	56	56
混凝土组成材料	水泥(kg/m³)	433	402	502	446	432
	粉煤灰(kg/m³)	—	176	—	—	132
	硅灰(kg/m³)	20.7	—	59	44.5	29.7
	细集料(kg/m³)	808	673	550	801	528
	粗集料(kg/m³)	1 053	1 070	1 052	991	1 109
	水胶比	0.3	0.25	0.28	0.28	0.27
化学外加剂	引气剂(L/m³)	—	—	0.81	是[a]	—
	缓凝剂(L/m³)	—	—	1.1	1.0	—
	高效减水剂(L/m³)	1.7~5.1	5.8	8.3	8.0	8.3

[a] 使用引气剂，无具体数据。

日本的十胜大桥是建造于 20 世纪 80 年代的典型 PC 斜拉桥，其主梁采用 40MPa 混凝土箱形结构。在搜集到的一些资料中，没有发现 40MPa 混凝土的组成材料和配合比，这说明 40MPa 强度的混凝土已经比较普遍，也说明了当时对于混凝土材料组成的不重视。这也是日本在经历了 20 世纪 50 年代~80 年代的基础设施大发展后，在 20 世纪 90 年代逐渐出现结构耐久性问题的原因之一。对于日本十胜大桥主塔混凝土组分的报道比较多，表 2-8 是日本十胜大桥主塔混凝土主要成分及相关性能指标。原因是主塔设计基准强度为 50MPa，这在当时应该是不常用到的强度；另外，控制主塔混凝土裂缝也是当时的一项技术难题。该混凝土配制中使用了减水剂，从含气量来看，也使用了引气剂，没有采用掺合料。

日本十胜大桥主塔混凝土配合比 表2-8

项　目	相关规格	实际性能
设计基准强度(MPa)	50	50
坍落度(mm)	200	190~250
流动度(mm)	—	450~590
含气量(%)	4.5±1	4.5±1
水胶比	0.324	0.324
水泥含量(kg/m³)	380	380
高性能减水剂掺量(%) 夏季		1.4
高性能减水剂掺量(%) 冬季		1.5

2.2.5 新型混凝土材料

改革开放以来我国建筑业得到前所未有的蓬勃发展,混凝土作为最大宗建筑材料,在我国基建行业发展过程中起到基石作用。随着其应用愈加广泛,更加要求混凝土具有优异的性能且要符合环保、可持续发展理念。然而目前混凝土技术远不能满足建筑业的要求,特别是建筑业仍将在人类社会发展进程中起重要作用。混凝土技术需要不断发展,加速新型混凝土的研究和应用,向环境协调化、高性能化、多功能化和智能化发展。

(1)性能改善型混凝土

改善型组分的作用主要有两点:一是大幅度减少混凝土中水泥用量,以利保护环境。例如采用矿渣微粉可以替代30%~60%的水泥,采用粉煤灰可替代15%~40%的水泥。二是改善混凝土的物理力学性能,使其高性能化,以提高建筑结构工程的安全性、使用年限和通过减少构件截面来减少混凝土用量。

为了解决混凝土的抗拉性能和延性较差的缺点,在混凝土中掺加碳纤维、钢纤维、有机纤维等以提高混凝土的抗拉强度、韧性、抗裂、抗疲劳等性能。纤维增强混凝土目前研究较多的是钢纤维、耐碱玻璃纤维、碳纤维、芳纶纤维、聚丙烯纤维和尼龙合成纤维等。加拿大的Richard和法国的Cheyrezy在改善水泥基材性能的基础上,再加入一定数量的钢纤维,研制成功了抗压强度达200~800MPa、断裂能达1.2~40kJ/m²的活性细粒混凝土(RPC);美国的Li根据微细观力学原理,通过优化纤维形状和尺寸、对纤维表面进行处理以及对基体性能调控而研制成功的ECC(Engineered Cementitious Composites)材料也具有卓越的力学性能。

当前,桥梁混凝土的抗压强度可达100MPa。为了更高地提高混凝土强度、减轻结构自重,当前,工程师们正研究开发和应用超高性能混凝土(UHPC)。UHPC是一种纤维增强水泥基复合材料,其抗压强度超过150MPa,抗拉强度超过15MPa,并具有超高耐久性。UHPC与普通混凝土或高性能混凝土的不同之处在于:不使用粗集料,必须使用硅灰和纤维(钢纤维或复合有机纤维),水泥用量较大,水胶比很低。相比于普通混凝土,UHPC具有良好的孔结构和较低的孔隙率,因此具有极低的渗透性、很高的抗有害介质侵蚀能力和良好的耐磨性。但是,由于UHPC的施工工艺复杂性和经济性,目前用于桥梁主体结构较少,仅在结构受力复杂的部位或其他特殊部位和钢桥面板中开展了应用。

(2) 功能混凝土

功能组分可赋予混凝土特殊功能,如防辐射、防静电、补偿收缩、防水、保温、隔热、吸音、隔音等功能。这类组分主要用于配制具有特种功能的混凝土。

①导电混凝土。

普通混凝土的电阻率一般在 $10^6 \sim 10^9 \Omega \cdot m$ 范围内,处于绝缘体和良导体之间。水泥与天然石材组成的混凝土完全干燥后,具有极高的电阻率,约为 $10^{13} \Omega \cdot m$,往往把它归类为绝缘体材料。通过在混凝土中掺加碳墨、碳纤维、钢纤维、钛丝网等具有导电功能的组分,可使混凝土具有导电功能。北方寒冷地区公路路面、铁路站台、机场跑道,为了防止结冰或除冰往往铺撒大量的盐,致使钢筋锈蚀加剧,造成了巨大的经济损失。可在这类结构中使用导电混凝土,通过电热效应,使除冰工作简便易行。采用导电混凝土还可对其中的钢筋实地阴极保护,避免钢筋锈蚀。此外,导电混凝土还可用于设备接地,防静电等。

②屏蔽电磁波混凝土。

随着电子信息时代的到来,各种电器及电子设备的广泛使用,导致电磁波泄漏问题越来越严重,而且电磁波泄露场的频率从超低频(ELF)到毫米波,分布极宽,它可能干扰正常的通信和导航,甚至危害人体健康。因此,具有屏蔽电磁波功能的建筑材料越来越受到重视。混凝土本身既不能反射也不能吸收电磁波。但通过掺入导电粉末(如碳、石墨、铝或铀等)、导电纤维(如碳、铝、钢或铜-锌等)或导电絮片(如石墨、锌、铝等)等功能组分后,可使其具有屏蔽电磁波的功能。例如,采用铁氧体粉末或碳纤维毡作为吸收电磁波的功能组分,制作的幕墙对电磁波的吸收可达90%以上,而且幕墙壁薄质轻。将长度在 $100\mu m$ 以上,直径为 $0.1\mu m$ 的碳纤维掺入混凝土中,则可通过反射电磁波的方式实现屏蔽电磁波的功能。

(3) 智能混凝土

现代社会向智能化发展,社会的各个组成部分,如交通系统、办公场所、居住社区等也向智能化发展。作为各项建筑的基础,混凝土材料智能化的需求也非常迫切,智能组分是用于配制新型智能化混凝土的特殊组分,它将赋于混凝土调温、调湿、自动变色、损伤报警、可绿化等智能。

①自诊断混凝土。

光纤可作为光的传播载体,光纤传感智能混凝土具有自诊断功能,研究表明,当光在光纤中进行传播时,光纤所处环境(气温、应力)会对其传播特性(频率、光强、相位、偏振态)造成较大影响。因此,可在混凝土中植入光纤格栅,通过测量光在其中的传播特性变化,反映混凝土所处外部环境、内部应力及变形等情况的变化。以此实现混凝土结构特性的自诊断,为其维修加固提供指导。

②环保混凝土。

锐钛型纳米二氧化钛(纳米 TiO_2)是一种典型和优良的光催化纳米材料,受到太阳光中紫外光激发后产生的光生空穴的氧化电位大于 $3.0eV$,比一般常用的氧化剂的电极电位都要高,具有很强的氧化性,能够氧化多种有机物和一些无机有害气体,将其最后氧化成无机小分子和矿物酸。利用纳米 TiO_2 的这些特性,可用于制作具有环保功能的混凝土。如在公路、人行天桥的浇筑过程中掺入纳米 TiO_2,可获得良好的除氮氧化物的功能,以除去汽车尾气中所含的氮氧化物,使空气质量得以改善。

③自愈合混凝土。

自愈合混凝土模仿生物组织在受创时会分泌物质对受创部位进行修复的机理,在裂缝出现后作出"反应",对裂缝进行封堵、修复。对于难以观测的结构内部裂缝,自修复技术具有其独特的优势。内部损伤难以发现,通过自修复技术可以及时止损,防止裂缝开展。利用这一仿生特性即可制备仿生混凝土。研究较多的自修复混凝土是在混凝土中加入含黏结剂的液芯纤维或胶囊。其外壳具有良好的黏弹性质,在拌和及施工过程中具有良好的变形特性和承压特性,保证其不会发生破坏。而当混凝土结构内部的微裂缝发生扩展时,其尖端应力会刺破黏结剂保护壳,使黏结剂渗漏出来。同时在毛细作用下,黏结剂会填充整个微裂缝,从而实现混凝土的自修复。除了黏结剂还有用胶囊封装硅酸钠等可以和混凝土中钙离子生成沉淀的物质,形成混凝土自修复系统。除此之外,地球土壤中的某些细菌,如巴氏芽孢八叠球菌拥有将松散砂粒胶凝固定在一起的能力。其利用反应环境中的尿素等有机物以及钙离子源,较快地析出具有良好胶凝性质的碳酸钙结晶,这一技术被称为MICP(微生物诱导碳酸钙沉积,Microbially Induced Carbonate Precipitation),利用这一技术可以配制生物自修复混凝土。

2.3 本章小结

从我国1989年、2000年和2011年《公路桥涵施工技术规范》的变迁来看,对混凝土材料组成的要求基本没有太大的变化,在《公路桥涵施工技术规范》(JTJ 041—1989)中即有了使用外加剂和混合材料的技术条文。由于外加剂技术的发展,种类更加丰富,在《公路桥涵施工技术规范》(JTJ 041—2000)中删去了对外加剂种类的规定,只对外加剂的使用原则进行了规定,而对掺合料及其指标的规定则基本没有变化。在2011年的施工规范中对掺合料和外加剂等混合材料作了更为严格的规定;对混凝土的配合比设计增加了耐久性指标的要求。从对实际桥梁工程中采用的混凝土配合比调研情况来看:

(1)普遍应用减水剂来改善混凝土的工作性

从调研结果可以发现,在2000年以前,国内外在桥梁上部结构较高强度等级(>C40)混凝土中已经普遍使用减水剂来改善混凝土的工作性能。在2000年以后,随着桥梁混凝土对于强度和性能要求的提高,减水剂的应用更加普遍。

(2)耐久性要求高的混凝土普遍使用矿物掺合料

在2000年以前,国外有使用掺合料的报道,而我国无论在北方寒冷环境和南方湿热环境,还是在沿海环境和一般大气环境,很少在混凝土桥梁上部结构中使用掺合料,一般采用水泥、砂、粗集料和水等常用的四组分。实际上,在1990年,国际上就已经有了以外加剂和掺合料为重要组成材料的高性能混凝土的概念,在我国《公路桥涵施工技术规范》(JTJ 041—1989)中也已经有了掺合料在混凝土中的应用的技术条文,只是比较简单,可操作性和指导性较差,加之当时我国对掺入掺合料后混凝土的性能认识不清楚,应用积极性不高。实际上,掺加粉煤灰作为一种有效地降低大体积混凝土水泥水化热温升的技术措施,在大体积混凝土结构中很早已经开始应用。为了应对环境条件的作用,改善混凝土结构长期性能和耐久性,2000年之后修建的桥梁已开始普遍使用矿物掺合料。

3 桥梁混凝土长期性能影响因素与指标

国外对混凝土长期力学性能已经做过一些研究工作,初步探讨了混凝土长期强度和弹性模量的变化规律。美国在20世纪90年代末对一般大气下的普通混凝土、掺加粉煤灰、硅灰、矿渣等掺合料的混凝土的强度变化也进行了专门的研究。采用ASTM I型水泥,通过在现场钻取样的方法,取得了近10年的数据。结果表明:混凝土强度在10年期间基本上是不断发展的,其中掺加57%粉煤灰的混凝土10年强度最高,达到110.3MPa,而其前期强度最低,在28d时仅有49.9MPa,低于普通混凝土的59.9MPa,远低于掺加掺合料的其他混凝土(均在63MPa以上)。

该项研究利用近10年的混凝土抗压强度和弹性模量数据,提出了混凝土弹性模量与混凝土抗压强度的关系,如式(3-1)所示。

$$E = 57\,000(f_{cm})^{0.5} \tag{3-1}$$

在混凝土弹性模量长期变化规律中,美国混凝土协会(ACI)提出了与28d龄期弹性模量的表达式如式(3-2)所示。

$$E(t) = E(28)[t/(4 + 0.85t)]^{0.5} \tag{3-2}$$

欧洲混凝土规范(CEB FIP M90)中提出混凝土强度随时间变化规律如式(3-3)所示。

$$f_{cm}(t) = f_{cm}\exp\{s[1 - (28t_1/t)]\} \tag{3-3}$$

弹性模量随时间的变化规律如式(3-4)所示。

$$E(t) = E(28)\{\exp\{s[1 - (28t_1/t)]\}\}^{0.5} \tag{3-4}$$

其中,s是与水泥品种相关的系数,如快硬高强水泥、普通快硬水泥和缓凝水泥等。弹性模量随时间发生变化。

我国也做过一些研究工作,如安徽水科所、西安建筑科技大学等。在一般大气环境下,西安建筑科技大学对国内外混凝土强度数据进行了统计分析,提出了混凝土强度发展规律,如式(3-5)所示。

$$f_{cm}(t) = 1.452\,9f_{cm}(28)\exp[-0.024\,5(\ln t - 1.715\,4)^2] \tag{3-5}$$

此外长沙理工大学等单位通过研究也提出了混凝土强度和弹性模量的发展规律。

与一般建筑结构混凝土不同的是,桥梁混凝土结构暴露于野外环境,遭受多种环境的影响与侵蚀。环境对结构混凝土的侵蚀机理决定了混凝土强度和弹性模量在长期使用过程中的劣化程度。

在冻融作用下,试验表明:混凝土抗压强度随冻融循环次数的增加而降低;经50次冻融循环后,水灰比 0.55、0.50、0.45 混凝土的单轴抗压强度分别降至初始值的 50.6%、70.5%、75.7%,高强混凝土的强度变化对其孔结构更加敏感。在北方海洋环境和撒盐除冰环境中,盐和冻融的复合作用是导致混凝土长期性能降低的主要原因,二者相互促进。对于掺矿物掺合料混凝土在冻融和盐冻环境中的性能变化,目前没有明确的结论。矿物掺合料的形态效应、微集料效应可以改善孔数量和孔级配,火山灰效应可以改善水泥水化产物的数量和形态,有试验结果表明掺加矿物掺合料提高了混凝土的抗冻融性能。而在氯盐和冻融复合作用下,有试验结果表明掺硅灰和磨细矿渣能显著提高混凝土抗盐冻性能,而掺粉煤灰会降低混凝土的抗盐冻侵蚀性能。对于测试方法和测试指标,研究盐冻侵蚀条件下混凝土的性能劣化,一般是测定混凝土的剥落量与相对动弹性模量,而涉及结构安全性、适用性和耐久性的强度、徐变、抗渗性能等指标研究非常少。

盐渍环境是桥梁混凝土比较常见的生存环境,硫酸盐侵蚀是导致混凝土结构长期性能降低的主要原因。硫酸盐侵蚀的主要机理是硫酸盐与硅酸盐水泥的水化产物铝酸盐反应生成带 32 个结晶水的高硫型硫铝酸钙导致混凝土膨胀破坏,改善措施主要是采用抗硫酸盐水泥、掺加矿物掺合料等。抗硫酸盐水泥是通过改变水泥成分消除水泥水化所产生的铝酸盐,而对于普通硅酸盐水泥,则一般采用掺加矿物掺合料的方式来提高混凝土的抗硫酸盐性能。然而,有研究显示,在干湿循环与硫酸盐侵蚀耦合作用下,掺入矿物掺合料会加剧结构劣化,粉煤灰对混凝土力学性能的不利影响低于矿渣和硅灰。对于混凝土遭受硫酸盐侵蚀的测试指标主要集中于腐蚀混凝土的质量、强度、弹性模量等基本物理力学参数,鲜有涉及其徐变、抗渗性能等指标。

桥梁混凝土结构在服役期间经受荷载与环境的复合作用,荷载作用导致混凝土内部的细微观结构发生变化,影响环境因素对混凝土的侵蚀,两者存在一定的关联性。单一环境因素作用下的耐久性难以真实反映工程结构的耐久性。国内外专家学者逐渐认识到研究荷载-环境共同作用下混凝土耐久性的重要性,并开展了荷载与冻融、荷载与氯盐侵蚀、荷载与碳化等复合作用下结构耐久性劣化研究工作。由于缺乏标准试验方法,试验结果缺乏可比性。

桥梁混凝土结构生存环境复杂多样,各种侵蚀因素交互作用,导致混凝土结构不断劣化甚至破坏。桥梁混凝土多因素复合作用下的物理力学性能及渗透性能试验方法、矿物掺合料和外加剂对混凝土长期物理力学性能的影响和亚微观结构机理,以及桥梁混凝土结构在环境作用下的长期变形和承载能力演变规律等尚有待于深入研究。

3.1 桥梁混凝土长期性能劣化因素

公路桥梁混凝土在长期服役过程中会受到多种因素的作用,使混凝土的性能随时间的推移逐渐劣化,直至不能满足安全性和适用性要求。混凝土材料劣化因素可分为内因和外因。

3.1.1 内部因素

混凝土材料劣化内因即混凝土硬化成型后自身的性能状态。整体来看混凝土越密实,强度越高,其传输性能越差,抗渗性能越好,抵挡外界侵蚀因子的能力越强,抗劣化性能越强。而混凝土强度越低,或在混凝土制作成型时振捣不密实,存在蜂窝麻面等初始缺陷,则混凝土的自身缺陷使得其在荷载、环境作用下容易发生劣化侵蚀。另外,环境侵蚀一般发生于混凝土中性能不稳定的组分,如氢氧化钙、水化铝酸钙,这类组分含量越高,则受到特定环境侵蚀出现的劣化程度会越大。混凝土还会有潜在的碱-集料反应,硬化后混凝土在潮湿环境中,混凝土中的碱与混凝土中具有碱活性的集料发生反应,反应生成物体积膨胀,引起已硬化混凝土内部的膨胀应力,造成混凝土开裂破坏,使混凝土的各项力学性能明显下降,影响到结构的安全性能。并且,碱-集料反应一旦发生就很难阻止,通常被称为混凝土的"癌症"。通过使用低碱水泥、限制混凝土碱含量、使用非活性集料,以及改善施工和使用条件,可有效抑制碱集料反应的发生。

3.1.2 外部因素

造成混凝土材料劣化的外部因素主要为荷载作用和环境作用。环境作用引起混凝土材料耐久性层面的劣化。桥梁结构与其他土木工程结构的区别是桥梁主要承受的是动荷载,长期动荷载作用引起的疲劳累积损伤也是造成混凝土劣化的重要因素。

(1)荷载作用影响

荷载是一种对结构安全性和适用性有直接影响的作用,在桥梁工程中会引起混凝土材料劣化的主要荷载作用有桥跨结构自重、汽车荷载、汽车冲击力、人群荷载等。荷载对结构的作用方式有两种:一种是直接影响混凝土与桥梁结构的安全,在结构服役期内,任意时刻的荷载内力大于混凝土承载强度或荷载效应大于结构抗力都会使混凝土或桥梁的承载力失效,结构发生压溃破坏;另一种是荷载对结构的累积损伤(劣化)作用,累积损伤作用的后果是使混凝土结构抗力降低,从而降低桥梁结构的可靠度。混凝土是由粗细集料、水泥水化产物基质及其两者黏结界面组成的三相复合材料,在浇筑成型并硬化后混凝土内部不可避免地存在孔隙缺陷和微观裂隙。荷载会对混凝土裂缝开展产生重要影响,过大的荷载直接造成微裂缝扩展,动荷载使混凝土裂缝经受反复闭合、张开过程并不断扩展。当受压混凝土应力较低时,内部原始微裂缝变化很小,并且部分微裂缝在压应力作用下出现闭合;当混凝土受到的压应力增加,微裂缝开始扩展,当达到极限应力的约 0.7 倍时,微裂缝迅速扩展,宽度增大并扩展连通,压力继续增大,出现混凝土的压溃。

荷载对结构的经时累积损伤(劣化)有两种作用形式,即由恒载引起的静态累积损伤作用和由动荷载引起的动态累积损伤作用。静态累积损伤作用是指在静态荷载作用下随时间累积的结构损伤和性能损失,桥跨结构自重造成的累积损伤即为此类影响。研究表明,在持续不变拉伸荷载的作用下,混凝土强度会降低,荷载作用时间越长,强度降低越多。另外,在荷载长期作用产生较大应力情况下,混凝土会产生徐变,混凝土构件在较大应力的受压、受拉或受弯状态均会发生徐变现象。加载时混凝土的龄期和施加的应力水平是影响徐变的重要因素。过镇海研究了混凝土在不同应力水平下的徐变状况,如图3-1所示。当$\sigma/f_c \leq 0.5$时,徐变与施加初应力基本上成正比,称为线性徐变,一般在 2 年后趋于稳定,徐变量约为 2~4 倍弹性变形;当混凝土应力在 $0.5f_c \sim 0.8f_c$ 范围内时,徐变增长速度将比应力增长速度为快,应变时间曲线仍为收敛,但收敛性随应力增加而变差;当 $\sigma > 0.8f_c$ 时,混凝土内部的微裂缝已不再稳定,徐变的应变-时间曲线发展为发散的,持续荷载下导致混凝土破坏。实际上 $\sigma = 0.8f_c$ 即为混凝土的长期抗压强度。在荷载引起较大应力的长期作用下,混凝土的徐变会使结构变形增大,使桥梁主梁挠度增大2~3倍,桥梁墩柱的附加偏心距增大,还会导致桥梁结构中预应力构件的预应力损失。

动态累积损伤作用是指在动荷载作用下结构损伤和性能损失随时间的积累,如汽车荷载、冲击荷载等造成的损伤积累。由于公路桥梁主要用于车辆通行,桥梁使用中频繁出现车辆上桥、驶离桥梁这个过程,这使桥梁不断经受加卸载成为常态,这也是桥梁受载的一个特点,尤其对于中小跨径公路桥梁,活载与恒载比例较大,动态累积损伤效应更明显。在动荷载重复作用下混凝土原始缺陷处出现应力集中,原始微裂缝逐步发展、汇聚、交叉形成宏观裂缝,混凝土损伤不断累积并扩展,造成材料的劣化与本构关系改变,影响结构耐久性,最终造成到结构破坏。构件混凝土在给定的重复荷载次数 N 作用下,所能耐受的最大应力值定义为疲劳强度。重复荷载下应力-应变关系如图3-2所示。当压应力低于混凝土的疲劳强度时,加卸载 σ-ε 曲线能够能够形成封闭的滞回环,多次重复加载混凝土内部变形趋于稳定,不会因内部裂缝扩展或变形过大而破坏。当混凝土压应力超过疲劳强度时,加卸载曲线不能形成封闭的滞回环,多次重复荷载作用将在使混凝土内部引起新的裂缝并不断发展,应力应变曲线斜率不断降低,随着内部损伤不断积累,变形加快增长而发散,混凝土材料将因严重开裂或变形过大而破坏。

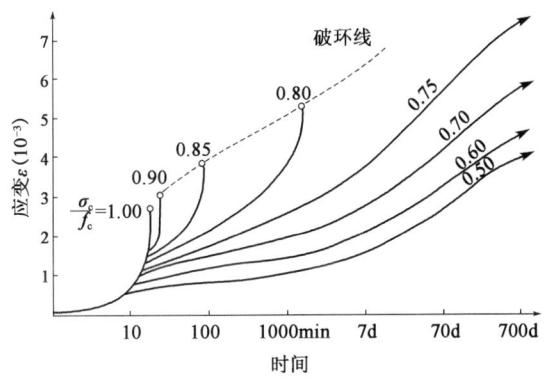

图3-1 混凝土在不同应力水平下的徐变

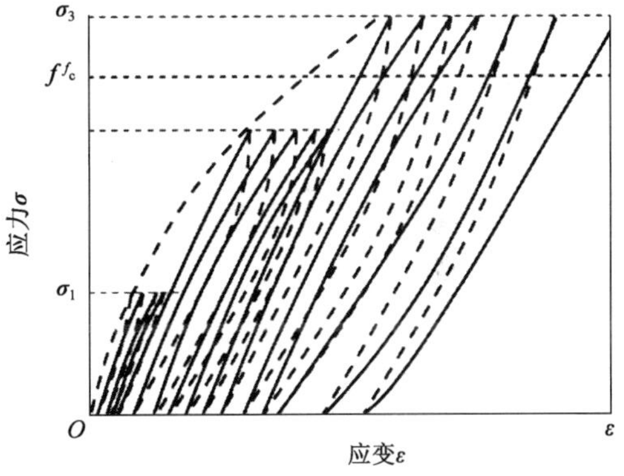

图3-2 重复荷载下应力-应变关系示意

(2)环境作用的影响

环境作用影响是造成混凝土材料劣化破坏的原因,对应的是混凝土正常劣化寿命。环境腐蚀介质对结构的侵蚀作用是一个渐变的过程,这种渐变过程使得材料劣化,结构可靠性随时间降低。桥梁服役环境混凝土结构受到的侵蚀作用主要有混凝土碳化、氯离子侵蚀、硫酸盐侵蚀、冻融破坏,其中冻融和硫酸盐侵蚀会导致混凝土材料劣化过快,混凝土碳化、海水中 SO_4^{2-} 和 Mg^{2+} 的侵蚀会造成混凝土中氢氧化钙反应消耗而引起混凝土中其他物质分解劣化,另外混凝土碳化、氯离子侵蚀会对混凝土内部钢筋产生严重锈蚀破坏。桥梁混凝土结构生存的环境复杂多样,对长期性能的影响因素可能以一种因素为主导,也可能多种因素复合作用。常见的复合因素作用主要有:冻融-氯盐侵蚀、干湿循环-硫酸盐侵蚀。

关于冻融破坏,桥梁结构处于严寒地区的大气环境、河水结冰环境、使用除冰盐环境下,潮湿或吸水饱和的混凝土结构在冬季由于水分结冰产生膨胀应力,反复冻融循环作用下表层混凝土出现2~3mm的小片剥离,严重时造成集料裸露。冻融破坏通常发生在经常与水接触的部位。撒除冰盐的道路桥梁会出现盐冻破坏。盐冻破坏使混凝土表面分层剥离、集料暴露,并且破坏速率快,氯盐渗入到混凝土内部还会引起钢筋锈蚀破坏。在冻融环境中,若不掺加引气剂,普通混凝土结构会在2~3年内即出现混凝土表层剥落现象,桥梁墩柱底部和在河水中水面附近混凝土受冻融影响而变得疏松,影响到结构的承载力。

关于硫酸盐侵蚀,在海水、盐湖、地下水、盐碱地以及酸雨环境中含有大量的硫酸盐,环境中的硫酸根离子进入混凝土内部,与水泥石中的一些水化产物发生化学反应,一方面可形成钙矾石、石膏等发生体积膨胀的产物,引起混凝土的膨胀、开裂、剥落,严重时出现解体。同时,也会使水泥石中$Ca(OH)_2$和C-S-H等组分溶出或分解,导致水泥黏结性减弱,混凝土强度损失。混凝土的硫酸盐侵蚀是一个复杂的物理化学过程,其反应类型主要有钙矾石结晶型、石膏结晶型、$MgSO_4$溶蚀-结晶型、碱金属硫酸盐结晶型和碳硫硅钙石溶蚀-结晶型。

(3)荷载与环境复合作用的影响

桥梁结构在服役过程中往往受到荷载与环境的同时作用。荷载作用对于环境侵蚀的影响一般分为两类:一类为压应力作用;一类为拉应力作用。弯曲荷载作用也可以通过中性轴分为拉应力区和压应力区。压应力区和拉应力区的混凝土劣化机理和程度存在一定区别。通常情况下,在较小的受压荷载作用下,混凝土内部分微裂纹闭合,混凝土抵抗环境侵蚀性能有所提高,而在受拉荷载或较大的受压荷载作用下(超过0.4倍极限应力),混凝土内部微裂纹或微孔隙扩展,抵抗环境侵蚀能力有所降低。

3.2 基于桥梁混凝土性能长期演变的环境区域划分

3.2.1 耐久性环境区划指标的选取

桥梁结构混凝土长期性能演变与生存的环境条件密切相关,以混凝土冻融破坏、碳化、钢筋锈蚀、硫酸盐侵蚀作为桥梁混凝土结构的性能影响指标,在环境区域划分中采用顺序划分法(以空间异性为基础,按区域内差异最小、区域间差异最大的原则,以及区域共轭性划分最高级区划单元,再依此逐级向下划分),按照综合分析和主导因素相结合原则,进行环境区域划分。

耐久性环境区划是反映我国混凝土结构耐久性与环境关系的区域划分。由于影响混凝土结构耐久性的环境因素很多,各环境要素的时空分布不一,各环境要素对耐久性环境区划的作用也不相同,因此,本书在分析我国环境状况和各环境因素对混凝土结构耐久性影响的大小之后,基于我国《混凝土结构耐久性设计规范》(GB/T 50476—2019),采用二级区划系统划分影响结构耐久性的环境区域。

(1)一级区划指标

一级区划主要根据影响混凝土结构耐久性的环境因素在全国范围进行划分。混凝土结构耐久性破坏主要是由混凝土碳化、钢筋锈蚀、冻融破坏、化学侵蚀、碱-集料反应等引起的。其中碱-集料反应是混凝土自身材料的劣化,化学侵蚀只在局部地区较为严重,冻融破坏在我国的西部、北部都有可能发生,而混凝土碳化和钢筋锈蚀是混凝土结构普遍存在的问题。

影响混凝土碳化、钢筋锈蚀和冻融破坏的环境因素有很多:温度、湿度、CO_2浓度、Cl^-含量等。大气中CO_2浓度本身并不是很高,虽然近年来CO_2浓度逐年升高,但是从全国范围来看,它的浓度梯度并不是很大;Cl^-含量只是在沿海地区才呈现出较大的梯度。因此,CO_2浓

度和 Cl^- 含量不作为主要指标。温度、相对湿度在空间分布上差异很大,它形成我国各地气候特征的主要差异,即冷、热、干、湿之不同。这两种气候因素对混凝土碳化、钢筋锈蚀的影响很大。因此,选择温度和相对湿度作为一级区划指标。

作为一级区划指标的温度有年平均温度、月平均温度、月平均最高与最低温度、高于或低于某一界线温度的天数等,普遍认为月平均温度能较好地反映地区的冷热程度。7月反映地区的最热程度,这时碳化与钢筋锈蚀速度最快;1月反映地区的最冷程度,决定着混凝土结构是否发生冻融破坏。故选用1月平均温度和7月平均温度为温度指标。我国相对湿度分布一般在7月份最大,东部季风区相对湿度大多在70%以上,而西部、北部只有30%~70%,所以选用7月平均相对湿度作为湿度指标。本研究规定以所在区域是否受冻作为一级环境区域划分的依据。

(2)二级区划指标

二级区划指标主要考虑各一级区内环境的不同,且按各区的特点进行选取。在受冻地区还存在不同的性能劣化因素,如除冰盐侵蚀、海洋环境下的氯离子侵蚀等,我国东北地区 Cl^- 引起的钢筋锈蚀问题与 Cl^- 含量密切相关,Cl^- 含量在沿海地区呈现出较大的梯度,而离海岸线的远近能很好地反映 Cl^- 含量的变化,并且方便使用。在非受冻地区,存在海洋环境下的氯离子侵蚀及碳化等。

3.2.2 耐久性环境区划标准及区划结果

一级区划以1月平均温度(T_1)、7月平均温度(T_7)、7月平均相对湿度为指标(RH_7),具体区划标准见表3-1。

环境区域划分及相应的桥梁混凝土主要的防治内容　　　　表3-1

一级环境区域			二级环境区域		
区名	影响指标	性能影响因素	区名	影响指标	性能影响因素
Ⅰ区	$T_1 < 0℃$	冻融	Ⅰ-Ⅰ区	$T_1 \leq -10℃$ $T_7 \leq 25℃$ $RH_7 \geq 50\%$	除冰盐	除冰盐侵蚀
			Ⅰ-Ⅱ区	$T_1: -10 \sim 0℃$ $T_7: 18 \sim 28℃$ $RH_7 \geq 50\%$	海洋环境 盐渍环境	氯离子侵蚀 除冰盐侵蚀 盐渍侵蚀
					海洋环境	氯离子侵蚀 除冰盐侵蚀
					除冰盐酸雨	除冰盐侵蚀混凝土中性化
			Ⅰ-Ⅱ区	$T_1: -10 \sim 0℃$ $T_7: 18 \sim 28℃$ $RH_7 \geq 50\%$	除冰盐	除冰盐侵蚀
			Ⅰ-Ⅲ区	$T_1: -22 \sim 0℃$ $T_7 < 18℃$ $RH_7 \geq 50\%$	盐渍环境	盐渍侵蚀
					一般大气	混凝土碳化

续上表

一级环境区域			二级环境区域			
区名	影响指标	性能影响因素	区名	影响指标		性能影响因素
Ⅰ区	$T_1<0℃$	冻融	Ⅰ-Ⅳ区	T_1：-22~-5℃ $T_7≥18℃$ $RH_7<50\%$	一般大气	混凝土碳化
Ⅱ区	$T_1>0℃$	碳化	Ⅱ-Ⅰ区	T_1：0~10℃ T_7：25~30℃ $RH_7≥50\%$	海洋环境	氯离子侵蚀
					一般大气	混凝土碳化
			Ⅱ-Ⅱ区	$T_1>10℃$ T_7：25~29℃ $RH_7≥50\%$	海洋环境	氯离子侵蚀
					一般大气	混凝土碳化
			Ⅱ-Ⅲ区	T_1：0~13℃ T_7：18~25℃ $RH_7≥50\%$	酸雨	混凝土中性化

Ⅰ-Ⅰ区受冻融低温影响，主要分布在东北地区、内蒙古中东部及北部、河北北部以及山西北部。Ⅰ-Ⅱ区主要分布在北方华北地区、辽宁北部、山东、江苏北部、河南中部北部、陕西中部北部、甘肃东部，在渤海、黄海海岸线存在海洋环境，天津沿海存在盐渍环境。Ⅰ-Ⅲ区主要分布在青藏地区和新疆南部地区，在青海地区存在盐渍环境。Ⅰ-Ⅳ区主要分布在西北地区，不包括内蒙古中东部。Ⅱ-Ⅰ区主要分布在华中地区、华东地区、重庆、四川东北部，东部沿海岸线区域还受到海洋环境影响。Ⅱ-Ⅱ区分布在华南地区，沿海岸线区域受到海洋环境影响。Ⅱ-Ⅲ区主要分布在云南、贵州、四川南部、西藏南部。

以上这些环境区域部分以一种腐蚀因素为主，部分存在着多种主要腐蚀因素。由于多种侵蚀因素之间对桥梁混凝土性能长期演变可能存在相互叠加或相互促进的效应。因此，研究桥梁混凝土性能长期演变规律必须考虑桥梁实际生存环境中的复合因素作用。对我国腐蚀环境划分的目的主要是明确各区域中存在的主要侵蚀因素以及侵蚀因素的主要组合。

3.3 桥梁混凝土材料长期性能指标筛选

长期性能测试指标的选择，主要是考虑对混凝土桥梁结构设计和安全评价非常重要的物理力学性能和渗透性能指标，包括质量、相对动弹模量、抗压强度、抗折强度、氯离子扩散系数等。根据多因素环境组合的分析，依据我国《普通混凝土长期性能和耐久性能试验方法标准》(GB/T 50082—2009)，对相关试验方法和控制指标进行讨论，见表3-2、表3-3。

冻融循环标准试验方法　　　　　　　　　　　　　　　　　　　　　　表3-2

项目	慢冻法	快冻法	盐冻法
冻融循环制度	试验温度：(−20~−18)~(18~20)℃，融化时间≥4h，冻结时间≥4h	试验温度：(−18±2)~(5±2)℃，一次冻融循环(2~4)h	从20℃开始，以(10±1)℃/h的速度均匀地降至(−20±1)℃，且维持3h；然后从−20℃开始，以(10±1)℃/h的速度均匀地升至(20±1)℃，且维持1h
试件尺寸	100mm×100mm×100mm的立方体试件	100mm×100mm×400mm的棱柱体试件	150mm×110mm×70mm的混凝土试件
测试指标	质量损失率，抗压强度	相对动弹模量，质量损失率	单位表面面积剥落物总质量，超声波相对动弹性模量
判定标准	抗冻标号应以抗压强度损失率不超过25%或者质量损失率不超过5%时的最大冻融循环次数确定	抗冻等级应以相对动弹模量下降至不低于60%或者质量损失率不超过5%的最大冻融循环次数来确定	抗冻性能应以达到28次冻融循环或者试件单位表面面积剥落物总质量大于1 500g/m² 或者超声波相对动弹性模量降低到80%的最大冻融循环次数而确定

抗硫酸盐侵蚀标准试验方法　　　　　　　　　　　　　　　　　　　表3-3

试验制度	养护至28d龄期的前2d，取出试件放入烘箱中，在(80±5)℃下烘48h。试件烘干并冷却后放入5% Na_2SO_4 溶液中浸泡(15±0.5)h；浸泡结束后将试件风干1h；风干结束后对试件进行烘干，温度维持在(80±5)℃，时间为6h。整个过程为一次干湿循环
试件尺寸	100mm×100mm×100mm的立方体试件
测试指标	抗压强度
判定标准	抗硫酸盐等级以混凝土抗压强度耐蚀系数下降到不低于75%时的最大干湿循环次数来确定

依据我国《普通混凝土长期性能和耐久性能试验方法标准》(GB/T 50082—2009)以及在混凝土桥梁设计、施工中的控制指标，本项目选择与桥梁安全、适用、耐久相关混凝土长期性能演变的表征指标主要有：

(1) 与安全性能相关的指标：混凝土强度。

(2) 与适用性能相关的指标：混凝土徐变、混凝土弹性模量。

(3) 与耐久性能相关的指标：抗渗性能，本项目主要以氯离子扩散系数为代表，同时可反映典型且严酷的环境海洋环境下混凝土耐久性劣化性能。

桥梁混凝土结构生存的环境复杂多样，引起混凝土劣化的破坏性因素很多。选取我国内陆桥梁的典型腐蚀环境因素包括硫酸盐侵蚀、干湿循环、冻融循环、除冰盐(氯盐)以及荷载因素(外部弯曲应力)，主要考虑上述因素相互具有一定相关关系、对混凝土长期物理力学性能、抗渗性能产生显著影响。典型多因素组合主要考虑以下4种：

(1) 冻融与氯盐侵蚀共同作用：我国北方严寒地区桥梁在冬季会遭受冻融侵蚀，特别是当使用除冰盐时，会受到氯盐-冻融循环双重侵蚀作用。

(2) 干湿循环与硫酸盐侵蚀共同作用：硫酸盐通常存在于地下水、海水及工业废水中，是一种最广泛、最普通的化学侵蚀形式；而处于潮汐区或地下水位变化环境中的桥梁结构会遭受干湿循环和硫酸盐侵蚀的耦合作用。

(3) 氯盐-冻融与荷载共同作用：桥梁结构在服役过程中会受到各种荷载作用，包括自重荷载、车辆的疲劳荷载、冲击振动荷载等。当冬季使用除冰盐处理桥面板上的积雪和积冰时，混凝土还会遭受氯盐-冻融的复合侵蚀影响。

(4) 干湿循环与荷载作用：桥梁结构在服役过程中会受到各种荷载作用，干湿循环也是桥梁生存环境中普遍存在的条件，对于混凝土的收缩具有重要影响。

3.4 本章小结

桥梁混凝土长期性能之所以令人关注，是因为它们直接影响到桥梁结构的安全可靠性和服役寿命。混凝土结构在不同的环境中由于受到不同腐蚀因素的影响，其长期性能劣化的主要形式不尽相同。这其中尤以混凝土力学性能、耐久性和徐变等最为重要。其中，混凝土力学性能变化直接影响桥梁结构承载能力和安全性；混凝土耐久性直接影响结构安全性和服役寿命；混凝土徐变特性影响桥梁结构的变形性能和适用性。

外加剂从20世纪90年代中期开始大规模采用，掺合料在20世纪90年代末期在部分桥梁中开始使用，到现在均不过20年左右的时间。纵观这期间采用外加剂和掺合料建造的混凝土桥梁，暴露出了诸如梁下挠增加、强度增长率降低、碳化加快等长期性能降低现象。由于掺加外加剂和掺合料的混凝土应用时间较短，认知水平基本局限于外加剂和掺合料对混凝土拌合物工作性能和混凝土硬化后早期性能的影响，对其长期性能尚缺乏系统研究。

第2篇

长期力学性能和耐久性演变规律

4 一般大气环境中混凝土长期力学性能和耐久性

　　一般大气环境是混凝土桥梁最基本的服役环境条件。其他环境条件,如海洋环境、冻融环境、硫酸盐侵蚀环境等均是在一般大气环境腐蚀因素的基础上叠加了相应的腐蚀因素。掺加外加剂和掺合料的混凝土的性能在一般大气环境中的长期变化情况通常可代表混凝土自身长期性能变化规律。

　　大气中含有体积分数约为0.03%的CO_2,其不断向混凝土内部渗透并与混凝土中的$Ca(OH)_2$等水泥水化产物反应生成碳酸钙等物质,即混凝土碳化。混凝土碳化过程是一个极其复杂的物理化学过程。混凝土碳化反应的主要产物碳酸钙属非溶解性钙盐,体积膨胀约17%。一方面,混凝土凝胶孔隙和部分毛细孔隙被碳化产物堵塞,混凝土密实度和强度有所提高;另一方面,混凝土碳化使混凝土的pH值降低,完全碳化的混凝土pH值可降低至8.5~8.0,当混凝土中水泥浆体pH值从12以上降低到10以下时,水化硅酸钙等水化产物就会发生分解,导致混凝土孔隙率增大、强度降低。并且,当碳化发展到钢筋表面时,钢筋钝化膜变得不稳定,引发钢筋锈蚀等耐久性病害。国内外对于混凝土碳化导致钢筋锈蚀等耐久性问题的研究成果非常丰富,普遍认为碳化过程受CO_2在混凝土孔隙中扩散控制,并利用Fick第一扩散定律建立了经典的混凝土碳化理论模型。相对而言,对一般大气环境中混凝土力学性能和抗渗性的长期变化研究较少。

　　本章通过汇总分析国内外混凝土在一般大气环境中的长期暴露实例,并对掺加外加剂和掺合料的混凝土开展为期3年左右的暴露试验,研究混凝土在一般大气环境中的长期力学性能和耐久性的发展变化。

4.1 混凝土长期暴露试验实例

　　混凝土暴露试验直接研究混凝土在特定环境中受侵蚀状况,并检测相关指标随时间的变化,是研究混凝土长期性能的直接可靠方法。由于混凝土材料在一般大气环境中性能退化缓慢,此类试验需要长期跟踪研究,甚至超过百年。国内大规模应用混凝土进行建设的时期较晚,暴露试验开展也较晚,尚未形成充足的规律性数据。国外这方面研究较早,做了一些混凝土暴露试验,本书将搜集到的部分暴露试验数据做汇总分析,并分析得出强度时变曲线。

4.1.1 暴露试验实例

　　日本水泥株式会社进行了40年水泥混凝土在大气中的暴露试验,混凝土水灰比0.53,试件尺寸不详;对比了多种水泥的混凝土抗压强度的经时变化,暴露试验结果如图4-1所示。

　　可以看出,随着龄期增长混凝土强度不断增大,早期强度增速较快,约在5年龄期时强度已基本稳定,之后直到40年龄期,混凝土强度基本不变或稍有增长,40年龄期强度值约为28d强度值的1.2~2.5倍。

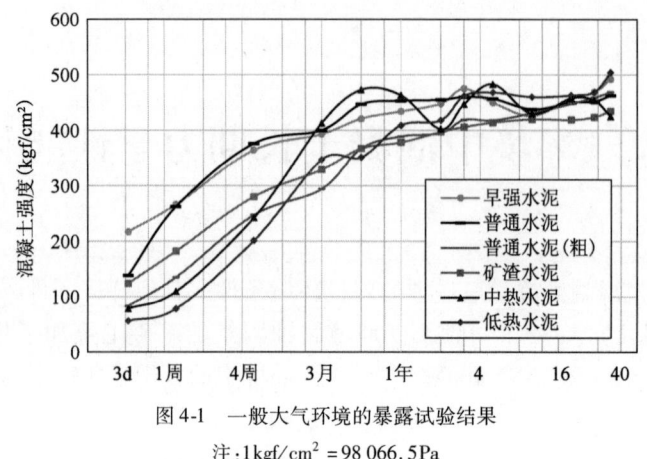

图 4-1 一般大气环境的暴露试验结果

注：$1 kgf/cm^2 = 98066.5 Pa$

日本在北海道西部小樽港工程中做了约 100 年的砂浆暴露试验,学者滨田秀则根据小樽港工程中暴露试验数据分析了砂浆试件放于空气中其抗拉强度随龄期的变化情况如图 4-2 所示。从长期暴露试验结果可以看出：随着龄期的增长,水泥水化更加充分,砂浆试件的抗拉强度不断提高,在约 30~40 年龄期时达到抗拉强度最大值,约为 28d 强度值的 3~4 倍,而后缓慢降低。在 85 年龄期时掺火山灰砂浆试件其抗拉强度降至最高值的 62%,未掺火山灰砂浆试件其抗拉强度降至最高值的 47%。

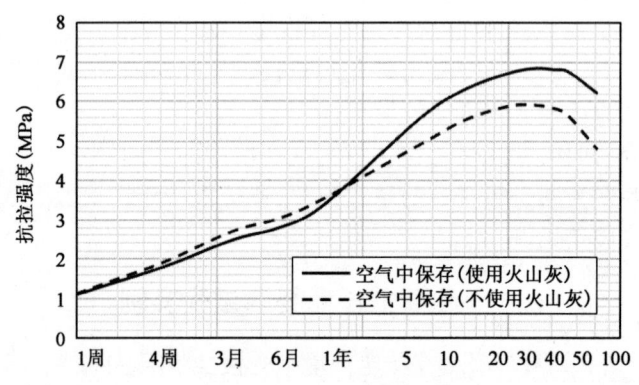

图 4-2 砂浆试件抗拉强度变化

有学者收集了 60 年的一般大气环境下混凝土强度经时变化数据,其暴露试验数据与 28d 强度的比值如表 4-1 所示。

暴露试验数据与 28d 强度比值　　　表 4-1

t(年)	0	1	2	2.5	3	5	7	10	12	17	20	24	25	30	45	60
强度比值	1.0	1.38	1.347	1.411	1.41	1.50	1.336	1.53	1.344	1.351	1.58	1.40	1.56	1.35	1.21	1.16

强度变化趋势图如图 4-3 所示。

从该数据看,混凝土强度在前 10~20 年处于增长状态,可增长到 28d 强度的 1.4~1.6 倍,在大约 25 年后强度逐渐降低,60 年时平均强度接近 28d 强度。

4.1.2 混凝土强度时变曲线拟合

本书汇总分析了日本一般大气环境暴露试验数据和国内长龄期混凝土建筑物强度实测数据,为使不同地区、不同水泥种类的混凝土强度具有可比性,不考虑小因素影响,以混凝土时变强度与28d强度比值作为数据(图4-3),作出一般大气环境中混凝土强度数据降噪后的散点图如图4-4所示,以此对混凝土强度时变曲线进行拟合。混凝土强度在前20年处于增长状态,在1~5年内增速较快,而后增速减慢,在第20~30年间较为平缓,约在30年后强度出现降低趋势,强度的离散性也逐渐增大。结合变化规律,将本书中搜集到的混凝土强度时变数据分为三部分,即增长段(0~20年)、平稳段(20~30年)和衰减段(30~60年)。平稳段(20~30年)的数据约为28d强度的1.2~1.6倍,不再进行拟合。为提高整体拟合优度和三段数据的关联性,增长段(0~20)年以0~30年的数据进行拟合,如图4-5所示;衰减段(30~60年)以20~60年的数据进行拟合,如图4-6所示。

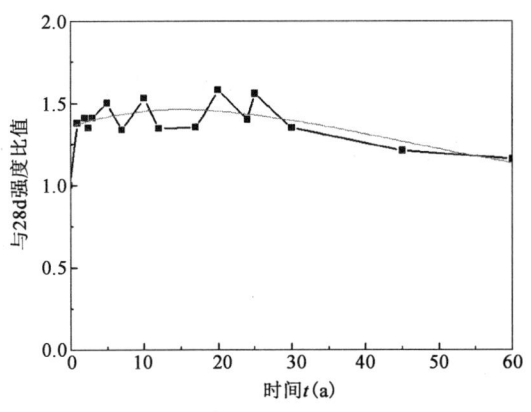

图4-3 一般大气环境下混凝土强度时变数据　　图4-4 一般大气环境中混凝土强度散点图

1) 增长段(0~20年)

增长段(0~20年)的拟合,根据前期增长快,之后增长减慢的特点,采用二次多项式、幂函数、ExpAssoc函数和Log3P1函数分别进行拟合,各曲线拟合公式与拟合后决定系数R^2见表4-2,拟合图见图4-5。

一般大气环境混凝土强度增长-平稳段曲线拟合　　表4-2

名称	公式	决定系数 R^2
二次多项式	$y = a + bx + cx^2$	0.607
幂函数	$y = ax^b$	0.817
ExpAssoc	$y = y_0 + A_1(1 - e^{-x/t_1}) + A_2(1 - e^{-x/t_2})$	0.842
Log3P1	$y = a - b\ln(x + c)$	0.843

用ExpAssoc函数和Log3P1函数拟合的决定系数R^2均较高,拟合效果较好,且两者相差较小,分别为0.842和0.843。综合考虑下文中海洋环境下强度上升段拟合结果,Log3P1函数拟合的R^2更高,且该函数表达式较ExpAssoc函数表达式更简洁清晰,更适合于工程与研究应用,故选择Log3P1函数作为增长段的拟合曲线。

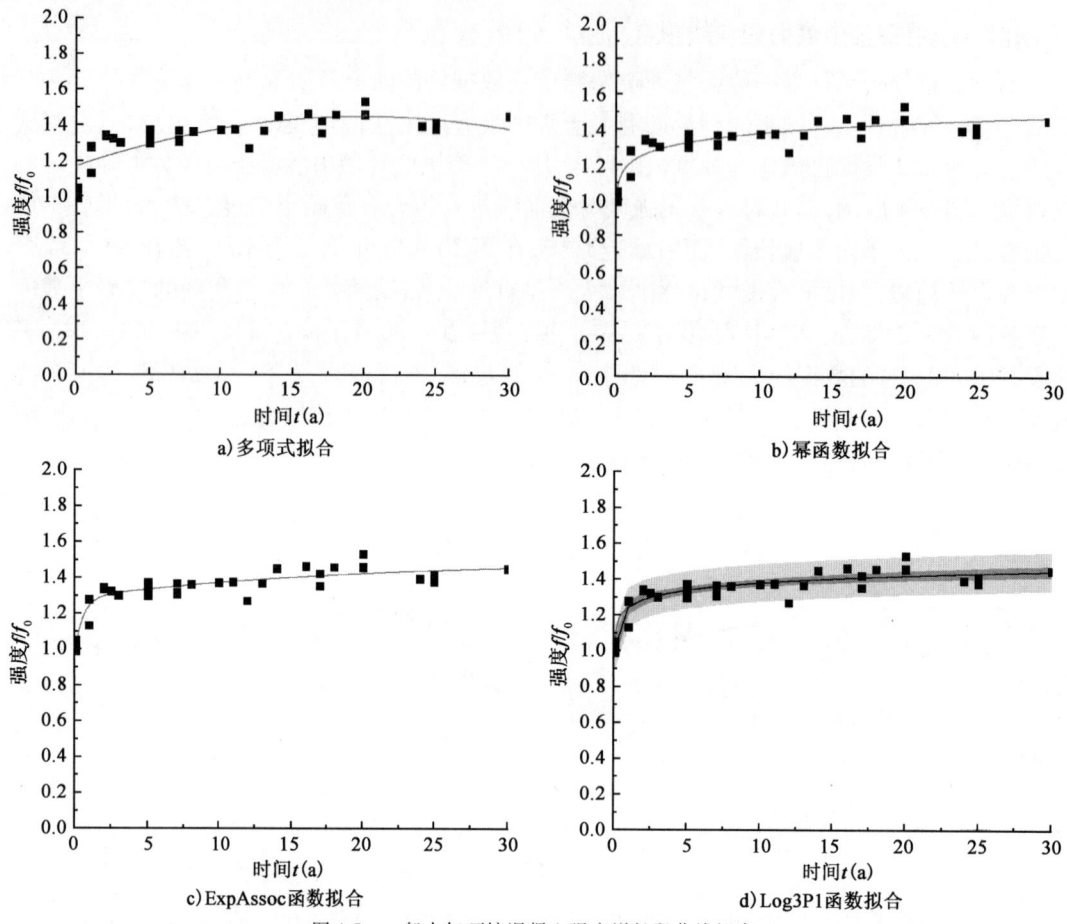

图 4-5 一般大气环境混凝土强度增长段曲线拟合

一般大气环境中混凝土强度增长段(0~20年)的拟合曲线如式(4-1)所示。

$$n_f(t) = 1.24918 + 0.05812 \times \ln(t - 0.08215) \tag{4-1}$$

式中：t——时间(a)；

$n_f(t)$——t 时间对应的强度与28d强度比值。

另外得出混凝土强度时变具有一定保证率的区间域,见图 4-5d),图中深灰色区域为均值95%置信带,浅灰色部分为95%预测带。

2)衰减段(30~60年)

衰减段(30~60年)的拟合,采用线性、幂函数、ExpAssoc 函数和 Log3P1 函数分别进行拟合,各曲线拟合公式与拟合后决定系数 R^2 见表4-3。

一般大气环境混凝土强度平稳-衰减段曲线拟合　　　　表4-3

名　称	公　式	决定系数 R^2
线性	$y = a + bx$	0.890
幂函数	$y = ax^b$	0.885
ExpAssoc	$y = y_0 + A_1(1 - e^{-x/t_1}) + A_2(1 - e^{-x/t_2})$	0.881
Log3P1	$y = a - b\ln(x + c)$	0.903

四个函数拟合中 Log3P1 函数拟合的 R^2 最高,值为 0.903,拟合曲线见图 4-6,另外,得出混凝土强度时变具有一定保证率的区间域,图中深灰色区域为 95% 置信带,浅灰色部分为 95% 预测带。一般大气环境中混凝土强度衰减段(30~60 年)的拟合曲线如式(4-2)所示。

$$n_f(t) = 2.812\,03 - 0.402\,37 \times \ln(t + 7.375\,78) \quad (4-2)$$

式中:t——时间(a);

$n_f(t)$——t 时间对应的强度与 28d 强度比值。

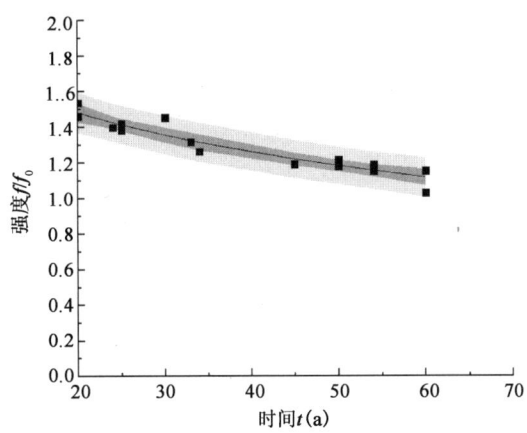

图 4-6 一般大气环境混凝土强度衰减段曲线拟合(Log3P1)

拟合曲线表现出,在混凝土强度衰减段,强度衰减速率随时间增长有少量减小。这与混凝土试件的尺寸效应有关,一般大气环境中侵蚀较弱,有害因子初期侵蚀混凝土表层对其造成损害,而向混凝土内部的扩散侵蚀则会减慢,因而后期其试件强度的衰减速率会有降低,试件尺寸越大,尺寸效应会越明显。

以上趋势规律是基于已搜集到的暴露试验数据拟合得到。对混凝土材料大规模研究和使用的时间只有 100 年左右,由于混凝土结构材料性能变化缓慢,其长期暴露试验和实体结构跟踪研究成果相对较少。这种情况不仅仅在一般大气环境中如此,在海洋、冻融、硫酸盐等典型环境的研究成果也较少。因此,亟须加强典型环境中野外观测站点建设,积累现场暴露试验的时间序列数据,以更好地揭示混凝土性能长期变化规律。

4.2 混凝土长期力学性能和耐久性试验研究

为揭示使用外加剂和掺合料混凝土的长期性能,本书开展了为期 3 年左右的暴露试验,研究一般大气环境中混凝土在硬化后早期阶段的力学性能和耐久性变化规律。

4.2.1 原材料

(1)水泥:42.5 级普通硅酸盐水泥(PO 42.5)。水泥中粒化高炉矿渣掺量 10%、石灰石掺量 5%,水泥的化学成分如表 4-4 所示。水泥的物理力学性能指标测定结果见表 4-5。

表 4-4 水泥的化学成分

化学成分	SiO_2	Al_2O_3	Fe_2O_3	CaO	MgO	SO_3	LL
质量分数(%)	21.27	5.06	3.56	64.66	1.07	2.24	2.01

水泥的物理力学性能　　　　　　　　　　　　　　　表4-5

凝结时间(min)		安定性	抗折强度(MPa)		抗压强度(MPa)		细　度		标准稠度(%)
初凝	终凝		3d	28d	3d	28d	80μm筛余(%)	比表面积(m²/kg)	
125	200	合格	4.8	11.0	18.5	55.7	1.45	352	27.0

(2)粉煤灰：Ⅰ级粉煤灰，其化学成分如表4-6所示。粉煤灰的物理力学性能指标测试结果见表4-7。

粉煤灰和矿渣的化学成分　　　　　　　　　　　　　表4-6

项目	化学成分(%)											
	Al₂O₃	CaO	MgO	K₂O	Na₂O	MnO	P₂O₅	SiO₂	SO₃	TiO₂	Fe₂O₃	Loss
粉煤灰	28.05	2.65	1.03	1.19	0.46	0.04	0.29	49.91	0.86	2.15	8.85	4.30
矿渣	15.50	38.14	9.14	0.43	0.10	0.31	0.08	32.69	1.73	0.70	1.70	2.3

粉煤灰的物理力学性能　　　　　　　　　　　　　　表4-7

细度(45μm筛余)(%)	比表面积(m²/kg)	含水率(%)	需水比(%)	烧失量(%)	混合砂浆活性指数		Cl⁻(%)	SO₃(%)
					7d	28d		
11.5	600	0.3	92	4.1	80	91	0.01	0.7

(3)磨细矿渣：S95级磨细矿渣粉。矿渣粉的化学成分和物理力学性能分别见表4-8和表4-9。

矿渣粉的物理力学性能　　　　　　　　　　　　　　表4-8

细度(45μm筛余)(%)	比表面积(m²/kg)	含水率(%)	需水比(%)	烧失量(%)	混合砂浆活性指数		MgO(%)	Cl⁻(%)	SO₃(%)
					7d	28d			
12.2	450	0.1	97	2.4	93	110	11.2	0.01	0.9

(4)细集料：河砂，细度模数2.9。物理力学性能检测结果如表4-9所示。

河砂的物理力学性能　　　　　　　　　　　　　　　表4-9

泥块含量(%)	含泥量(%)	表观密度(kg/m³)	松堆密度(kg/m³)	空隙率(%)	吸水率(%)	SO₃(%)	坚固性(%)
0	1.4	2 622	1 517	42.1	1.3	0.4	4.2

(5)粗集料：5~25mm连续级配石灰岩碎石，物理力学性能检测结果见表4-10。需指出的是，5~25mm粒径仅用于截面尺寸150mm×150mm和100mm×100mm的试件，对于截面尺寸40mm×40mm的试件，筛选5~10mm碎石，对于截面75mm×75mm的试件，筛选5~20mm碎石。

碎石的物理力学性能　　　　　　　　　　　　　　　表4-10

针片状含量(%)	泥块含量(%)	含泥量(%)	压碎值(%)	表观密度(kg/m³)	松堆密度(kg/m³)	空隙率(%)	吸水率(%)	坚固性(%)
3	0	0.7	11.0	2 725	1 520	44.2	0.9	3.6

(6)高效减水剂:选用 BASF SP8-CR 聚羧酸盐高性能减水剂,减水率 28%。
(7)引气剂:采用 SJ-3 型引气剂。
(8)早强剂:选用化学纯无水硫酸钠作为早强剂。
(9)拌和用水:自来水(饮用水)。

4.2.2 混凝土配合比

设计了不同水胶比、粉煤灰掺量和磨细矿渣掺量的混凝土,其中混凝土的水胶比分别为 0.32、0.4、0.48。粉煤灰等量取代水泥,掺量分别为 12%、18%、24%;磨细矿渣等量取代水泥,掺量分别为 15%、25%、35%;或者粉煤灰和磨细矿渣复掺等量取代水泥,掺量各为 15% 和 15%。早强剂和引气剂掺量分别为胶凝材料用量的 1% 和 0.007%。调整高效减水剂掺量,使混凝土工作性满足初始坍落度为 220mm ± 20mm,坍扩度 550mm ± 50mm。混凝土配合比如表 4-11 所示。

混凝土配合比　　　　表 4-11

序号	W/B	混凝土各材料用量(kg/m³)							
		水泥	水	砂	碎石	掺合料		外加剂	
						GBFS	FA	早强剂	引气剂
Q-1	0.32	490	157	760	1 050	—	—	—	—
Q-2	0.32	431.2	157	760	1 050	—	58.8	—	—
Q-3	0.32	401.8	157	760	1 050	—	88.2	—	—
Q-4	0.32	372.4	157	760	1 050	—	117.6	—	—
Q-5	0.32	416.5	157	760	1 050	73.5	—	—	—
Q-6	0.32	367.5	157	760	1 050	122.5	—	—	—
Q-7	0.32	318.5	157	760	1 050	171.5	—	—	—
Q-8	0.32	392	157	760	1 050	73.5	73.5	—	—
Q-9	0.32	401.8	157	760	1 050	—	88.2	4.90	—
Q-10	0.32	401.8	157	760	1 050	—	88.2	—	0.0343
Q-11	0.4	430	176	724	1 086	—	—	—	—
Q-12	0.48	390	186	724	1 086	—	—	—	—

4.2.3 试验方法

按《普通混凝土力学性能试验方法标准》(GB/T 50081—2002)规定进行试件的制作和养护。将水泥、砂、石、矿物掺合料在搅拌机中干拌 1min 后,将外加剂和水混合均匀,在搅拌过程中缓慢加入,并持续搅拌 2min 左右。出料后测定新拌混凝土的坍落度和坍扩度,保证混凝土的初始坍落度为 220mm ± 20mm,坍扩度 550mm ± 50mm。混凝土浇筑成型后 24h 脱模,标准养护 14d 后,置于室外大气环境自然养护至预定龄期,测试混凝土的基本物理力学性能。具体的试验方法见表 4-12。

大气环境下桥梁混凝土长期物理力学性能试验方法　　　　表 4-12

试验养护制度及龄期设计	测试指标、测试方法及试件尺寸		
	测试指标	测试方法	试件成型尺寸
养护制度:试件成型后 24h 脱模,标准养护 14d 后,置于室外大气环境中自然养护。龄期设计:测试龄期为 7d、28d、90d、180d、1年、3年	抗压强度	T 0553—2005	150mm×150mm×150mm
	劈拉强度	T 0560—2005	
	弹性模量	T 0556—2005	150mm×150mm×300mm
	抗渗性能	电渗透方法	100mm×100mm×100mm

4.2.4　试验结果分析

大气环境下桥梁混凝土的长期力学性能和耐久性如图 4-7~图 4-10 所示。由图可知,混凝土抗压强度随着水胶比的减小而增大,水胶比从 0.48 下降至 0.32,其各龄期的抗压强度增幅大于 50%。混凝土试件的抗压强度随龄期的增长而增大。至 3 年龄期时,抗压强度与一年龄期相比变化不大。其中纯水泥混凝土的抗压强度在早期(90d 之前)增长幅度较大,随后趋于平缓。由于粉煤灰活性较低,粉煤灰混凝土在 28d 之前的抗压强度最低,而后快速增长,且随掺量的增加,后期增长潜力越大。磨细矿渣混凝土以及粉煤灰-磨细矿渣复掺的混凝土,无论是在养护早期还是养护后期都具有较高的抗压强度,特别是磨细矿渣掺量 25% 时,具有最佳的强度发展。早强剂的掺入促进了混凝土抗压强度的早期(28d 之前)增长,而后增长缓慢。引气剂的掺入降低了混凝土的抗压强度。

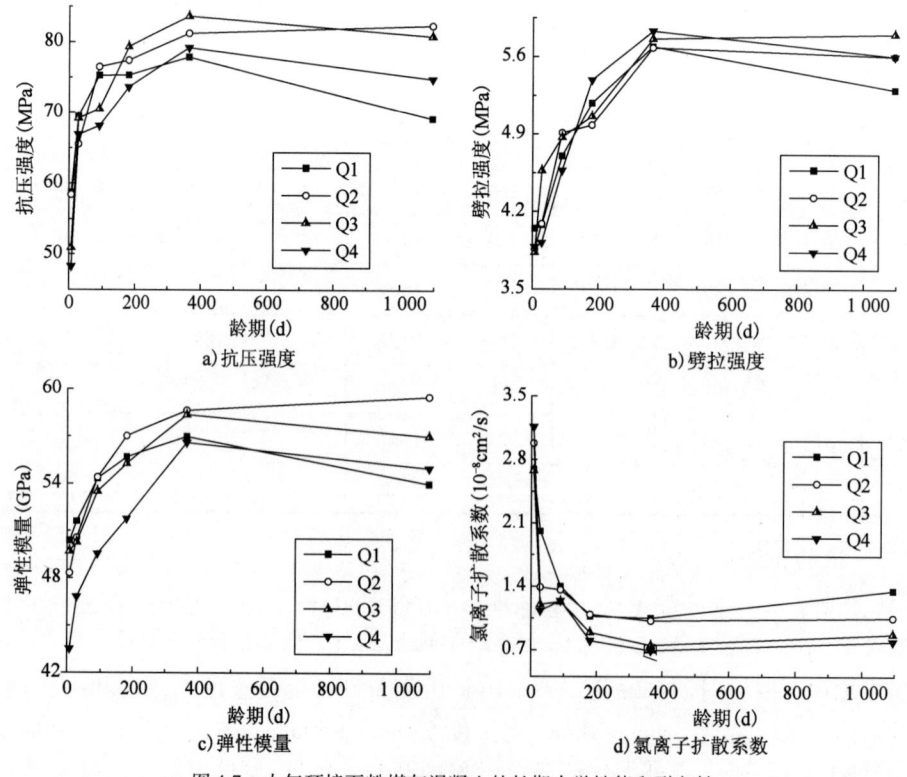

图 4-7　大气环境下粉煤灰混凝土的长期力学性能和耐久性

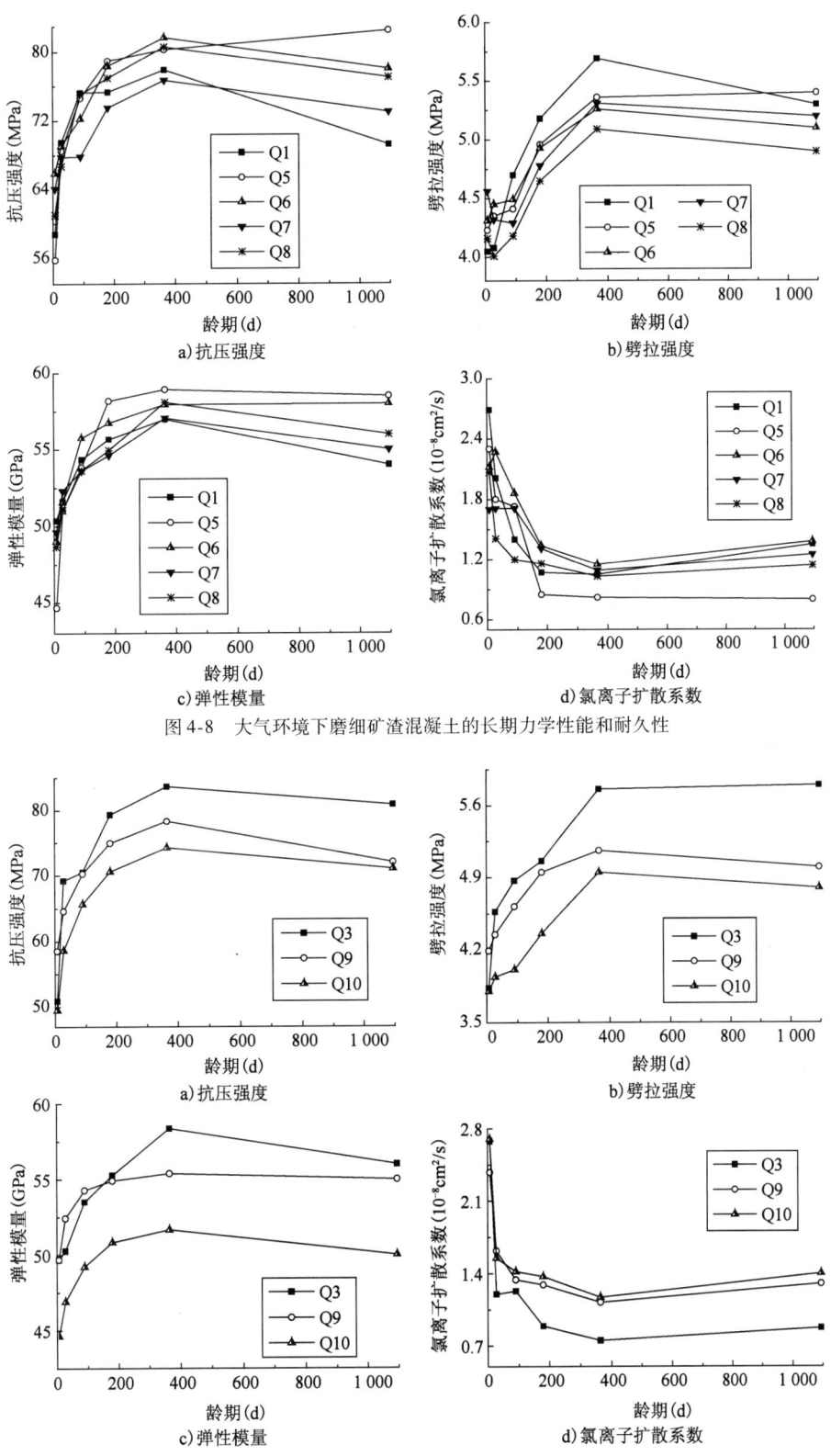

图4-8 大气环境下磨细矿渣混凝土的长期力学性能和耐久性

图4-9 大气环境下外加剂对混凝土长期力学性能和耐久性的影响

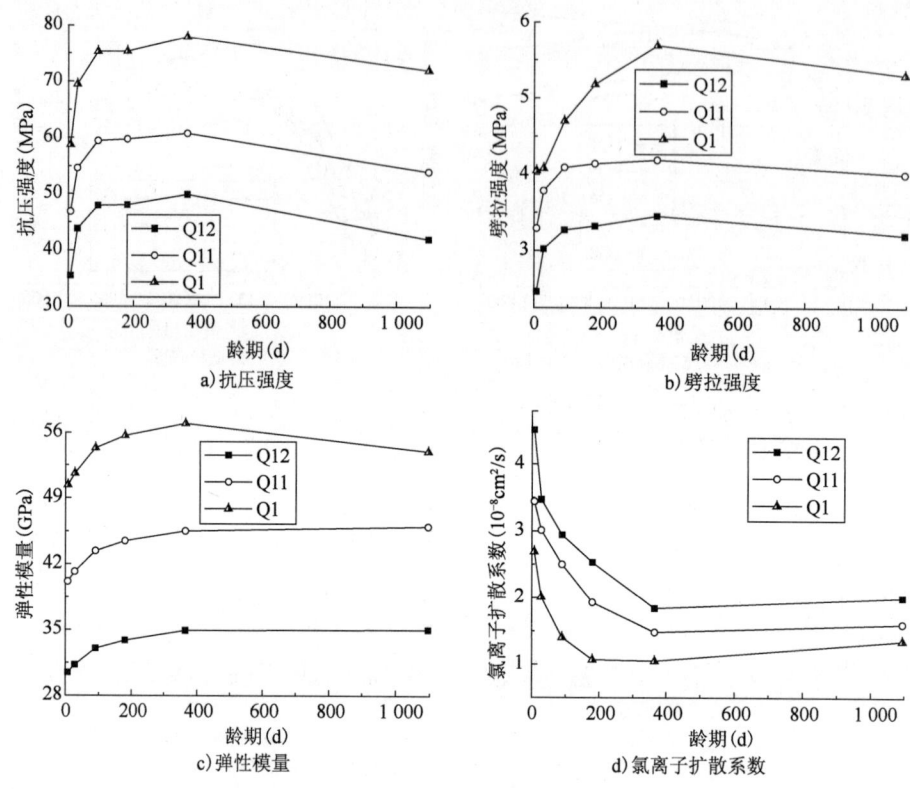

图4-10 大气环境下水胶比对混凝土长期力学性能和耐久性的影响

与抗压强度的发展规律类似,混凝土劈拉强度随水胶比的减小而增大;随龄期的增长而增大,至3年龄期时,劈拉强度与1年龄期相比变化不大。与纯水泥混凝土相比,粉煤灰混凝土在28d之前的劈拉强度较低,而后快速增长,且随掺量的增加,后期增长潜力越大。粉煤灰掺量24%的混凝土,其180d劈拉强度超过纯水泥混凝土。磨细矿渣混凝土在28d前的劈拉强度高于纯水泥混凝土,而后劈拉强度低于纯水泥混凝土。磨细矿渣-粉煤灰复掺时,劈拉强度最低。早强剂的掺入促进了混凝土劈拉强度的早期(28d之前)增长;而后增长速度放慢。引气剂的掺入降低了混凝土的劈拉强度。

混凝土的弹性模量随水胶比的减小而增大,水胶比从0.48减至0.32,其各龄期的弹性模量增幅大于60%。混凝土试件的弹性模量随龄期而增长,至3年龄期时,弹性模量与1年龄期相比变化不大。其中纯水泥混凝土的弹性模量在90d之前增长较大,随后增长幅度趋于平缓。由于粉煤灰火山灰活性较低,粉煤灰混凝土在28d之前的弹性模量偏低,而后快速增长,粉煤灰掺量12%的混凝土在90d龄期时,弹性模量即超过纯水泥混凝土;然而随掺量增加,粉煤灰混凝土的弹性模量降低。磨细矿渣混凝土(磨细矿渣单掺或磨细矿渣-粉煤灰复掺)在28d之前的弹性模量低于纯水泥混凝土,而后快速发展,至1年龄期时,各组掺有磨细矿渣的混凝土,其弹性模量均赶上甚至超过纯水泥混凝土。早强剂的掺入促进了混凝土前期弹性模量(180d之前)的增长,而后增长缓慢。引气剂的掺入降低了混凝土各龄期的弹性模量。

水胶比从0.48减小至0.32,混凝土结构密实度增加,抗渗性能提高,氯离子扩散系数值降低。随龄期的增加,胶凝材料水化程度增加,混凝土的氯离子扩散系数降低,至 3 年龄期时,氯离子扩散系数与 1 年龄期相比变化不大。其中纯水泥混凝土的氯离子扩散系数在 90d 之前降低较快,随后趋于平缓。由于粉煤灰火山灰活性较低,粉煤灰混凝土在 28d 之前的氯离子扩散系数值大于纯水泥混凝土。随龄期的发展,粉煤灰活性及其微填充效应逐渐发挥出来,至 28d 之后,混凝土结构密实度增加,氯离子扩散系数值小于纯水泥混凝土,且随掺量的增加,氯离子扩散系数值越小。磨细矿渣具有较强的火山灰活性,磨细矿渣混凝土(磨细矿渣单掺或磨细矿渣-粉煤灰复掺)在 28d 之前的氯离子扩散系数值小于纯水泥混凝土,而后氯离子扩散系数变化幅度较小。早强剂的掺入有利于激发胶凝材料的水化,降低了混凝土的早期氯离子扩散系数,但是胶凝材料早期水化的加速不利于内部结构的细化,降低了混凝土密实度,使得掺有早强剂的混凝土,其后期氯离子扩散系数高于纯水泥混凝土。引气剂的掺入增加了混凝土的氯离子扩散系数,这是由于引气剂会在混凝土中引入一定的气泡,增加其孔隙率。

采用如式(4-3)所示拟合方程,提出了混凝土性能在一般大气环境中随时间的演变规律。

$$p_c = A_0 e^{\frac{-t}{A_1}} + A_2 \tag{4-3}$$

式中: p_c ——混凝土的抗压强度(MPa)、劈拉强度(MPa)、弹性模量(MPa);

t ——时间(d);

A_0、A_1、A_2 ——拟合系数,见表 4-13 ~ 表 4-15。

混凝土的抗压强度拟合方程系数　　　　　　　表 4-13

混凝土序号	A_0	A_1	A_2	R^2
Q1	-23.271 68	17.798 01	74.436 57	0.82
Q2	-25.219 64	59.272 43	81.055 53	0.97
Q3	-30.841 73	51.875 6	80.975 65	0.90
Q4	-37.923 55	18.021 74	74.157 58	0.92
Q5	-27.636 03	42.469 25	80.345 68	0.94
Q6	-15.136 14	100.092 6	79.977 76	0.90
Q7	-11.035 89	110.008 32	74.870 05	0.85
Q8	-19.893 81	53.709 8	78.501 27	0.95
Q9	-18.403 75	58.640 58	75.204 46	0.87
Q10	-24.549 62	60.201 57	72.283 46	0.96
Q11	-17.124 52	18.330 42	58.493 89	0.79
Q12	-17.809 15	15.847 49	46.944 05	0.77

混凝土的劈拉强度拟合方程系数　　　　　　　表 4-14

混凝土序号	A_0	A_1	A_2	R^2
Q1	-1.667 97	112.643 18	5.503 57	0.90
Q2	-1.883 43	124.216 09	5.643 06	0.94
Q3	-1.845 16	147.484 41	5.813 16	0.89

续上表

混凝土序号	A_0	A_1	A_2	R^2
Q4	−2.152 42	123.829 51	5.766 31	0.94
Q5	−1.333 07	203.407 25	5.465 66	0.92
Q6	−0.958 07	155.741 94	5.198 06	0.87
Q7	−1.012 71	261.228 43	5.307 91	0.74
Q8	−1.067 59	180.783 22	5.019 85	0.83
Q9	−0.976 88	103.462 81	5.089 63	0.95
Q10	−1.184 6	193.655 53	4.903 94	0.88
Q11	−1.112 42	23.026 99	4.110 56	0.94
Q12	−1.208 47	20.097 04	3.314 49	0.90

混凝土的弹性模量拟合方程系数 表4-15

混凝土序号	A_0	A_1	A_2	R^2
Q1	−6.102 85	57.339 47	55.611 93	0.82
Q2	−11.532 57	106.913 98	59.264 74	0.99
Q3	−8.844 69	123.053 61	57.711 96	0.94
Q4	−12.333 09	128.029 17	55.780 34	0.93
Q5	−14.654 42	62.084 37	58.642 21	0.94
Q6	−9.804 78	62.557 75	57.833 39	0.99
Q7	−6.225 55	77.287 05	55.807 43	0.82
Q8	−8.509 01	92.911 45	56.87	0.90
Q9	−6.494 52	33.779 95	55.051 34	0.98
Q10	−6.982 8	54.560 83	50.866 66	0.92
Q11	−5.979 77	112.277 52	45.857 73	0.95
Q12	−4.797 25	111.025 27	35.012 06	0.93

以 Q1 混凝土为基准,建立粉煤灰和矿渣掺量对混凝土抗压强度演变拟合方程的影响。

抗压强度:$p_c = K_0 A_0(Q_1) e^{\frac{-t}{K_1 A_1(Q_1)}} + K_2 A_2(Q_1)$

其中 $K_0 = 0.918\ 98 + 0.025\ 24\mathrm{FA}$,或 $K_0 = 1.148\ 57 - 0.017\ 09\mathrm{SL}$;

$K_1 = 0.988\ 2 + 0.399\ 66\mathrm{FA} - 0.016\ 55\mathrm{FA}^2$,或 $K_1 = 0.772\ 75 + 0.161\ 33\mathrm{SL}$;

$K_2 = 0.998\ 36 + 0.016\ 62\mathrm{FA} - 6.874\ 96(E-4)\mathrm{FA}^2$,

或 $K_2 = 0.999\ 36 + 0.009\ 5\mathrm{SL} - 2.650\ 83(E-4)\mathrm{SL}^2$。

总体而言,从目前的试验结果来看,随龄期的增加,胶凝材料水化程度增加,混凝土的氯离子扩散系数降低,在 1 年龄期,扩散系数基本降低至最低值。至 3 年龄期时,氯离子扩散系数与 1 年龄期相比变化不大,甚至略有增加。采用以下拟合方程,建立混凝土氯离子扩散系数随时间的演变规律,见式(4-4)。更加长期的性能变化需要进一步试验研究,并进一步修正。

$$\frac{D}{D_0} = a\left(\frac{t_0}{t}\right)^m \tag{4-4}$$

式中：D——考虑混凝土龄期的氯离子扩散系数（$10^{-8} m^2/s$）；

D_0——28d 龄期混凝土的氯离子扩散系数（$10^{-8} m^2/s$）；

t——混凝土龄期时间（d）；

t_0——28d 龄期；

m——时间幂次；

a——模型修正系数。

拟合情况见表 4-16。

混凝土中氯离子扩散系数拟合方程系数　　　　表 4-16

混凝土序号		a	m	D_0(28d)	R^2
Q1	W/B0.32	0.94	0.17	2.01	0.712 8
Q2	FA12	1.27	0.20	1.39	0.782 6
Q3	FA18	1.28	0.22	1.20	0.786 7
Q4	FA24	1.41	0.27	1.13	0.770 4
Q5	GBFS15	0.96	0.24	1.80	0.840 7
Q6	GBFS25	0.85	0.13	2.27	0.698 7
Q7	GBFS35	0.94	0.09	1.71	0.646 5
Q8	FA18GBFS15	1.08	0.12	1.41	0.786 3
Q9	FA18Z	1.07	0.13	1.62	0.765 3
Q10	FA18Y	1.18	0.13	1.55	0.666 2
Q11	W/B0.4	0.93	0.18	3.01	0.897 7
Q12	W/B0.48	1.00	0.18	3.47	0.918 8

4.3　混凝土劣化机理与亚微观分析

4.3.1　碳化劣化机理

普通硅酸盐水泥混凝土中水泥熟料的主要矿物成分有硅酸三钙、硅酸二钙、铝酸三钙、铁铝酸四钙及石膏等，其水化产物为氢氧化钙（约占 25%）、水化硅酸钙（约占 60%）、水化铝酸钙、水化硫铝酸钙等。充分水化后，混凝土孔隙水溶液为氢氧化钙饱和溶液，其 pH 值约为 12.5~13.5，呈强碱性。在水泥水化过程中，由于化学收缩、自由水蒸发等多种原因，在混凝土内部存在大小不同的毛细管、孔隙、气泡等，大气中的二氧化碳通过这些孔隙向混凝土内部扩散，并溶解于孔隙内的液相，在孔隙溶液中与水泥水化过程中产生的可碳化物质发生碳化反应，生成碳酸钙。混凝土碳化的主要化学反应式如式（4-5）~式（4-8）所示。

$$CO_2 + H_2O = H_2CO_3 \tag{4-5}$$

$$Ca(OH)_2 + H_2CO_3 = CaCO_3 + 2H_2O \tag{4-6}$$

$$3CaO \cdot 2SiO_2 \cdot 3H_2O + 3H_2CO_3 = 3CaCO_3 + 2SiO_2 + 6H_2O \tag{4-7}$$

$$2Ca \cdot SiO_2 \cdot 4H_2O + 2H_2CO_3 = 2CaCO_3 + SiO_2 + 6H_2O \tag{4-8}$$

在碳化反应初期，生成的碳酸钙（$CaCO_3$）和其他固态物质堵塞在混凝土孔隙中，使混凝土的孔隙率下降，大孔减少，从而减弱了二氧化碳（CO_2）后续扩散，并使混凝土的密实度提高；但长时间的碳化反应，二氧化碳直接与水泥浆体中的氢氧化钙和水化硅酸钙反应，使碱度降低，长时间下其他水化产物也会出现分解，在混凝土表面发生起砂现象，水泥石失去黏聚力成为松散组织，弹塑性消失。

另一方面，碳化使混凝土碱度降低，pH 值降低至 8.5 左右，在有氧气和水存在时会诱发钢筋锈蚀，造成严重耐久性病害问题。对于混凝土中的钢筋，存在两个临界 pH 值，其一是 pH = 9.88，这时钢筋表面的钝化膜开始生成，或者说低于此临界值时钢筋表面不可能有钝化膜的存在，即完全处于活化状态；其二是 pH = 11.5，这时钢筋表面才能形成完整的钝化膜，或者说低于此临界值时钢筋表面的钝化膜仍是不稳定的。碳化造成 pH 降至 8.5 左右，使钢筋表层的钝化膜完全破坏。钢筋锈蚀后体积会膨胀 5~8 倍，使保护层混凝土胀裂，加剧腐蚀，同时钢筋和混凝土的黏结减弱，影响结构的承载能力。

4.3.2 亚微观分析

霍洪磊采用 XRD（X 射线衍射）法和 SEM（扫描电镜）法研究了硅酸盐水泥净浆加速碳化前后净浆表面水化产物和细微观结构。

水胶比分别为 0.58 和 0.35 的硅酸盐水泥净浆加速碳化前后净浆表面水化产物 XRD 对比图如图 4-11 和图 4-12 所示。可以看出，0.35 水胶比试件碳化表面生成大量碳酸钙；0.58 水胶比试件受侵蚀程度大于低水胶比试件，表面氢氧化钙全部被碳化生成碳酸钙；碳化后生成的绝大部分碳酸钙都是以方解石（$2\theta = 29.4°$、$39.4°$ 和 $48.5°$）的形式存在。

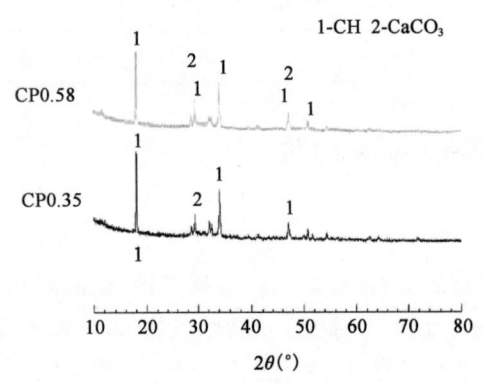 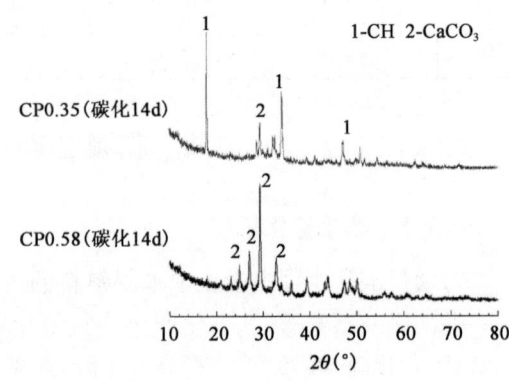

图 4-11　自然养护下水泥净浆表面水化产物 XRD 图　　图 4-12　加速碳化后水泥净浆表面水化产物 XRD 图

水胶比为 0.58 的硅酸盐水泥净浆加速碳化前后净浆表面水化产物的细微观结构 SEM 图如图 4-13 所示。可以看出：图 4-13a）中未碳化试件在 28d 龄期时表面有少量片状的氢氧化钙和棒状钙矾石晶体以及 C-S-H 絮状物堆积；图 4-13b）中碳化试件试样几乎没有片状和柱状氢氧化钙晶体,原先片状的氢氧化钙晶体已被碳化,生成了大量的碳酸钙,其球形颗粒层层叠加,结构更加密实,也导致脆性增大,弹塑性降低。

a) 未碳化试件

b) 碳化试件

图 4-13　加速碳化前后水泥净浆试样表面水化产物的形貌

4.4　本章小结

通过对国外 20 世纪中叶及以前的水泥混凝土在一般大气环境下长期暴露试验数据的调研汇总和分析,发现:混凝土强度在前 20 年左右基本呈现增长趋势,在 1~5 年内增速较快,而后增速减慢,在第 20~30 年间较为平缓,之后混凝土性能保持平稳或缓慢劣化。现代混凝土的水泥工艺发生了很大改变,水泥颗粒细度增大,水泥成分中硅酸三钙含量更高,硅酸二钙含量降低,混凝土强度变化规律也发生了变化,混凝土硬化后其强度生长快,强度生长期短,部分混凝土在 1 年后即达到强度峰值,3 年左右即可能出现强度下降趋势。

通过掺加掺合料和外加剂混凝土长期性能试验,结果表明:掺合料和外加剂对混凝土在一般大气环境中强度的发展和抗渗性能劣化均有较大影响,在混凝土胶凝材料中掺入不高于 30% 的粉煤灰或不高于 35% 的矿渣粉,均有利于混凝土的长期力学性能和抗渗性能的改善;掺入聚羧酸盐高性能减水剂,降低水胶比对提高混凝土的长期力学性能和抗渗性能最为显著;早强剂虽然有利于提高混凝土的早期力学性能和抗渗性能,但降低了长期力学性能的发展和抗渗性能;掺加引气剂,无论是早期还是长期,混凝土的力学性能和抗渗性能均有所降低。

5 海洋环境中混凝土长期力学性能和耐久性

海洋环境对混凝土长期性能劣化影响非常严重。海水中的硫酸盐(SO_4^{2-})和镁盐(Mg^{2+})含量较高,会直接与混凝土水泥水化产物中的$Ca(OH)_2$反应,导致硬化混凝土破坏。另外,海水中的氯盐含量非常高,氯离子侵蚀导致钢筋锈蚀是影响海洋环境中混凝土结构耐久性的主要因素。

四组分的普通混凝土抵抗氯离子侵蚀的能力非常低,混凝土桥梁服役10~15年就普遍出现钢筋锈蚀、混凝土开裂病害。为改善混凝土的抗氯离子渗透性能,20世纪70年代以来,发达国家开展了高性能混凝土的研究与应用,2000年左右我国开展了海工高性能混凝土的研究。同普通混凝土相比,高性能混凝土的特点是低水胶比、掺用高效减水剂和活性矿物集料。低的水胶比以及掺加活性掺合料可以从微观上改善混凝土的孔结构特征,增强抵抗外界介质侵蚀的能力。

本章通过总结国内外海洋环境中混凝土长期暴露试验实例,分析了海洋环境下混凝土力学性能的长期演变规律;设计了室内加速试验,对掺加粉煤灰和硅灰的高性能混凝土的电渗透性和氯离子扩散系数进行了系统的试验研究。

5.1 混凝土长期暴露试验实例

5.1.1 美国暴露试验

为研究混凝土暴露在海洋环境下的长期性能,美国研究者开展了大量长期暴露试验工作。美国陆军工程兵团水道试验站(U. S. Army Engineer Waterways Experiment Station)在美国佛罗里达州圣奥古斯丁设立了海洋环境暴露试验站,试件放置在平均潮汐高度处,每天要进行两次潮汐逆转,该处平均水温约21.1℃,无冻融循环的影响。佛罗里达州圣奥古斯丁的海水成分如表5-1所示。

佛罗里达州圣奥古斯丁的海水成分 表5-1

组　成	百万分之一(1958年抽样)	组　成	百万分之一(1958年抽样)
总固体量	38 770	钠	11 130
悬浮固体	160	钾	450
溶解固体	38 610	氯化物	20 460
钙	430	硫酸盐	2 780
镁	1 340		

在该暴露试验站做了矿渣水泥长期性能研究,目的是评价高炉矿渣水泥的性能,并进行其与Ⅱ型硅酸盐水泥的性能比较。该暴露试验项目始于1955年,使用了12种含有不同水

泥类型的引气混凝土,包括 8 种矿渣硅酸盐水泥、1 种 Ⅱ 型硅酸盐水泥、3 种矿渣硅酸盐水泥与天然水泥的混合料。使用的集料为石灰石(最大尺寸为 19.1mm)和天然砂。所有混凝土的水泥用量为 306.7kg/m³,空气含量为(6.0±0.5)%。试件放置于暴露站,对其动态弹性模量进行周期性检测,直到它们失效或直到试验结束。

所用的 12 种混凝土每种浇筑 9 根梁(共 108 根梁,89mm×114mm×406mm),于 1956 年 8 月放置在该暴露站试验架上。表 5-2 列出了在圣奥古斯丁暴露站中同类试件相对动弹性模量取均值处理后的数据,并绘制出相应的变化趋势图如图 5-1 所示。

圣奥古斯丁暴露站试件相对动弹性模量数据(%)　　　　表 5-2

水泥类型	1956 年	1958 年	1960 年	1962 年	1964 年	1966 年	1968 年
PBFS*1	100	125	140	127	125	129	128
PBFS*2	100	122	135	126	128	130	130
PBFS*3	100	112	123	115	117	117	116
PBFS*4	100	122	133	124	125	125	124
PBFS*5	100	115	126	115	118	116	116
PBFS*6	100	124	132	123	127	125	127
PBFS*7	100	122	133	122	122	124	125
PBFS*8	100	119	126	115	116	115	114
Ⅱ 类硅酸盐水泥	100	127	135	122	122	123	123
混合物 1	100	124	133	120	123	122	119
混合物 2	100	125	134	121	122	124	124
混合物 3	100	124	131	119	121	120	122

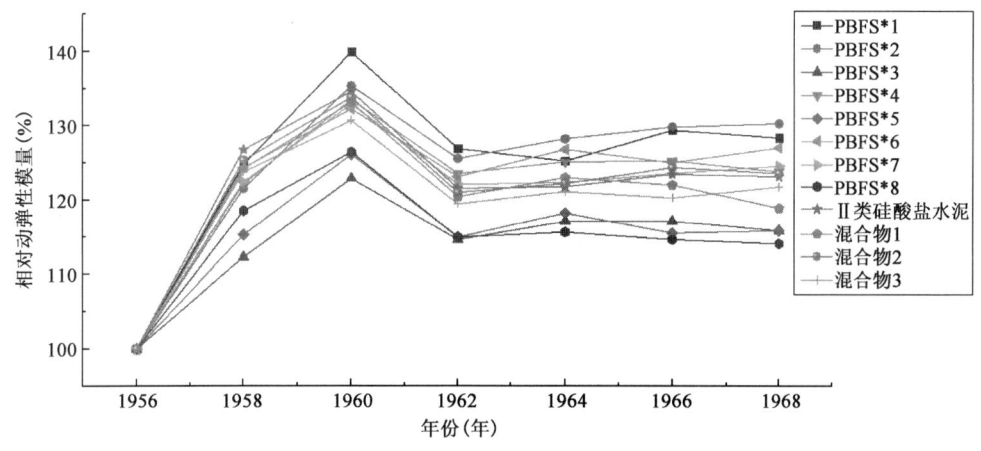

图 5-1　海洋环境下试件相对动弹模变化趋势

图 5-1 中,PBFS*n 为矿渣硅酸盐水泥型号,混合物 1 由 80% 的 PBFS*2 号 +20% 的天然水泥 A 组成;混合物 2 由 75% 的 PBFS*2 号 +25% 的天然水泥 A 组成;混合物 3 由 70% 的 PBFS*2 号 +30% 的天然水泥 A 组成。

从长期暴露试验结果可以看出:在海洋环境中,随着水泥水化产物生长更加充分,混凝土的动弹性模量表现出增长趋势。经过12年暴露试验，混凝土仍有较好质量，其中矿渣水泥中PBFS*1、PBFS*2、PBFS*6表现出最好性能，PBFS*3、PBFS*5、PBFS*8表现性能较差。

5.1.2 日本暴露试验

日本在北海道西部小樽港工程中做了100年的砂浆暴露试验，从1899年开始将砂浆试件放于海水、淡水及空气中进行长期耐久性试验。砂浆配合比为水泥∶火山灰∶砂子∶水 = 0.8∶0.2∶3∶0.37 的试件在海水、淡水和空气中分别在第35年、40年、30年达到最大抗拉强度，在第85年时抗拉强度分别降至强度最大值为52.2%、54.7%、62.4%，海水中试件强度降低幅度最大，见表5-3和图5-2。

砂浆试件抗拉强度　　　　　　　　　　表5-3

试件编号	存放环境	最大抗拉强度		残存抗拉强度			抗拉强度比（%）
		强度（MPa）	龄期（a）	强度（MPa）	龄期（a）	质量（g）	
S-5-3	海水	5.46	35	2.85	85	187.3	52.2
W-2-2	淡水	4.39	40	2.40		173.6	54.7
A-1-5	空气	6.43	30	4.01		163.3	62.4

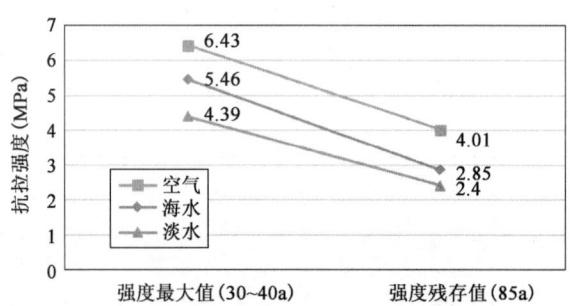

图5-2　砂浆试件抗拉强度最大值与残存值比较

日本学者分析了小樽港工程中暴露试验数据。砂浆试件分别放于空气中与海水中，其抗拉强度随龄期的变化情况如图5-3所示。从长期暴露试验结果可以看出：随着龄期的增长，水泥水化更加充分，砂浆试件的抗拉强度不断提高，在30~40年时达到最大值，而后逐渐下降；在海水中试件的最终强度较空气中试件的低。

小樽港工程中还做了混凝土强度试验，从防波堤混凝土块中取出混凝土芯样做成试件进行抗压强度测试。混凝土块暴露试验接近实体暴露，混凝土块体积为8m³（具体尺寸不详），混凝土水胶比为0.48，相当于C30等级混凝土，28d龄期强度在35MPa左右，放置于北防波堤和南防波堤的港内大气区和港外海中，南防波堤混凝土块中掺加了火山灰，掺加量为36%；定期取芯测试，芯样直径15cm。从公开的数据资料中仅找到了暴露于空气中和海水中的芯样强度范围和平均值。北防波堤混凝土块芯样34年龄期强度平均值为40MPa，增长约15%；98年龄期的强度为22~33MPa，平均30.3MPa，较34年龄期时降低25%，较初始强度降低15%。南防波堤混凝土块为掺加36%火山灰的混凝土，88年龄期强度为15~33MPa，平均

20.8MPa,较初始强度强度下降了45%,仅为28d龄期的55%左右。火山灰为36%的掺量有些过大,因为88年龄期后,通过细微观检测仍发现有火山灰残留,且强度一直偏低。

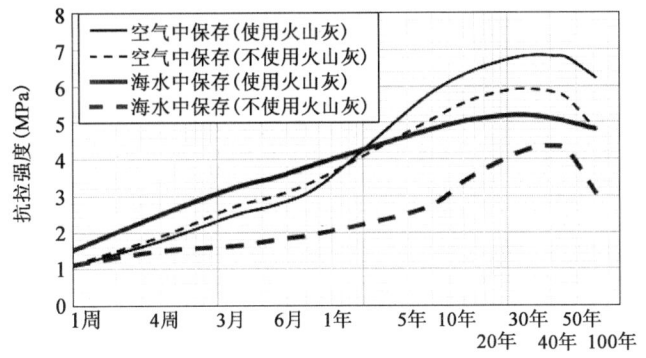

图5-3 砂浆试件抗拉强度变化

日本港湾空港技术研究所做了海洋环境中混凝土长期暴露试验,得出混凝土强度20年的变化情况,如图5-4所示。从长期暴露试验结果可以看出:在海洋环境中混凝土抗压强度约在5年龄期时达到最大值,而后出现下降,在20年时部分试件强度甚至已经低于28d龄期强度。

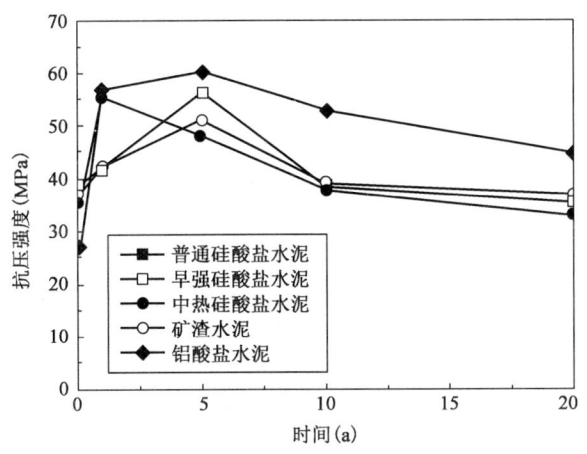

图5-4 海洋环境中混凝土强度变化情况

5.1.3 混凝土强度时变曲线拟合

本书汇总分析了日本海洋环境和部分美国海洋环境混凝土暴露试验数据,混凝土强度数据降噪后的散点图如图5-5所示。混凝土强度在前期约有5年的增长,初期增长快,而后增速减慢,约在5年时强度达到最大值,而后强度降低进入衰减段。由此变化规律,将数据分为两部分进行拟合,即增长段(0~5年)、衰减段(5~35年)。

(1)增长段(0~5年)

增长段(0~5年)的拟合,根据前期增长快,之后增长减慢的特点,采用二次多项式、幂函数、ExpAssoc函数和Log3P1函数分别进行拟合,其中ExpAssoc函数拟合不收敛,其余各曲线拟合后相关系数R^2分别为0.685、0.777、0.788,拟合图见图5-6。

强度f/f0
时间t(a)

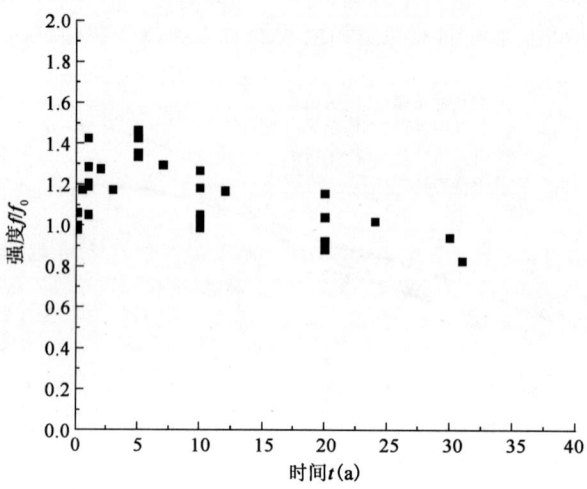

图 5-5　海洋环境中混凝土强度散点图

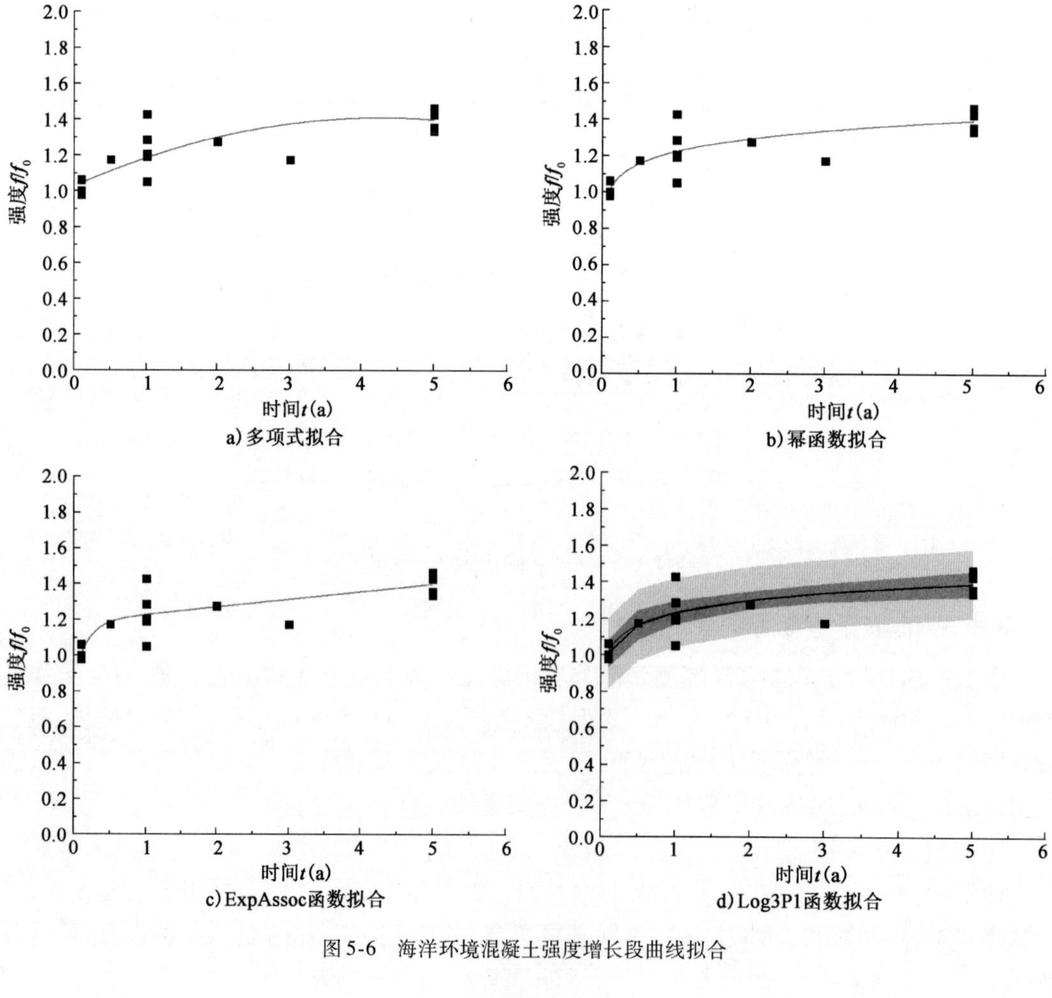

强度f/f0
时间t(a)
a) 多项式拟合
b) 幂函数拟合
c) ExpAssoc函数拟合
d) Log3P1函数拟合

图 5-6　海洋环境混凝土强度增长段曲线拟合

选择 Log3P1 函数作为增长段的拟合曲线。海洋环境中混凝土强度增长段(0~5年)的拟合曲线如式(5-1)所示。

$$n_f(t) = 1.231\,63 + 0.098\,95 \times \ln(t + 0.004\,03) \tag{5-1}$$

拟合曲线见图 5-6d),得出混凝土强度时变具有一定保证率的区间域,图中深灰色区域为均值 95% 置信带,浅灰色部分为 95% 预测带。

(2) 衰减段(5~35 年)

衰减段(5~35 年)的拟合,采用线性、幂函数、ExpAssoc 函数和 Log3P1 函数分别进行拟合,各曲线拟合后相关系数 R^2 分别为 0.655、0.788、0.787、0.804。Log3P1 函数拟合的 R^2 最高,Log3P1 函数拟合曲线见图 5-7。

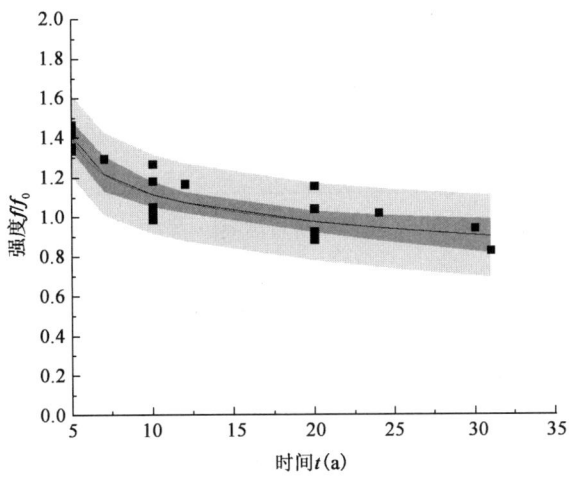

图 5-7 海洋环境混凝土强度衰减段曲线拟合(Log3P1)

得出混凝土强度时变具有一定保证率的区间域,图 5-7 中深灰色区域为 95% 置信带,浅灰色部分为 95% 预测带。海洋环境中混凝土强度衰减(5~35 年)的拟合曲线如式(5-2)所示。

$$n_f(t) = 1.357\,3 - 0.138\,39 \times \ln(t - 4.328\,55) \tag{5-2}$$

拟合曲线同样表现出海洋环境中混凝土强度衰减段,强度衰减速率随时间有少量减小,且后期的离散性增大。

5.2 混凝土抗氯离子侵蚀性能试验研究

5.2.1 原材料

水泥,使用广州水泥厂金羊牌 525PⅡ型硅酸盐水泥,检验结果见表 5-4。

水泥物理力学性能   表 5-4

样品名称	标准稠度用水量	检验结果					
		凝结时间		抗折强度(MPa)		抗压强度(MPa)	
		初凝	终凝	3d	28d	3d	28d
金羊牌 525PⅡ	24.5%	02:00	02:50	6.90	8.98	30.6	58.5
技术要求	—	≤45min	≥6.5h	4.0	7.0	23.0	52.5

粉煤灰,使用黄埔粤和公司产品,检验结果见表5-5。

粉煤灰物理性能　　　　　　　　　　　　　　　　　　　　　　表5-5

样品名称		检验结果		
		需水量比(%)	细度(0.004 5mm)	比　重
Ⅰ级灰		93	3.4	2.2
Ⅱ级灰		98	6.8	2.1
技术要求 (不大于)	Ⅰ级灰	95	12	—
	Ⅱ级灰	105	20	—

砂,使用广东三水大塘河砂,检验结果见表5-6,砂筛分析结果见表5-7。

砂物理力学性能　　　　　　　　　　　　　　　　　　　　　　表5-6

名　称	细度模数	堆积密度(kg/m³)	紧密密度(kg/m³)	表观密度(kg/m³)
第一批	2.60	1 485	1 638	2 650
第二批	2.58	—	—	—

砂筛分析结果　　　　　　　　　　　　　　　　　　　　　　　表5-7

筛孔尺寸(mm)	5.0	2.5	1.25	0.63	0.315	0.160	底盘
筛余重(g)	10.0	37.5	56.5	131.0	179.0	68.0	13.5
筛余(%)	2.0	7.8	11.2	26.5	36.2	13.7	—
累计筛余(%)	—	10	21	48	84	98	—
细度模数	2.60						

碎石,使用广东番禺产花岗岩碎石,最大粒径为25mm,检验结果见表5-8,筛分析结果见表5-9。

碎石物理力学性能　　　　　　　　　　　　　　　　　　　　　表5-8

名　称	压碎指标(%)	针片状(%)	堆积密度(kg/m³)	紧密密度(kg/m³)	表观密度(kg/m³)
第一批	9.0	9.0	1 380	1 549	2 660

碎石筛分析结果　　　　　　　　　　　　　　　　　　　　　　表5-9

筛孔尺寸(mm)	25	20	15	10	5	2.5	底盘
筛余重(g)	0	1 300	1 535	2 007.5	802.5	70.5	135
筛余(%)	0	22.0	26.2	34.3	13.7	1.2	—
累计筛余(%)	0	22.2	48.4	82.7	96.4	97.6	—

5.2.2　混凝土配合比

本次试验浇注了5组混凝土试件共21种。这5组试件分别为:空白组(A0)、单掺Ⅰ级粉煤灰组(A)、单掺Ⅱ级粉煤灰组(B)、单掺硅灰组(S0)、混掺粉煤灰与硅灰组(S)。试件混凝土水胶比的配制目标是0.35,空白组(A0)还包括水胶比为0.29、0.33、0.40、0.50的试件,单掺Ⅰ级粉煤灰组(A)还包括水胶比为0.29、0.33的试件,以期对不同水胶比的耐久性能进行对比。各组试件的详细配比见表5-10。为了使混凝土具有足够的和易性,本次试验使用了 FDN-5 高效减水剂,混凝土坍落度控制在 170~210mm。

试件配合比组分一览表　　　　表 5-10

编号	配合比	W/B	F(%)	Si(%)	α_s(%)	SL(mm)
A01	1:2.01:2.78:0.50	0.5	—	—	42	170
A02	1:1.66:2.48:0.40	0.4	—	—	40	186
A03	1:1.59:2.39:0.35	0.35	—	—	40	183
A04	1:1.44:2.35:0.33	0.33	—	—	38	175
A05	1:1.18:2.19:0.29	0.29	—	—	35	165
A1	1:1.57:2.52:0.35	0.35	30	—	38.4	194
A2	1:1.57:2.55:0.35	0.35	35	—	38.2	193
A3	1:1.57:2.57:0.35	0.35	40	—	38.0	195
A4	1:1.57:2.59:0.35	0.35	45	—	37.7	198
A5	1:1.42:2.54:0.33	0.33	35	—	36.1	197
A6	1:1.15:2.37:0.29	0.29	35	—	32.8	178
B1	1:1.48:2.41:0.35	0.35	30	—	38.1	188
B2	1:1.48:2.43:0.35	0.35	35	—	37.8	198
B3	1:1.49:2.47:0.35	0.35	40	—	37.5	200
B4	1:1.48:2.50:0.35	0.35	45	—	37.2	200
S01	1:1.58:2.27:0.35	0.35	0	3	41	182
S02	1:1.56:2.25:0.35	0.35	0	4	41	177
S03	1:1.55:2.23:0.35	0.35	0	5	41	171
S1	1:1.59:2.45:0.35	0.35	35	3	39.3	205
S2	1:1.58:2.44:0.35	0.35	35	4	39.3	205
S3	1:1.56:2.41:0.35	0.35	35	5	39.3	200

注:F——粉煤灰;Si——硅灰;W/B——水胶比;α_s——砂率;SL——坍落度。

5.2.3 试验方法

按《普通混凝土力学性能试验方法标准》(GB/T 50081—2002)规定进行试件的制作和养护。通过电通量检测和氯离子扩散系数测试来研究混凝土的抗氯离子侵蚀性能。

(1)电通量试验方法

此次电通量测试试验主要依据《海港工程混凝土结构防腐蚀技术规范》(JTJ 275—2000)中的有关规定进行,试验仪器采用上海港湾工程设计研究院最新研制的电通量自动测试记录仪,自编程序对采集的数据进行分析。试验方法简单介绍如下:将待测试件从养护室取出,在空气中凉至表面干燥,以玻璃胶密封试件侧面,在133Pa的真空度下保持3h,然后维持这一真空度注入足够的蒸馏水淹没试件,保持1h,恢复常压,继续浸泡20h。取出试件,抹掉多余水分,将试件安装于试验槽内,用橡胶密封环密封,周围再涂一层玻璃胶,以保证密封效果,并用螺杆将两试验槽和试件加紧,将其放置于20~23℃流动冷水槽中,接入60V电压进行试验。两试验槽分别注入浓度为3.0%的NaCl溶液和0.3mol的NaOH溶液,其中注入NaCl溶液的试验槽的铜网接负极,而注入NaOH溶液的试验槽的铜网接正极。每隔5min采集一次电流值,通电6h,电流量对时间轴积分,即得试件的电通量。本次试验试件直径100mm,厚度50mm。根据式(5-3),通过换算可以求得直径95mm、厚度50mm的标准试件的电通量,以便与规定值进行对比。

$$Q_{95} = Q_x \cdot \left(\frac{95}{x}\right)^2 \tag{5-3}$$

根据电通量划分混凝土结构抵抗氯离子的渗透性,见表5-11。

表5-11 基于电通量的氯离子渗透性评价

电通量(C)	氯离子渗透性	电通量(C)	氯离子渗透性
>4 000	高	100~1 000	很低
2 000~4 000	中等	<100	可以忽略
1 000~2 000	低		

(2)氯离子扩散特性试验方法

高性能混凝土扩散特性试验主要依据为北欧的试验标准(NT Build 443. Concrete Hardened: Accelerated Chloride Penetration),该标准适用于从现存结构物所取得的试样以及超过28d养护龄期的现浇试件。现将试验方法简要介绍如下:

①浇注圆柱试件,试件的直径与高度均为100mm,标准养护28d;

②过圆柱的轴线平行于圆截面将其切为两半,一半作为试样,记为A,另一半备用,记为B;

③将试样A浸没于$Ca(OH)_2$溶液中,每隔24h称量其表面干状态的质量,直至两次质量之间的变化不超过质量的0.1%;

④试样A在室温下干燥至稳定的表面干状态,将其侧面和非暴露面用硅胶或环氧树脂进行密封,并再次浸没于$Ca(OH)_2$溶液中,重复步骤③的操作;

⑤试样A在表面干状态下浸没于预先配制好的氯化钠(NaCl)溶液中,其浓度为每1 000ml水中含165g±1g氯化钠(NaCl),浸泡35d,每周摇动一次;

⑥浸泡结束后立即在暴露面磨粉取样。研磨面与暴露面平行,取样深度分别为:1mm,1~2mm,2~3mm,3~4mm,4~6mm,6~8mm,8~10mm,10~12mm;

⑦从备用试样B中取有代表性的混凝土粉样20g,测定初始的氯化物含量;

⑧利用倭尔哈德法滴定各深度处氯离子含量,绘制氯离子浓度随深度变化曲线。

去掉第一层,利用最小二乘法拟合Fick第二定律,得到氯离子的扩散系数。Fick第二定律的形式如式(5-4)所示。

$$C(x,t) = C_s - (C_s - C_0) \cdot \text{erf}\left(\frac{x}{\sqrt{4Dt}}\right) \tag{5-4}$$

式中:$C(x,t)$——在时间t深度x处测得的氯离子浓度;

C_s——暴露表面浓度;

C_0——混凝土初始浓度;
D——氯离子在混凝土的扩散系数;
$C(x,t)$、C_s、C_0——质量百分比;
$erf(\cdot)$——如式(5-5)定义的误差函数。

$$erf(z) = \frac{2}{\sqrt{\pi}} \int_0^z \exp(-u^2) \mathrm{d}u \qquad (5-5)$$

5.2.4 试验结果分析

(1)电通量试验结果分析

试验结果见表5-12。

电通量测试结果　　　　　　　　　　表5-12

试件编号	电通量(C)	
	28d	90d
A01	2 776.9	2 227.5
A02	2 200.7	1 630.3
A03	2 005.8	1 217.6
A04	1 711.7	1 167.3
A05	1 544.0	988.2
A1	1 742.1	561.8
A2	1 664.4	453.7
A3	1 493.6	416.1
A4	1 310.0	369.9
A5	1 201.5	379.4
A6	1 087.0	311.8
B1	1 502.6	424.6
B2	1 470.3	513.0
B3	1 199.8	376.0
B4	1 321.1	492.8
S01	769.6	517.0
S02	709.4	377.6
S03	624.6	302.2
S1	734.0	357.7
S2	609.1	248.8
S3	520.6	222.9

①空白组电通量均较高,而掺粉煤灰和硅灰的混凝土的电通量均有所降低,掺硅灰混凝土的电通量降低最为明显,全部低于1 000C,属于渗透性很低一类,说明掺加硅灰对于早期改善混凝土结构的耐久性能非常有利。从微观角度分析,早期粉煤灰的水化程度尽管较慢,但其微集料效应超过了水化效应,因此渗透性有所降低;硅灰效应在早期非常明显,硅灰容易与水泥的水化产物 $Ca(OH)_2$ 发生反应生成 C-S-H(水化硅酸钙)胶体,填充于混凝土内的

孔隙中,减小混凝土的孔隙率,并改善孔结构,从而降低混凝土的渗透性。

②如图5-8所示,水胶比是影响电通量的一个重要因素。随着水胶比的减小,电通量越来越小,混凝土抗氯离子侵蚀的能力不断增强。混凝土的电通量主要与混凝土内部的孔隙性质以及集料与胶凝材料的界面性质有关,而孔隙和界面的性质主要受水胶比控制。孔隙的性质主要包括孔隙率、孔径、孔型与趋向等,当水胶比较大时,胶凝材料水化后残余孔隙水较多,孔隙率较大,而且容易形成孔径较大的孔隙,为氯离子的迁移提供通道;当水胶比较小时,胶凝材料水化以后形成的孔隙率小。集料与胶凝材料界面的微裂缝对混凝土电通量也存在重要的影响。混凝土的水胶比越大,界面处的水胶比也越大,孔隙率相应增大,界面容易形成贯通的微裂缝。因此,降低水胶比不仅可以降低混凝土的孔隙率、改善孔结构,而且可以优化界面过渡层的性质,使混凝土的抗渗透性得以提高。但是,水胶比并非可以无限制的降低,因为必须能够提供胶凝材料完全水化所需的水分以及保证施工过程中的和易性。

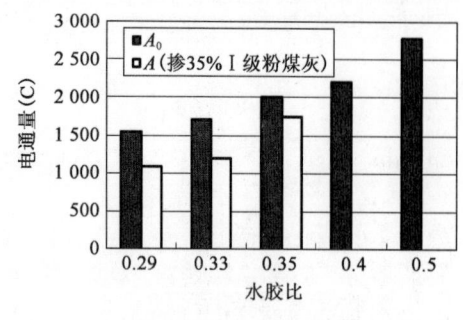

图5-8 电通量与水胶比

③Ⅰ级灰与Ⅱ级灰相比,细度小,需水量少,在其他条件相同的情况下,水化程度比Ⅱ级灰大,理论上掺Ⅰ级灰比掺Ⅱ级灰的抗氯离子渗透性应好一些,但试验结果却表明在相同掺量下掺加Ⅰ级粉煤灰混凝土的电通量反而更大,如图5-9所示,补充试验结果也是这样,这需要从集料的质量对孔结构和孔隙液成分的影响以及集料效应和火山灰效应的相对重要程度等方面做进一步的研究。

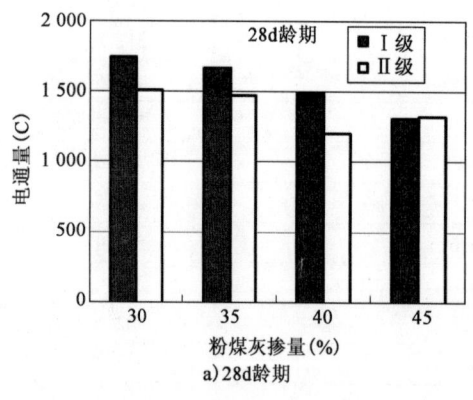
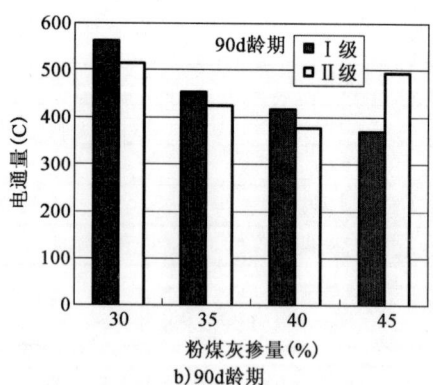

图5-9 掺Ⅰ级粉煤灰和Ⅱ级粉煤灰混凝土电通量的比较

④从90d龄期电通量的对比可以看出(图5-10),不论空白组还是添加集料的混凝土,90d龄期的电通量均呈降低趋势。掺硅灰的混凝土由于其早期的硅灰效应已经比较明显,后期电通量降低幅度不大;而掺粉煤灰的混凝土在28d龄期水化不充分,在90d龄期内进一步水化,电通量降低幅度比较大,90d龄期的电通量基本与掺硅灰的电通量持平,甚至更低,说明掺粉煤灰的混凝土虽然早期的耐久性能改善不是非常明显,但是随着龄期的延长,由于其持续的水化效应,耐久性能还会不断增强。另外,立方体抗压强度的试验结果表明,水胶

比为 0.35 的掺Ⅰ级粉煤灰混凝土的立方体抗压强度在 28d 龄期时为 50MPa 左右,而 90d 龄期的立方体抗压强度在 64MPa 左右,后期强度增长比较明显;掺硅灰混凝土的立方体抗压强度初期比较高,在 75MPa 左右,而后期几乎没有增长。

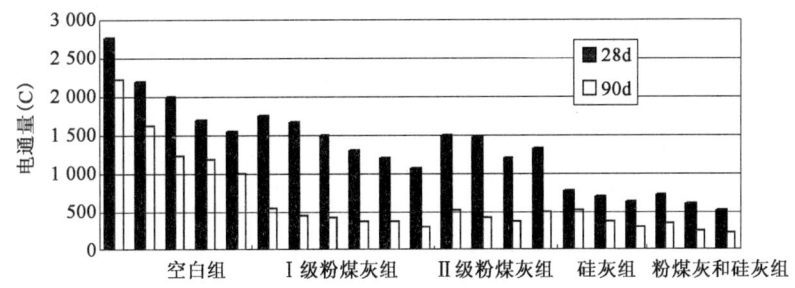

图 5-10 28d 与 90d 电通量的对比

⑤虽然掺入少量的硅灰可以改善混凝土强度和抗渗性能,但是混凝土干缩性比较大,容易开裂,在工程应用中受到一定的限制,并且硅灰价格比较昂贵,工程造价高。采用混掺粉煤灰和硅灰,根据复合材料的超叠效应,不仅可以降低混凝土的渗透性,而且可以调节胶凝材料的需水量和改善混凝土的抗裂性能;另外,粉煤灰价格比较便宜,可以补偿一部分由于掺用硅灰而提高的混凝土造价。

(2)氯离子扩散特性结果分析

试验中测试了 28d 龄期混凝土的氯离子扩散系数,实测的每组氯离子含量随深度的变化如图 5-11~图 5-15,利用 Fick 第二定律进行拟合,得到各组混凝土的氯离子扩散系数,见表 5-13~表 5-17。

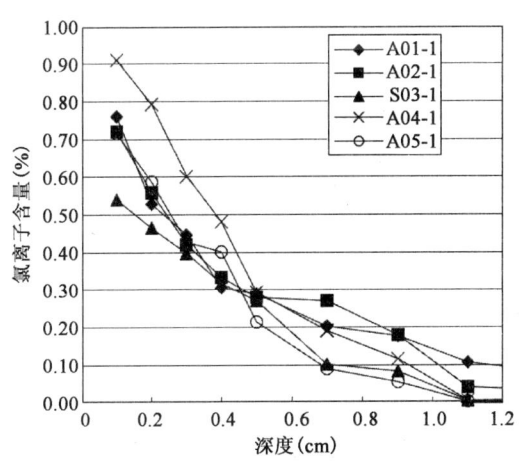

图 5-11 空白组氯离子含量分布图

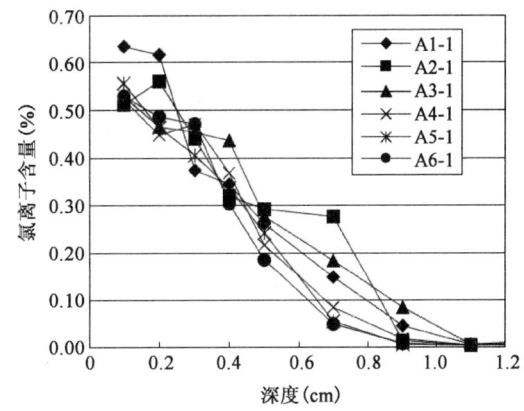

图 5-12 单掺Ⅰ级粉煤灰组氯离子含量分布图

空白组氯离子扩散系数　　　　　表 5-13

试件编号	扩散系数($\times 10^{-8} cm^2/s$)	试件编号	扩散系数($\times 10^{-8} cm^2/s$)
A01	11.0	A04	5.14
A02	7.51	A05	3.79
A03	5.35		

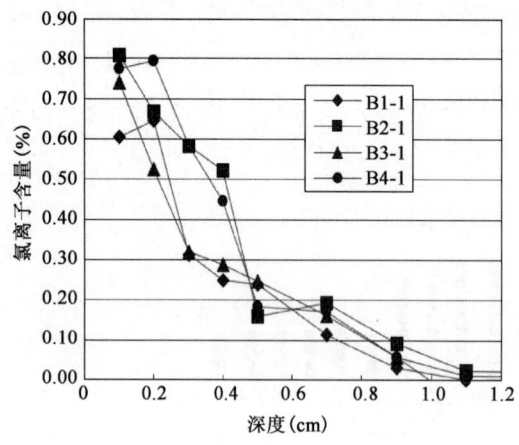

图 5-13 单掺Ⅱ级粉煤灰组氯离子含量分布图

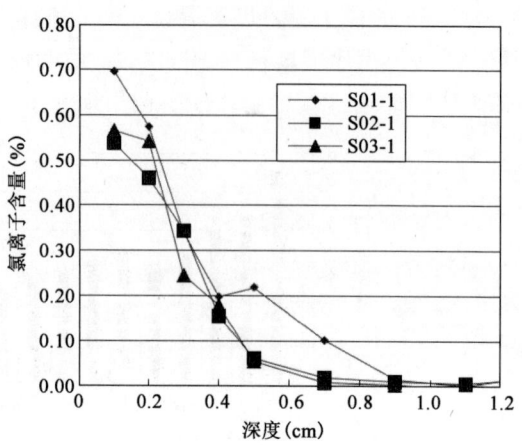

图 5-14 单掺硅灰组氯离子含量分布图

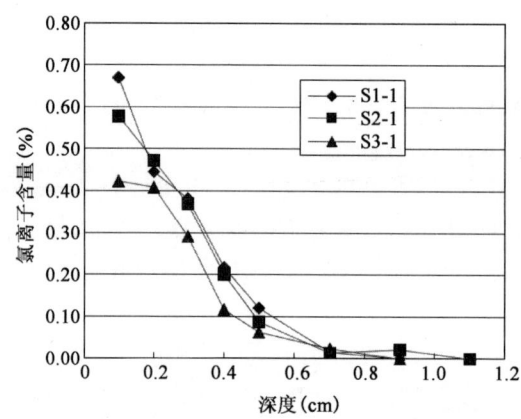

图 5-15 混掺硅灰与粉煤灰组氯离子含量分布图

单掺Ⅰ级粉煤灰组氯离子扩散系数　　表 5-14

试件编号	扩散系数($\times 10^{-8}$ cm²/s)	试件编号	扩散系数($\times 10^{-8}$ cm²/s)
A1	3.31	A4	2.92
A2	3.57	A5	1.93
A3	6.24	A6	1.80

单掺Ⅱ级粉煤灰组氯离子扩散系数　　表 5-15

试件编号	扩散系数($\times 10^{-8}$ cm²/s)	试件编号	扩散系数($\times 10^{-8}$ cm²/s)
B1	3.62	B3	5.14
B2	4.0	B4	3.64

单掺硅灰组氯离子扩散系数　　表 5-16

试件编号	扩散系数($\times 10^{-8}$ cm²/s)	试件编号	扩散系数($\times 10^{-8}$ cm²/s)
S01	2.99	S03	1.15
S02	1.84		

混掺硅灰与Ⅰ级粉煤灰组氯离子扩散系数　　　　表 5-17

试件编号	扩散系数($\times 10^{-8}$ cm²/s)	试件编号	扩散系数($\times 10^{-8}$ cm²/s)
S1	1.60	S3	1.59
S2	2.17		

从试验结果可以看出，氯离子扩散系数与水胶比的变化呈现出良好的规律性，随着水胶比的增加而增加；而氯离子扩散系数与电通量之间没有呈现出一定的规律性，它们之间的关系还需要从集料的质量对孔结构和孔隙液成分的影响以及集料效应和火山灰效应的相对重要程度等方面进一步研究。

本次试验结果也表明在相同水胶比条件下，添加30%~45%的粉煤灰和3%~5%的硅灰后，混凝土的氯离子扩散系数均明显低于普通混凝土，说明掺加粉煤灰和硅灰后可以明显地改善混凝土结构抗氯离子侵蚀的耐久性能；其中，掺硅灰混凝土的氯离子扩散系数降低最为明显，降低幅度在60%左右；掺Ⅰ级粉煤灰混凝土的抗氯离子侵蚀性能总体上优于掺Ⅱ级粉煤灰混凝土；混掺粉煤灰与硅灰混凝土的抗氯离子侵蚀的性能优于单掺粉煤灰混凝土；在硅灰掺量3%的情况下，混掺35%的粉煤灰混凝土的抗氯离子侵蚀性能比单掺硅灰更优，而在硅灰掺量为4%、5%的情况下，单掺硅灰混凝土的抗氯离子侵蚀性能比混掺粉煤灰与硅灰更好一些。

5.3　海洋环境中混凝土劣化机理

海水在常温下的 pH 值在 7.5~8.6 之间，其中含有多种可溶性盐，盐度在 3.1%~3.8% 之间，主要成分的平均浓度见表 5-18。混凝土结构在海洋环境中受到其离子的化学侵蚀作用，主要发生的腐蚀劣化有两种：一种是海水中硫酸盐(SO_4^{2-})和镁盐(Mg^{2+})对混凝土中水泥水化产物的腐蚀；另一种是氯离子(Cl^-)诱发钢筋混凝土结构内钢筋锈蚀，对混凝土造成膨胀破坏。

海水中主要盐分元素的平均浓度　　　　表 5-18

成　　分	平均浓度(g/kg)	成　　分	平均浓度(g/kg)
Cl^-	19.10	Na^+	10.62
SO_4^{2-}	0.904	Mg^{2+}	1.29
Ca^{2+}	0.412	K^+	0.399

5.3.1　海水环境对混凝土的腐蚀机理

混凝土是一种由水泥水化产物产生胶凝性将砂、石骨料黏接在一起并形成一定强度的混合材料，硅酸盐水泥水化产物主要有水化硅酸钙(C-S-H)、氢氧化钙[$Ca(OH)_2$]、钙矾石(AFt)、单硫型水化硫铝酸钙(AFm)、水化铝酸钙(C-A-H)，其中水化硅酸钙是水泥水化后胶凝性的主要来源，氢氧化钙则维持着水泥浆体的碱度与其他水化产物的稳定性。在充分水化的水泥石中，按质量百分比，水化硅酸钙占70%左右，氢氧化钙占20%左右，钙矾石和单硫型水化硫铝酸钙约占7%，其他组分占3%。海水中的硫酸盐(SO_4^{2-})和镁盐(Mg^{2+})含量较高，会直接与混凝土水泥水化产物中的 $Ca(OH)_2$ 反应。

海水中SO_4^{2-}离子浓度可达2 500~2 700mg/L,它们与水泥石中的$Ca(OH)_2$反应生成$CaSO_4$,而生成的$CaSO_4$又会与水泥石中的水化铝酸钙(C-A-H)和单硫型水化硫铝酸钙(AFm)反应生成高硫型水化硫铝酸钙,即钙矾石(AFt),它的结构式可写为$\{Ca_6[Al(OH)_6]_2·24H_2O\}·(SO_4)_3·(H_2O)_2$,其中结构水所占的空间达钙矾石总体积的81.2%,AFt为针棒状单向生长晶体,体积膨胀2~3倍,混凝土中继续生长的钙矾石会对已硬化混凝土产生内应力造成膨胀性破坏。

镁盐主要为$MgCl_2$和$MgSO_4$,它们可与水泥石中的$Ca(OH)_2$发生如式(5-6)和式(5-7)所示反应。

$$MgCl_2 + Ca(OH)_2 = CaCl_2 + Mg(OH)_2 \tag{5-6}$$

$$MgSO_4 + Ca(OH)_2 + 2H_2O = Mg(OH)_2 + CaSO_4·2H_2O \tag{5-7}$$

$MgCl_2$与$Ca(OH)_2$反应生成的$CaCl_2$易溶于水,生成的$Mg(OH)_2$松散而无胶凝能力,其溶解度小,为18mg/L,使水泥浆体碱度降低。$MgSO_4$与$Ca(OH)_2$反应不仅生成松散而无胶凝能力$Mg(OH)_2$,而且生成的$CaSO_4·2H_2O$又会进一步对水泥石产生硫酸盐腐蚀,即产生镁盐和硫酸盐双重腐蚀。水泥中的水化产物需要在一定碱度下才能稳定存在,$Ca(OH)_2$维持着水泥浆体的碱性,使其pH值在12.5~13.5之间,$Ca(OH)_2$的消耗使得水泥浆体碱度降至低于其他水化产物稳定存在的pH值时,水化硅酸钙(C-S-H)等其他水化产物会随之发生分解以维持酸碱度的平衡,长时间下不断发生的消耗使水泥石胶凝性降低,孔隙率增大,强度降低,最终导致水泥石的破坏,如图5-16。

图5-16 受海水腐蚀混凝土

海洋环境中混凝土还受到海洋生物有机酸的腐蚀。海洋中影响混凝土性能的生物因素主要包括一些大型藻类、水螅、外肛动物、龙介虫、双壳类、藤壶和海鞘等。混凝土的失效与微生物的新陈代谢作用有关,硫氧化菌、硫杆菌和噬混凝土菌等细菌的新陈代谢生成的生物硫酸导致混凝土腐蚀。海洋中约有细菌1 500多种,每毫升海水最多可有100万个细菌,并且多数可附着在海水中物体表面。经研究发现,氧化铁杆菌、氧化硫杆菌、排硫杆菌、去硫弧菌等可直接或间接控制混凝土及钢筋的腐蚀。这些细菌以各种金属络离子和多种无机、有机配体构成多种复杂的络合平衡体系,通过化学作用产生有机酸使混凝土遭受酸腐蚀,而有些嗜酸菌还会跟着有机酸进入混凝土内部结构并且繁殖,加速其破坏。即使在无氧情况下,厌氧微生物产生的代谢酸也会对混凝土造成腐蚀。

5.3.2 氯盐诱发钢筋锈蚀机理

海洋环境中氯离子侵蚀诱发钢筋锈蚀是影响混凝土结构耐久性能最主要和最严重的问题。海洋环境中钢筋混凝土桥梁在较短使用时间内即需要进行维修,多数不足 30 年,主要为氯盐诱发钢筋锈蚀所致。

海洋环境中混凝土结构的氯离子诱发混凝土中钢筋锈蚀的机理主要有四个方面:

(1) 破坏钝化膜。混凝土中水泥水化产物的高碱性使钢筋表面形成一层致密的钝化膜,可对钢筋产生很强度的防护作用。Cl^- 进入混凝土达到钢筋表面,会吸附于局部钝化膜处,使其局部酸化,pH 值迅速降低,使钝化膜破坏。

(2) 形成腐蚀电池。钢筋中表面钝化膜被 Cl^- 破坏的部位露出铁基体,与完好钝化膜区域构成电位差,形成腐蚀电池。

(3) 阳极去极化作用。Cl^- 可加速阳极反应过程,反应过程如图 5-17 所示。

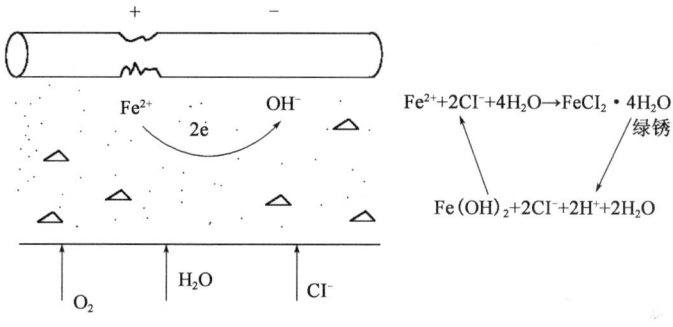

图 5-17　钢筋腐蚀中 Cl^- 的去极化作用

反应过程中 Cl^- 并未被消耗,而是循环起到破坏作用,在钢筋锈蚀过程中充当反应的催化剂。

(4) 导电作用。腐蚀电池的要素之一为要有离子通道,Cl^- 离子在腐蚀电池中强化了离子通路,降低了阴、阳极之间的电阻,提高了腐蚀电流效率。钢筋锈蚀后体积会膨胀 5～8 倍,锈蚀产物体积增加造成膨胀应力,导致混凝土开裂、脱层、剥落,反过来又为水和氯离子的侵入提供便利通道,加速锈蚀发展。

海洋环境中混凝土结构暴露部位可划分为 4 个区域,即大气区、浪溅区、潮汐区(水位变动区)和水下区。其中,浪溅区和潮汐区混凝土经常处于干、湿交替的状态,易受到冻融循环和盐结晶压力的破坏。而且,由于混凝土破坏产生的宏观、微观裂缝使得由海浪冲刷带来的大量氯离子更容易向内部渗入扩散,加上此处氧气供应充分,导致钢筋最易被腐蚀,钢筋腐蚀膨胀导致混凝土保护层进一步开裂。因此,浪溅区和潮汐区是海洋环境钢筋混凝土构筑物受腐蚀破坏最严重的区域。

混凝土中的氯离子通过"内掺"和"外渗"两种方式进入到钢筋表面。混凝土原材料中的外加剂常带有一定含量的氯离子,混凝土所用的集料及水中也常含有氯化物,这使混凝土中有了初始的氯离子含量。为了防止钢筋生锈,要求混凝土中混入的氯离子含量不能超过一定限值。海洋环境中含有大量氯盐,氯离子在混凝土中渗透到达钢筋表面,当钢筋表面氯离子富集含量达到一定值时即会引起钢筋锈蚀,需限制氯离子向混凝土内部的渗透以延缓钢筋锈蚀,延长使用寿命。

5.4 本章小结

通过对国外20世纪中叶及以前的水泥混凝土在海洋环境中长期暴露试验数据的汇总分析,发现:海洋环境中,混凝土前期由于水泥继续水化,混凝土强度和弹性模量约有5年的增长,初期增长快,而后增速减慢,约在5年后力学性能出现降低。现代混凝土中水泥的细度与熟料组分比例已发生变化,水泥硬化后早期强度高,但后期强度增长储备低,强度增长时间短,约在1年左右即达到强度最大值。

通过掺加粉煤灰和硅灰混凝土的抗氯离子侵蚀性能试验,结果表明:氯离子扩散系数与水胶比的变化呈现出良好的规律性,随着水胶比的增加而增加;掺加粉煤灰和硅灰可以明显地改善混凝土结构抗氯离子侵蚀能力,其中,掺加硅灰混凝土的氯离子扩散系数降低最为明显;硅灰对混凝土早期抗渗性能提升明显,而后期性能增长很少,粉煤灰则是相反,早期作用不明显,后期由于持续水化,耐久性能还会不断增强;混掺粉煤灰与硅灰混凝土的抗氯离子侵蚀的性能优于单掺粉煤灰的混凝土。

混凝土中掺入磨细矿渣粉和粉煤灰能够提高其抗氯离子迁移性能,这是因为发生的火山灰反应生成水化硅酸钙(C-S-H)凝胶,使孔隙结构致密化。粉煤灰表面或其周边生成的反应产物会使孔隙结构连通性中断,从而降低氯离子的扩散系数。混凝土中掺入磨细高炉矿渣对氯离子的侵入具有很高的抵抗性,这是因为矿渣水泥浆的毛细管能吸附结合大量的氯离子,阻碍了氯离子由于浓度梯度而引发的向内部扩散,这种特性对降低氯离子扩散系数十分重要。

6 冻融和盐冻环境中混凝土长期力学性能和耐久性

北方寒冷环境下,冬季温度正负变化,当混凝土含水达到饱和状态时,其内部水分在负温时结冰膨胀而在正温时化冰收缩,在正负温反复作用、冻融循环下会造成混凝土疏松破碎,即冻融破坏。有资料表明,东北、华北、西北地区的混凝土结构冻融破坏较为严重,尤其是东北严寒地区。在我国冬季撒除冰盐地区,桥梁混凝土结构普遍存在盐冻破坏现象。盐冻破坏首先表现为混凝土表面剥落,而后随着剥蚀深度的加大出现混凝土疏松、强度降低、钢筋锈蚀等破坏现象。盐冻破坏相对于冻融破坏而言,混凝土结构破坏速度更快,程度更加严重。

关于混凝土在冻融和盐冻环境中性能的劣化,国内外学者做了大量研究。陈少峰等对比研究了单一冻融、盐冻侵蚀以及不同盐溶液介质对混凝土相对动弹模量和质量损失的影响,结果显示,盐冻侵蚀下混凝土试件的质量及相对动弹模量损失率大于单一冻融循环。陈惠苏等研究了 40mm×40mm×160mm 胶砂试件在 3.5% 氯化钠溶液中的质量损失和相对动弹模量,结果表明,冻融循环与氯盐侵蚀共同作用下,硅灰和磨细矿渣的掺入能显著提高混凝土的抗盐冻性能,减小混凝土质量和相对动弹模量的损失速率,粉煤灰的掺入会降低混凝土的抗盐冻侵蚀性。Janssen 等采用 ASTM C666 方法对比研究了单一冻融循环与 3% 的 NaCl 盐冻侵蚀对混凝土性能损伤的影响。结果表明,氯盐的存在使混凝土在冻融过程中的重量损失显著加剧;火山灰质混合材料的掺入可改善混凝土的抗剥落能力。

目前国内外在研究盐冻侵蚀条件下混凝土的性能劣化时,所采用的试验方法主要是通过测定腐蚀混凝土的剥落量与相对动弹性模量来研究冻融循环-氯盐侵蚀下混凝土的长期性能,而对于实际工程所关注的抗压强度、抗折强度等力学性能及抗渗性能的研究较少;且也有研究表明,混凝土的力学性能呈现出与剥落量、相对动弹性模量不同的演变规律。因此,如何选择适当的评价参数来表征混凝土的抗侵蚀性能就有待深入研究。另外,冻融-氯盐侵蚀作用下混凝土的劣化机理也还存在一定争议,尚需深入研究。

为研究桥梁混凝土在冻融与盐冻作用下的长期性能,本章整理分析了国外冻融与盐冻环境下混凝土长期暴露试验。在总结和对比国内外已有耐久性标准试验方法的基础上,建立了混凝土在冻融-氯盐侵蚀下性能长期演变加速试验方法。通过室内加速试验研究了掺加粉煤灰、矿渣以及引气剂对冻融与盐冻环境下混凝土的力学性能和耐久性的影响。通过亚微观机理分析进一步揭示了混凝土在冻融和盐冻作用下的劣化机理。

6.1 混凝土长期暴露试验实例

关于冻融与盐冻环境中混凝土的长期暴露试验,国外学者做了大量研究工作,尤其在美国 Treat Island 暴露站针对影响混凝土长期性能的各种因素开展了一系列暴露试验。

Treat Island 暴露站位于缅因州东港附近的 Cobscook 湾,为海洋、冻融环境。暴露架上的试件放置在平均潮汐高度处,处于浸入海水和暴露于冷空气交替循的环境条件。温度记录仪嵌于混凝土试件的中心,记录温度变化。在冬季,混凝土经受多次冻融循环,暴露架上的试件被水覆盖时从冻结状态被融化,温度升到 2.8℃,暴露在空气中时被冻结,温度降到 -23.4℃。通常在一个冬季这些试件要经受超过 100 次的冻融循环,1960—1968 年的八个冬季,每年的循环数从 89 到 185,平均为 138 次。在夏季,该区域气温相对较低,相对低温的气候减少了混凝土的自愈和化学反应。该试验条件既反映了海洋环境对混凝土的腐蚀,又反映了冻融造成的损伤。Treat Island 暴露站的海水成分如表 6-1 所示。

Treat Island 暴露站的海水成分 表 6-1

组 成	百万分之一(1959 年抽样)	组 成	百万分之一(1959 年抽样)
总固体量	35 275	钠	9 500
悬浮固体	—	钾	370
溶解固体	—	氯化物	17 100
钙	370	硫酸盐	2 385
镁	1 175		

6.1.1 掺粉煤灰和矿渣的水泥混凝土表观长期变化

(1)粉煤灰对抗冻性能的影响

美国陆军工程兵团水道试验站在 Treat Island 暴露站开展了掺加粉煤灰对混凝土长期性能影响的试验,以 0.4、0.5 和 0.6 的水胶比和 25% 水泥替代量的粉煤灰,并 ASTM I 型(普硅)和 ASTM V 型(高抗硫型)水泥进行试验,暴露时间从 1981~1995 年,共 14 年。根据混凝土表观劣化程度,以混凝土表面粗集料裸露数量占比、集料裸露周界占比和体积余量作为评级标准将表观劣化状况分为 0~10 等级,完好为 0,破裂瓦解为 10,具体评定标准见图 6-1。经 14 年在海洋、冻融环境下的暴露试验,其试验数据分析结果见图 6-2。

由长期暴露试验结果可知:经 14 年暴露试验,水胶比为 0.4 和 0.5 的试件仍具有较好状态,表面有超过 15 个并少于 50% 的粗集料露出,劣化等级为 1~2 级;水胶比为 0.6 的试件表观劣化严重,部分试件体积剩余约 95%,劣化等级达到 6 级;不论何种水胶比,掺有 25% 水泥替代量粉煤灰的试件较未掺加试件均提前出现劣化,在暴露 14 年后劣化程度大于未掺加试件,水胶比为 0.4、0.5、0.6 时,掺有 25% 水泥替代量粉煤灰的试件劣化等级分别为 3、3~4、6,未掺加试件劣化等级分别为 1~2、1、1~6。

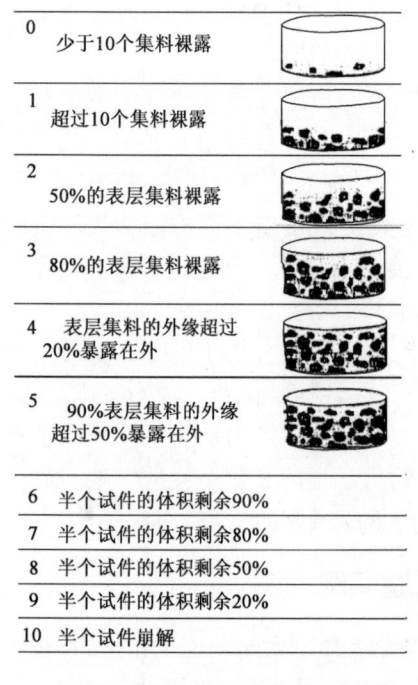

图 6-1 混凝土表观劣化等级评定标准

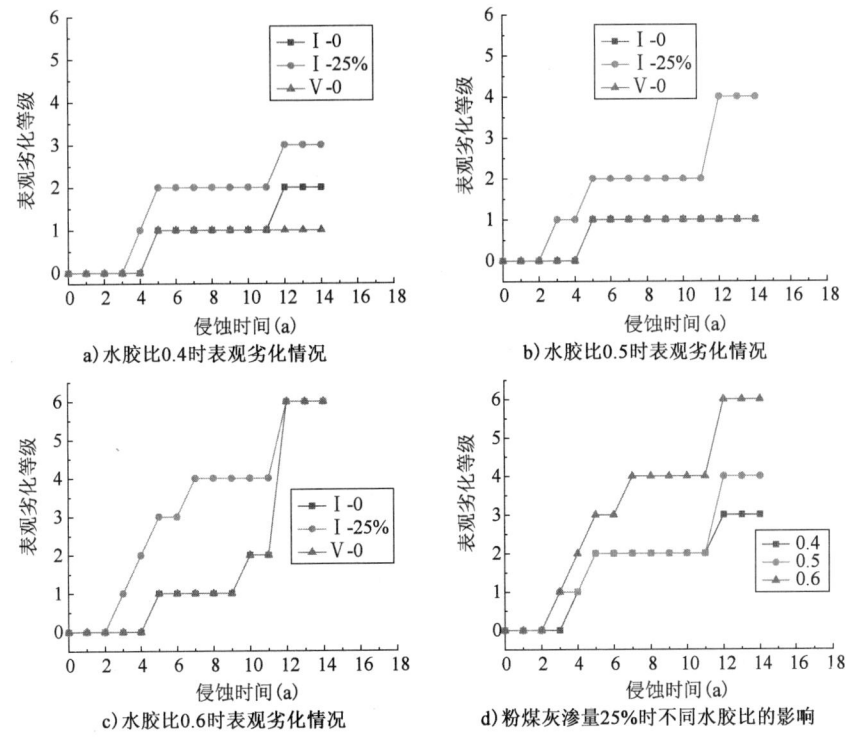

图 6-2 掺粉煤灰混凝土试件表观劣化趋势

(2) 高炉矿渣对抗冻性能的影响

在 Treat Island 暴露站开展了掺加高炉矿渣对混凝土长期性能影响的试验,以 0.4、0.5 和 0.6 的水胶比和 25%、45% 和 65% 水泥替代量的高炉矿渣,并 ASTM Ⅰ 型(普硅)和 ASTM Ⅴ 型(高抗硫型)水泥进行试验,暴露时间从 1978—1995 年,共 17 年。同样以混凝土表观劣化等级(1~10)作为指标,经 17 年在海洋、冻融环境下的暴露试验,其试验数据分析结果见图 6-3。

由长期暴露试验结果可知:经 17 年在海洋、冻融环境下的暴露,三种水胶比,未掺加高炉矿渣的 ASTM Ⅰ 型和 ASTM Ⅴ 型水泥混凝土均表现出较好的抗侵蚀性,劣化等级为 2 级;掺加高炉矿渣的混凝土试块较未掺加高炉矿渣的试块更早出现劣化,且劣化程度更高。水胶比为 0.4 时,掺加高炉矿渣的混凝土试件仍具有较好抗侵蚀性,劣化等级为 2 级,但较无矿渣混凝土试块更早出现劣化。水胶比为 0.5、0.6 时,掺加高炉矿渣的混凝土试件劣化等级分别为 2~6、2~6,水胶比为 0.6 时出现劣化的时间更早,矿渣掺量为 65% 时劣化程度更大。总体而言,水胶比越大、高炉矿渣的水泥替代量越高,出现的表观劣化越严重。

6.1.2 不同水泥类型及水灰比的混凝土长期强度变化

美国威斯康辛大学麦迪逊分校(UW-Madison)学者 Owen Withey、Kurt F. Wendt、George Washa、Steven Cramer 相继在 Treat Island 暴露站中进行了已有百年的混凝土暴露试验。试验中一组水泥砂浆试件经 50 年暴露,其抗拉强度变化情况如图 6-4 所示,在约 25 年时砂浆试件抗拉强度达到最大值,之后强度逐渐降低,50 年时强度余量在 83%~90%。

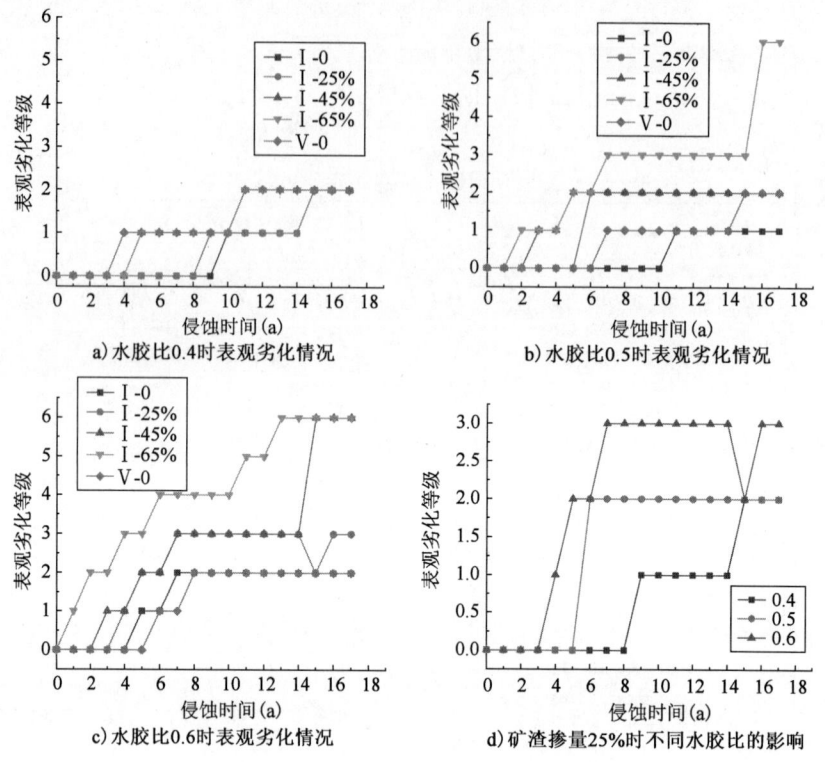

图6-3 掺矿渣混凝土试件表观劣化趋势

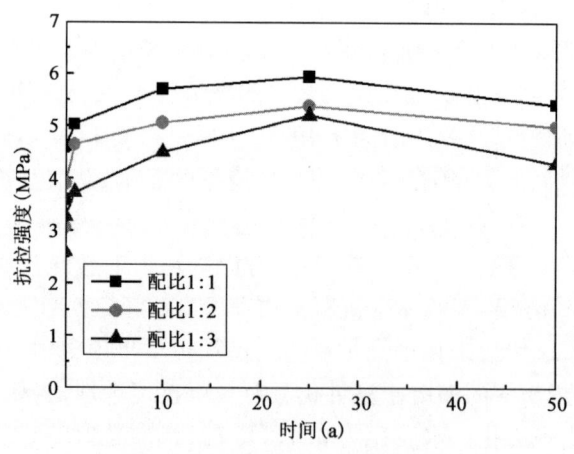

图6-4 水泥砂浆抗拉强度50年变化

该暴露试验中,分别于1910年、1923年、1937年在暴露站放置了A系列、B系列、C系列混凝土,三系列混凝土的制作时期不同,三个时期所使用的水泥的成分比例和细度也发生了变化,见表6-2。关于水泥熟料各组分的属性,其中C_3S水化快,主要提供早期强度;C_2S水化慢,水化速率约为C_3S的1/20,对后期强度的增长贡献更大。关于水泥的细度,水泥颗粒越细水化反应速率越快,前期水化越充分;水泥的颗粒越粗则水化越慢,水化产物附着在较粗的水泥颗粒表面阻碍内部熟料进一步水化,但未水化的熟料作为储备随着水化的持续进行在后期会使混凝土强度逐步提高。A、B、C 三个系列水泥中 C_2S 平均含量分别为 44.4%、33.7%、23.2%,平均比表面积分别为 $1\,045\,cm^2/g$、$1\,230\,cm^2/g$、$1\,795\,cm^2/g$,即 C_3S 含量占比逐渐增大,C_2S 含量占比逐渐降低,颗粒越来越细。三个系列混凝土经 50 年暴露试验,其抗压强度随龄期的变化数据,如图 6-5 所示。

表 6-2 三时期混凝土中水泥成分对比

系列	水灰比	水泥品牌	水泥组分占比(%)			比表面积 (cm^2/g)
			C_3S	C_2S	C_3A	
A(1910)	0.63	Atlas	28.9	44.4	11.4	1 045
	0.90	Atlas	28.9	44.4	11.4	1 045
B(1923)	—	Medusa	43.7	29.77	11	1 100
	0.51	Lehigh	32.8	38.6	14.2	1 285
	0.54	Universal	46.5	25.1	14.8	1 235
	0.51	Marquette	30.4	41.4	13.3	1 295
C(1937)	0.49	Medusa	53.1	21.5	10.4	1 370
	0.49	Universal Standard	52.6	21	11.9	1 780
	0.48	Universal Modifid	37.5	34	4.53	1 920
	0.49	Incor	56.5	16.2	13	2 110

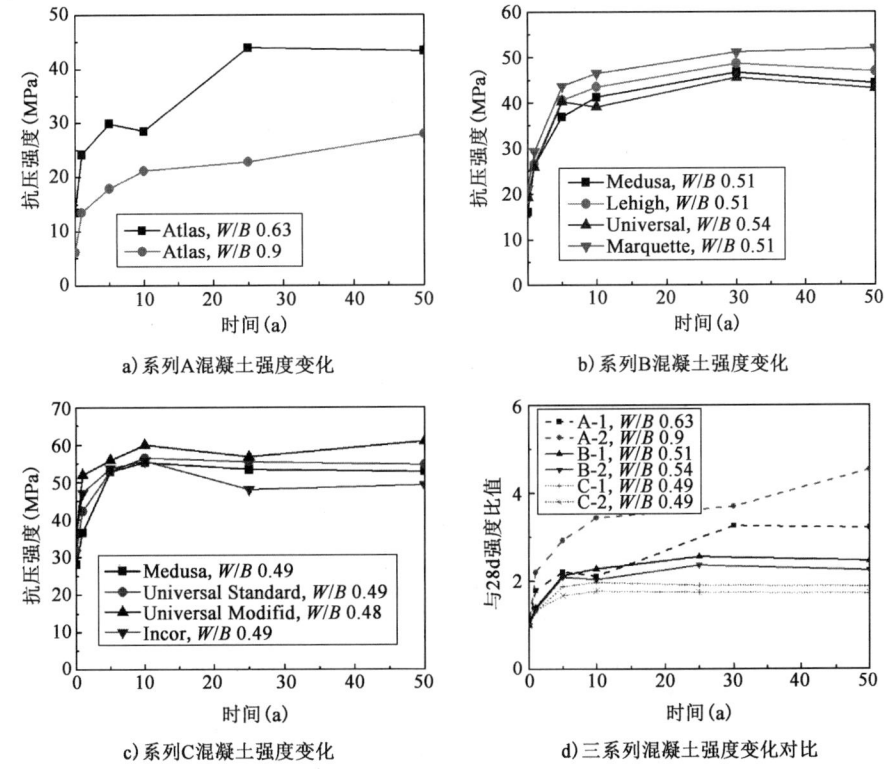

a) 系列A混凝土强度变化

b) 系列B混凝土强度变化

c) 系列C混凝土强度变化

d) 三系列混凝土强度变化对比

图 6-5 Treat Island 暴露站混凝土强度变化趋势

由暴露试验数据可知,三个系列混凝土强度随时间变化情况为:A 系列混凝土在 50 年内强度一直在增长,50 年时强度为 28d 时的 3.2～4.5 倍;B 系列混凝土强度在 25 年内处于增长状态,最大值为 28d 强度的 2.4～2.9 倍,而后出现缓慢下降,50 年时降低至约 95%;C 系列混凝土强度增长最快,出现下降的时间最早,在约 10 年时增长到最大,为 28d 强度的 1.5～2.0 倍,而后出现一定量的下降,50 年时降低至约 89%～97%。对比三个系列混凝土强度与 28d 强度比值情况可知,水泥颗粒越粗,C_2S 含量占比越高,所制作的混凝土强度增长幅度越大。现代硅酸盐水泥中熟料组分 C_3S 含量通常为 50%～60%,C_2S 含量一般在 20% 左右,细度大于 300m²/kg,即 3 000cm²/g,较 C 系列混凝土使用的水泥含有更多 C_3S,且细度更大,对比 A、B、C 三个系列混凝土强度变化规律可推测现代混凝土强度的长期变化规律,现代混凝土将较 C 系列混凝土更早达到最大强度,而后出现强度缓慢下降。

6.1.3 矿渣水泥混凝土动态弹性模量长期变化

美国陆军工程兵团水道试验站于 1955 年在 Treat Island 开展了矿渣水泥暴露试验项目,目的是评价高炉矿渣水泥的性能,并比较其与 II 型硅酸盐水泥的性能差异。在研究中使用了 12 种含有不同水泥类型的引气混凝土,包括 8 种矿渣硅酸盐水泥、1 种 II 型硅酸盐水泥、3 种矿渣硅酸盐水泥与天然水泥的混合料。使用的集料为石灰石(最大尺寸为 19.1mm)和天然砂。所有混凝土的水泥用量为 306.7kg/m³,空气含量为 6.0±0.5%。

所用的 12 种混凝土每种浇筑 18 根梁(共 216 根梁,89mm×114mm×406mm)。其中一半(108)于 1956 年 5 月放置在 Treat Island 的海洋、冻融暴露站试验架上;另一半(108)于 1956 年 8 月放置在圣奥古斯丁海洋环境暴露站试验架上(见第 5.1 节内容)。

表 6-3 列出了在 Treat Island 暴露站中试件相对动弹性模量取均值后的数据,并绘制出相应的变化趋势图(图 6-6)。图表中,年份后面的括号是对应的冻融循环次数;PBFS*n 为矿渣硅酸盐水泥型号;混合物 1 由 80% 的 PBFS*2 号 +20% 的天然水泥 A 组成;混合物 2 由 75% 的 PBFS*2 号 +25% 的天然水泥 A 组成;混合物 3 由 70% 的 PBFS*2 号 +30% 的天然水泥 A 组成。

Treat Island 暴露站试件相对动弹模数据(%) 表 6-3

水泥型号	1956(0)	1957(144)	1958(215)	1959(365)	1960(436)	1961(577)	1962(666)	1963(772)
PBFS*1 号	100	121	132	132	134	124	125	125
PBFS*2 号	100	120	131	131	130	122	125	125
PBFS*3 号	100	112	120	120	119	113	115	114
PBFS*4 号	100	121	132	132	129	122	125	125
PBFS*5 号	100	113	120	120	118	111	114	112
PBFS*6 号	100	123	134	134	132	123	124	124
PBFS*7 号	100	117	128	129	128	120	122	122
PBFS*8 号	100	112	120	120	120	112	113	113
II 类硅酸盐水泥	100	122	130	131	127	120	120	120
混合物 1	100	112	121	121	119	111	112	111
混合物 2	100	109	116	117	115	104	105	104
混合物 3	100	108	113	114	110	96	100	98

续上表

水泥型号	1964(907)	1965(1070)	1966(1200)	1967(1356)	1968(1541)	1969(1695)	1970(1848)	1971(2017)
PBFS*1号	123	120	119	118	116	117	114	106
PBFS*2号	126	124	122	122	121	121	117	120
PBFS*3号	112	112	112	111	111	111	110	110
PBFS*4号	122	122	122	121	120	122	118	122
PBFS*5号	110	111	110	110	108	108	108	103
PBFS*6号	120	119	121	120	120	119	118	113
PBFS*7号	120	118	119	118	118	117	115	109
PBFS*8号	110	109	110	111	110	109	108	108
Ⅱ类硅酸盐水泥	118	116	118	117	117	116	115	112
混合物1	108	106	104	105	100	100	99	92
混合物2	98	94	96	96	84	81	79	失效
混合物3	93	88	84	84	70	失效	—	—

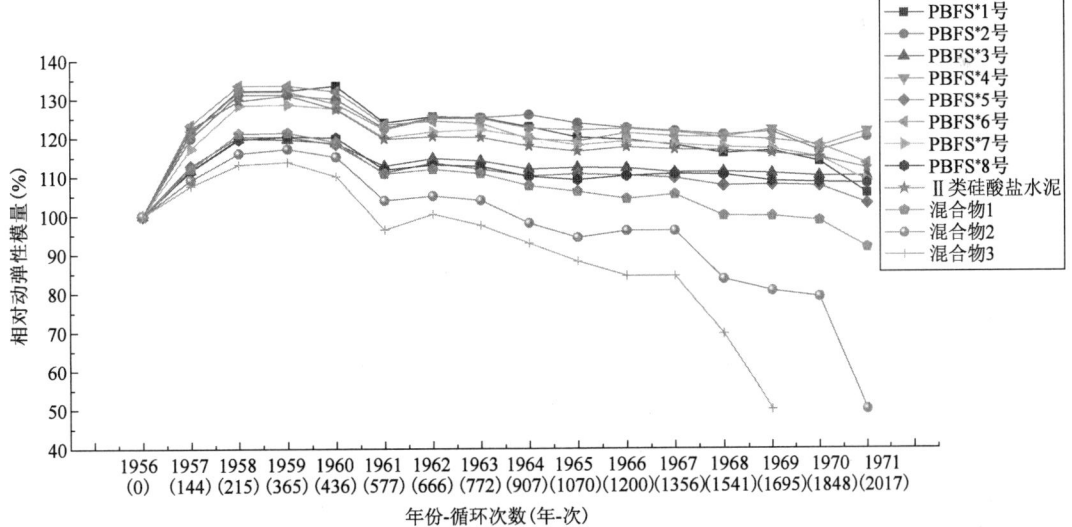

图 6-6　海洋冻融下试件相对动弹模变化趋势

从长期暴露试验结果可以看出：在海洋、冻融复合环境中，随着水泥水化生长更加充分，混凝土的动弹性模量在试验初期有增长趋势，而后在冻融与盐侵复合作用下混凝土质量出现随年份的整体下降。经过15年暴露试验，试件经受2 017次冻融循环，矿渣水泥整体有较好的抗冻融与盐侵性能；PBFS*2、PBFS*6表现出最好的性能；矿渣水泥与天然水泥混合物的性能较差，且性能随天然水泥含量的增多而降低。

6.1.4 掺粉煤灰和天然水泥的混凝土脉冲速率长期变化

美国陆军工程兵团水道试验站在1953年12月起在Treat Island开展了水泥掺合料的研究。由粉煤灰和天然水泥作为水泥替代材料制作了460mm×460mm×910mm的混凝土棱柱体,试件中使用的粗集料和细集料均为碎石灰石,最大粗集料尺寸为76.2mm。所有混凝土均为引气型。选取其中部分试件进行分析,混凝土材料数据如表6-4所示。

混凝土材料属性 表6-4

混凝土编号	硅酸盐水泥		替代材料		水泥用量(kg/m³)	水灰比	坍落度(mm)	含气量(%)	试件号
	类型	利用率(%)	类型	利用率(%)					
b	Ⅱ	100	无	无	162.3	0.8	19.1	5.9	B-30
							63.5	6.8	B-31
							38.1	5.6	B-32
c	Ⅱ	100	无	无	265.5	0.5	63.5	7.2	B-61
							38.1	2.5	B-62
							6.4	1.2	B-63
f	Ⅱ	55	粉煤灰	45	138.9	0.8	63.5	5.7	B-77
							63.5	5.4	B-78
							50.8	5.9	B-79
g	Ⅱ	65	天然水泥	35	149.5	0.8	12.7	6.0	B-93
							50.8	7.2	B-94
							50.8	6.3	B-95

通过检测声脉冲在试件中的传播速率来评判暴露试验中试件状况。测试仪器测量声脉冲在混凝土试件中传播的时间,并根据传播时间和路径长度计算出混凝土中声脉冲速率(v)的值。以每次检测到的脉冲速率的平方与放置时获得的初始脉冲速率的平方的百分比(%v^2)进行试件状况比较。1953—1971年经受18年2 439次冻融的暴露试验结果见表6-5。

混凝土b、f、g具有相同水灰比和相近的含气量,以此三种混凝土各自相对脉冲速率的均值进行比较,如图6-7所示,括数字号内为冻融次数。在冻融和盐侵环境下,随冻融次数增多,试件脉冲速率不断降低,混凝土质量不断劣化;粉煤灰和天然水泥作为水泥替代物掺加在混凝土中会降低其抗环境侵蚀性能;以天然水泥作为水泥替代物的混凝土随侵蚀时间增长迅速劣化,劣化程度强于掺粉煤灰混凝土。

对比c类混凝土中的3个试件,其相对脉冲速率变化如图6-8所示,含气量为1.2%的试件由于含气量少,在冻融作用下迅速损伤劣化,最早失效。含气量为7.2%的试件状况优于含气量为2.5%的试件。另外,试件B-31与B-61具有相同或相近的坍落度和含气量,水灰比分别为0.8和0.5,水灰比低的试件B-61表现出更好的抗冻融、盐侵性能。

海洋冻融下水泥替代物长期性能暴露试验数据（脉冲速率%v^2）

表6-5

混凝土编号	试件号	1953 (0)	1954 (110)	1955 (255)	1956 (422)	1957 (566)	1958 (637)	1959 (787)	1960 (858)	1961 (999)	1962 (1088)	1963 (1194)	1964 (1329)	1965 (1492)	1966 (1622)	1967 (1778)	1968 (1963)	1969 (2117)	1970 (2270)	1971 (2439)
b	B-30	100	94	100	100	92	95	95	97	94	102	97	90	92	82	93	93	89	84	68
b	B-31	100	93	97	98	92	94	88	89	93	88	86	79	80	65	73	77	69	65	55
b	B-32	100	94	98	97	93	93	88	94	93	90	95	88	87	73	86	88	79	72	67
c	B-61	100	88	97	97	91	93	90	93	91	97	99	93	106	91	95	92	91	86	88
c	B-62	100	63*	95	94	90	93	87	89	92	88	92	94	95	87	86	86	78	74	66
c	B-63	100	62*	97	99	91	93	88	93	91	93	87	89	49	失效					
f	B-77	100	95	101	104	93	94	++	++	++	++	++	++	失效						
f	B-78	100	106	103	103	94	92	88	++	++	++	++	++	失效						
f	B-79	100	94	101	99	97	89	++	++	++	++	++	++	失效						
g	B-93	100	92	96	102	91	95	86	92	90	90	90	95	92	83	92	91	88	79	77
g	B-94	100	94	101	99	98	93	91	95	91	91	90	82	77	75	71	74	69	65	失效
g	B-95	100	96	100	98	94	90	87	89	88	76	81	69	64	63	58	59	57	54	失效

注：*这两个值写前后的读数不一致，被认为是不正确的。
++试件末端太粗糙，无法获得满意的读数。

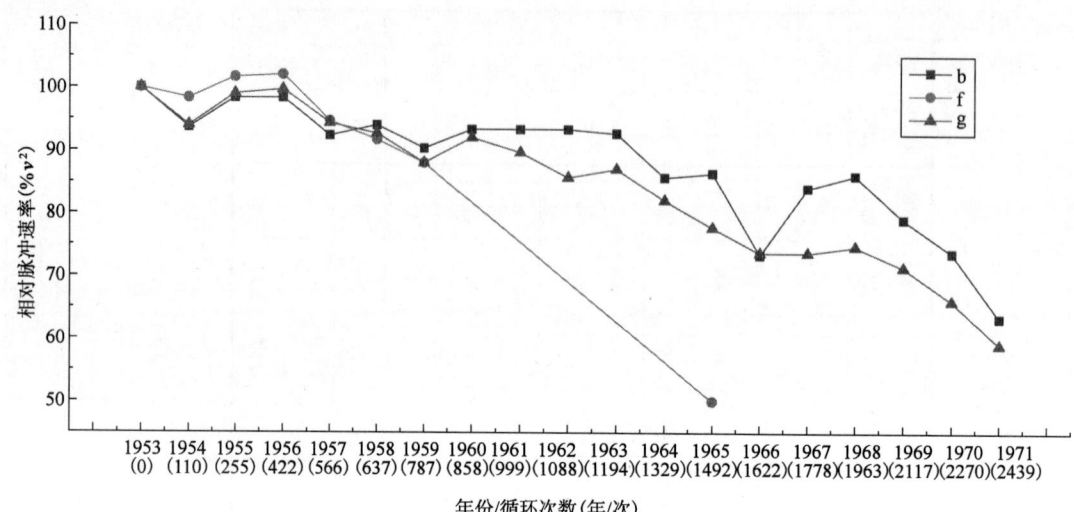

图6-7 海洋冻融下不同水泥替代物混凝土相对脉冲速率演变趋势

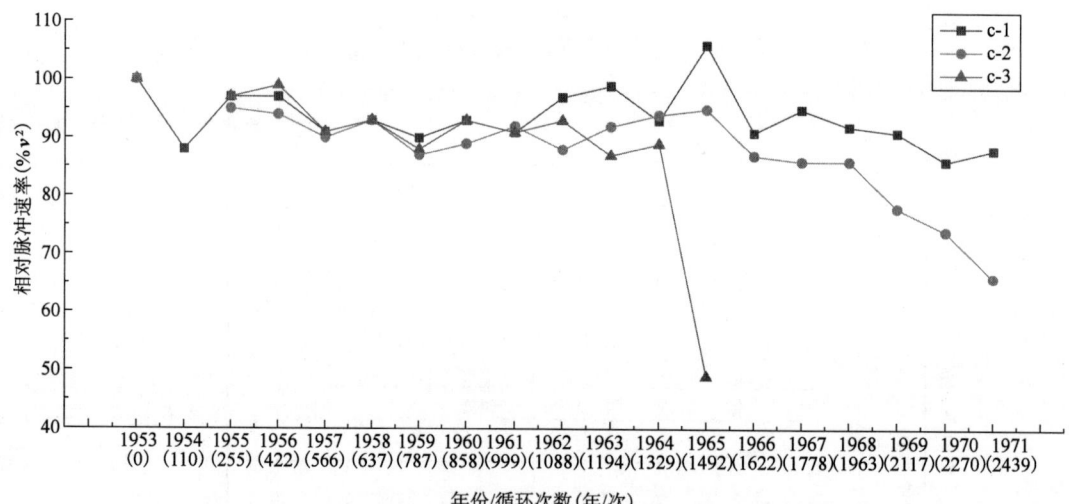

图6-8 不同含气量料混凝土在冻融盐冻环境下脉冲速度演变趋势

6.2 冻融循环作用下混凝土长期性能试验研究

6.2.1 混凝土原材料及配合比

本章开展了桥梁混凝土在冻融循环作用下长期性能的试验研究,试验选用C50混凝土,所采用的原材料与4.2节一般大气环境下桥梁混凝土长期物理力学性能试验所采用的原材料相同。

试验设计了不同水胶比、粉煤灰掺量和磨细矿渣掺量的混凝土,分析矿物掺合料(粉煤灰、磨细矿渣)及其掺量、引气剂对混凝土抗冻融侵蚀性能的影响。其中,混凝土水胶比分别为0.335、0.4、0.48。粉煤灰等量取代水泥,掺量分别为10%、20%、30%;磨细矿渣等量取代水泥,掺量分别为15%、25%、35%;或者粉煤灰和磨细矿渣复掺等量取代水泥,掺量各为

15%和15%。早强剂和引气剂掺量分别为胶凝材料用量的1%和0.7/10 000。调整高效减水剂掺量,使混凝土工作性满足初始坍落度为220mm±20mm,坍落扩展度550mm±50mm。混凝土配合比如表6-6所示。

混凝土配合比设计 表6-6

项目	编号	W/B	混凝土各材料用量(kg·m⁻³)							
			水泥	水	砂	石	磨细矿渣	粉煤灰	早强剂	引气剂
水胶比	C30	0.48	390	186	724	1 086	0	0	0	0
	C40	0.4	430	176	724	1 086	0	0	0	0
	C50	0.335	480	154	724	1 086	0	0	0	0
粉煤灰掺量	C50F10	0.32	432	154	724	1 086	0	48	0	0
	C50F20	0.32	384	154	724	1 086	0	96	0	0
	C50F30	0.32	336	154	724	1 086	0	144	0	0
	C40F10	0.4	387	176	724	1 086	0	43	0	0
磨细矿渣掺量	C50K15	0.32	408	154	724	1 086	72	0	0	0
	C50K25	0.32	360	154	724	1 086	120	0	0	0
	C50K35	0.32	312	154	724	1 086	168	0	0	0
	C40K15	0.4	365	176	724	1 086	65	0	0	0
粉煤灰与磨细矿渣复掺	C50F15K15	0.32	336	154	724	1 086	72	72	0	0
早强剂掺量	C50F20Z	0.32	384	154	724	1 086	0	96	4.8	0
	C40F10Z	0.4	387	176	724	1 086	0	43	4.3	0
引气剂掺量	C50F20Y	0.32	384	154	724	1 086	0	96	0	0.033 6
	C40F10Y	0.4	387	176	724	1 086	0	43	0	0.030 1

6.2.2 试验方法与测试指标

试验方法采用《普通混凝土长期性能和耐久性能试验方法标准》(GB/T 50082—2009)中快冻法的冻融循环制度,在测试指标选择方面,除采用原混凝土的质量损失率和相对动弹模量两个指标外,增加了力学性能指标及渗透性能指标。其中,力学性能指标包括抗压强度和抗折强度,渗透性能指标采用氯离子扩散系数表征。

6.2.3 普通混凝土在冻融循环作用下长期性能演变规律

C50混凝土在冻融循环侵蚀作用下的长期性能变化过程如图6-9所示。由图可以看出,冻融循环作用下混凝土的各项物理力学性能演变过程可以分为两个阶段,即混凝土在冻融侵蚀前期的缓慢劣化段和侵蚀后期的加速劣化段。根据静水压假说,在缓慢劣化段,混凝土内部孔隙水部分冻结,毛细管水结冰产生的膨胀压力能够通过水从未冰冻的毛细孔外溢至自由空间而得以部分消除。然而随着冻融循环次数的增加,混凝土内部膨胀压力不断累积,同时冻结的孔隙水增加,使得水外溢至边缘的距离增加,毛细管膨胀使周围的材料会受到压力的作用,从而引起混凝土裂纹的增长和结构的加剧劣化。这样混凝土的长期性能发展变化就进入了冻融后期的加速劣化段。

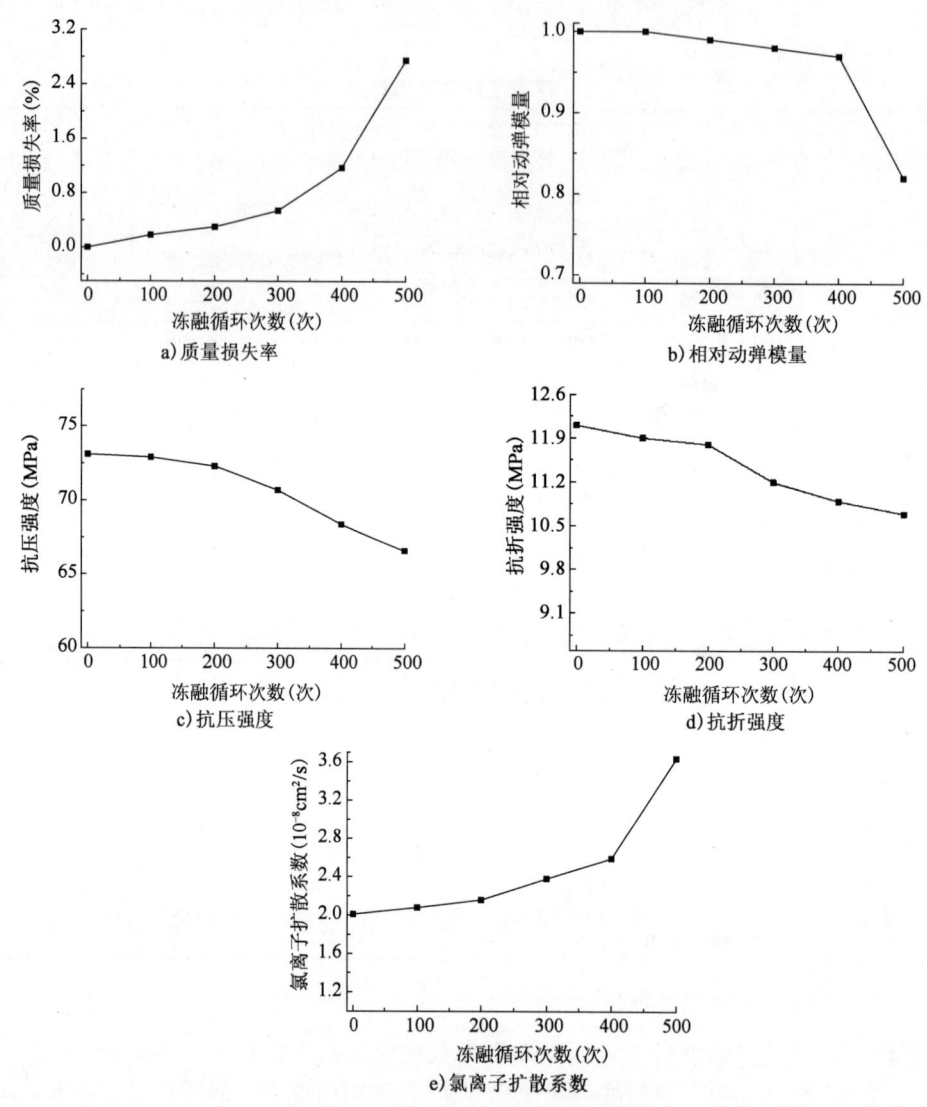

图6-9 冻融循环作用下C50混凝土性能演变

将图6-9中试验数据进行回归拟合，得到冻融循环作用下C50混凝土性能演变规律的拟合方程，如表6-7所示。从表中可以看出，混凝土的各项物理力学性能的演变过程均可用方程 $y=A_0+A_1x+A_2x^2$ 来表示。当对 y 取一阶导数，可以用来表征各项物理力学性能的损伤速率。其中 $-\dfrac{\mathrm{d}y}{\mathrm{d}x}=A_1+2A_2x$ 用于表征混凝土相对动弹模量、抗压强度和抗折强度的损伤速率；$\dfrac{\mathrm{d}y}{\mathrm{d}x}=A_1+2A_2x$ 用于表征混凝土抗氯离子渗透性能的损伤速率。可以看出随时间的增加，混凝土的相对动弹模量、抗压强度、抗折强度及抗氯离子渗透性能的损伤速率呈线性发展。

冻融循环作用下 C50 混凝土性能演变的拟合方程　　　　　表 6-7

项　目 y	拟合方程（x 为循环次数）	相关系数 R
质量损失率（%）	$y = 0.15 - 0.00323x + 1.61429 \times 10^{-5}x^2$	0.94
相对动弹模量	$y = 0.98679 + 3.83929 \times 10^{-4}x - 1.33929 \times 10^{-6}x^2$	0.81
抗压强度（MPa）	$y = 73.18571 - 3.85714 \times 10^{-4}x - 2.64286 \times 10^{-5}x^2$	0.99
抗折强度（MPa）	$y = 12.14286 - 0.00231x - 1.42857 \times 10^{-6}x^2$	0.94
氯离子扩散系数（$10^{-8}\mathrm{cm}^2/\mathrm{s}$）	$y = 2.09214 - 0.00201x + 9.67857 \times 10^{-6}x^2$	0.91

6.2.4　矿物掺合料对混凝土性能长期演变的影响

矿物掺合料掺入混凝土中,其火山灰效应和微集料填充效应会影响胶凝体系的颗粒级配、水化进程以及硬化后混凝土内部结构,必然也会影响到混凝土的冻融侵蚀劣化过程。试验选取了粉煤灰和磨细矿渣两种桥梁工程中常用的矿物掺合料,每种矿物掺合料选择 3 个掺量——粉煤灰掺量（10%、20%、30%）、磨细矿渣掺量（15%、25%、35%）,来研究矿物掺合料对冻融侵蚀条件下混凝土性能演变规律的影响,试验结果如图 6-10～图 6-14 所示。

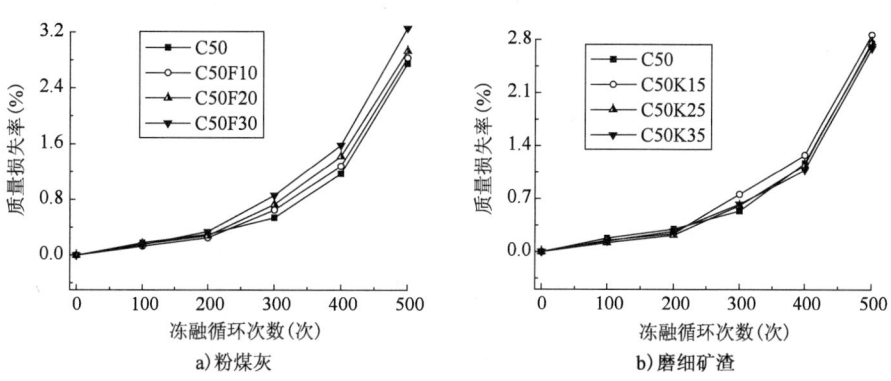

图 6-10　冻融循环作用下矿物掺合料对混凝土质量损失率的影响

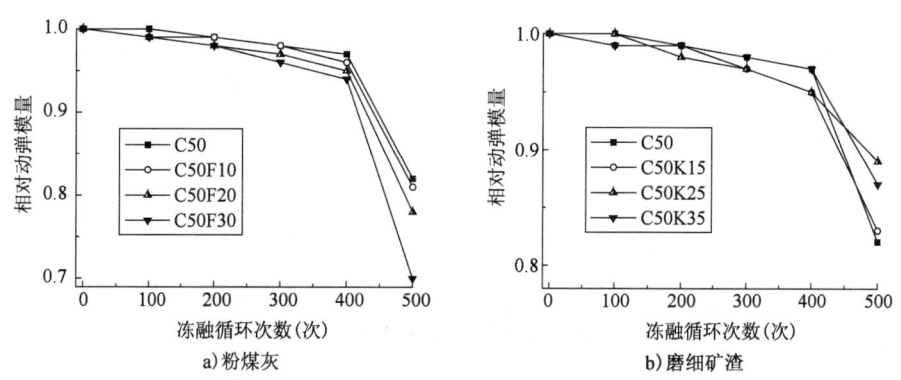

图 6-11　矿物掺合料对冻融循环作用下混凝土相对动弹模量的影响

由图中试验数据可以看出,粉煤灰的掺入使冻融循环侵蚀下混凝土的质量损失率略有增加,相对动弹模量降低幅度增加,且随掺量的增加,性能劣化增大。磨细矿渣的掺入对混凝土的质量损失率无明显影响,但延缓了相对动弹模量的降低,其中磨细矿渣掺量 25% 的混凝土,其相对动弹模量下降幅度最小。当混凝土中的粉煤灰掺量超过 10% 时,随掺量的增加，混凝土的初始抗压强度和抗折强度大幅减小，且侵蚀过程中的损伤幅度明显增加；掺有磨细矿渣的混凝土，其抗压强度和抗折强度在整个侵蚀过程中大幅增加，然而磨细矿渣掺量15%和25%的混凝土，其抗压强度损伤有明显增大趋势。粉煤灰和磨细矿渣的掺入显著降低了混凝土的初始氯离子扩散系数，且随掺量的增加，混凝土的初始氯离子扩散系数越小。与基准混凝土相比，粉煤灰混凝土在遭受冻融循环侵蚀后的氯离子扩散系数明显增大；磨细矿渣的掺入则有效降低了混凝土的氯离子扩散系数。

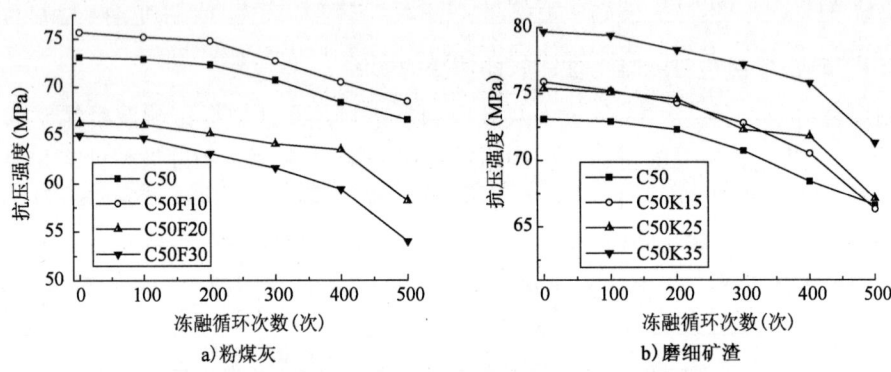

图 6-12　矿物掺合料对冻融循环作用下混凝土抗压强度的影响

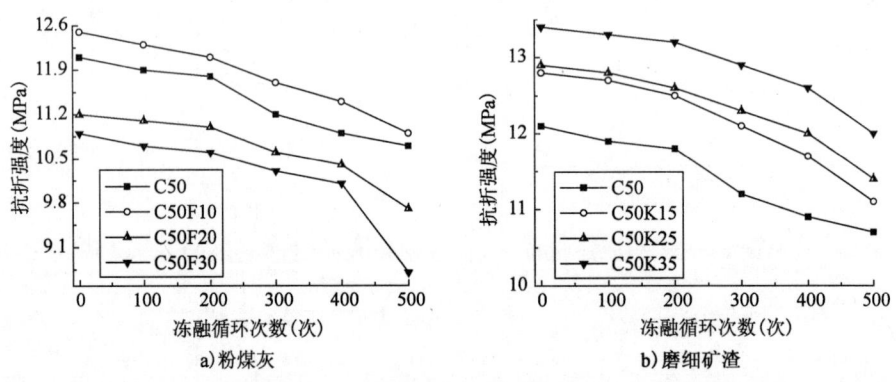

图 6-13　矿物掺合料对冻融循环作用下混凝土抗折强度的影响

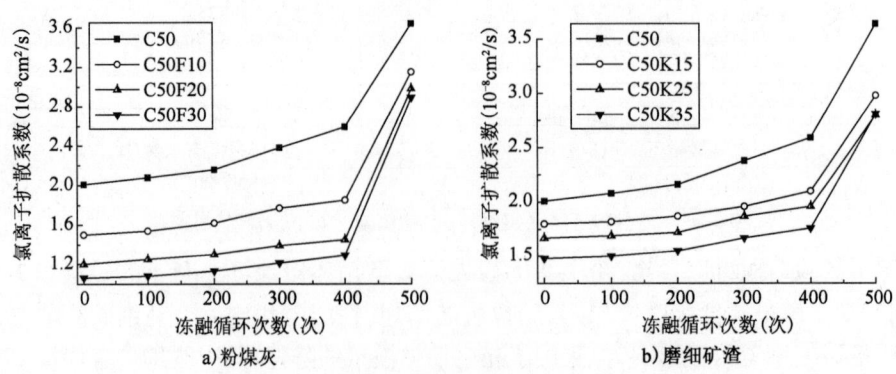

图 6-14　矿物掺合料对冻融循环作用下混凝土氯离子扩散系数的影响

将各组混凝土在冻融循环侵蚀条件下的各项物理力学性能演化曲线进行回归拟合,得到混凝土的长期性能演变规律拟合方程 $y = A_0 + A_1 x + A_2 x^2$,拟合方程系数如表6-8所示。对拟合方程取一阶导数,用来表征各项物理力学性能的损伤速率,如图6-15所示。由图6-15可见,各组混凝土的损伤速率均随冻融循环次数的增加而增加。其中粉煤灰掺入混凝土中,显著增大了侵蚀过程中混凝土各项物理力学性能的损伤速率,且随粉煤灰掺量的增加,损伤速率增加。磨细矿渣掺入混凝土中,减小了冻融侵蚀条件下混凝土的相对动弹模量和抗氯离子渗透性能损伤速率,其中磨细矿渣掺量25%时,混凝土呈现出最小的损伤速率;与纯水泥混凝土相比,磨细矿渣混凝土的抗压强度和抗折强度损伤速率有所增大。

矿物掺合料对混凝土性能演变影响的拟合方程系数　　　　表6-8

项目 y	混凝土序号	A_0	A_1	A_2
相对动弹模量	C50	0.986 79	$3.839\ 29 \times 10^{-4}$	$-1.339\ 29 \times 10^{-6}$
	C50F10	0.983 57	$3.964\ 29 \times 10^{-4}$	$-1.392\ 86 \times 10^{-6}$
	C50F20	0.982 86	$3.985\ 71 \times 10^{-4}$	-1.5×10^{-6}
	C50F30	0.976 79	$5.853\ 57 \times 10^{-4}$	-2.125×10^{-6}
	C50K15	0.988 21	$2.796\ 43 \times 10^{-4}$	-1.125×10^{-6}
	C50K25	0.997 86	6.5×10^{-5}	$-5.357\ 14 \times 10^{-7}$
	C50K35	0.988 93	$2.317\ 86 \times 10^{-4}$	-8.75×10^{-7}
抗压强度(MPa)	C50	73.185 71	$-3.857\ 14 \times 10^{-4}$	$-2.642\ 86 \times 10^{-5}$
	C50F10	75.753 57	$-0.001\ 79$	-2.625×10^{-5}
	C50F20	65.982 14	$0.007\ 58$	$-4.339\ 29 \times 10^{-5}$
	C50F30	64.810 71	$0.004\ 22$	$-4.982\ 14 \times 10^{-5}$
	C50K15	75.667 86	$0.002\ 45$	-4.125×10^{-5}
	C50K25	75.242 86	$0.004\ 3$	$-3.928\ 57 \times 10^{-5}$
	C50K35	79.478 57	$0.004\ 42$	$-3.964\ 29 \times 10^{-5}$
抗折强度(MPa)	C50	12.142 86	$-0.002\ 31$	$-1.428\ 57 \times 10^{-6}$
	C50F10	12.496 43	$-0.001\ 48$	$-3.392\ 86 \times 10^{-6}$
	C50F20	11.178 57	$1.785\ 71 \times 10^{-4}$	$-6.071\ 43 \times 10^{-6}$
	C50F30	10.771 43	$0.001\ 97$	$-1.142\ 86 \times 10^{-5}$
	C50K15	12.803 57	$-4.535\ 71 \times 10^{-4}$	$-5.892\ 86 \times 10^{-6}$
	C50K25	12.889 29	-3.25×10^{-4}	$-5.178\ 57 \times 10^{-6}$
	C50K35	13.375	$-2.607\ 14 \times 10^{-4}$	$-5.892\ 86 \times 10^{-6}$
氯离子扩散系数($10^{-8} cm^2/s$)	C50	2.092 14	$-0.002\ 01$	$9.678\ 57 \times 10^{-6}$
	C50F10	1.613 57	$-0.002\ 96$	1.125×10^{-5}
	C50F20	1.352 86	$-0.003\ 9$	$1.328\ 57 \times 10^{-5}$
	C50F30	1.216 43	$-0.004\ 34$	$1.432\ 14 \times 10^{-5}$
	C50K15	1.877 86	$-0.002\ 21$	$8.321\ 43 \times 10^{-6}$
	C50K25	1.737 86	$-0.001\ 99$	7.75×10^{-6}
	C50K35	1.571 79	$-0.002\ 58$	$9.482\ 14 \times 10^{-6}$

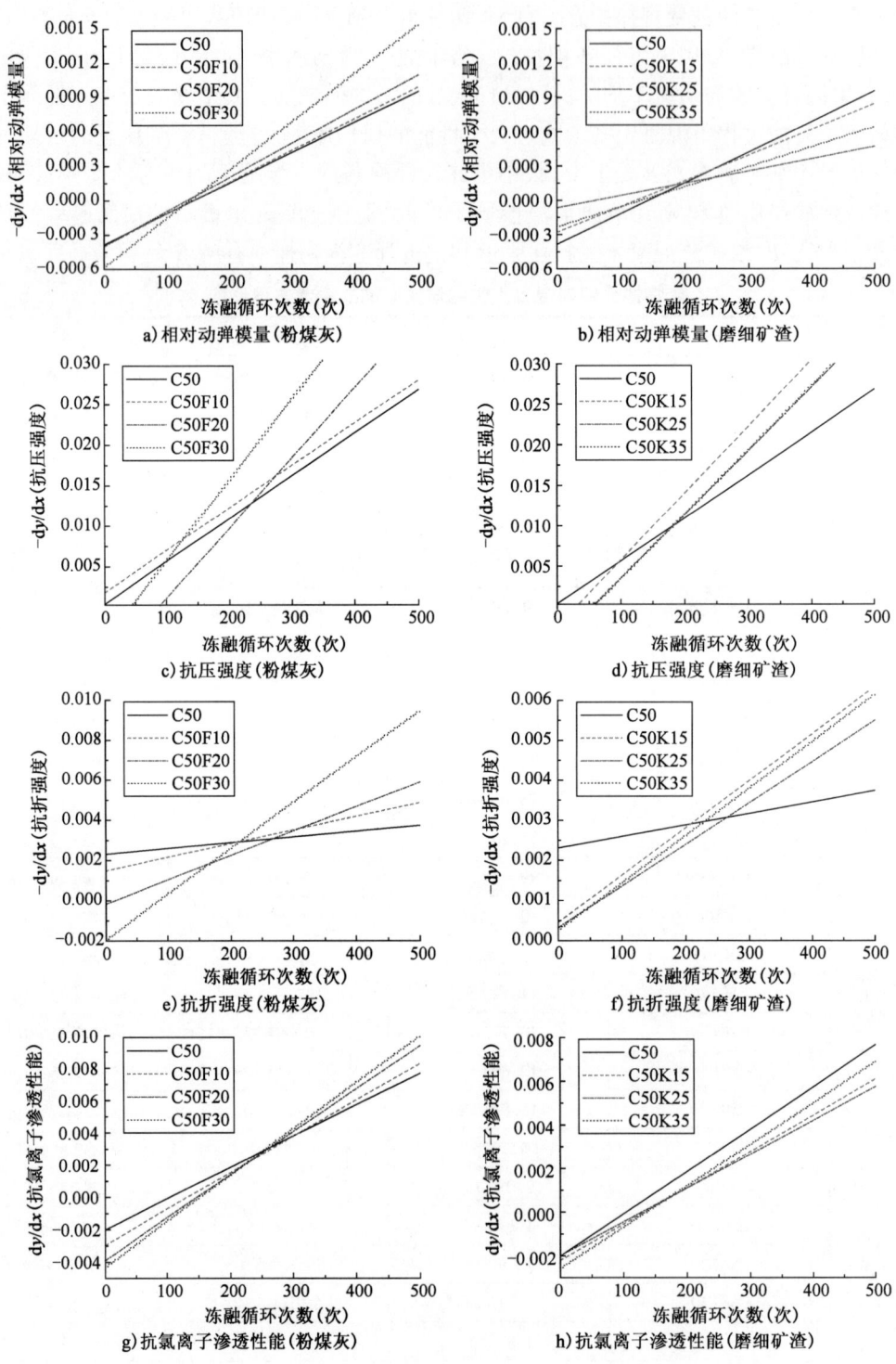

图6-15 矿物掺合料对冻融作用下混凝土性能损伤速率的影响

矿物掺合料掺入混凝土中,改善了胶凝体系的颗粒级配,其微集料填充效应和火山灰效应能够细化混凝土内部孔隙,提高了混凝土的孔结构致密性和抗渗性能。因此,磨细矿渣掺入混凝土中会改善其抗冻性能。然而试验结果显示,粉煤灰的掺入明显不利于混凝土的抗冻融侵蚀性能,且随掺量的增加,劣化越严重。分析其原因可能在于,粉煤灰的活性较低,掺入混凝土中,明显会降低混凝土的早期强度和抗裂性能,从而加剧了混凝土的冻融劣化。

以 C50 混凝土为基准,建立粉煤灰和磨细矿渣掺量对冻融作用下混凝土相对动弹模量和抗压强度演变拟合方程的影响。

相对动弹模量:$y = K_0 A_0(C50) + K_1 A_1(C50)x + K_2 A_2(C50)x^2$。

式中,K_0、K_1、K_2 为粉煤灰或磨细矿渣掺量对本试验中 C50 混凝土性能(相对动弹模量)演变拟合方程中各项的影响系数,K_0、K_1、K_2 与粉煤灰掺量(FA)或磨细矿渣掺量(SL)的关系,如图 6-16 所示,拟合函数为:

$$K_0 = 1.00032 - 3.11211 \times 10^{-4} \text{FA}, \text{ 或 } K_0 = 1 + \frac{0.14709}{10.40276\sqrt{\pi/2}} e^{-2\frac{\text{SL}-25.55386}{10.40276^2}};$$

$$K_1 = 1.00981 + 0.00022 e^{\frac{\text{FA}}{3.86599}}, \text{ 或 } K_1 = 1.02011 - 0.0579\text{SL} + 0.00128\text{SL}^2;$$

$$K_2 = 1.00321 + 0.00516 e^{\frac{\text{FA}}{6.34588}}, \text{ 或 } K_2 = 1.01293 - 0.04189\text{SL} + 8.8338 \times 10^{-4}\text{SL}^2。$$

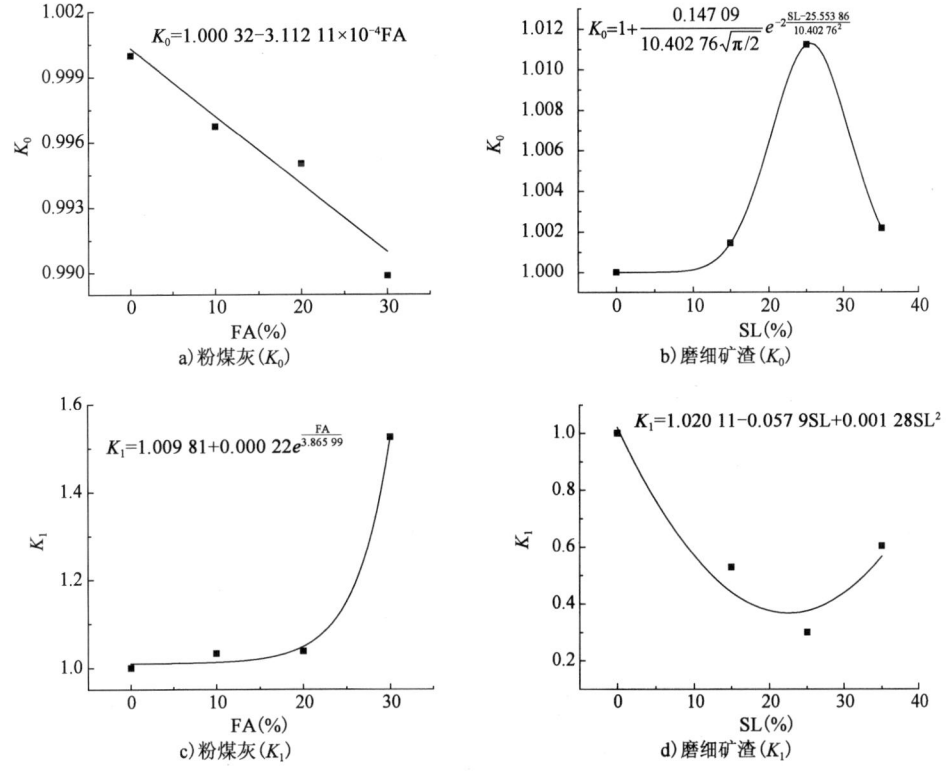

图 6-16

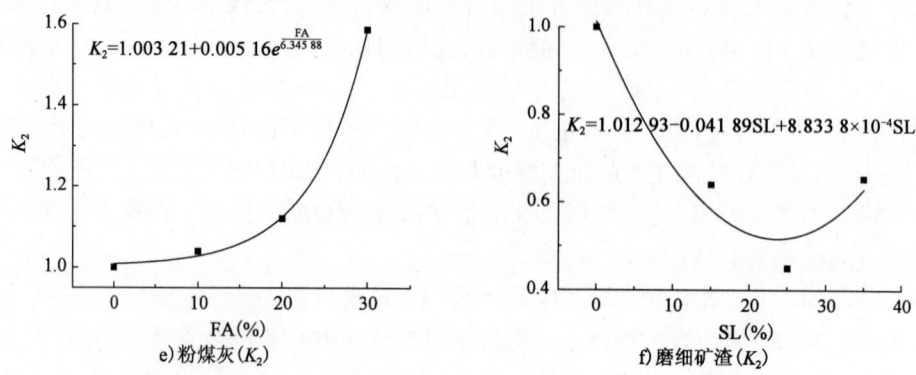

e) 粉煤灰(K_2) f) 磨细矿渣(K_2)

图 6-16 矿物掺合料及其掺量对混凝土相对动弹模量拟合方程系数的影响

抗压强度:$y = K_0 A_0(C50) + K_1 A_1(C50)x + K_2 A_2(C50)x^2$。

式中 K_0、K_1、K_2 为不同粉煤灰或磨细矿渣掺量对本试验中 C50 混凝土性能(抗压强度)演变拟合方程中各项的影响系数,K_0、K_1、K_2 与粉煤灰掺量(FA)或磨细矿渣掺量(SL)的关系,如图 6-17 所示,拟合函数为:

$K_0 = 1.00531 + 0.00116\text{FA} - 1.77737 \times 10^{-4}\text{FA}^2$,

或 $K_0 = 0.99647 + 0.00216\text{SL}$;

$K_1 = 2.47926 - 0.5311\text{FA}$,或 $K_1 = 16.39612 e^{\frac{-\text{SL}}{21.94568}} - 15.30211$;

$K_2 = 0.88446 + 0.03304\text{FA}$,或 $K_2 = 1.01634 + 0.04547\text{SL} - 9.29408 \times 10^{-4}\text{SL}^2$。

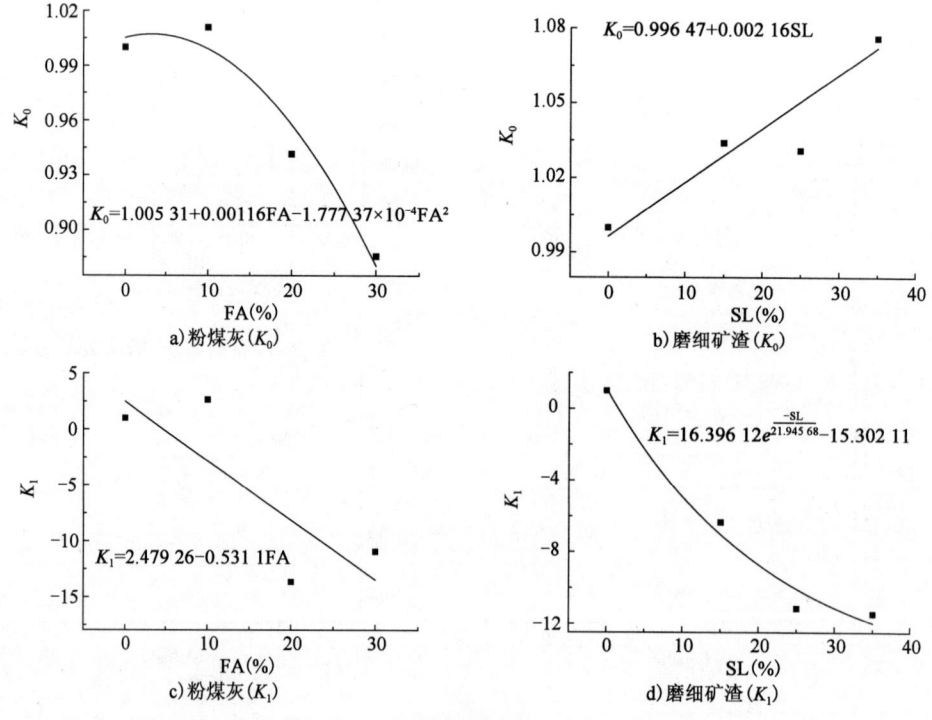

a) 粉煤灰(K_0) b) 磨细矿渣(K_0)

c) 粉煤灰(K_1) d) 磨细矿渣(K_1)

图 6-17

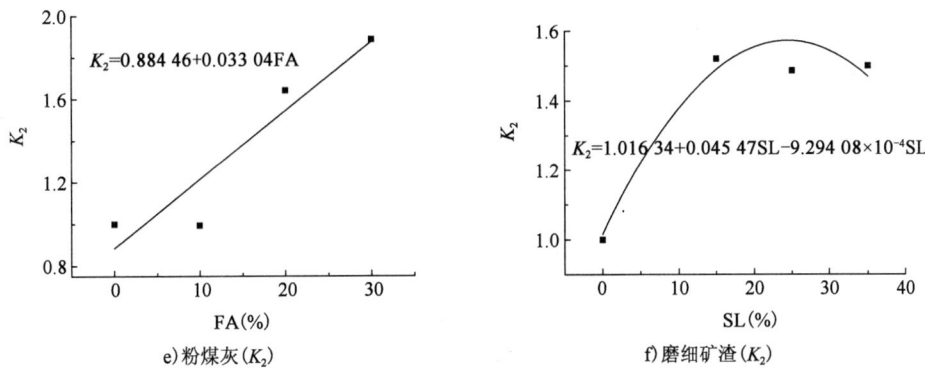

图 6-17　矿物掺合料及其掺量对混凝土抗压强度拟合方程系数的影响

6.2.5　引气剂对混凝土性能演变的影响

引气剂掺入混凝土中,会引入大量稳定、分布良好的微细气泡,影响混凝土的拌和性能以及硬化后的物理力学性能。引气剂是混凝土冬季施工常用的一种外加剂。试验研究了引气剂对冻融侵蚀条件下混凝土长期性能演变规律的影响,试验结果如图 6-18 所示。

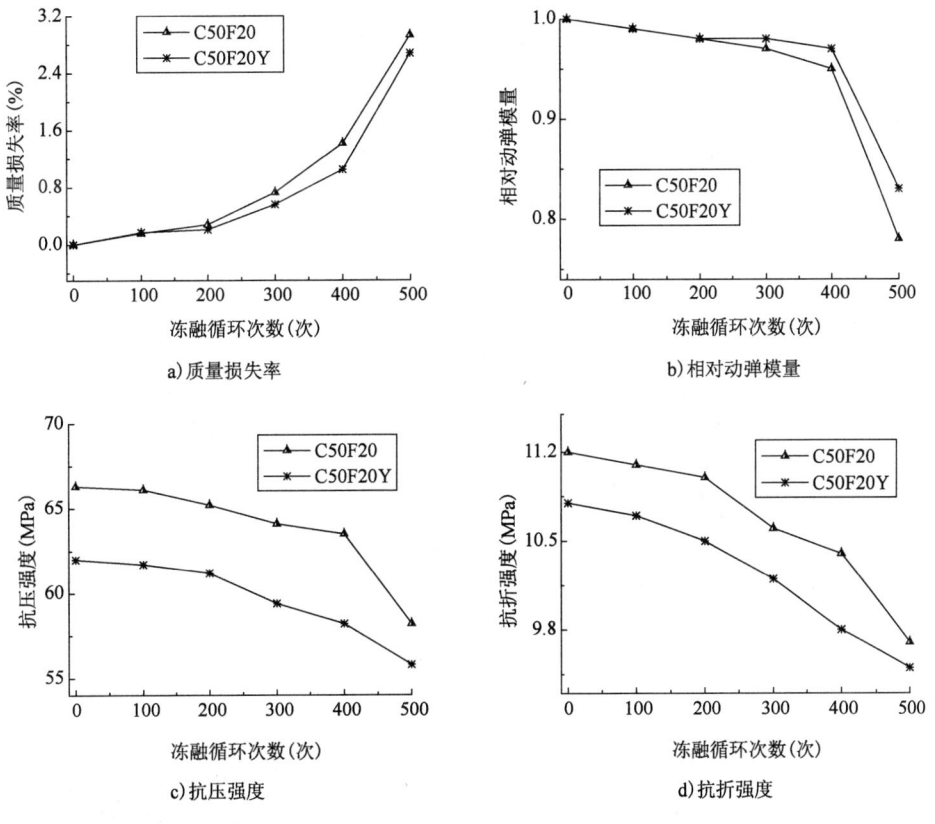

图 6-18

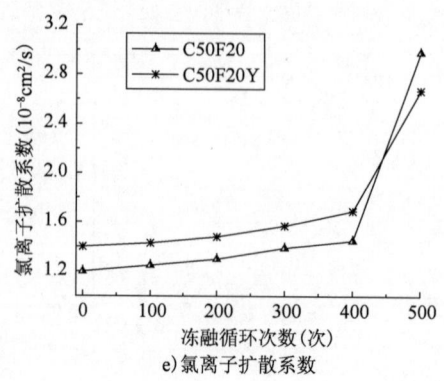

e) 氯离子扩散系数

图 6-18　引气剂对冻融循环作用下混凝土性能演变的影响

由图中数据可以看出,混凝土中掺入引气剂,由于引入了一定量的细微气泡,使得混凝土的初始抗压强度和抗折强度降低,初始氯离子扩散系数增大。但是与未掺引气剂的混凝土相比,引气剂的掺入有效减小了冻融环境下混凝土各项物理力学性能的劣化。

将图 6-18 中混凝土在冻融循环侵蚀条件下的各项物理力学性能演化曲线进行回归拟合,得到混凝土的长期性能演变规律拟合方程(表 6-9)。对拟合方程取一阶导数,得到各项物理力学性能的损伤速率,如图 6-19 所示。由图 6-19 可见,引气剂掺入混凝土中,显著减小了冻融过程中混凝土各项物理力学性能的损伤速率。这是由于引气剂引入的大量稳定、分布良好的微细气泡,能够改善混凝土内部孔结构,容纳外逸的未冻水,缓解膨胀压力。因此,适量掺入引气剂能有效提高混凝土的抗冻性能,并延缓冻融环境中混凝土其他性能的衰减。

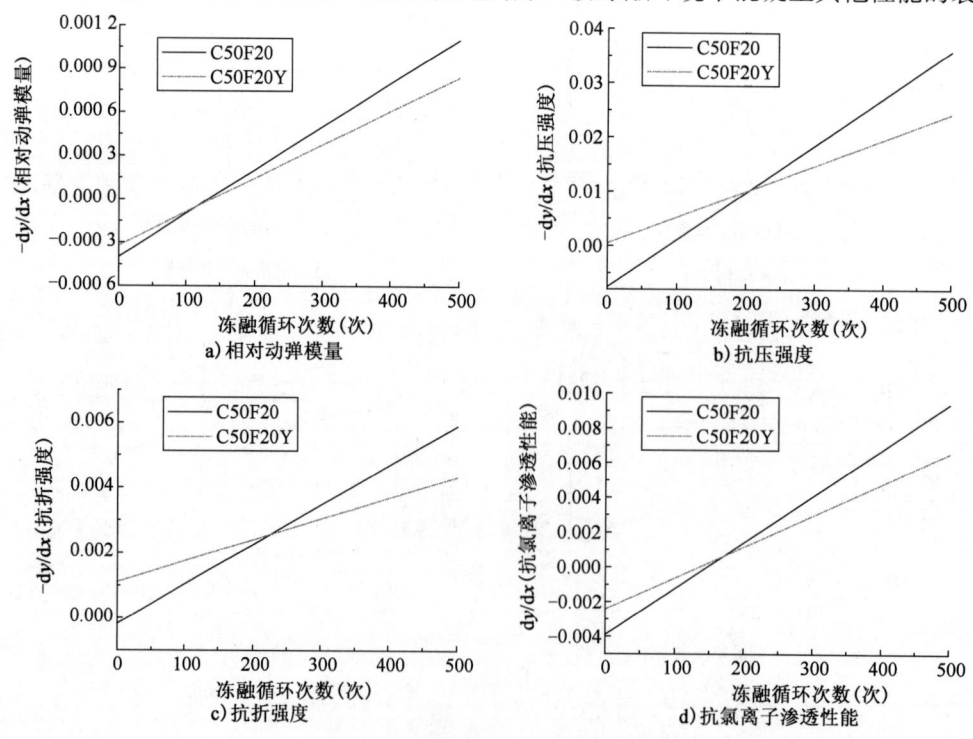

图 6-19　引气剂对混凝土性能演变损伤速率的影响

引气剂对混凝土性能演变拟合方程系数的影响　　　　表6-9

项　目 y		拟合方程（x 为循环次数）	相关系数 R
相对动弹模量	C50F20	$y = 0.982\,86 + 3.985\,71 \times 10^{-4}x - 1.5 \times 10^{-6}x^2$	0.85
	C50F20Y	$y = 0.984\,64 + 3.203\,57 \times 10^{-4}x - 1.160\,71 \times 10^{-6}x^2$	0.90
抗压强度 （MPa）	C50F20	$y = 65.982\,14 + 0.007\,58x - 4.339\,29 \times 10^{-5}x^2$	0.97
	C50F20Y	$y = 62.017\,86 - 4.964\,29 \times 10^{-4}x - 2.375 \times 10^{-5}x^2$	0.92
抗折强度 （MPa）	C50F20	$y = 11.178\,57 + 1.785\,71 \times 10^{-4}x - 6.071\,43 \times 10^{-6}x^2$	0.89
	C50F20Y	$y = 10.821\,43 - 0.001\,11x - 3.214\,29 \times 10^{-6}x^2$	0.94
氯离子扩散系数 （10^{-8} cm^2/s）	C50F20	$y = 1.352\,86 - 0.003\,9x + 1.328\,57 \times 10^{-5}x^2$	0.91
	C50F20Y	$y = 1.490\,36 - 0.002\,43x + 8.982\,14 \times 10^{-6}x^2$	0.95

6.3　氯盐-冻融循环复合作用下混凝土长期性能试验研究

冬季我国北方严寒地区桥面板上的积雪和积冰通常会用除冰盐处理,使得桥梁结构会遭受冻融循环和氯盐的双重作用,产生的盐冻剥蚀破坏比单纯的冻融循环作用要严酷得多。因此,研究氯盐-冻融循环复合作用下混凝土性能演变规律具有十分重要的意义。

6.3.1　混凝土原材料及配合比

试验选用 C50 混凝土,原材料与配合比分别参见第 4.2 节和第 6.2 节,分析矿物掺合料（粉煤灰、磨细矿渣）及其掺量、引气剂对混凝土抗氯盐-冻融侵蚀性能的影响。

6.3.2　混凝土氯盐侵蚀-冻融循环试验方法

国内外现行的混凝土抗冻性标准试验方法主要有 ASTM C666 及 CIF 和 GB/T 50082—2009 中的试验方法等。

ASTM C666 中混凝土抗冻性试验方法有 A 法和 B 法两种。A 法要求试件全部浸泡在清水（或 NaCl 盐溶液）中快速冻融。B 法要求试件在空气中冻结,水中溶解,空气中冻结时干燥冰冷的空气将减小试件湿度,削弱破坏作用,且空气环境随机性强,会增加试验误差。最终两方法均依靠测量试件的动弹性模量变化来实现对试件抗冻性的评定。虽然 ASTM C666 中存在两种方法,但在实际应用中,人们习惯于采用 A 法来评价混凝土的抗冻性。冬季大量使用除冰盐对道路进行除冰,此时的混凝土道路及周边附属建筑物遭受的冻融往往不是饱水状态下水的冻融循环,而是干湿交替及盐溶液存在状态下的冻融循环;冬季海港及海水建筑物,水位变动区附近的混凝土也并不是在饱水状态下遭受水的冻融。对于上述情况下混凝土的抗冻性,用原有的混凝土抗冻性试验方法可能无法进行准确评估。

针对上述问题,国际材料与结构研究实验联合会（RILEM）近年来做了大量的工作,在总结当代基础研究和现有实践基础之上,制定了推荐方案和评判依据。1995 年,德国 Essen 大学建筑物理研究中心的 M. J. Sctzer 教授提出了较为成熟的评价混凝土抗冻性的试验方法 RILEM TC 117-FDC,其中包括 CDF（CF）test（全名为 Capillary Suction of Deicing Chemicals and Freeze-thaw Test）。2002 年,在进一步研究的基础上,又提出了 RILEM TC 176,该方法中在对 CDF（CF）Test 的标准偏差和离散值进行了补充后提出了改进后的 CIF（CF）test（全名为 Capillary Suction, Internal Damage and Freeze thaw Test, 毛细吸收、内部破坏和冻融试验）。

另外欧洲暂行标准 prENV12390-9：2002《Testing Hardened Concrete-part 9：Freeze-thaw-scaling》也提出了类似的盐冻试验方法。

《普通混凝土长期性能和耐久性能试验方法标准》(GB/T 50082—2009)中分为慢冻法、快冻法和单面冻融法。其中，慢冻法测试周期较长，不适用于室内加速试验方法；快冻法与 ASTM C666(A 方法)相似，不同的是 ASTM C666(A 方法)是从 14d 龄期开始测试，GB/T 50082—2009 快冻法是从 28d 龄期开始测试，考虑我国国家标准中规定标准养护龄期为 28d，于是本研究选择从 28d 龄期开始冻融循环试验；单面冻融法与国际材料与结构研究实验联合会(RILEM)提出的 CIF(CF) test 方法相似，但其试验包括的内容(试件处理、容器选择等)较为烦琐。

对于城市立交桥和高速公路因撒除冰盐造成的冻融循环-氯盐侵蚀，目前国内外所采用的加速侵蚀试验方法主要有 ASTM C672、RILEM 的平板法(slab test)和 CDF 法。三种标准具体的试验方法如表 6-10 所示。

氯盐-冻融循环标准试验方法 表 6-10

项目	ASTM C672	RILEM TC 117-FDC CDF	RILEM TC slab test
盐冻侵蚀制度	28d 龄期，将 6mm 厚 4% 氯化钙溶液覆盖于试件测试面；冻融循环制度：(-17 ± 2.8)℃ ~ (23 ± 1.7)℃，一次循环时间：24h	7d 龄期，试件于 20℃，相对湿度 65% 环境中干燥 21d；预饱和前 7d ~ 2d，试件侧表面用有涂丁基橡胶的铝箔或非溶解性的环氧树脂密封；测试面朝下，3% 氯化钠溶液中预饱和 7d，再进行冻融循环；冻融循环制度：-20 ~ 20℃，一次循环时间 12h	28d 龄期，将 3mm 厚 (20 ± 2)℃软水倾倒于测试表面，72h 后除去水；将 3mm 厚 3% 氯化钠溶液覆盖于试件测试面；冻融循环制度：(-20 ± 2)℃ ~ (20 ± 4)℃，一次循环时间：24h
试件尺寸	表面积至少 $0.045m^2$，深至少 75mm；沿测试面周长的堤防为宽 25mm、高 20mm	一组试件量≥5，总测试表面积≥$0.08m^2$	从边长 150mm 立方体试件切出一个 (50 ± 2)mm 厚的板，橡胶纸贴于混凝土表面(除测试面外)
测试指标	试件剥落程度	试件质量	膨胀量，相对动弹模量
测试制度	每 5 次盐冻侵蚀，目测试件剥落情况以评价抗剥落能力	每 14 或 28 次盐冻循环，测试一次试件质量，以试件剥落量来评价其抗剥落侵蚀能力	每 7,14,28,42,56 个循环(对于延长试验,70,84,98,112 个循环)，测试一次，至膨胀量大于 0.1%，相对动弹模量低于 80%

为模拟除冰盐-冻融循环对桥梁的侵蚀，这三种方法均是采用单面浸入耐盐冻测试法，示意图如图 6-20 所示。其中 RILEM 的 CDF 法是采用憎水材料隔离试件表面，仅留下表面作为测试面，采用毛细吸盐的方式浸入侵蚀介质，然而这种方法试验周期较长，不适用于室内加速试验。RILEM 的平板法是采用憎水材料隔离试件表面，留上表面作为测试面，将侵蚀介质覆盖其上。ASTM C672 是在试件测试面上制作堤防，以容纳侵蚀介质，这样使试件实际侵蚀面减小，且在冻融循环过程中，堤防有可能出现一定程度的破坏。考虑到本研究成型量较大及具体的试验条件，决定采用憎水材料隔离试件表面，仅留侧面作为测试面，接触侵蚀介质。

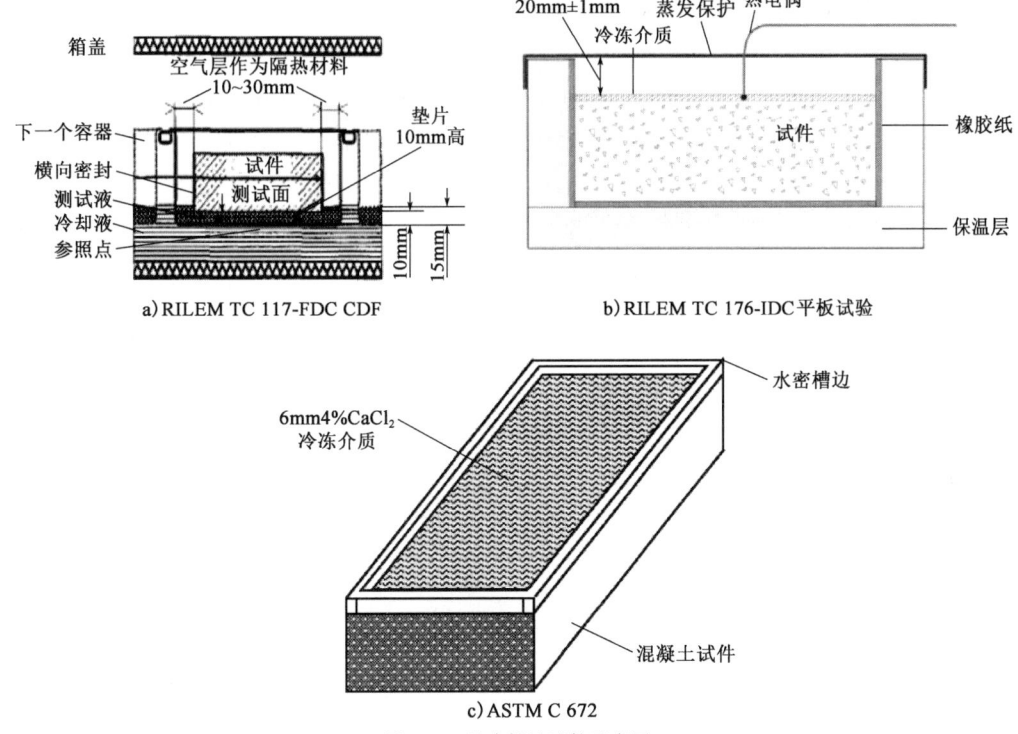

图 6-20 盐冻侵蚀试件示意图

这三种盐冻试验中所采用的盐溶液浓度也是不尽相同的。由国内外研究现状中可以看出,盐冻破坏程度并不简单地随氯盐溶液浓度的增加而增加,当浓度过高或过低都会减小混凝土的侵蚀程度,临界浓度大致为 2%～4%；且氯化钠溶液比氯化钙溶液的侵蚀更为严苛。于是为了加速侵蚀进程,本研究选择 3% 的氯化钠溶液作为侵蚀溶液。

冻融过程中,降温速率越快,静水压力越大,混凝土破坏速率越快,且冰冻破坏威力是与低温持续时间成正比的。这三种盐冻试验标准采用了不同的冻融循环制度,必将影响混凝土的冻融破坏结果。本研究考虑到试验测试结果应能与单一冻融循环有所对比性,故采用与冻融循环试验方法相同的冻融循环制度。

至于试验测试指标,ASTM C 672 是每 5 次盐冻侵蚀,根据目测试件的单位表面剥蚀情况划分的表观分级,来定性表示试件剥蚀程度,该方法是无法用于统计分析。RILEM 的 CDF 法和平板法则分别采用试件剥落量和试件膨胀量、相对动弹模量来定量评价试件的抗盐冻侵蚀性,忽视了混凝土强度、渗透性能等与混凝土工程劣化相关的物理力学性能。于是,本研究对于长期性能测试指标的选择,除考虑混凝土的质量损失率和相对动弹模量外,增加了力学性能及渗透性能参数,包括抗压强度、抗折强度及氯离子扩散系数。至于试件尺寸的选择,本研究在测试中采用与冻融试验方法相同的试件尺寸,至测试龄期时,再切割成相对应测试性能的尺寸要求。其中,抗压强度试件尺寸 100mm × 100mm × 100mm；抗折强度试件尺寸 100mm × 100mm × 400mm；抗渗试件尺寸 100mm × 100mm × 50mm 或 ϕ100mm × 50mm。

建立的试验方法见附录 A《混凝土在冻融循环-氯盐侵蚀下性能长期演变加速试验方法》。

6.3.3 普通混凝土在氯盐-冻融循环复合作用下长期性能演变规律

C50 混凝土在氯盐-冻融循环侵蚀下的长期性能损伤过程如图 6-21 所示。由图可以看出,氯盐-冻融循环作用下混凝土的各项物理力学性能演变过程可以分为两个阶段,即混凝土在盐冻侵蚀前期的缓慢劣化阶段和侵蚀后期的加速劣化阶段。与冻融循环单因素相比,遭受氯盐-冻融循环混凝土的物理力学性能劣化更快。

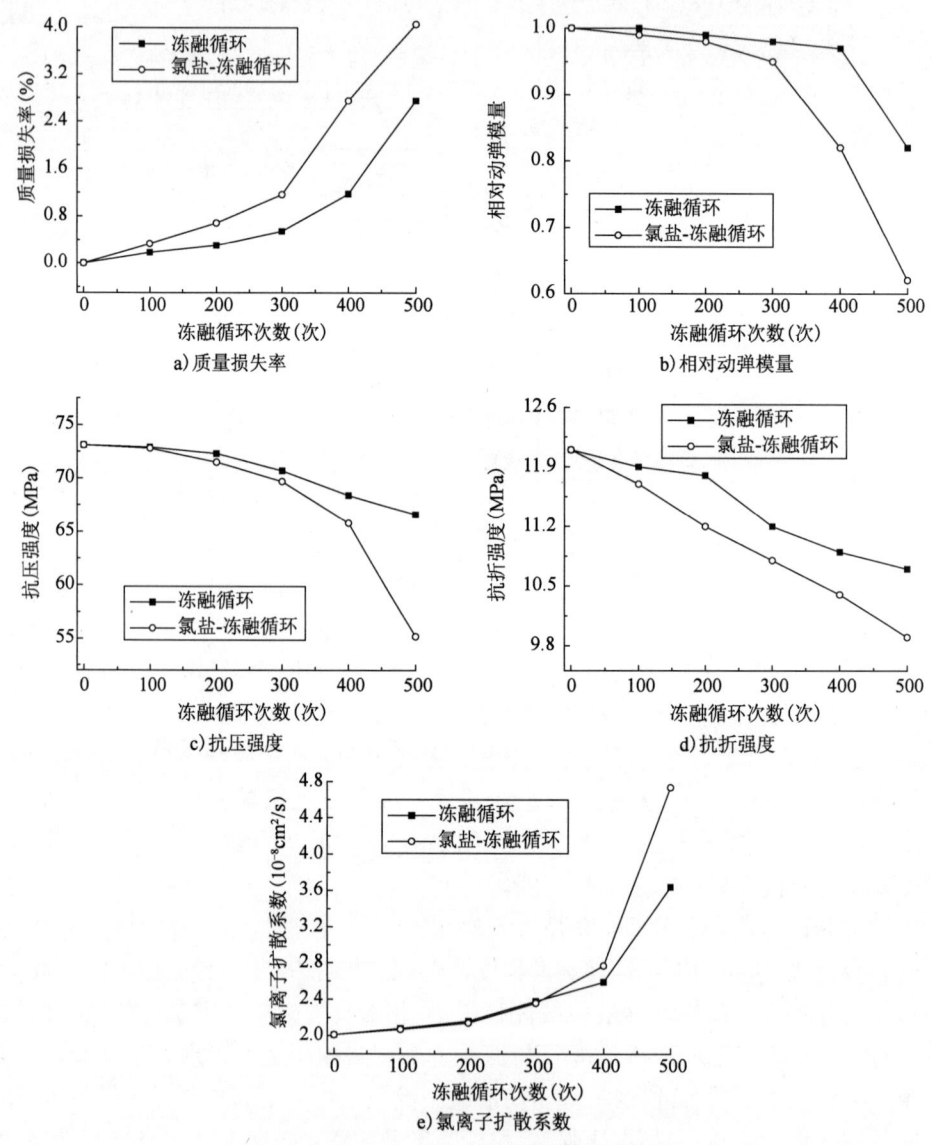

图 6-21 氯盐-冻融作用下 C50 混凝土冻融损伤性能演变

将图 6-21 中混凝土在两种侵蚀条件下的各项物理力学性能演化曲线进行回归拟合,得到混凝土性能演变规律拟合方程,如表 6-11 所示。由表可知,在两种侵蚀条件下混凝土性能演变过程可用方程 $y = A_0 + A_1 x + A_2 x^2$ 来表示。对拟合方程取一阶导数,得到各项物理力学性能的损伤速率,如图 6-22 所示。由图 6-22 可见,混凝土在冻融循环和氯盐-冻融循环侵蚀条件下的各项物理力学性能损伤速率均随冻融循环次数的增加而线性增加。与冻融循环单因素相比,氯盐的存在显著增加了混凝土各项物理力学性能的损伤速率。

氯盐-冻融作用下混凝土性能演变拟合方程　　　　表6-11

项　目 y		拟合方程(x 为循环次数)	相关系数 R
质量损失率(%)	冻融循环	$y = 0.15 - 0.003\ 23x + 1.614\ 29 \times 10^{-5}x^2$	0.94
	盐冻循环	$y = 0.078\ 57 - 7.314\ 29 \times 10^{-4}x + 1.742\ 86 \times 10^{-5}x^2$	0.98
相对动弹模量	冻融循环	$y = 0.986\ 79 + 3.839\ 29 \times 10^{-4}x - 1.339\ 29 \times 10^{-6}x^2$	0.81
	盐冻循环	$y = 0.982\ 5 + 5.796\ 43 \times 10^{-4}x - 2.553\ 57 \times 10^{-6}x$	0.97
抗压强度(MPa)	冻融循环	$y = 73.185\ 71 - 3.857\ 14 \times 10^{-4}x - 2.642\ 86 \times 10^{-5}x^2$	0.99
	盐冻循环	$y = 72.353\ 57 + 0.023\ 18x - 1.105\ 36 \times 10^{-4}x^2$	0.95
抗折强度(MPa)	冻融循环	$y = 12.142\ 86 - 0.002\ 31x - 1.428\ 57 \times 10^{-6}x^2$	0.94
	盐冻循环	$y = 12.103\ 57 - 0.004\ 28x - 1.785\ 71 \times 10^{-7}x^2$	0.99
氯离子扩散系数 ($10^{-8}\ \mathrm{cm}^2/\mathrm{s}$)	冻融循环	$y = 2.092\ 14 - 0.002\ 01x + 9.678\ 57 \times 10^{-6}x^2$	0.91
	盐冻循环	$y = 2.211\ 79 - 0.005\ 53x + 1.983\ 93 \times 10^{-5}x^2$	0.85

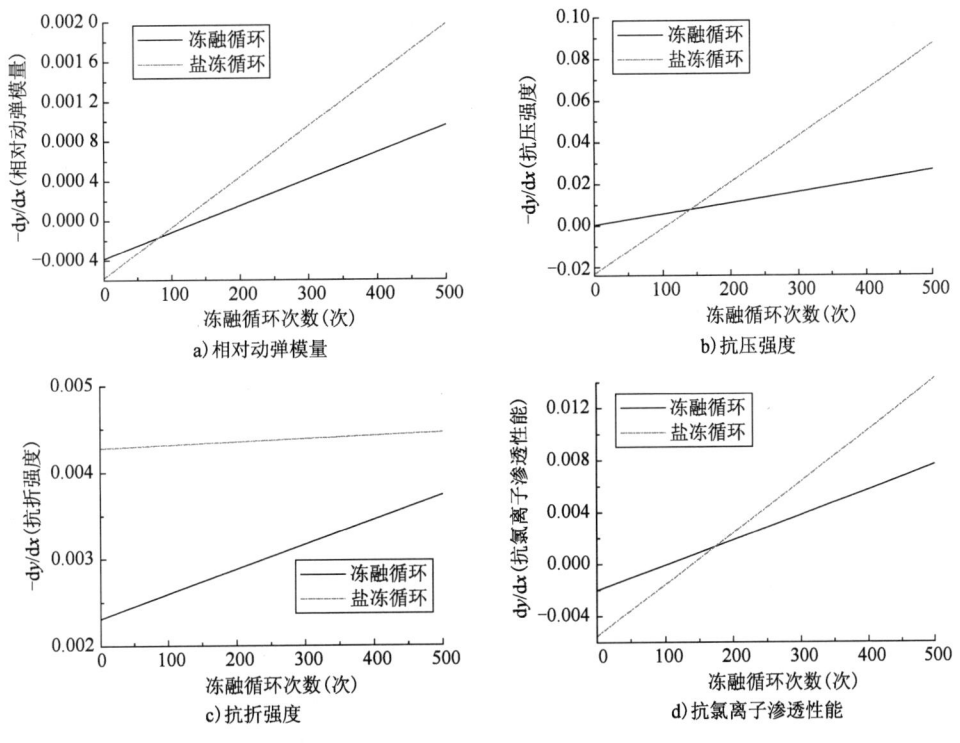

图6-22　氯盐-冻融作用下混凝土性能损伤速率

6.3.4　矿物掺合料对混凝土性能演变的影响

试验选取了粉煤灰和磨细矿渣两种桥梁工程中常用的矿物掺合料,每种矿物掺合料选择3个掺量——粉煤灰掺量(10%、20%、30%)、磨细矿渣掺量(15%、25%、35%),来研究矿物掺合料对盐冻侵蚀条件下混凝土性能演变规律的影响,试验结果如图6-23～图6-27所示。

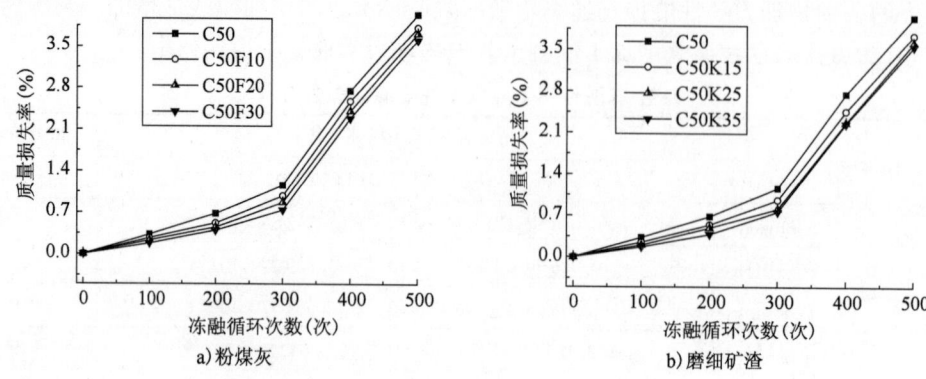

图 6-23　矿物掺合料对盐冻循环作用下混凝土质量损失率的影响

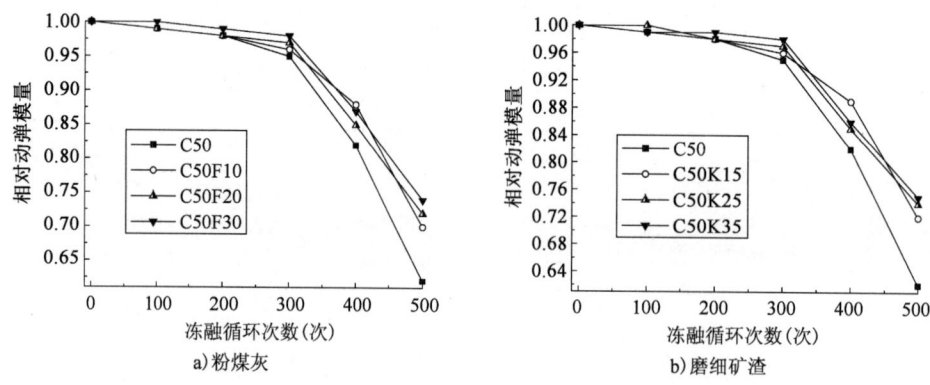

图 6-24　矿物掺合料对盐冻循环作用下混凝土相对动弹模量的影响

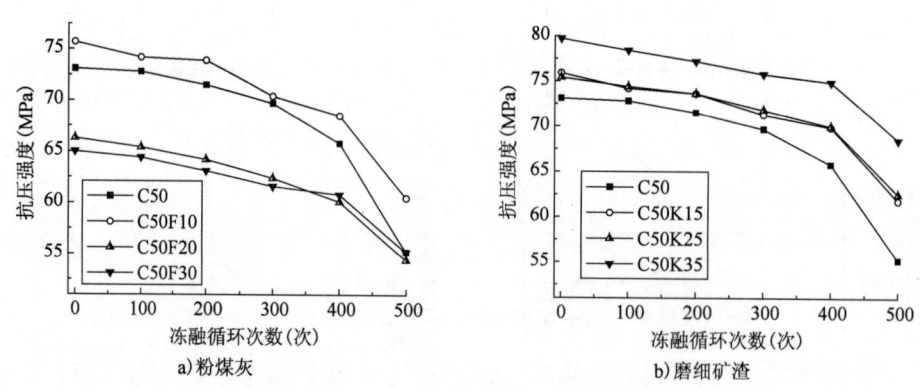

图 6-25　矿物掺合料对盐冻循环作用下混凝土抗压强度的影响

由图可知,与纯水泥混凝土相比,掺有粉煤灰和磨细矿渣的混凝土在 500 次盐冻侵蚀作用下的质量损失率和相对动弹模量下降幅度减小。10%粉煤灰的掺入提高了混凝土在整个侵蚀过程中的抗压强度和抗折强度;而当粉煤灰掺量为 20%和 30%时,混凝土在整个侵蚀过程中的抗压强度和抗折强度下降。磨细矿渣混凝土的抗压强度和抗折强度在整个侵蚀过程中较之纯水泥混凝土则呈现出显著的提高。掺有粉煤灰和磨细矿渣的混凝土在 500 次盐冻侵蚀过程中的氯离子扩散系数均小于纯水泥混凝土。

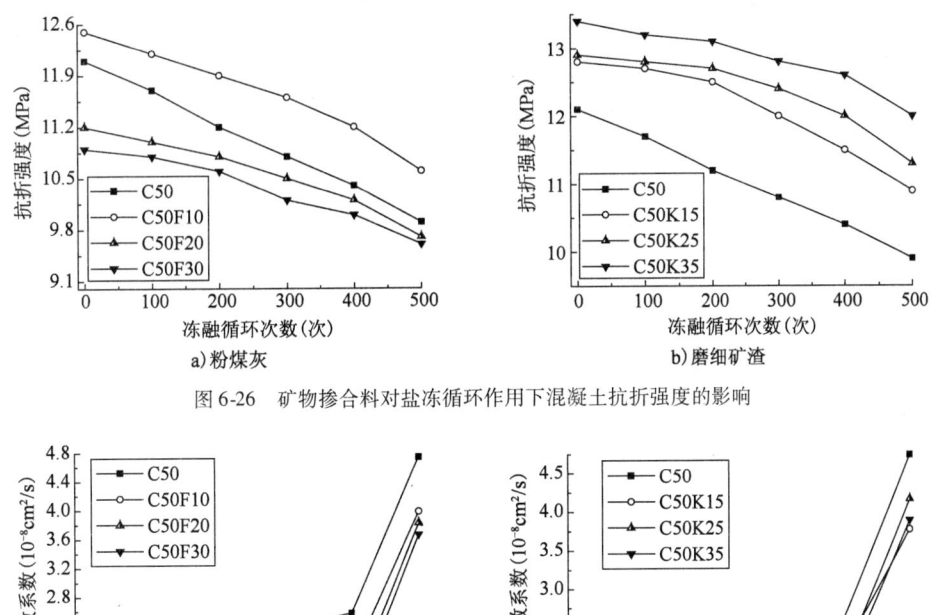

图 6-26 矿物掺合料对盐冻循环作用下混凝土抗折强度的影响

图 6-27 矿物掺合料对盐冻循环作用下混凝土氯离子扩散系数的影响

将图 6-23~图 6-27 中混凝土各项物理力学性能的演化曲线进行回归拟合,得到盐冻侵蚀作用下混凝土的性能演变规律拟合方程 $y = A_0 + A_1x + A_2x^2$,拟合方程系数见表 6-12 所示。对拟合方程取一阶导数,得到各项物理力学性能的损伤速率,如图 6-28 所示。由图 6-28 可见,各组混凝土的损伤速率均随冻融循环次数的增加而增加。粉煤灰和磨细矿渣掺入混凝土中显著减小了侵蚀过程中混凝土相对动弹模量和抗压强度的损伤速率,且随粉煤灰和磨细矿渣掺量的增加,损伤速率呈现减小趋势。粉煤灰和磨细矿渣的掺入减小了混凝土抗折强度的损伤速率,然而随冻融循环增加,损伤速率快速增长,特别是粉煤灰掺量 10% 和 20%、磨细矿渣掺量 15% 和 25% 的混凝土,其侵蚀末期的抗折强度损伤速率已接近甚至超过纯水泥混凝土。矿物掺合料的掺入对混凝土的抗渗性能损伤速率影响较小,仅当粉煤灰掺量 10% 和磨细矿渣掺量 15% 时,混凝土的抗渗性能损伤速率明显小于纯水泥混凝土。

矿物掺合料对盐冻循环作用下混凝土性能演变拟合方程系数 表 6-12

项目 y	混凝土序号	A_0	A_1	A_2
相对动弹模量	C50	0.982 5	5.796 43 × 10⁻⁴	−2.553 57 × 10⁻⁶
	C50F10	0.983 21	4.803 57 × 10⁻⁴	−2.017 86 × 10⁻⁶
	C50F20	0.987 14	4.057 14 × 10⁻⁴	−1.857 14 × 10⁻⁶
	C50F30	0.988 93	4.517 86 × 10⁻⁴	−1.875 × 10⁻⁶
	C50K15	0.984 29	4.371 43 × 10⁻⁴	−1.857 14 × 10⁻⁶

续上表

项目 y	混凝土序号	A_0	A_1	A_2
相对动弹模量	C50K25	0.992 5	$3.453\ 57 \times 10^{-4}$	$-1.696\ 43 \times 10^{-6}$
	C50K35	0.987 86	$4.035\ 71 \times 10^{-4}$	-1.75×10^{-6}
抗压强度（MPa）	C50	72.353 57	0.023 18	$-1.105\ 36 \times 10^{-4}$
	C50F10	75.117 86	0.007 13	$-6.946\ 43 \times 10^{-5}$
	C50F20	65.957 14	0.003 3	$-5.071\ 43 \times 10^{-5}$
	C50F30	64.692 86	0.003 02	$-4.107\ 14 \times 10^{-5}$
	C50K15	75.142 86	0.006 94	$-6.285\ 71 \times 10^{-5}$
	C50K25	74.789 29	0.009 87	$-6.517\ 86 \times 10^{-5}$
	C50K35	79.153 57	0.002 3	$-4.339\ 29 \times 10^{-5}$
抗折强度（MPa）	C50	12.103 57	$-0.004\ 28$	$-1.785\ 71 \times 10^{-7}$
	C50F10	12.467 86	$-0.001\ 96$	$-3.392\ 86 \times 10^{-6}$
	C50F20	11.182 14	$-0.001\ 22$	$-3.392\ 86 \times 10^{-6}$
	C50F30	10.925	$-0.001\ 32$	$-2.678\ 57 \times 10^{-6}$
	C50K15	12.817 86	$-5.821\ 43 \times 10^{-4}$	$-6.607\ 14 \times 10^{-6}$
	C50K25	12.864 29	$6.928\ 57 \times 10^{-4}$	-7.5×10^{-6}
	C50K35	13.357 14	$-4.571\ 43 \times 10^{-4}$	$-4.285\ 71 \times 10^{-6}$
氯离子扩散系数（$10^{-8} cm^2/s$）	C50	2.211 79	$-0.005\ 53$	$1.983\ 93 \times 10^{-5}$
	C50F10	1.7	$-0.005\ 22$	$1.821\ 43 \times 10^{-5}$
	C50F20	1.431 79	$-0.006\ 21$	$2.041\ 07 \times 10^{-5}$
	C50F30	1.304 29	$-0.006\ 43$	$2.064\ 29 \times 10^{-5}$
	C50K15	1.961 79	$-0.004\ 34$	$1.491\ 07 \times 10^{-5}$
	C50K25	1.883 21	$-0.005\ 71$	$1.912\ 5 \times 10^{-5}$
	C50K35	1.673 93	$-0.005\ 51$	$1.858\ 93 \times 10^{-5}$

以 C50 混凝土为基准，建立粉煤灰和磨细矿渣掺量对混凝土相对动弹模量和抗压强度演变拟合方程的影响。

相对动弹模量：$y = K_0 A_0(C50) + K_1 A_1(C50) x + K_2 A_2(C50) x^2$。

其中 $K_0 = 0.999\ 45 + 2.363\ 36 \times 10^{-4} FA$，或

$$K_0 = 1.000\ 91 + \frac{0.114\ 95}{8.412\ 44 \sqrt{\pi/2}} e^{-2\frac{SL - 25.25}{8.412\ 44^2}};$$

$K_1 = 1.008\ 29 - 0.026\ 71 FA + 6.269\ 29 \times 10^{-4} FA^2$，或

$K_1 = 1.009\ 31 - 0.027\ 44 SL + 5.141\ 08 \times 10^{-4} SL^2$；

$K_2 = 0.723\ 69 + 0.276\ 69 e^{\frac{-FA}{6.744\ 22}}$，或 $K_2 = 0.668\ 17 + 0.332\ 19 e^{\frac{-SL}{8.116\ 89}}$。如图 6-29 所示。

抗压强度：$y = K_0 A_0(C50) + K_1 A_1(C50) x + K_2 A_2(C50) x^2$。

其中 $K_0 = 1.021\ 62 - 0.004\ 04 FA$，或 $K_0 = 0.999\ 16 + 0.002\ 17 SL$；

$K_1 = 0.113\ 27 + 0.887\ 11 e^{\frac{-FA}{6.498\ 47}}$，或 $K_1 = 0.918\ 32 - 0.023\ 72 SL$；

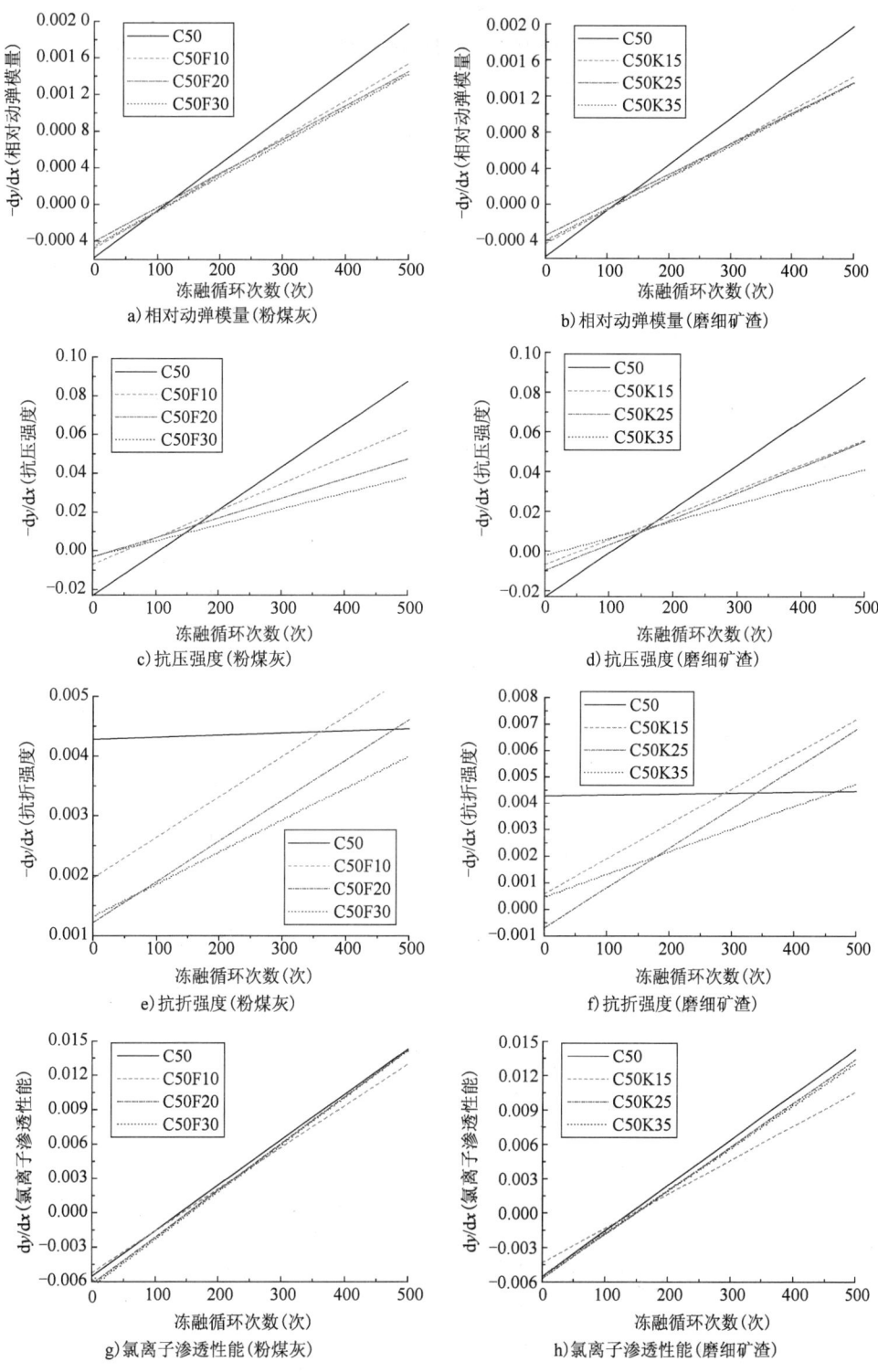

图6-28 矿物掺合料对盐冻侵蚀作用下混凝土性能损伤速率的影响

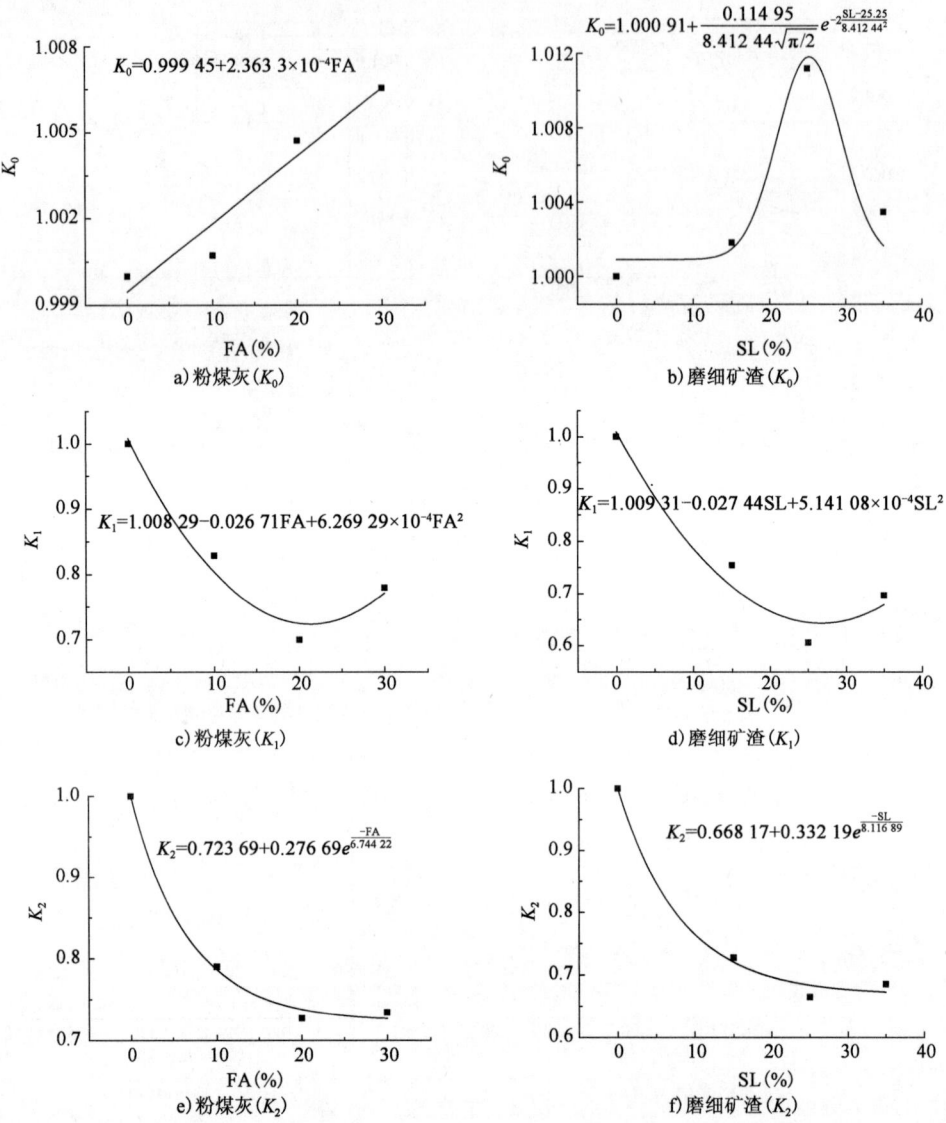

图6-29 矿物掺合料及其掺量对混凝土相对动弹模量拟合方程系数的影响

$K_2 = 0.922\,94 - 0.020\,55\mathrm{FA}$，或 $K_2 = 0.941\,03 - 0.016\,18\mathrm{SL}$。如图6-30所示。

6.3.5 引气剂对混凝土性能演变的影响

试验研究了引气剂对盐冻循环侵蚀条件下混凝土长期性能演变规律的影响，试验结果如图6-31所示。

由图中数据可以看出，在氯盐-冻融循环侵蚀条件下，引气剂掺入混凝土中略微减小了混凝土在500次循环侵蚀过程中的质量损失和相对动弹模量的下降值。与未掺引气剂相比，掺引气剂混凝土在整个侵蚀过程中的抗压强度和抗折强度明显降低，初始氯离子扩散系数增大，但侵蚀后期的增长速率减缓，至500次盐冻循环时的氯离子扩散系数值已接近未掺引气剂的混凝土。

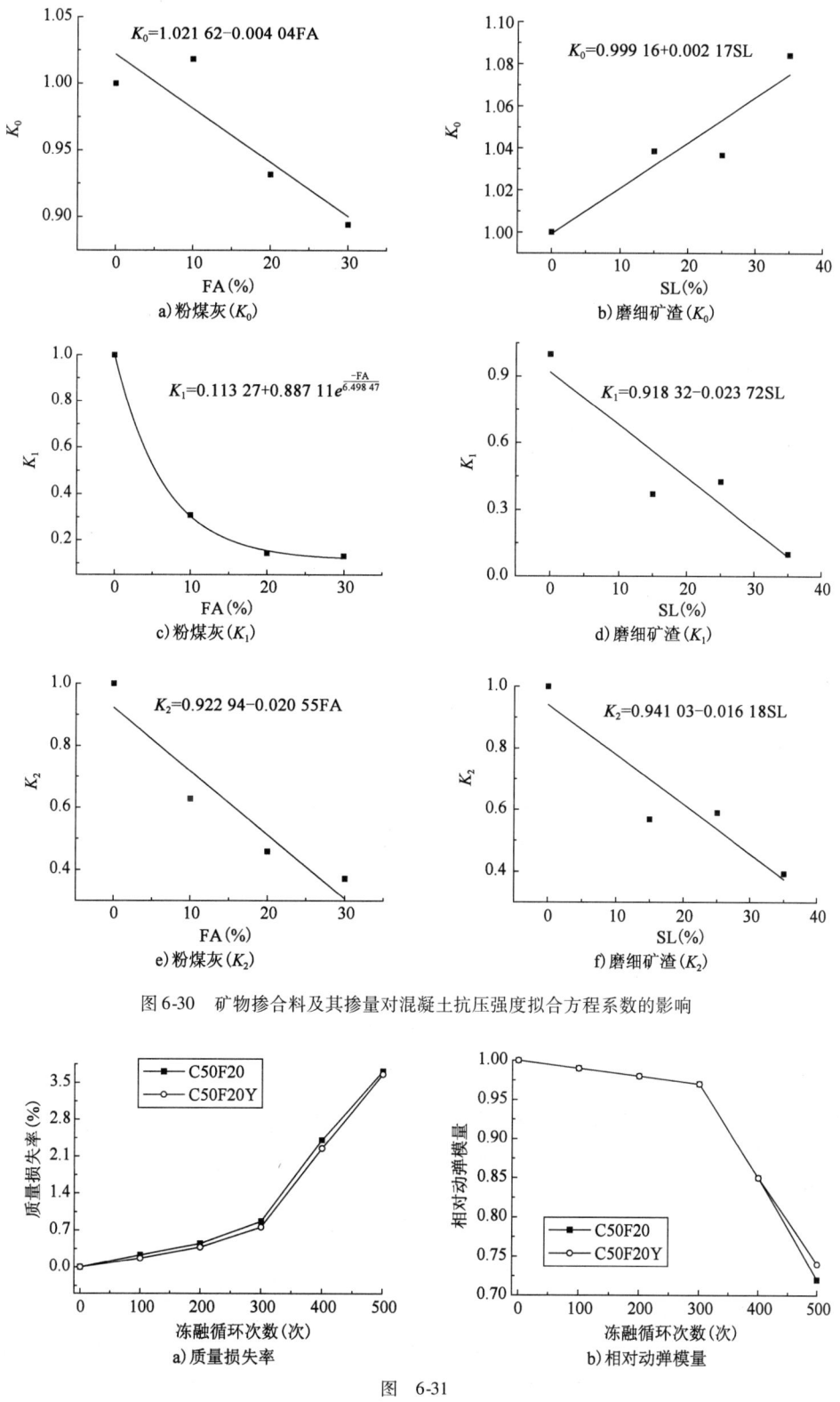

图6-30 矿物掺合料及其掺量对混凝土抗压强度拟合方程系数的影响

图 6-31

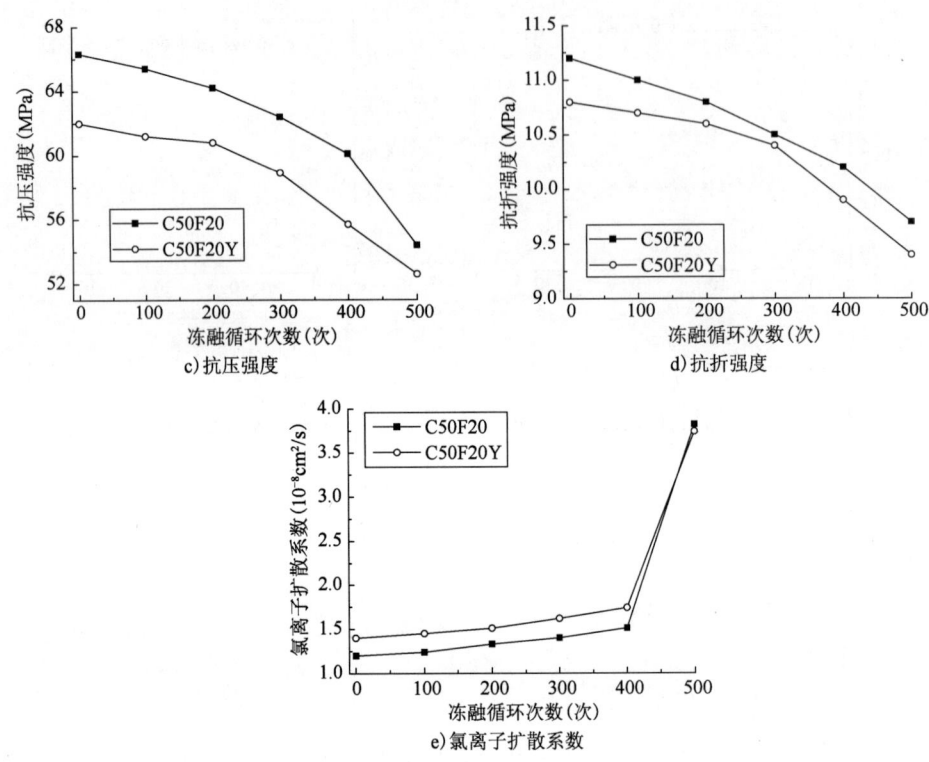

图 6-31 引气剂对盐冻循环作用下混凝土性能演变的影响

将图 6-31 中混凝土在氯盐-冻融循环侵蚀条件下的各项物理力学性能演化曲线进行回归拟合,得到混凝土的长期性能演变规律拟合方程(表 6-13)。对拟合方程取一阶导数,得到各项物理力学性能的损伤速率,如图 6-32 所示。由图 6-32 可见,引气剂掺入混凝土中由于引入了大量稳定、分布良好的微细气泡,细化改善混凝土内部孔结构,缓解了膨胀压力,从而减小了侵蚀过程中混凝土相对动弹模量、抗压强度和抗渗性能的损伤速率。与未掺引气剂混凝土相比,含引气剂混凝土的抗折强度损伤速率在侵蚀前期减小,后期增大。

引气剂混凝土性能演变的拟合方程 表 6-13

项 目 y		拟合方程(x 为循环次数)	相关系数 R
相对动弹模量	C50F20	$y = 0.987\ 14 + 4.057\ 14 \times 10^{-4}x - 1.857\ 14 \times 10^{-6}x^2$	0.96
	C50F20Y	$y = 0.989\ 29 + 3.45 \times 10^{-4}x - 1.678\ 57 \times 10^{-6}x^2$	0.96
抗压强度 (MPa)	C50F20	$y = 65.957\ 14 + 0.003\ 3x - 5.071\ 43 \times 10^{-5}x^2$	0.97
	C50F20Y	$y = 61.853\ 57 + 0.001\ 58x - 4.053\ 57 \times 10^{-5}x^2$	0.99
抗折强度 (MPa)	C50F20	$y = 11.182\ 14 - 0.001\ 22x - 3.392\ 86 \times 10^{-6}x^2$	0.99
	C50F20Y	$y = 10.771\ 43 + 4.714\ 29 \times 10^{-4}x - 6.428\ 57 \times 10^{-6}x^2$	0.98
氯离子扩散系数 ($10^{-8}\text{cm}^2/\text{s}$)	C50F20	$y = 1.431\ 79 - 0.006\ 21x + 2.041\ 07 \times 10^{-5}x^2$	0.82
	C50F20Y	$y = 1.598\ 93 - 0.005\ 3x + 1.783\ 93 \times 10^{-5}x^2$	0.85

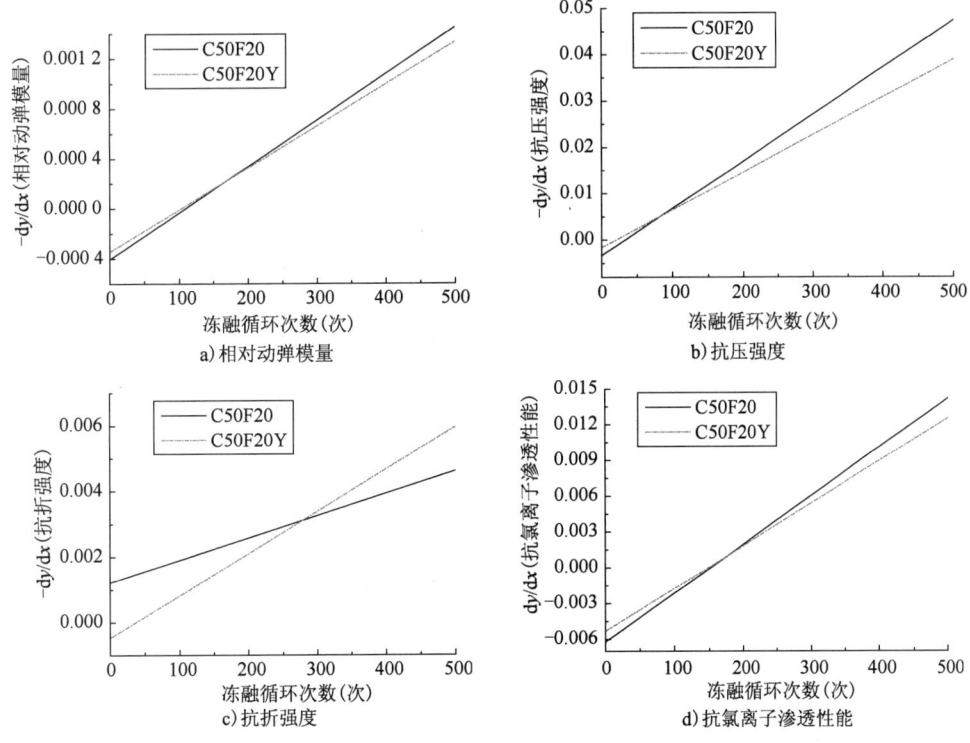

图 6-32 引气剂对盐冻循环侵蚀作用下混凝土长期性能损伤速率的影响

6.4 冻融和盐冻环境中混凝土破坏机理与亚微观分析

6.4.1 冻融破坏机理

早在 1945 年,Powers 提出了混凝土冻融破坏静水压假说,此后又与 Helmuth 一起提出了渗透压假说。这两个假说合在一起,较为成功地解释了混凝土冻融破坏机理,奠定了混凝土抗冻性研究理论基础。吸水饱和的混凝土在其冻融的过程中,遭受的破坏应力主要由两部分组成,其一是当混凝土中的毛细孔水在某负温下发生物态变化,由水转变成冰,体积膨胀9%,因受毛细孔壁约束形成膨胀压力,从而在孔周围的微观结构中产生拉应力;其二是当毛细孔水结成冰时,由凝胶孔中过冷水在混凝土微观结构中的迁移和重分布引起的渗管压。由于表面张力的作用,混凝土毛细孔隙中水的冰点随着孔径的减小而降低。凝胶孔水形成冰核的温度在 -78℃ 以下,因而由冰与过冷水的饱和蒸汽压差和过冷水之间的盐分浓度差引起水分迁移而形成渗透压。当混凝土受冻时,这两种压力会损伤混凝土内部微观结构,当经过反复多次的冻融循环以后,损伤逐步积累不断扩大,发展成互相连通的裂缝,使混凝土的强度逐步降低,最后甚至完全丧失。混凝土冻融破坏是由表及里逐渐发展,水泥石孔隙中水溶液分层结冰,冰晶增大而形成一系列平行冷冻薄层,最后造成混凝土层状剥离破坏。Litvan 研究表明,由于未冻结水与冻结区之间蒸发压不同,未冻结水会向冻结区迁移,迁移的水又结冰,这会导致冰继续膨胀。如果融解时裂缝中充满水,那会导致进一步破坏。但如果水不能重分布,比如降温过快不能达到饱和或水迁移距离过长,冰膨胀就不能继续进行。

6.4.2 盐冻破坏机理

混凝土在盐冻环境下破坏机理可分为物理破坏和化学破坏两个方面。

物理破坏现象与冻融破坏基本一致,均为混凝土孔隙中膨胀应力超过混凝土抗拉强度导致混凝土疏松剥落,但是盐冻破坏程度大于冻融破坏。除冰盐对混凝土物理剥蚀破坏的主要机理为:①由于盐溶液的侵蚀,当混凝土中的水结冰之后,孔溶液盐浓度增大,与环境形成盐浓度差而产生一个渗透压,水由环境向混凝土的渗透,使混凝土内产生的渗透压增大,饱水度提高,结冰压力增加,导致混凝土受冻破坏加剧;②除冰盐使冰雪融化时将吸收大量的热量,使冰雪层下的混凝土温度剧降,毛细孔中结冰速度更快,将产生更大的破坏力;③混凝土表面和内部之间的盐浓度梯度使混凝土受冻时因分层结冰而产生应力差,使破坏力增加,导致混凝土层层剥落。

除冰盐对混凝土的剥蚀破坏也有化学原因。除冰盐中的 Na^+ 对含有活性集料的混凝土而言,从外部渗透时可加速碱集料反应,而对非活性集料混凝土,几乎不受影响。$CaCl_2$ 类除冰盐与 NaCl 类除冰盐具有更加强烈的化学侵蚀作用。浓度超过20%的 $CaCl_2$ 溶液在不同温度下表现出不同的破坏特征。温度小于30℃时,在混凝土内部形成 $3CaO \cdot CaCl_2 \cdot 15H_2O$ 复盐,其为膨胀性产物。由于复盐主要集中在混凝土表层,很容易引起表面剥落。

6.4.3 侵蚀产物分析

为详细研究冻融循环-氯盐侵蚀作用下混凝土的侵蚀产物,准备与混凝土同水胶比、矿物掺合料掺量的水泥净浆试块 20mm × 20mm × 20mm,采用与混凝土相同的养护制度和龄期,然后将试块置于与混凝土相同的冻融循环-氯盐侵蚀环境中。至侵蚀结束后,取出试块,40℃真空干燥12h,除去试块 2mm 表面层,然后钻取 2～5mm 深度的净浆颗粒,用玛瑙研钵在无水乙醇中研细至 0.063mm 以下,用塑料带密封保存。采用日本理光(Rigaku)公司 D/MAX-ⅢA 型 X 射线衍射仪(XRD)(铜靶,石墨单色器滤波,加速电压37kV,电流40mA,最大功率3kW,扫描范围 -3°～145°)进行成分分析。

将水胶比0.32的纯水泥净浆成型养护28d,在冻融循环-3%氯化钠溶液环境中侵蚀500次循环后取出,进行 XRD 测试侵蚀产物,结果如图6-33所示。

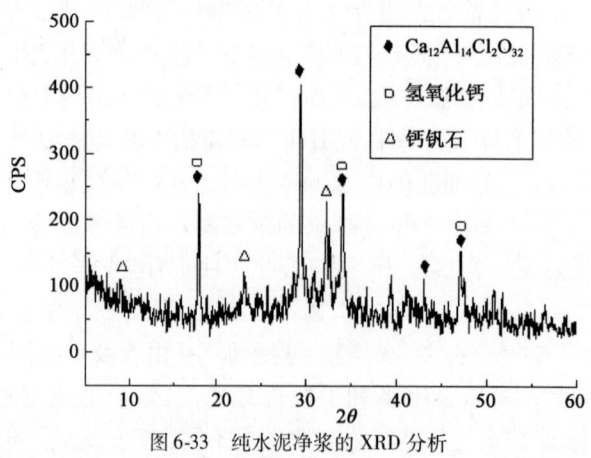

图6-33 纯水泥净浆的 XRD 分析

由图6-33可知,浆体呈现出最强的氯铝酸钙($Ca_{12}Al_{14}Cl_2O_{32}$)衍射峰,以及明显的氢氧化钙和钙矾石衍射峰。与侵蚀前纯水泥浆体的 XRD 图谱相比,钙矾石衍射峰强度明显增强,无明显 AFm 衍射峰。这表明氯离子在冻融侵蚀过程中侵入了水泥浆孔隙内部,与水化铝酸盐反应生成了无胶凝性的氯铝酸钙,且促使了 AFm 向 Aft 的转化。

为详细研究冻融循环-氯盐侵蚀作用下矿物掺合料对混凝土性能损伤机理的影响,将水胶比 0.32,粉煤灰、磨细矿渣掺量分别为 20%、25% 的水泥净浆成型养护 28d,在冻融循环-3% 氯化钠溶液环境中侵蚀 500 次循环取出,进行 XRD 测试侵蚀产物,结果如图 6-34 所示。

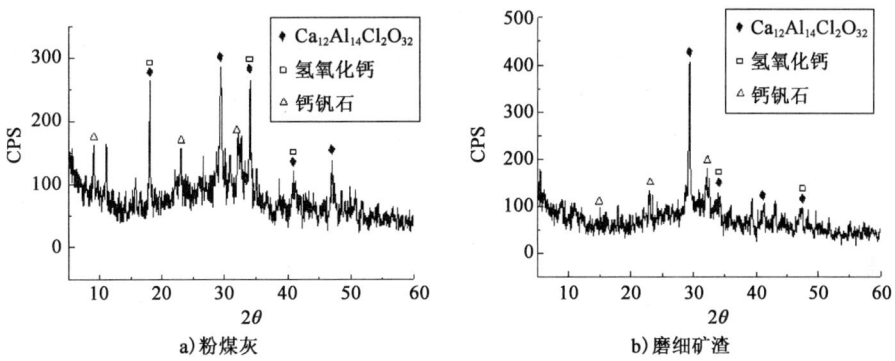

图 6-34　粉煤灰浆体和磨细矿渣浆体的 XRD 分析

由图 6-34 可知,与纯水泥净浆的 XRD 图谱相比,粉煤灰浆体和磨细矿渣浆体的氯铝酸钙衍射峰明显减弱、减少。这可能是由于矿物掺合料掺入混凝土中,减少了胶凝材料的 C_3A 含量,使得与氯离子反应的水化铝酸盐含量减少。这也是宏观试验中矿物掺合料的掺入能改善氯盐-冻融循环条件下混凝土长期性能损伤的原因。粉煤灰浆体具有较强的氢氧化钙和钙矾石衍射峰,但钙矾石衍射峰的强度略微弱于纯水泥浆体。与纯水泥浆体相比,磨细矿渣浆体的氢氧化钙衍射峰明显减弱。

6.5　本章小结

通过海洋、冻融环境中混凝土长期暴露试验数据的汇总分析,发现:掺粉煤灰对混凝土抗冻性能有不利影响;加入引气剂可改善混凝土的抗冻性能。

在冻融循环及盐冻作用下混凝土的各项力学性能演变过程可以分为两个阶段,即混凝土在侵蚀前期的缓慢劣化阶段和侵蚀后期的加速劣化阶段。与冻融循环相比,遭受氯盐-冻融循环复合作用的混凝土性能劣化更快。

冻融循环试验中,15%～35% 的磨细矿渣掺入混凝土中,改善了胶凝体系的颗粒级配,其微集料填充效应和火山灰效应能够细化混凝土内部孔隙,提高了混凝土的孔结构致密性和抗渗性能,从而提高了混凝土的抗冻性能。粉煤灰的活性较低,掺入混凝土中,明显降低混凝土的强度,从而加剧了混凝土的冻融劣化。而且随粉煤灰掺量的增加,混凝土性能的劣化越严重。

盐冻试验研究中,35% 掺量的磨细矿渣掺入混凝土中,可提高混凝土的孔结构致密性和抗渗性能,从而提高了混凝土的抗盐冻侵蚀性能。粉煤灰掺入混凝土中,减小了盐冻侵蚀过程中混凝土的表面剥蚀,改善了其抗渗性能;然而当粉煤灰掺量超过 20% 后,对混凝土的强度发展不利。

7 硫酸盐侵蚀环境中混凝土长期力学性能和耐久性

混凝土硫酸盐侵蚀是研究混凝土耐久性的一个重要内容,同时也是一种复杂性和危害性最大的环境侵蚀因素。土壤、地下水、海水、腐烂的有机物以及工业废水中都含有硫酸根离子,它们渗入混凝土内部与水泥水化产物发生发应,产生膨胀、开裂、剥落等现象,使混凝土的强度丧失。

我国硫酸盐环境地域分类及相关耐久性病害情况如下:

①盐渍土地区:山东、辽宁、天津、内蒙古、青海、宁夏、西藏、甘肃、新疆等省区市分布大量盐渍土,由于这些盐渍土里存在大量的硫酸根离子,例如,青海省盐渍土地区硫酸根离子浓度大于 4 200mg/L,桥梁混凝土结构物遭受严重的硫酸盐腐蚀破坏,降低混凝土结构物服役寿命,需要提前进行修复。青海省盐渍土地区混凝土硫酸盐腐蚀破坏见图 7-1。

图 7-1 盐渍土地区混凝土硫酸盐腐蚀劣化情况

②西部盐湖地区:我国西部地区有 1 000 多个盐湖,盐湖中含有大量的腐蚀离子,如青海盐湖腐蚀离子含量为 340.5g/L,新疆盐湖腐蚀离子含量为 269.4g/L,内蒙古盐湖腐蚀离子含量为 178.96g/L。众多种类的腐蚀离子中,硫酸根离子占有很大的比例,例如青海的察尔汗盐湖的硫酸根离子浓度为 6.23g/L。大量硫酸根离子的存在导致该地区混凝土结构物遭受严重的腐蚀破坏。图 7-2 为察尔汗盐湖地区混凝土硫酸盐腐蚀劣化情况。

③沿海地区:我国沿海地区海水富含硫酸盐,硫酸根离子含量约 1 400～2 700mg/L,导致该地区的跨海大桥、道路、近海工程等混凝土结构也遭受硫酸盐腐蚀的损害。如某滨海地区公路和海防路运行不到 2 年就发现大量的混凝土硫酸盐腐蚀破坏现象。

④湿陷性黄土地区:黄土在我国分布极广,河南、山东、陕西、宁夏、青海等许多地区都分布大量的黄土,面积约为 60 万 km^2,湿陷性黄土约占 3/4,其中湿陷性黄土中含有大量硫酸

盐,将使位于该工程环境中的水泥混凝土结构物发生硫酸盐侵蚀破坏。综上,我国硫酸盐腐蚀环境分布广泛,桥梁工程中混凝土结构发生硫酸盐腐蚀病害问题严重,已经造成了不可估量的经济损失。

图 7-2　察尔汗盐湖混凝土硫酸盐腐蚀劣化情况

1892 年,米哈埃利斯首先发现硫酸盐对混凝土的侵蚀作用,他在侵蚀的混凝土中发现一种针粒状晶体,并称之为"水泥杆菌",实质上就是水化硫铝酸钙(钙矾石)。1902 年苏联发现了环境水侵蚀事例,此后各国相继发现混凝土结构受环境水侵蚀的事例。对于处于硫酸侵蚀环境中的梁桥结构,主要危害部位为地面线或水面线附近部位的桥墩或桥台。水位变动区和浪溅区的混凝土桥墩,在干湿循环作用下劣化速度比水下区快得多。目前,虽然各国学者对硫酸盐侵蚀研究做了大量的工作,但与混凝土抗冻性、抗渗性、碳化和碱集料反应等的研究相比,还远远不够。

本章为研究硫酸盐侵蚀环境中混凝土长期性能,汇总分析了硫酸盐环境下混凝土长期暴露试验数据,建立了混凝土在干湿循环-硫酸盐侵蚀下性能长期演变加速试验方法,通过室内加速试验研究了干湿循环-硫酸盐侵蚀条件下混凝土的物理力学性能演变规律,分析了硫酸盐溶液浓度、水胶比、矿物掺合料(粉煤灰、磨细矿渣)及其掺量、外加剂等因素对混凝土抗干湿循环-硫酸盐侵蚀性能的影响。

7.1　混凝土长期暴露试验实例

7.1.1　国内盐碱地暴露试验

我国新疆、青海、甘肃等地为内陆盐碱地环境,该地区土壤剖面中、下部形成明显的盐积层,在盐积层中易溶盐含量高达 50%~60%,土壤 pH 值在 8.0~9.5,土壤中 SO_4^{2-} 的含量最高达到占土壤重量的 1.43%,Cl^- 的含量最高达到 0.82%,Mg^{2+} 的含量达到 0.62%。该类土壤对混凝土会产生硫酸盐侵蚀,引起严重的膨胀性腐蚀破坏。中国建筑科学研究院学者自 1958 年先后在该硫酸盐侵蚀环境地区设立了敦煌、张掖、伊宁、哈密、译普、库尔勒、玉门、格尔木等 13 个多个混凝土暴露站,其中敦煌站和格尔木盐湖地区混凝土长期强度变化如下。

敦煌站混凝土试块经 40 年腐蚀,试件的上部膨胀 3~5mm,强度降低 40%~100%,有的试件挖出后全部松散溃烂,钢筋锈蚀率达到 60%~100%。经检测,该地土壤中硫酸根离子高达 1.45%,硬化水泥石中 SO_3 含量为 5.67%。部分混凝土试件强度变化见表 7-1、表 7-2 和图 7-3。格尔木盐湖地区的混凝土起强度经过 1 年的增长在后续 4 年不断下降,第 5 年时强度降至初始强度的 65%~93%。盐碱地环境混凝土强度数据见表 7-1 和表 7-2,变化趋势见图 7-3。

敦煌站混凝土强度变化 表 7-1

试件	时间				强度变化率(%)
	1959 年	1983 年	1987 年	1995 年	
	0a	24a	28a	36a	
普通水泥混凝土	19.7	28.9	20.6	18	-8.6
硅酸盐混凝土 1	22.9	21.2	13.6	0	-100
硅酸盐混凝土 2	22.9	0.45	0	0	-100

格尔木盐湖地区混凝土强度经时变化 表 7-2

编号	水泥	水胶比	时间					强度变化率(%)
			28d	0.5a	1a	3a	5a	
P-1	325 普通硅酸盐	0.4	55.5	57.5	66.8	51.4	36.4	-34.4
P-2	325 普通硅酸盐	0.5	49.7	55	57.2	48	35.9	-27.8
K-1	325 矿渣硅酸盐	0.4	55.2	60	63.5	54	49.4	-10.5
K-2	325 矿渣硅酸盐	0.5	46.5	52.6	56.6	45.1	43.2	-7.1

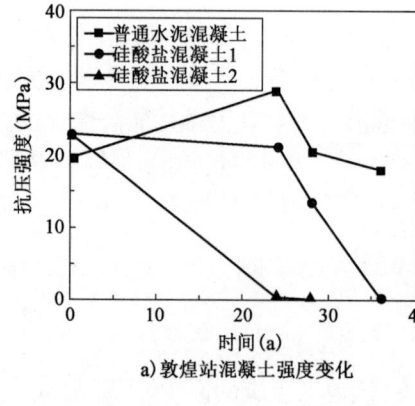
a) 敦煌站混凝土强度变化

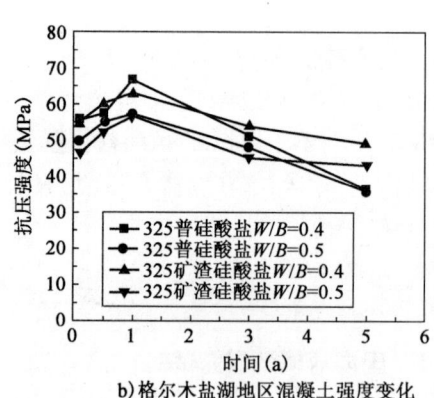
b) 格尔木盐湖地区混凝土强度变化

图 7-3 盐碱地土壤中混凝土强度变化

7.1.2 英国暴露试验

英国进行了掺加粉煤灰、火山灰、矿渣掺合料的混凝土试件抗硫酸盐侵蚀的暴露试验,暴露环境条件为:年降水量 900mm,温度 0~34℃,每年经历 15~20 次干湿循环,无冻融循环。试件为 $\phi 15cm \times 30cm$ 的圆柱形试混凝土试块,一半埋入硫酸盐土壤中,另一半暴露在空气中,各试件混合配比见表 7-3。通过表观评级、质量损失量对暴露试件的腐蚀劣化情况进行评估,试件暴露时间为 5 年。

混凝土暴露试件矿物混合量　　　表 7-3

编号	混合比例	水	水泥	矿物掺加量	细集料	粗集料	坍落度(mm)	含气量(%)
H1	Type I	167	314	—	703	1 215	70	1.3
H2	Type I + air	155	293	—	697	1 206	60	4.4
H3	20% 粉煤灰	162	245	61	699	1 209	65	1.4
H4	40% 粉煤灰	158	182	121	689	1 195	50	1.8
H5	20% 火山灰	161	246	61	702	1 210	60	1.7
H6	40% 火山灰	159	184	123	699	1 198	70	1.8
H7	80% 矿渣	167	63	253	698	1 207	80	1.2
H8	Type V	163	308	—	704	1 214	75	1.5

从暴露试验结果来看,含有掺合料的混凝土,暴露在空气中与埋置在土壤中具有不同的性能。暴露在空气中的混凝土主要受硫酸盐结晶影响,造成试件表面剥落。与土壤接触的混凝土主要劣化机理为与硫酸盐反应生成钙矾石和石膏,造成裂缝、破碎和软化。在土壤中,掺有掺合料的混凝土比普通混凝土具有更好的抗硫酸盐侵蚀性,但土壤层以上与空气接触的部分,掺合料含量较高的试件,有更强的毛细吸附效应,吸收硫酸盐并在水分蒸发后结晶对混凝土造成严重表观破坏。

试件表观劣化评级标准与6.1.1节的评级标准相同,试件暴露在空气部分5年内表观劣化情况如图7-4所示,试件质量损失情况如图7-5所示。

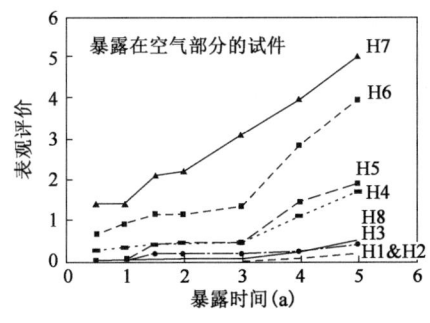

图 7-4　试件在空气部分的表观劣化

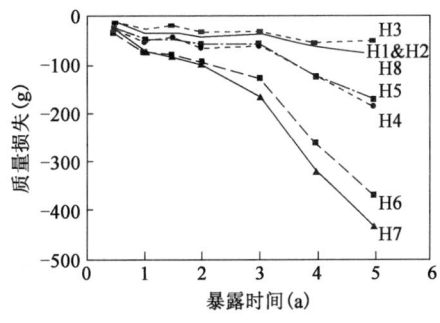

图 7-5　试件的质量损失

暴露试验结果表明:

①暴露在空气部分,I型水泥、I型水泥+引气、掺20%粉煤灰、V形水泥制作的试件出现了微小的表观劣化和质量损失,表观劣化等级小于1,抗侵蚀性能好;掺80%矿渣试件劣化最严重,掺40%火山灰次之;掺20%火山灰和掺40%粉煤灰试件出现了一定程度表观劣化和较多质量损失,表观劣化等级在1~2之间。H3~H8试件的质量损失均来自暴露于空气中的部分。说明试件暴露在空气中,掺合料降低了混凝土抗硫酸盐侵蚀性能。

②埋置于土壤部分,H3~H8均未出现表观劣化,劣化等级为0;H1和H2出现少量劣化,等级为0.3和0.6,说明试件埋置于土壤中,掺合料对混凝土抗硫酸盐侵蚀性能有利。

7.2 干湿循环-硫酸盐侵蚀下混凝土长期性能试验研究

硫酸盐对混凝土产生严重侵害,处于潮汐区或地下水位变化环境中的桥梁混凝土结构往往会遭受干湿循环和硫酸盐侵蚀的复合作用,对混凝土危害更加严重。本章通过室内加速试验研究干湿循环-硫酸盐侵蚀下混凝土性能演变规律。

7.2.1 混凝土原材料及配合比

试验选用 C50 混凝土,原材料与配合比分别参见第 4.2 节和第 6.2 节。

7.2.2 混凝土干湿循环-硫酸盐侵蚀试验方法

国内外现行的标准试验方法主要用于衡量水泥混凝土的抗硫酸盐单因素侵蚀性能,有 GB 749—65、GB 2420—81、GB/T 749—2001、ASTM C452、ASTM C1012、GB/T 50082—2009 等。

ASTM C452 是以试件 14d 膨胀量来评价硅酸盐水泥的抗硫酸盐侵蚀性,测试龄期短且具可重复性。然而,掺入的过量石膏会使水泥本身而非水化产物暴露于硫酸盐环境中,水化产生的氢氧化钙也来不及与矿物掺合料中的活性氧化硅、氧化铝反应,此方法低估了火山灰反应的作用,因而 ASTM C452 不适用于评价掺有矿物掺合料的水泥混合物的抗硫酸盐侵蚀性能。

ASTM C1012 与 GB/T 749—2001 相类似,是将已达到一定早期强度的试件浸泡于硫酸盐溶液中,以一年膨胀值作为评价指标,适用于研究各种水泥的抗硫酸盐侵蚀性能。然而这两种方法对试件的尺寸和几何形状很敏感,成型时的微小变化都可能导致试验结果的离散。对此 K. E. Kurtis 提出选择适当的立方体净浆试件,使表面积与体积比达到最佳化,以消除试件的外观敏感性。Mehta 等人也认为这两个标准试验方法未考虑介质溶液的浓度和 pH 值的变化。氢氧化钙的溶出会改变侵蚀溶液 pH 值,加之硫酸盐浓度的降低,会导致试验时间的延长,影响结果的可比性。为此 Mehta 等人提出通过滴定硫酸来控制侵蚀溶液的 pH 值和离子浓度。然而,Mather 认为这种滴定的方法可能会将硫酸盐侵蚀机理限定为石膏侵蚀,因为溶液 pH 值不同,侵蚀机理的类型不同。稀溶液中的反应产物为钙矾石;pH 值为 6.0~6.5 时,破坏机理主要为石膏侵蚀,且两者间存在共存区;对于硫酸镁溶液,当浓度超过 75% 时为镁盐侵蚀。

我国早期的国家标准 GB 749—65,是借鉴前苏联标准 H 114—54,采用胶砂比 1∶3.5、试件尺寸 10mm×10mm×30mm 的胶砂试件,加压成型,以 6 个月腐蚀系数来评价水泥的抗蚀性。其中腐蚀系数是同龄期试件在侵蚀溶液中的抗折强度与在淡水中的抗折强度之比。该方法试件成型量大,试验周期长,也未考虑侵蚀溶液浓度的变化问题。GB 2420—81,是采用胶砂比 1∶2.5、试件尺寸 10mm×10mm×60mm 的胶砂试件,压力成型,以 28d 抗蚀系数(即腐蚀系数)来表征试件的抗蚀能力,该方法注意了溶液浓度和 pH 值的影响问题。然而,这两种试验方法均是采用小尺寸试件,无法完全反映混凝土的抗硫酸盐侵蚀能力;且 Adam Neville 研究认为抗折强度易受"分层破坏"的影响,不宜单独作为抗硫酸盐侵蚀破坏的评价指标。

GB/T 50082—2009 将混凝土的抗硫酸盐侵蚀试验方法按混凝土的强度等级分为"全浸泡法"和"干湿循环法"两类。强度等级在 C30 以下的采用"全浸泡法";等级在 C30 及以上的采用"干湿循环法"。"干湿循环法"是将标养 28d 的混凝土试件经浸-烘循环后,以"强度抗蚀系数"和"质量抗蚀系数"来评价其抗侵蚀性能。浸烘循环制度为 5% 硫酸钠溶液常温浸泡 16h,晾干 1h,80℃ 干燥 6h,冷却 1h。"强度抗蚀系数"和"质量抗蚀系数"是指在进行了 N 次循环后混凝土的相对抗压强度值或相对质量与当次循环次数占试验最大循环次数的百分数的乘积。

从上面的分析可以看出,目前的试验标准主要是针对水泥净浆、砂浆的抗硫酸盐侵蚀性能,仅 GB/T 50082—2009 提出了评价混凝土抗干湿循环-硫酸盐侵蚀的试验方法。本研究考虑在国内应用的普遍代表性,参阅 GB/T 50082—2009,以建立干湿循环-硫酸盐侵蚀作用下桥梁混凝土的长期性能试验方法。本方法采用与 GB/T 50082—2009 相同的浸烘循环制度,仅将硫酸钠溶液浓度换为 10%,以加速试验进程。测试指标选择与混凝土结构工程密切相关的长期物理力学性能指标,包括质量损失率、相对动弹模量、抗压强度、抗折强度及氯离子扩散系数。至于试件尺寸的选择,本研究针对不同的测试性能指标,选择不同的试件尺寸。其中,抗压强度试件尺寸 100mm × 100mm × 100mm;抗折强度试件尺寸 100mm × 100mm × 400mm;抗渗试件尺寸 100mm × 100mm × 50mm 或 ϕ100mm × 50mm。

具体的试验方法见附录 B《混凝土在干湿循环-硫酸盐侵蚀下性能长期演变加速试验方法》。

7.2.3 普通混凝土在干湿循环-硫酸盐侵蚀复合作用下的长期性能

根据附录 B《混凝土在干湿循环-硫酸盐侵蚀下性能长期演变加速试验方法》开展试验研究,干湿循环-硫酸盐侵蚀作用下 C50 混凝土在 250 次循环试验中性能演变过程如图 7-6 所示。由图可以看出,混凝土的各项力学性能演变过程可以分为两个阶段,即侵蚀前期的性能增长段和随后的性能劣化段。在侵蚀前期,受硫酸根离子扩散系数与混凝土渗透系数的影响,仅有少量硫酸根离子扩散进入混凝土内部与水泥水化产物反应,产生的侵蚀产物非常有限,对混凝土的内部结构有密实作用,同时胶凝材料继续水化,促进混凝土性能的增长;随着侵蚀的进行,大量的硫酸盐侵蚀介质进入混凝土内部,反应产生的侵蚀产物日益增加,从而加速混凝土的性能劣化。

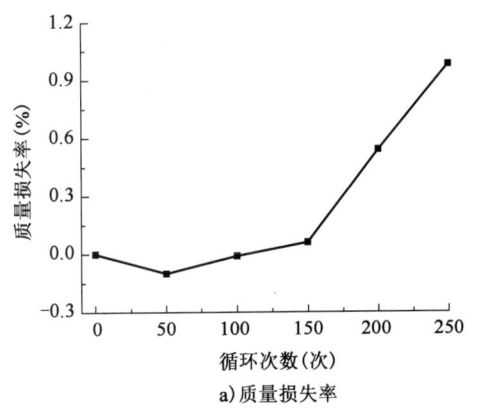 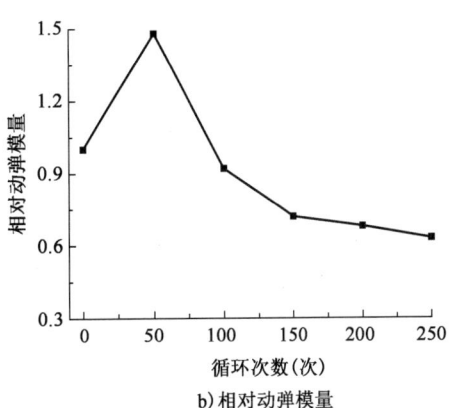

a) 质量损失率　　　　　　　　　　b) 相对动弹模量

图 7-6

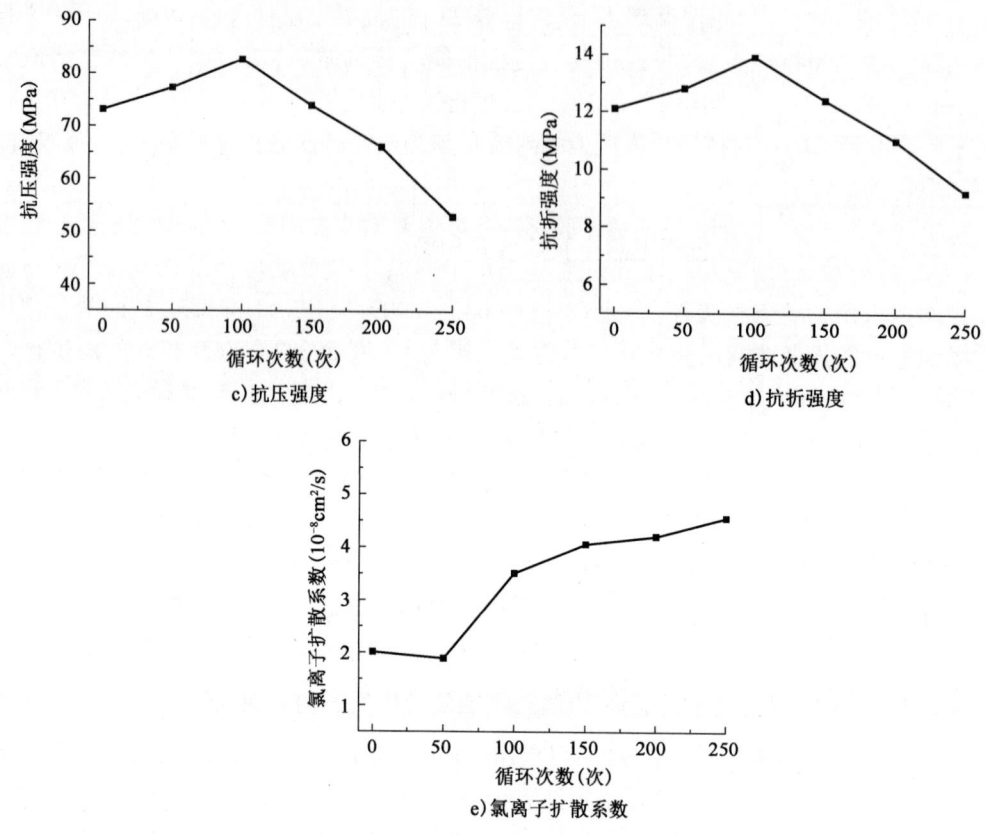

图 7-6 干湿循环-硫酸盐侵蚀作用下 C50 混凝土性能演变

将图 7-6 中试验数据进行回归拟合,得到干湿循环-硫酸盐侵蚀作用下 C50 混凝土长期性能演变规律的拟合方程,如表 7-4 所示。从表中可以看出,混凝土质量损失率、抗压强度、抗折强度、氯离子扩散系数的演变过程可用方程 $y = A_0 + A_1 x + A_2 x^2$ 来表示,相对动弹模量的演变过程符合高斯曲线 $y = y_0 + \dfrac{A}{w\sqrt{\pi/2}} e^{-2\frac{x-x_c}{w^2}}$。当对 y 取一阶导数,可以用来表征各项物理力学性能的损伤速率。其中 $-\dfrac{\mathrm{d}y}{\mathrm{d}x}$ 用于表征混凝土相对动弹模量、抗压强度和抗折强度的损伤速率;$\dfrac{\mathrm{d}y}{\mathrm{d}x}$ 用于表征混凝土抗氯离子渗透性能的损伤速率。可以看出随时间的增加,混凝土的抗压强度、抗折强度及抗氯离子渗透性能的损伤速率呈线性发展;相对动弹模量的损伤速率呈非线性高斯曲线发展。

干湿循环-硫酸盐侵蚀作用下 C50 混凝土性能演变拟合方程　　表 7-4

项目 y	拟合方程(x 为循环次数)	相关系数 R
质量损失率(%)	$y = 0.00643 - 0.00367x + 3.04286 \times 10^{-5} x^2$	0.98
相对动弹模量	$y = 0.67183 + \dfrac{70.8067}{69.7327\sqrt{\pi/2}} e^{-2\frac{x-46.78222}{69.73276^2}}$	0.98

续上表

项 目 y	拟合方程(x 为循环次数)	相关系数 R
抗压强度(MPa)	$y = 72.89643 + 0.16882x - 0.001x^2$	0.96
抗折强度(MPa)	$y = 12.08929 + 0.02795x - 1.60714 \times 10^{-4}x^2$	0.92
氯离子扩散系数(10^{-8}cm^2/s)	$y = 1.71607 + 0.01788x - 2.52143 \times 10^{-5}x^2$	0.87

7.2.4 硫酸盐溶液浓度对混凝土长期性能的影响

硫酸盐溶液浓度是影响混凝土抗硫酸盐侵蚀性能的重要因素。研究表明,在不同浓度的硫酸盐侵蚀环境中,混凝土呈现出不同的侵蚀形式和性能劣化过程。试验选取了两组C50 混凝土试件——C50 和 C50F10,研究其在两种浓度的硫酸钠溶液(5%、10%)中的相对动弹模量和抗压强度的长期演变规律,试验结果如图 7-7 所示。

由图 7-7 可知,当溶液浓度由 5% 增加至 10% 时,混凝土经过 250 次干湿循环-硫酸盐侵蚀之后的相对动弹模量下降量和抗压强度损失增大;掺加粉煤灰增加了混凝土在干湿循环-硫酸盐复合环境中的抗侵蚀能力,可以有效降低相对弹性模量和抗压强度损失值。为加速侵蚀进程,本研究中制定的干湿循环-硫酸盐侵蚀加速试验方法选择 10% 硫酸钠溶液。

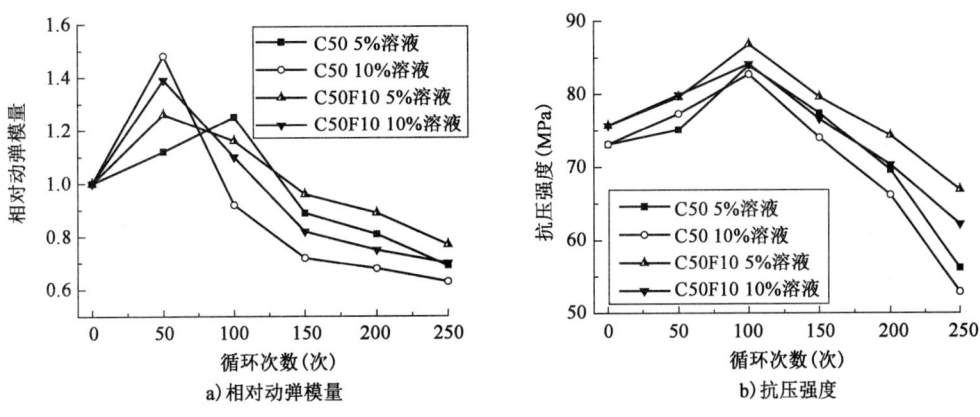

图 7-7 干湿循环-硫酸盐侵蚀作用下溶液浓度对混凝土长期性能的影响

7.2.5 水胶比对混凝土长期性能的影响

水胶比决定了水泥浆体的孔隙率,是影响混凝土耐久性能的重要因素。试验选择了水胶比分别为 0.32、0.40、0.48 的三组混凝土试件——C50、C40、C30,研究了不同水胶比混凝土在干湿循环-硫酸盐侵蚀作用下物理力学性能的演变过程,试验结果如图 7-8 所示。

由图可知,不同水胶比混凝土在干湿循环-硫酸盐侵蚀作用下呈现出相似的性能演变规律。混凝土质量在侵蚀前期无显著变化,100 次干湿循环后快速增加,随水胶比的增加,混凝土的质量损失率增大。混凝土的相对动弹模量在前 50 次循环增加至最大值,而后逐渐下降;随水胶比的增加,混凝土的相对动弹模量下降幅度增大,水胶比为 0.4 和 0.48 的混凝土在不足 200 次循环时的相对动弹模量已下降了 40%。混凝土的抗压强度在侵蚀初期略有增加,而后逐渐下降;且随水胶比的增加,混凝土抗压强度降低幅度增加,水胶比为 0.4 和 0.48 的混凝土分别在 150 次、200 次循环时抗压强度的降低幅度已超过 50%。

将图 7-8 的物理力学性能演化曲线进行回归拟合,得到混凝土长期性能演变规律拟合方程(见表7-5)。由表可知,混凝土的质量损失率和抗压强度演化方程可用方程 $y = A_0 + A_1 x + A_2 x^2$ 来表示;相对动弹模量的演变过程符合高斯曲线。

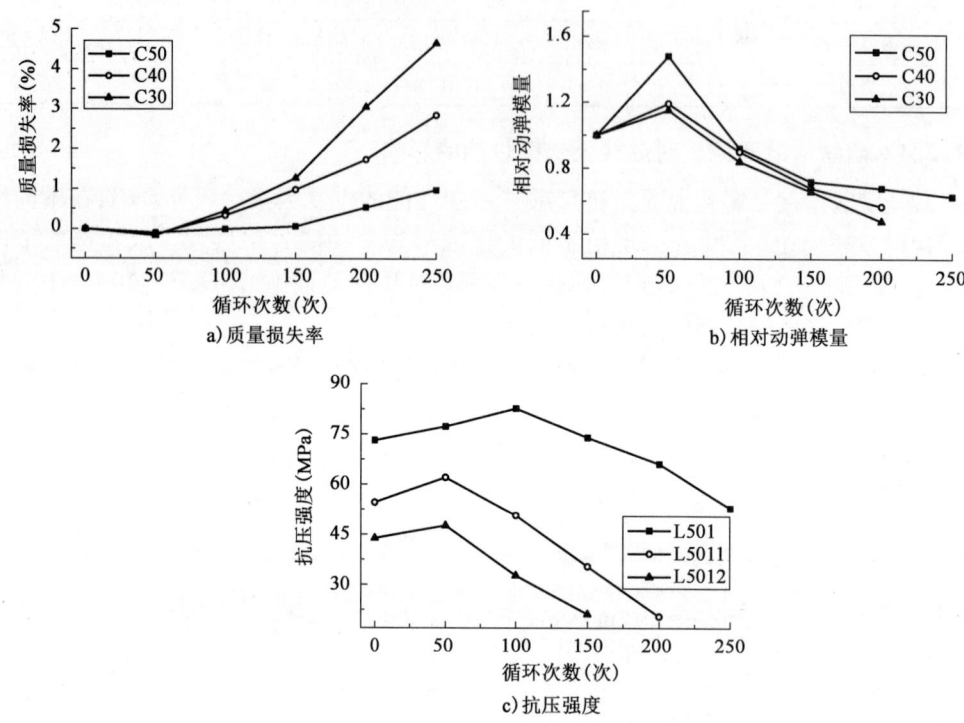

图7-8 干湿循环-硫酸盐侵蚀作用下水胶比对混凝土性能演变的影响

项目 y	水胶比	拟合方程(x 为循环次数)	相关系数 R
干湿循环-硫酸盐侵蚀作用下水胶比对混凝土性能演变的影响 表7-5			
质量损失率(%)	0.32	$y = 0.006\,43 - 0.003\,67x + 3.042\,86 \times 10^{-5} x^2$	0.98
	0.40	$y = -0.066\,07 - 0.001\,5x + 5.292\,86 \times 10^{-5} x^2$	0.99
	0.48	$y = -0.064\,64 - 0.004\,88x + 9.664\,29 \times 10^{-5} x^2$	0.99
相对动弹模量	0.32	$y = 0.671\,83 + \dfrac{70.806\,7}{69.732\,76\sqrt{\pi/2}} e^{-2\frac{x-46.782\,22}{69.732\,76^2}}$	0.98
	0.40	$y = 0.578\,92 + \dfrac{78.874\,01}{103.696\,45\sqrt{\pi/2}} e^{-2\frac{x-43.758\,96}{103.696\,45^2}}$	0.98
	0.48	$y = 0.510\,52 + \dfrac{89.239\,77}{111.897\,19\sqrt{\pi/2}} e^{-2\frac{x-39.614\,16}{111.897\,19^2}}$	0.96
抗压强度(MPa)	0.335	$y = 72.896\,43 + 0.168\,82x - 0.001 x^2$	0.96
	0.40	$y = 56.682\,86 + 0.088\,49x - 0.001\,39 x^2$	0.93
	0.48	$y = 44.905 + 0.064\,1x - 0.001\,53 x^2$	0.88

以 C50 混凝土为基准,建立与水胶比相关的性能演变拟合方程。

质量损失率: $y = K_0 A_0(C50) + K_1 A_1(C50)x + K_2 A_2(C50)x^2$

其中, $K_0 = -10.05163 + 5.74296 \times 10^5 e^{-\frac{W/C}{0.03083}}$;

$K_1 = 23.09282 - 113.56236(W/C) + 142.13026(W/C)^2$;

$K_2 = -4.15142 + 15.11914(W/C)$。如图 7-9 所示。

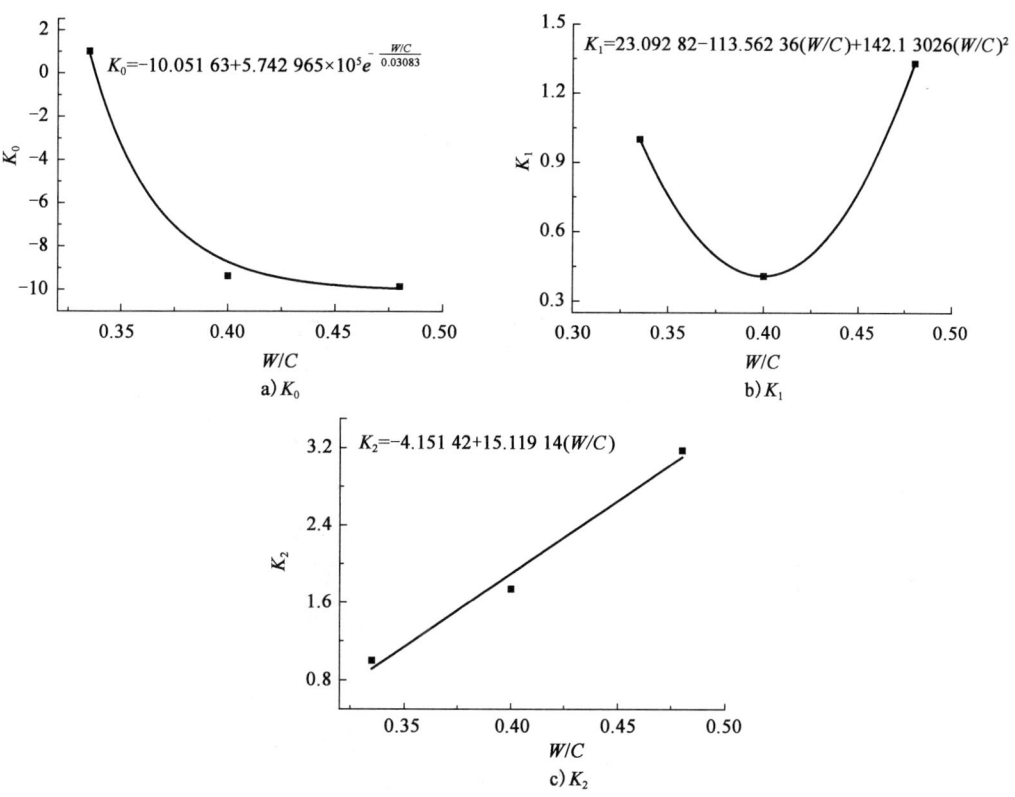

图 7-9 水胶比对混凝土质量损失率拟合方程系数的影响

相对动弹模量: $y = K_0 y_0(C50) + \frac{K_1 A(C50)}{K_2 w(C50) \sqrt{\pi/2}} e^{-2\frac{x - K_3 x_c(C50)}{[K_2 w(C50)]^2}}$。

其中, $K_0 = 1.53862 - 1.64137(W/C)$, $K_1 = 0.3971 + 1.79669(W/C)$;

$K_2 = -0.31502 + 4.09612(W/C)$, $K_3 = 1.35613 - 1.05863(W/C)$。如图 7-10 所示。

抗压强度: $p_c = K_0 A_0(C50) + K_1 A_1(C50)x + K_2 A_2(C50)x^2$。

其中, $K_0 = 1.86073 - 2.62437(W/C)$, $K_1 = 2.32924 - 4.18424(W/C)$;

$K_2 = -0.18119 + 3.61611(W/C)$。如图 7-11 所示。

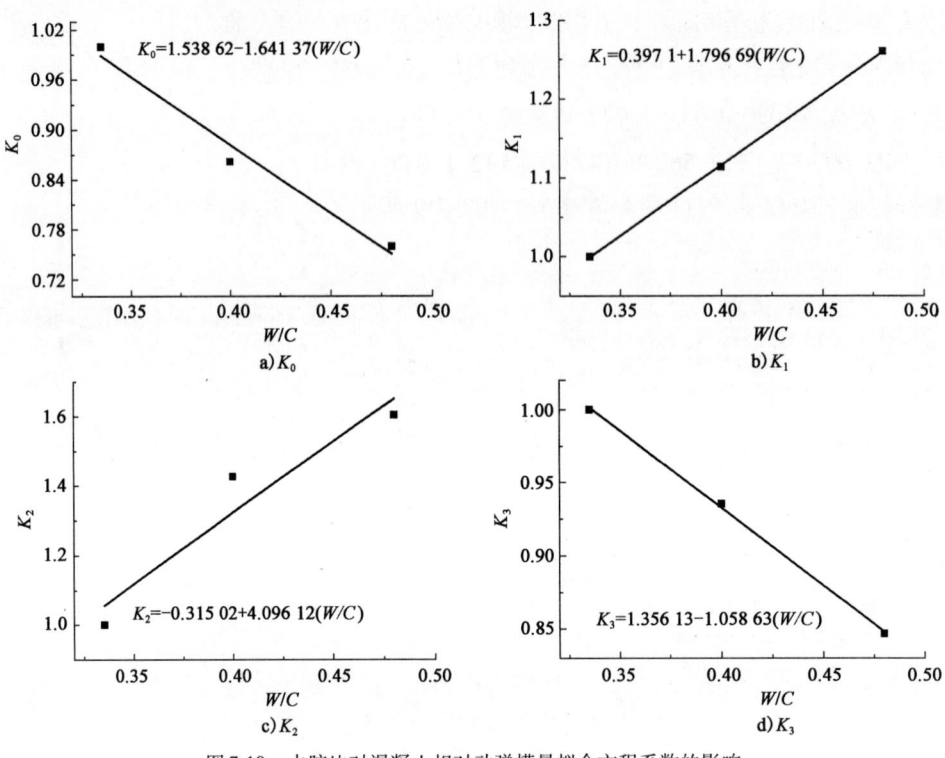

图 7-10 水胶比对混凝土相对动弹模量拟合方程系数的影响

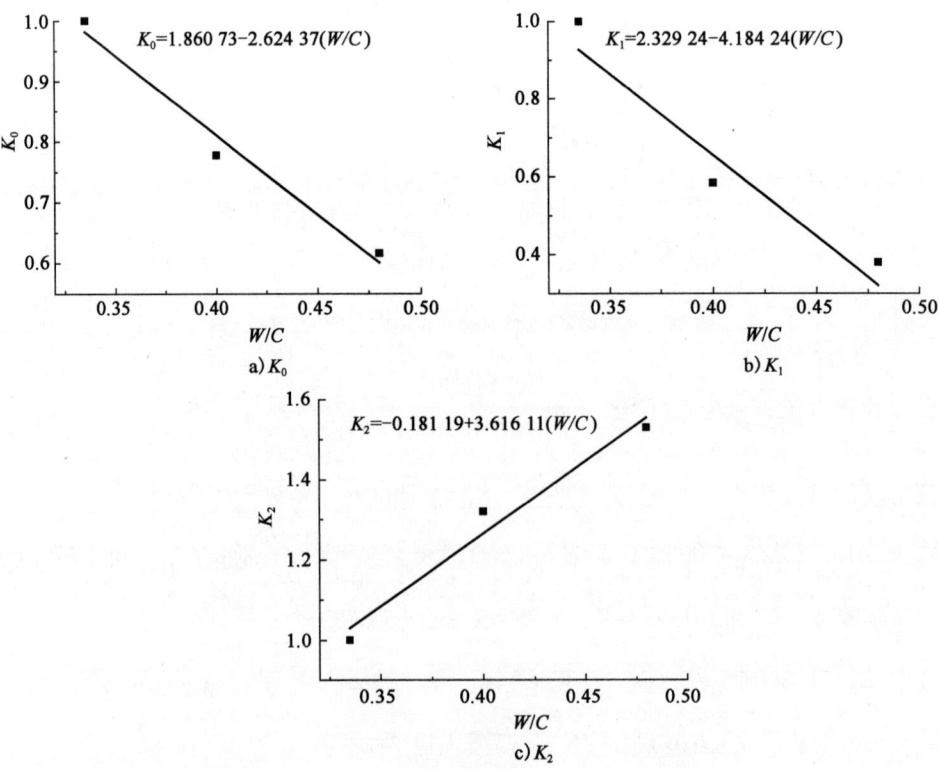

图 7-11 水胶比对混凝土抗压强度拟合方程系数的影响

7.2.6 矿物掺合料对混凝土长期性能的影响

矿物掺合料具有火山灰活性,是影响混凝土耐久性能的重要组分。试验选取了粉煤灰和磨细矿渣两种桥梁工程中常用的矿物掺合料,每种矿物掺合料选择 3 个掺量——粉煤灰掺量(10%、20%、30%)、磨细矿渣掺量(15%、25%、35%)以及粉煤灰与磨细矿渣复掺(粉煤灰掺量 15%、磨细矿渣掺量 15%),研究矿物掺合料对干湿循环-硫酸盐侵蚀下混凝土性能演变规律的影响,如图 7-12 ~ 图 7-16 所示。

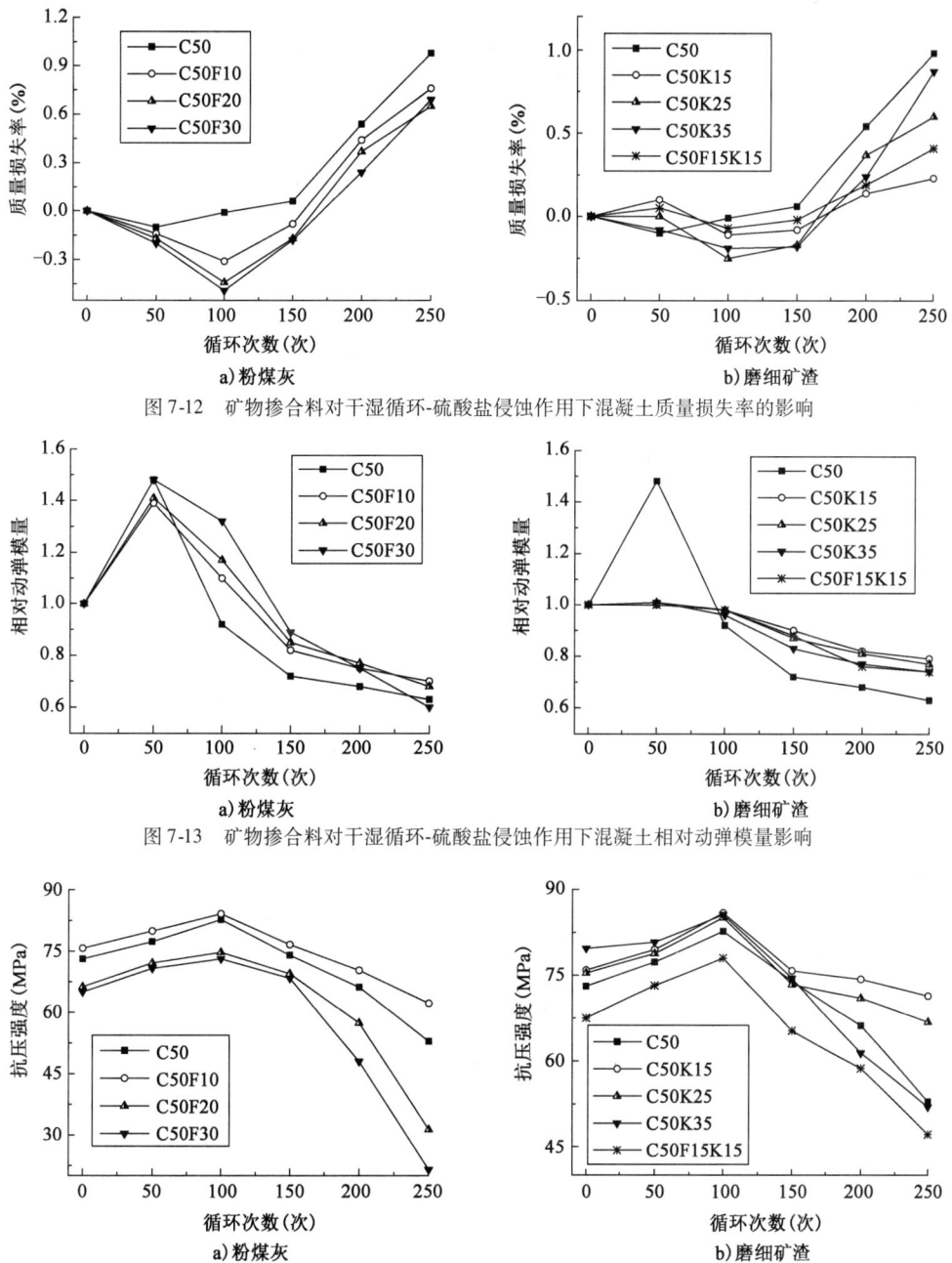

图 7-12 矿物掺合料对干湿循环-硫酸盐侵蚀作用下混凝土质量损失率的影响

图 7-13 矿物掺合料对干湿循环-硫酸盐侵蚀作用下混凝土相对动弹模量影响

图 7-14 矿物掺合料对干湿循环-硫酸盐侵蚀作用下混凝土抗压强度的影响

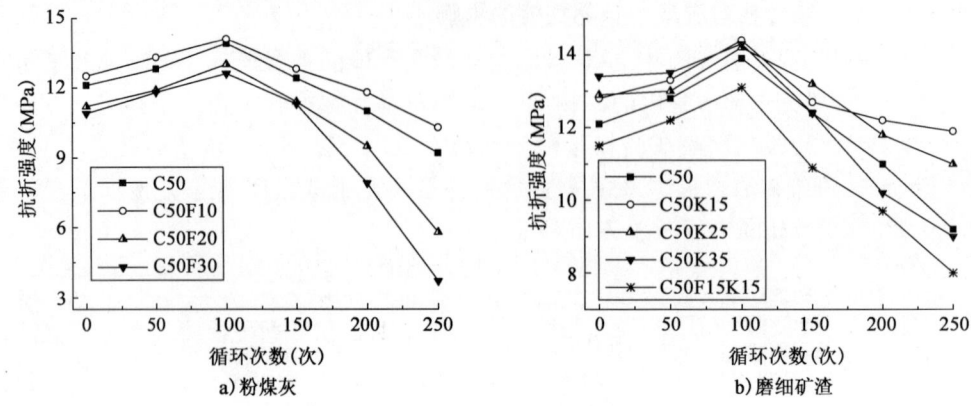

图7-15 矿物掺合料对干湿循环-硫酸盐侵蚀作用下混凝土抗折强度的影响

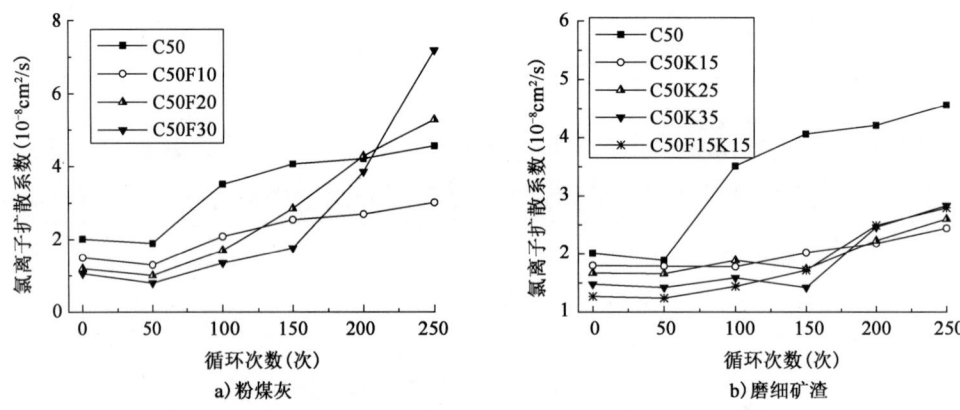

图7-16 矿物掺合料对干湿循环-硫酸盐侵蚀下混凝土氯离子扩散系数的影响

由图中试验数据可以看出,经干湿循环-硫酸盐侵蚀后,混凝土的质量无明显降低。混凝土的相对动弹模量在侵蚀初期有一定增长,100次干湿循环后迅速降低。与纯水泥混凝土相比,侵蚀过程中粉煤灰混凝土的相对动弹模量下降量有所减小,在200次干湿循环前,随粉煤灰掺量的增加,试件相对动弹模量下降量减小,但是干湿循环至250次时,随粉煤灰掺量的增加,试件相对动弹模量越低,特别是粉煤灰掺量30%的试件,其相对动弹模量已低于纯水泥混凝土。复掺磨细矿渣混凝土的相对动弹模量在侵蚀初期无明显变化,100次干湿循环后迅速降低,但较之纯水泥混凝土,其相对动弹模量下降量显著减小,且随磨细矿渣掺量的增加,试件250d的相对动弹模量值减小。混凝土的抗压强度和抗折强度表现出相似的变化规律:侵蚀初期有一定增长,100次干湿循环后迅速降低。与纯水泥混凝土相比,掺10%粉煤灰混凝土的抗压强度和抗折强度在整个侵蚀过程中有明显改善,掺20%、30%的粉煤灰混凝土,早期强度偏低,后期强度损失较大;掺15%、25%磨细矿渣混凝土的抗压强度和抗折强度在整个侵蚀过程中有明显改善,粉煤灰-磨细矿渣复掺的混凝土在整个侵蚀过程中的抗压强度和抗折强度最低。混凝土的氯离子扩散系数呈现出先减小后增大的变化趋势。与纯水泥混凝土相比,掺粉煤灰混凝土的初始氯离子扩散系数减小,且随掺量的增加,值越低,而50次循环之后,氯离子扩散系数迅速增大,且随掺量的增加,值越大,特别是粉煤灰掺量30%的试件,其氯离子扩散系数远大于纯水泥混凝土;掺磨细矿渣混凝土的初始氯离子扩散系数减小,且随掺量的增加,值越低;而150次循环之后,氯离子扩散系数增大,且随掺量的增加,值越大。但无论是掺磨细矿渣混凝土还是磨细矿渣-粉煤灰复掺的混凝土,其250d的氯离子扩散系数均远小于纯水泥混凝土。

将各图中的物理力学性能演化曲线进行回归拟合,得到混凝土的长期性能演变规律拟合方程(见表7-6)。

矿物掺合料对干湿循环-硫酸盐侵蚀作用下混凝土影响　　　　表7-6

项　目 y	混凝土序号	y_0	A	w	x_c
相对动弹模量	C50	0.671 83	70.806 7	69.732 76	46.782 22
	C50F10	0.733 45	69.427 93	84.621 6	55.937 07
	C50F20	0.727 82	77.488 03	90.347 77	59.957 08
	C50F30	0.653 38	109.463 18	103.100 74	66.845 21
	C50K15	1.004 4	−37.801 45	139.019 77	237.468 84
	C50K25	1.013 22	−46.356	152.314 04	237.977 03
	C50K35	1.016 6	−54.610 63	154.960 64	229.876 07

项　目 y	混凝土序号	A_0	A_1	A_2
抗压强度 (MPa)	C50	72.896 43	0.168 82	−0.001
	C50F10	76.053 57	0.125 51	$-7.392\,86 \times 10^{-4}$
	C50F20	64.921 43	0.261 04	−0.001 56
	C50F30	63.539 29	0.284 48	−0.001 8
	C50K15	76.760 71	0.086 92	$-4.578\,57 \times 10^{-4}$
	C50K25	76.328 57	0.085 37	-5.2×10^{-4}
	C50K35	79.789 29	0.102 86	$-8.864\,29 \times 10^{-4}$
抗折强度 (MPa)	C50	12.089 29	0.027 95	$-1.607\,14 \times 10^{-4}$
	C50F10	12.553 57	0.023 79	$-1.335\,71 \times 10^{-4}$
	C50F20	11	0.040 26	$-2.428\,57 \times 10^{-4}$
	C50F30	10.682 14	0.047 54	$-3.021\,43 \times 10^{-4}$
	C50K15	12.942 86	0.013 14	$-7.428\,57 \times 10^{-5}$
	C50K25	12.803 57	0.018 55	$-1.064\,29 \times 10^{-4}$
	C50K35	13.446 43	0.013 72	$-1.321\,43 \times 10^{-4}$
氯离子扩散系数 (10^{-8} cm^2/s)	C50	1.716 07	0.017 88	$-2.521\,43 \times 10^{-5}$
	C50F10	1.321 43	0.006 82	$5.714\,29 \times 10^{-7}$
	C50F20	1.010 36	0.002 01	$6.364\,29 \times 10^{-5}$
	C50F30	1.233 21	−0.020 11	$1.722\,14 \times 10^{-4}$
	C50K15	1.793 21	$-9.907\,14 \times 10^{-4}$	1.45×10^{-5}
	C50K25	1.696 43	−0.001 7	2.15×10^{-5}
	C50K35	1.508 93	−0.004 51	$4.021\,43 \times 10^{-5}$

由表可知，混凝土的抗压强度、抗折强度和氯离子扩散系数演化方程可用方程 $y = A_0 + A_1 x + A_2 x^2$ 来表示；相对动弹模量的演变过程符合高斯曲线 $y = y_0 + \dfrac{A}{w\sqrt{\pi/2}} e^{-2\frac{x-x_c}{w^2}}$。

以 C50 混凝土为基准，建立粉煤灰（磨细矿渣）掺量对混凝土相对动弹模量和抗压强度演变拟合方程的影响。

相对动弹模量：$y = K_0 y_0(C50) + \dfrac{K_1 A(C50)}{K_2 w(C50) \sqrt{\pi/2}} e^{-2\frac{x-K_3 x_c(C50)}{[K_2 w(C50)]^2}}$。

其中，$K_0 = 0.99988 + 0.01428 \text{FA} - 5.06304 \times 10^{-4} \text{FA}^2$，或

$K_0 = 1.51178 - 0.51177 e^{\frac{\text{SL}}{-4.40859}}$；

$K_1 = 0.98107 + 0.00384 e^{\frac{\text{FA}}{6.00811}}$，或 $K_1 = 1.75887 e^{\frac{-\text{SL}}{7.51967}} - 0.7595$；

$K_2 = 1.01927 + 0.01518 \text{FA}$，或 $K_2 = 2.26359 - 1.26397 e^{\frac{\text{SL}}{-9.58627}}$；

$K_3 = 1.02067 + 0.01373 \text{FA}$，或 $K_3 = 5.09215 - 4.0922 e^{\frac{-\text{SL}}{4.76356}}$。如图 7-17 所示。

抗压强度：$y = K_0 A_0(C50) + K_1 A_1(C50) x + K_2 A_2(C50) x^2$。

其中，$K_0 = 0.86941 + \dfrac{3.41354}{13.37467 \sqrt{\pi/2}} e^{-2\frac{\text{FA}-6.31708}{13.37467^2}}$，或 $K_0 = 1.0029 + 0.00244 \text{SL}$；

$K_1 = 0.9561 - 0.03766 \text{FA} + 0.00212 \text{FA}^2$，或

$K_1 = 0.99493 - 0.04536 \text{SL} + 9.88875 \times 10^{-4} \text{SL}^2$；

$K_2 = 0.93576 - 0.03057 \text{FA} + 0.00205 \text{FA}^2$，或

$K_2 = 0.99873 - 0.06011 \text{SL} + 0.00163 \text{SL}^2$。如图 7-18 所示。

7.2.7 外加剂对混凝土长期性能的影响

桥梁混凝土在配合比设计时通常会掺入外加剂来改善混凝土的性能。如考虑掺入引气剂来改善混凝土的工作性和抗冻性；掺入早强剂以满足混凝土的早期强度要求。试验研究了引气剂和早强剂对干湿循环-硫酸盐侵蚀条件下混凝土性能演变的影响，试验结果如图 7-19 所示。

由图可知，经 250 次干湿循环-硫酸盐侵蚀后，混凝土的质量无明显降低，损失率在 1% 之内。混凝土的相对动弹模量在侵蚀初期略有增加，150 次干湿循环后迅速降低。较之 C50F20 混凝土，掺早强剂混凝土的相对动弹模量明显减小；掺引气剂的混凝土在侵蚀末期的相对动弹模量则略有增加。混凝土的抗压强度和抗折强度表现出相似的变化规律：侵蚀初期有一定增长，150 次干湿循环后迅速降低。与 C50F20 混凝土相比，在整个侵蚀过程中，掺早强剂混凝土的抗压强度和抗折强度均有明显改善；而掺引气剂的混凝土，由于气泡的引入降低了混凝土初始强度，其侵蚀前期混凝土抗压强度和抗折强度有所降低，而侵蚀过程中强度的劣化幅度则明显小于 C50F20 混凝土。混凝土的氯离子扩散系数呈现出先减小后增大的变化趋势。与 C50F20 混凝土相比，掺早强剂混凝土的初始氯离子扩散系数明显减小，且在整个侵蚀过程中的氯离子扩散系数均低于 C50F20 混凝土；对于掺有引气剂的混凝土，由于引入气泡，因此初始氯离子扩散系数略大于 C50F20 混凝土，但是侵蚀过程中氯离子扩散系数的增长速率较慢，经 250 次循环侵蚀之后的氯离子扩散系数值明显小于 C50F20 混凝土。

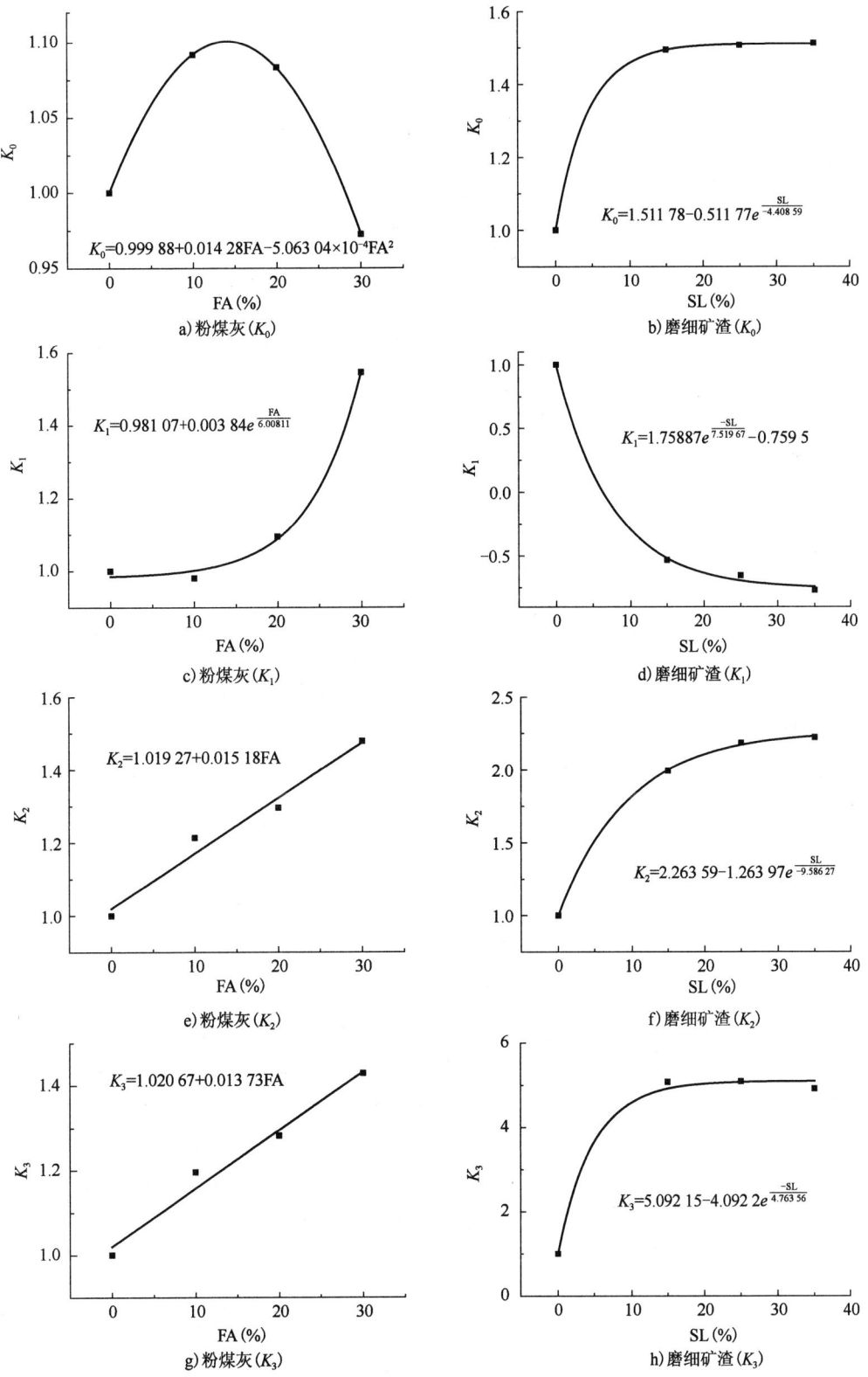

图 7-17 矿物掺合料及其掺量对混凝土相对动弹模量拟合方程系数的影响

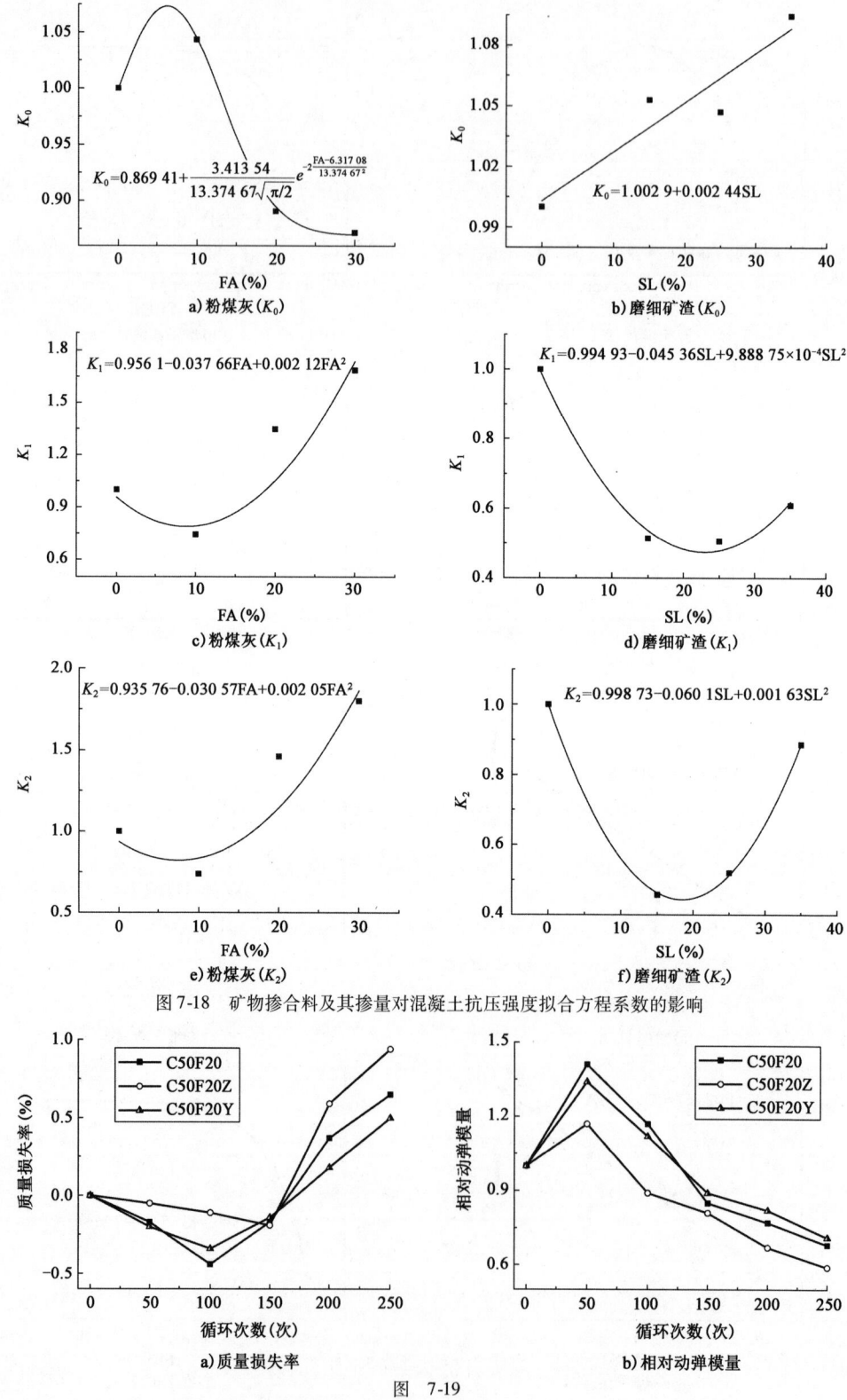

图 7-18 矿物掺合料及其掺量对混凝土抗压强度拟合方程系数的影响

图 7-19

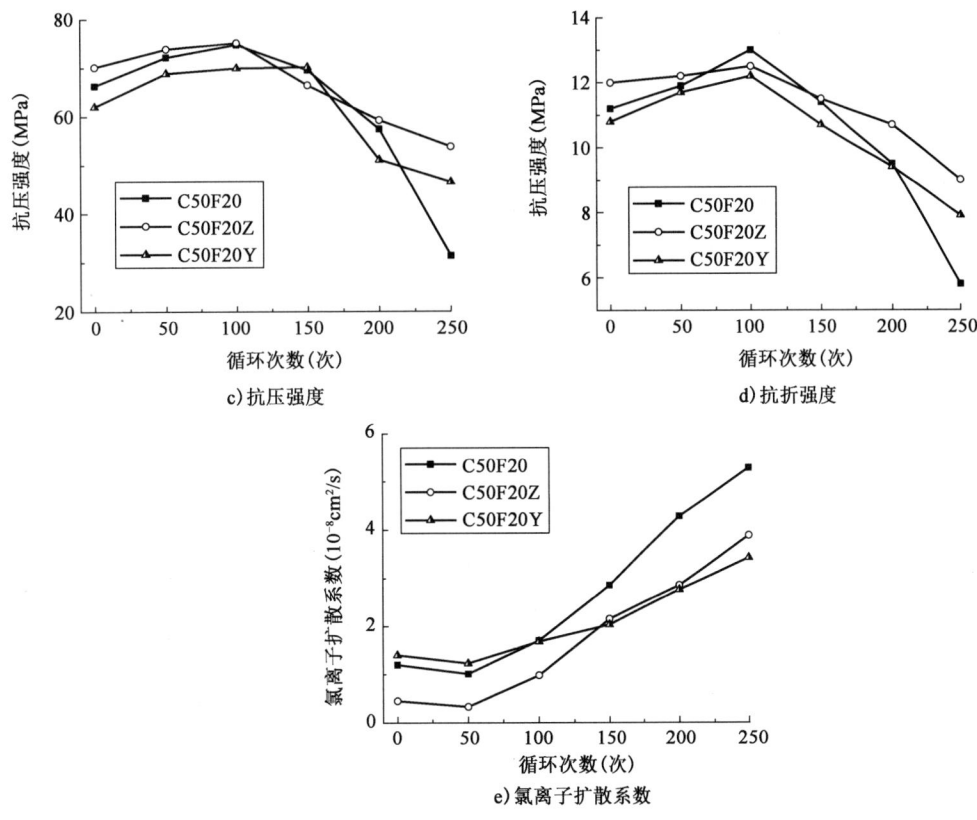

图 7-19 外加剂对干湿循环-硫酸盐侵蚀作用下混凝土性能演变的影响

7.3 硫酸盐侵蚀环境中混凝土破坏机理与亚微观分析

7.3.1 硫酸盐侵蚀破坏机理

混凝土的硫酸盐侵蚀是一个复杂的物理化学过程,主要是由于硫酸盐侵入混凝土内部与其某些化学组分发生反应,产生膨胀型内应力,当该应力超过混凝土的抗拉强度时,就会使混凝土强度严重下降,甚至开裂。在讨论硫酸盐侵蚀破坏机理之前,先了解一下水泥的水化过程;硅酸盐水泥熟料主要成分为硅酸三钙、硅酸二钙、铝酸三钙和铁铝酸四钙,主要水化产物有水化硅酸钙、水化硅酸钙凝胶(简称 C-S-H 凝胶)、氢氧化钙和水化铝酸钙等。其水化反应如式(7-1)~式(7-4)。

$$2(3CaO \cdot SiO_2) + 6H_2O = 3CaO \cdot 2SiO_2 \cdot 3H_2O + 3Ca(OH)_2 \quad (7\text{-}1)$$

$$2(2CaO \cdot SiO_2) + 4H_2O = 3CaO \cdot 2SiO_2 \cdot 3H_2O + Ca(OH)_2 \quad (7\text{-}2)$$

$$3CaO \cdot Al_2O_3 + 6H_2O = 3CaO \cdot Al_2O_3 \cdot 6H_2O \quad (7\text{-}3)$$

$$4CaO \cdot Al_2O_3 \cdot Fe_2O_3 + 7H_2O = 3CaO \cdot Al_2O_3 \cdot 6H_2O + CaO \cdot Fe_2O_3 \cdot H_2O \quad (7\text{-}4)$$

水泥水化时,一方面 C_3S、C_4AF 等与水很快反应,另一方面石膏熟料中含碱化合物也迅速溶解,因此水泥的水化实际上是在含碱的氢氧化钙、石膏的饱和溶液中进行的。水化产物中 C-S-H 凝胶是有效的胶结物质,需要有低的 Ca/Si 比,而 Ca(OH)$_2$ 晶体对水泥石的强度和耐久性不仅没有贡献,反而有多方面的负面效应,如为硫酸盐侵蚀提供了环境条件。

硫酸盐侵蚀破坏是一个复杂的物理化学过程,混凝土硫酸盐侵蚀破坏的实质是,环境水中的硫酸根离子进入其内部,与水泥石中一些固相组分发生化学反应,生成一些难溶的盐类矿物。这些难溶的盐类矿物一方面可形成钙矾石、石膏等膨胀性产物而引起膨胀、开裂、剥落和解体,另一方面也可使硬化水泥石中 CH 和 C-S-H 等组分溶出或分解,导致水泥石强度和黏结性能损失。混凝土受硫酸盐侵蚀的特征是表面发白,损坏通常从棱角处开始,接着裂缝开展、剥落,使混凝土成为一种易碎的,甚至松散状态。其破坏类型大体有以下几种:

(1)钙矾石结晶型

环境水中的 SO_4^{2-} 通过毛细孔进入混凝土内部与水泥石中的氢氧化钙和水化铝酸钙反应形成水化硫铝酸钙(钙矾石),其反应方程如式(7-5)。

$$4CaO \cdot Al_2O_3 \cdot 12H_2O + 3Na_2SO_4 + 2Ca(OH)_2 + 20H_2O \\ = 3CaO \cdot Al_2O_3 \cdot CaSO_4 \cdot 31H_2O + 6NaOH \tag{7-5}$$

水化硫铝酸钙($3CaO \cdot Al_2O_3 \cdot CaSO_4 \cdot 31H_2O$)是溶解度极小的盐类矿物,极限石灰浓度只有 CaO0.045g/L,在很低的石灰溶液浓度中它也能稳定存在,由于在化学结构上结合了大量的结晶水(实际上的结晶水为 30~32 个),其体积约为原水化铝酸钙的 2.5 倍,使固相体积显著增大,加之它在矿物形态上是针状晶体,在原水化铝酸钙的固相表面成刺猬状析出,放射状向四方生长,互相挤压而产生极大的内应力,致使混凝土结构物受到破坏。研究表明,这种膨胀内应力的大小与钙矾石结晶生成的晶体大小和形貌有很大的关系。当液相碱度低时,形成的钙矾石往往为大的板条状晶体,这种类型的钙矾石一般不带来有害的膨胀;当液相碱度高时,如在纯硅酸盐水泥混凝土体系中,形成的钙矾石一般为小的针状或片状,甚至呈凝胶状,这类钙矾石的吸附能力强,可产生很大的吸水肿胀作用,形成极大的膨胀应力。因此合理控制液相的碱度是减轻钙矾石膨胀危害的有效途径之一。钙矾石膨胀破坏的特点是混凝上试件表面现象出现少数较粗大的裂缝。

(2)石膏结晶型

根据浓度积规则,只有当 SO_4^{2-} 和 Ca^{2+} 的浓度大于或等于 $CaSO_4$ 的浓度积时,才能有石膏结晶析出,显然侵蚀溶液中的 SO_4^{2-} 浓度和毛细孔中的石灰溶液浓度具有重要意义。Biczok 认为在高 SO_4^{2-} 浓度($>8 \times 10^{-3}$)下,硫酸盐侵蚀的主要产物是石膏,其离子反应方程式如式(7-6)和式(7-7)所示。

$$Ca(OH)_2 + Na_2SO_4 = Ca^{2+} + SO_4^{2-} + Na^+ + OH^- \tag{7-6}$$

$$Ca^{2+} + SO_4^{2-} + 2H_2O = CaSO_4 \cdot 2H_2O \tag{7-7}$$

水泥石内部形成的二水石膏体积增大 1.24 倍,水泥石因内应力过大而破坏。石膏结晶侵蚀的试件没有粗大裂纹但遍体溃散。

事实上,若混凝土处于干湿交替状态,SO_4^{2-} 浓度不高,石膏结晶也往往起着主导作用,因为水分蒸发使侵蚀溶液浓缩,从而导致石膏结晶形成。

(3)硅灰石膏类硫酸盐侵蚀(Thaumasite Form of Sulfate Attack,TSA)

近年来对 TSA 的研究也很受重视,通常在湿冷的环境下(环境温度般低于15℃),如果硫酸根和碳酸根离子都存在,例如混凝土碳化后出现的碳酸根离子,或者采用了石灰石集料等原因,C-S-H 凝胶会劣化生成硅灰石膏,即 C_3SCSH_{15}(碳硫硅钙石,也称风硬石),这种情况被认为是硅灰石膏型硫酸盐侵蚀(TSA)。通过对碳硫硅钙石和钙矾石的物相结构分析发现它们的晶体形态非常相似,其中 TSA 直接使水泥石中 C-S-H 凝胶体分解,使水泥石完全变为一种无强度的果肉状烂泥。马保国等对硅灰石膏的腐蚀机理做了研究,认为硅灰石膏是硫酸盐和碳酸盐在较低温度下共同作用的腐蚀产物,在 0~10℃时就会使引起碳硫硅钙石类型的硫酸盐侵蚀破坏,环境温度越低,则破坏出现的时间越早。混凝土在富含硫酸盐的环境下,石膏、钙矾石、CO_3^{2-}、HCO_3^- 与水泥石中 CH 经反应后生成的方解石等在环境温度较低的条件下,会与 C-S-H 胶体在过量水的存在下发生反应,生成无胶凝性的硅灰石膏晶体,主要反应过程如式(7-8)和式(7-9)所示。

$$C_3S_2H_3 + 2(CaSO_4 \cdot 2H_2O) + 2CaCO_3 + 24H_2O$$
$$= 2Ca_3SiSO_4CO_3(OH)_6 \cdot 12H_2O + Ca(OH)_2 \tag{7-8}$$

$$C_3S_2H_3 + 3CaO \cdot Al_2O_3 \cdot 3CaSO_4 \cdot 24H_2O + 2CaCO_3 + 4H_2O$$
$$= 2Ca_3SiSO_4CO_3(OH)_6 \cdot 12H_2O + CaSO_4 \cdot 2H_2O + 2Al(OH)_3 + 4Ca(OH)_2 \tag{7-9}$$

这种侵蚀过程虽非常缓慢,但它直接将水泥石中的主要胶结材料 C-S-H 相转变为无胶结能力的泥状体,因而它的破坏性更强。而且还应指出,虽然 C_3A 含量很低的抗硫酸盐水泥可以防钙矾石型硫酸盐腐蚀,但却不能防止硅灰石膏型硫酸盐腐蚀。

7.3.2 干湿循环-硫酸盐侵蚀复合作用下混凝土亚微观分析

国内外对硫酸盐单一因素侵蚀机理的研究较为广泛,而对干湿循环-硫酸盐侵蚀复合作用机理,特别是矿物掺合料和早强剂对混凝土损伤机理影响的研究尚未完善。本研究考虑通过微观测试方法,分析混凝土内部结构形貌及组分的演变情况,来揭示干湿循环-硫酸盐侵蚀复合作用下掺有矿物掺合料和外加剂的混凝土的损伤机理。采用扫描电镜(SEM)和能谱分析(EDS)来观测侵蚀前后试样的微区形貌结构及定量分析其化学组分;采用 X 射线衍射分析(XRD)定性分析侵蚀前后试样的物相组成;采用压汞法(MIP)测试混凝土损伤前后的孔结构变化。

(1)侵蚀产物分析

为详细研究干湿循环-硫酸盐侵蚀作用下混凝土的侵蚀产物,成型与混凝土同水胶比、矿物掺合料掺量、外加剂掺量的水泥净浆试块 20mm×20mm×20mm,采用与混凝土相同的养护制度和龄期,取初始试样放入无水乙醇中终止水化,然后将试块置于与混凝土相同的干湿循环-硫酸盐侵蚀环境中。至侵蚀结束后,取出初始试块和侵蚀后试块,40℃真空干燥12h,除去试块 2mm 表面层,然后钻取 2~5mm 深度的净浆颗粒,用玛瑙研钵在无水乙醇中研细至 0.063mm 以下,用塑料带密封保存。采用日本理光(Rigaku)公司 D/MAX-ⅢA 型 X 射线衍射仪(XRD)(铜耙,石墨单色器滤波,加速电压37kV,电流40mA,最大功率3kW,扫描范围 -3°~145°)进行成分分析。

将水胶比 0.32 的纯水泥净浆成型养护 28d,取得初始试样,净浆试块在干湿循环-10%硫酸钠溶液环境中侵蚀 250d 后取出,与初始试样同时进行 XRD 测试侵蚀产物,结果如图 7-20 所示。

由图可知,未遭受干湿循环-硫酸盐侵蚀的净浆试样具有最强的 C-S-H 衍射峰和明显的氢氧化钙衍射峰,以及少量的 AFm 和钙矾石。250d 循环侵蚀后试样中 C-S-H 和氢氧化钙的衍射峰显著减弱,这表明侵蚀过程中 C-S-H 和氢氧化钙被消耗。同时图中出现了明显的石膏和无水芒硝衍射峰,钙矾石峰有所增强,这说明了侵蚀过程中发生了反应生成了石膏、钙矾石以及无水芒硝。

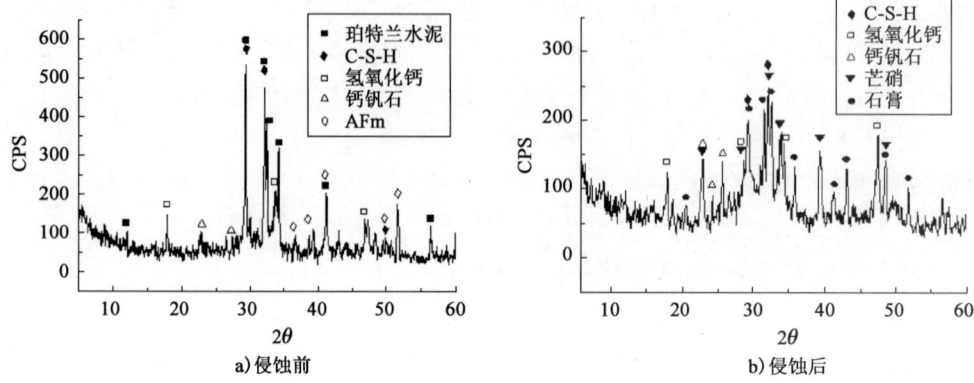

图 7-20 侵蚀前后纯水泥净浆的 XRD 分析

由前文试验研究表明,矿物掺合料和外加剂是影响混凝土在干湿循环-硫酸盐侵蚀作用下性能损伤的重要因素。为详细研究其影响机理,将水胶比 0.32,粉煤灰、磨细矿渣掺量分别为 20%、25%,以及粉煤灰掺量 20%、早强剂掺量 1% 的水泥净浆成型养护 28d,在干湿循环-10% 硫酸钠溶液环境中侵蚀 250d 取出,进行 XRD 测试侵蚀产物,结果如图 7-21 和图 7-22 所示。

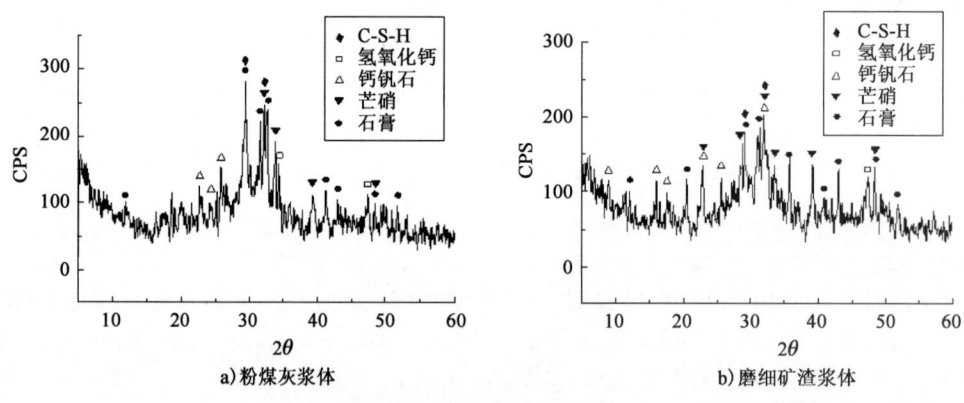

图 7-21 粉煤灰浆体和磨细矿渣浆体的 XRD 分析

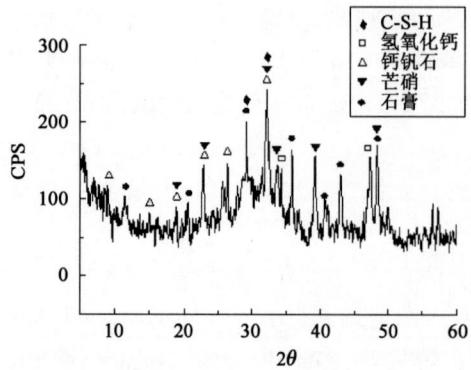

图 7-22 含早强剂的粉煤灰浆体的 XRD 分析

由图可知,与图 7-20b)侵蚀后纯水泥净浆的 XRD 图谱相比,图 7-21 和图 7-22 中氢氧化钙的衍射峰不太明显,这是可能由于矿物掺合料的火山灰反应和早强剂的早期活性消耗了大量的氢氧化钙。图 7-21a)中石膏的衍射峰最强,同时无水芒硝也较强,钙矾石峰较弱。图 7-21b)中钙矾石的衍射峰非常强,同时无水芒硝和石膏的衍射峰也较为明显。图 7-22 具有较强的钙矾石、无水芒硝及石膏的衍射峰。

(2)微观结构分析

为详细研究干湿循环-硫酸盐侵蚀作用后混凝土的微观结构,将遭受 250 次干湿循环-硫酸盐侵蚀作用后的 4 组混凝土试件——C50、C50F20、C50K25、C50F20Z,剥落掉粗集料,由外向内切割 5mm 左右粒状样品。采用 JSM-5610LV 型扫描电子显微镜观测试样微观形貌。采用 Phoenix 型能谱仪进行微区水化产物元素组成分析。测试结果如图 7-23 ~ 图 7-26 所示。

 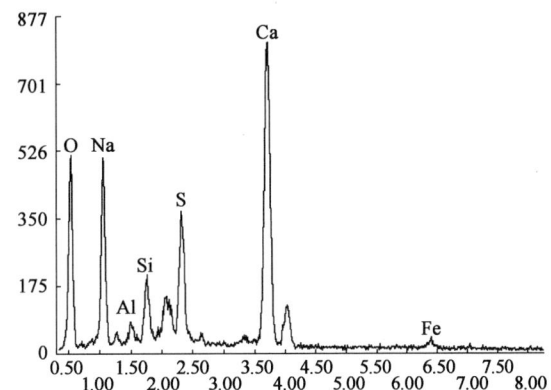

图 7-23　C50 遭受 250 次循环侵蚀后的 SEM 和 EDS

 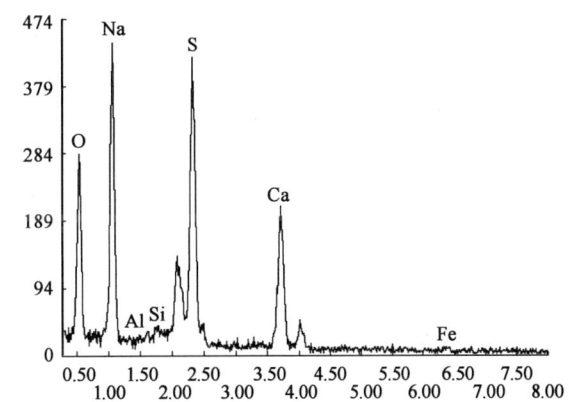

图 7-24　C50F20 遭受 250 次循环侵蚀后的 SEM 和 EDS

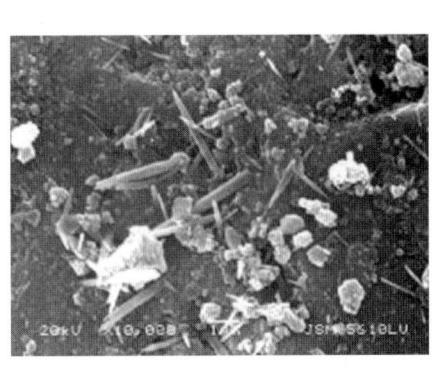 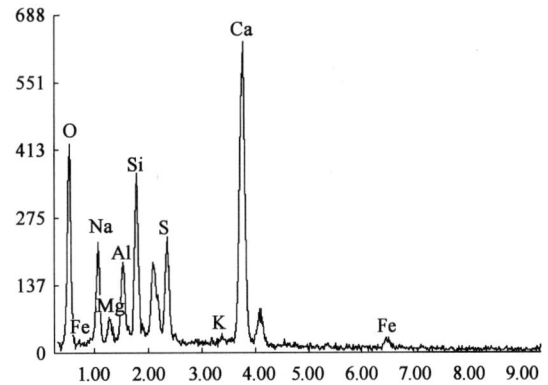

图 7-25　C50K25 遭受 250 次循环侵蚀后的 SEM 和 EDS

 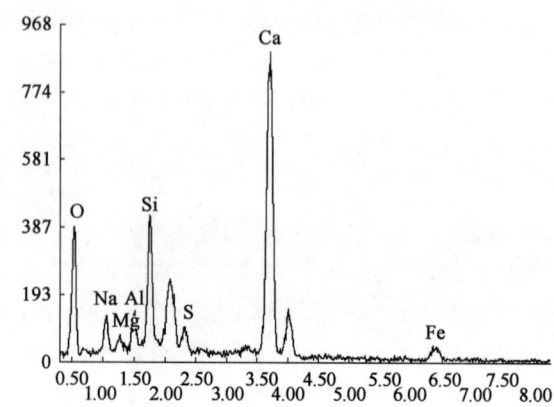

图 7-26　C50F20Z 遭受 250 次循环侵蚀后的 SEM 和 EDS

由图 7-23 可知,遭受 250 次循环侵蚀后,C50 混凝土微观结构中存在大量白色块状、条块状晶体,且表面分布细颗粒状晶体,并可见少量针棒状产物和细裂纹。EDS 分析表明存在钠、铝、硅、硫、钙相。结合 XRD 分析结果,推测白色块状、条块状晶体为石膏、芒硝,细颗粒状晶体为无水芒硝,针棒状晶体为钙矾石。

图 7-24 是 C50F20 遭受 250 次干湿循环-硫酸盐侵蚀后的 SEM 和 EDS 图。由图可见,微区中聚集了大量的白色块状、条块状晶体,表面分布细颗粒状晶体,且形成细裂纹。EDS 分析表明存在钠、铝、硅、硫、钙相。结合 XRD 分析结果,认为白色块状、条块状晶体为石膏、芒硝,细颗粒状晶体为无水芒硝。低 Al 峰表明微观结构中钙矾石的含量少。

图 7-25 是 C50K25 遭受 250 次干湿循环-硫酸盐侵蚀后的 SEM 和 EDS 图。由图可见,微结构中明显聚集了大量的针状产物,并可见白色块状晶体,以及表面分布的细颗粒状晶体。EDS 分析表明存在钠、铝、硅、硫、钙相。结合 XRD 分析结果,推测针状产物为钙矾石,白色块状晶体为石膏、芒硝,细颗粒状晶体为无水芒硝。

由图 7-26 可以看出,遭受 250 次循环侵蚀后,C50F20Z 混凝土的微观结构中清晰可见针状腐蚀产物,存在大量白色块状晶体,表面分布细颗粒状晶体,且有细裂纹的形成。EDS 分析表明存在钠、铝、硅、硫、钙相。结合 XRD 分析结果,认为针状腐蚀产物为钙矾石,白色块状晶体为石膏、芒硝,细颗粒状晶体为无水芒硝。

微观分析结果表明,XRD 图谱中仅分析出无水芒硝的存在,而 SEM 同时观测到芒硝的存在。这可能是因为制样或者测试过程中芒硝极易出现脱水情况。有研究表明芒硝在 20℃、RH<71% 的条件下即快速脱水为无水芒硝。

因此在干湿循环-硫酸盐侵蚀条件下,随着干湿交替的进行,硫酸盐会在混凝土内部孔隙中反复的吸水膨胀和脱水收缩。同时硫酸盐介质会与水泥水化产物发生化学反应,生成钙矾石、石膏等,具体侵蚀产物的情况与胶凝材料有关。如与纯水泥混凝土和粉煤灰混凝土相比,磨细矿渣混凝土和含早强剂混凝土的侵蚀产物中有更多的钙矾石。这样,侵蚀产物在混凝土孔隙中不断聚集,加之盐结晶的膨胀作用,引起细裂纹的出现,微裂纹不断扩展、连通,最终导致混凝土的破坏。

(3) 孔结构分析

干湿循环-硫酸盐侵蚀复合作用下,硫酸盐与水泥水化产物反应生成各种侵蚀产物,聚集于混凝土孔隙中;同时随着干湿交替的进行,硫酸盐会在混凝土内部孔隙中反复溶解结晶。因此在整个侵蚀过程中,混凝土孔结构是处于一个不断变化的过程。

为详细研究干湿循环-硫酸盐侵蚀作用下混凝土的孔结构,将未受侵蚀的 C50 混凝土试件以及遭受 250 次干湿循环-硫酸盐侵蚀作用后的 4 组混凝土试件——C50、C50F20、C50K25、C50F20Z,剥落掉粗集料,由外向内切割 2～3mm 粒状样品,浸泡于无水乙醇中,然后抽滤、60°C 干燥 8h。采用 AUTOPOREI-II9420 型压汞仪测试试样的孔隙率与孔径尺寸分布。测试结果如图 7-27～图 7-29 所示。

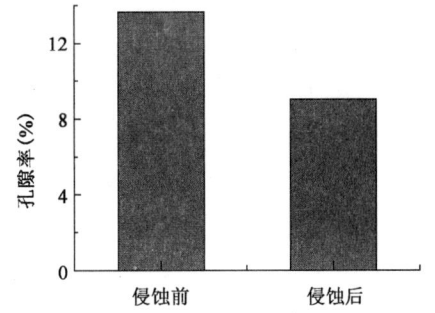

图 7-27　侵蚀前后 C50 的孔隙率

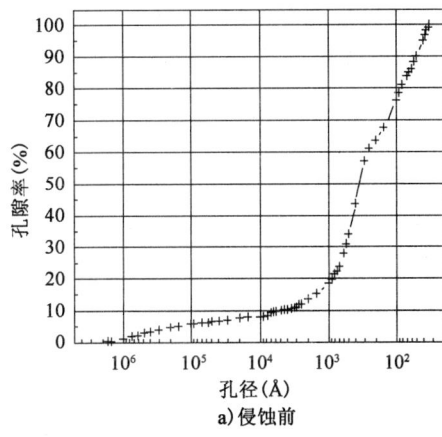
a) 侵蚀前

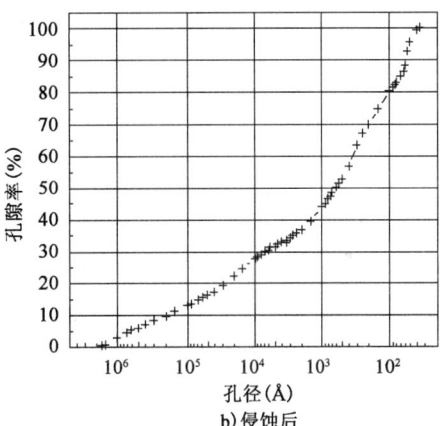
b) 侵蚀后

图 7-28　侵蚀前后 C50 的累积孔径分布

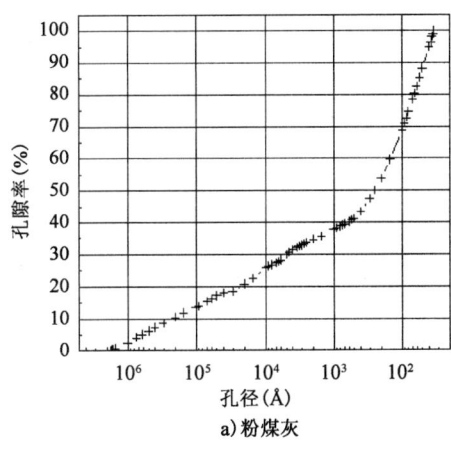
a) 粉煤灰

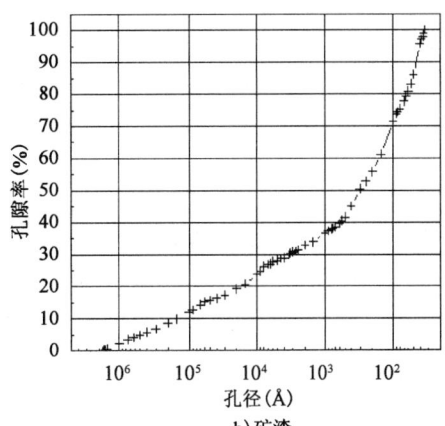
b) 矿渣

图　7-29

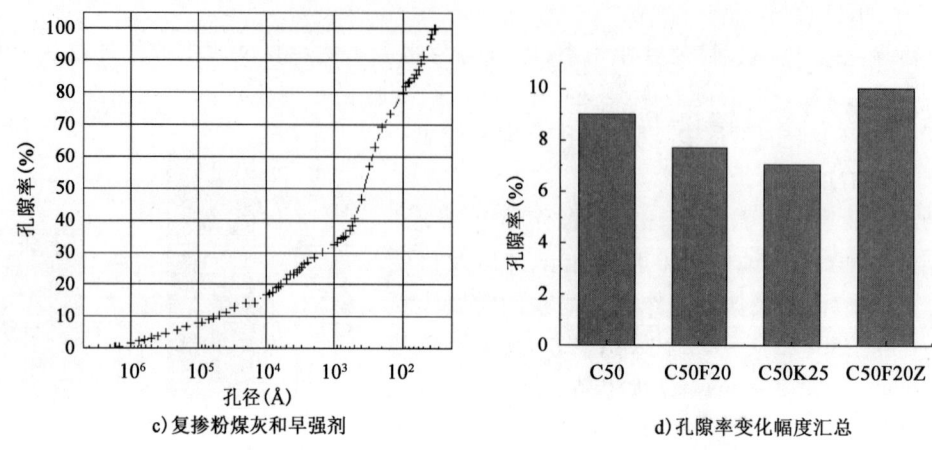

图 7-29　矿物掺合料与早强剂对混凝土的孔隙率和累积孔径分布的影响

由图 7-27 可以看出,与侵蚀前纯水泥混凝土相比,侵蚀后混凝土的孔隙率减小超过 30%。然而由图 7-28 侵蚀前后混凝土的累积孔径分布可以看出,微细孔(<1 000Å)的孔隙分布率减小。这可能是由于侵蚀过程中生成的膨胀性水化产物如钙矾石、石膏等填充于结构空隙中,减小了混凝土的孔隙率;但是由于这些产物堆积程度不够致密,致使混凝土孔结构以粗大孔(>1 000Å)为主。

图 7-29 所示为掺有矿物掺合料和外加剂的混凝土在遭受 250 次干湿循环-硫酸盐侵蚀后的孔隙率和累积孔径分布图。由图可知,与纯水泥混凝土相比,粉煤灰和磨细矿渣的掺入减小了混凝土的孔隙率,增加了微细孔(<1 000Å)的孔隙分布率。复掺有粉煤灰和早强剂的混凝土,其孔隙率和微细孔(<1 000Å)的孔隙分布率略微增加。这可能主要归因于粉煤灰和磨细矿渣的微集料填充效应和火山灰效应,密实了混凝土结构,细化了内部孔隙。

7.4　本章小结

通过对硫酸盐侵蚀环境中混凝土长期暴露试验数据的汇总分析,发现:在硫酸盐环境中,混凝土劣化相对较快,部分混凝土结构在 1 年内便开始劣化,5 年内可使强度降低 7% ~ 35%;英国暴露试验结果显示,处于地面线以下土壤中的混凝土构件,混凝土中掺加掺合料可以提高混凝土抗硫酸盐侵蚀的性能,但处于地面线以上与空气接触的部分,混凝土中较高的掺合料掺量增加了混凝土的毛细吸附效应,构件表观易出现严重的盐结晶破坏。

通过干湿循环-硫酸盐侵蚀复合作用试验,发现:

①干湿循环会加速混凝土受硫酸盐侵蚀的劣化速度。

②水胶比可改变混凝土孔隙率,混凝土水胶比越大孔隙率越大,硫酸盐侵蚀介质越易侵入混凝土内部,使得材料劣化速度加快。

③适量的粉煤灰可改善混凝土在干湿循环-硫酸盐环境中的抗侵蚀能力,当混凝土中掺入小于 10% 掺量的粉煤灰时,其微集料填充效应和火山灰效应能够细化内部孔隙,提高混凝土的致密性和抗渗性能,有效改善混凝土的抗干湿循环-硫酸盐侵蚀性能。然而当粉煤灰掺量超过 10% 后,由于粉煤灰的活性较低,掺入混凝土中,会降低混凝土的强度和抗裂性能,使得硫酸盐侵蚀介质更易侵入材料内部,从而加快了混凝土各项力学性能的损伤速率。

④磨细矿渣可以改善胶凝体系的颗粒级配,其微集料填充效应和火山灰效应同样能够细化混凝土内部孔隙,提高了混凝土的孔结构致密性和抗渗性能,因此矿粉的掺入有利于改善干湿循环-硫酸盐侵蚀作用下混凝土的各项物理力学性能;然而当与粉煤灰复掺时,其性能损伤加快。

⑤混凝土中掺入适量引气剂,后期劣化速率明显低于未掺入引气剂混凝土,但由于引入了大量细微气泡,会影响混凝土的前期强度和渗透性能;早强剂可以明显改善混凝土强度和渗透性,但降低了混凝土的弹性模量,同时增加了混凝土的质量损失。因此,可以采用复掺引气剂和早强剂的方式来改善混凝土在干湿循环-硫酸盐环境中的抗侵蚀能力。

8 荷载与环境复合作用下混凝土长期力学性能和耐久性

服役桥梁通常经受荷载与环境的复合作用。荷载作用会改变混凝土内部的细微观结构,影响环境介质对混凝土的侵蚀。仅考虑环境作用难以真实反映混凝土桥梁结构的长期力学性能和耐久性。

国内外学者开展了荷载与冻融、荷载与氯盐侵蚀、荷载与干湿循环等复合作用下混凝土长期力学性能和耐久性的研究工作。

Mustafa Şahmaran 等采用三分点弯折试验方法对28d龄期试件施加预荷载,研究荷载-盐冻复合作用下高性能纤维增强混凝土的长期性能。结果表明:试件抗荷载-盐冻侵蚀能力随混凝土强度的增大而明显提高;试件抗荷载-盐冻侵蚀性能,随外荷载的增加而显著降低,当应力比为0.25和0.5时,试件表现出严重的劣化,相对动弹模量降至零。

黄鹏飞等试验研究了盐冻循环、钢筋锈蚀与弯曲荷载复合作用下钢筋混凝土相对动弹模量的演变过程。结果表明:随混凝土强度的降低和冻融循环次数的增加,混凝土损伤程度增大;多因素复合作用导致的损伤大于单因素作用,特别是在叠加弯曲荷载作用后,混凝土动弹性模量下降速率大幅增加。

董必钦等采用XRD对弯曲荷载、干湿循环及硫酸盐侵蚀复合作用下混凝土试件的劣化进行了微观分析。研究表明,混凝土受拉区表面钙矾石与石膏的衍射峰比受压区表面明显,其原因在于加载时试件纯弯段上部受压密实,抗渗性优于下部受拉区,硫酸盐更容易从下部受拉区侵入试件内部。

目前缺少关于荷载-环境因素复合作用下混凝土长期性能损伤劣化的标准试验方法,对环境因素与荷载因素间的交互作用机理的研究尚不系统深入。本章通过对比分析国内外荷载-环境因素复合作用下混凝土长期性能试验方法的优缺点,建立了"混凝土在荷载-干湿循环侵蚀下的长期抗渗性能试验方法"和"混凝土在荷载-冻融-盐侵蚀下强度演变加速试验方法"。通过试验,分别研究了混凝土在荷载-干湿循环与荷载-氯盐-冻融两种复合环境作用下长期性能演变。通过分析氯离子渗透深度研究了荷载-干湿循环复合作用下混凝土抗渗性能的长期演变规律,总结了侵蚀制度、弯曲荷载应力比、水胶比、矿物掺合料(粉煤灰、磨细矿渣)及外加剂等因素对混凝土抗氯离子渗透性能的影响。通过测试抗压和抗折强度研究了荷载-氯盐-冻融复合作用下混凝土力学性能演变规律,分析了弯曲荷载应力比、矿物掺合料(粉煤灰、磨细矿渣)及引气剂等因素对混凝土力学性能的影响。

8.1 荷载与干湿循环复合作用下混凝土抗渗性能试验研究

本试验利用建立的加速试验方法,通过测试混凝土的氯离子渗透深度来研究荷载-干湿循环复合作用下混凝土抗渗性能的长期演变规律,分析了侵蚀制度、弯曲荷载应力比、水胶比、矿物掺合料(粉煤灰、磨细矿渣)及外加剂等因素对混凝土抗氯离子渗透性能的影响。

8.1.1 混凝土原材料及配合比

试验选用 C40 混凝土,原材料与配合比分别参见第 4.2 节和第 6.2 节。

8.1.2 试验方法

试验方法依据附录 C"混凝土在荷载-干湿循环作用下抗渗性能加速试验方法"。

8.1.3 侵蚀制度对混凝土抗渗性能的影响

试验研究了在 0.5 应力比作用下,C40 混凝土在全浸泡与干湿循环环境下氯离子渗透深度的变化规律,试验结果如图 8-1 所示。

由图可知,混凝土在两种侵蚀制度下的氯离子渗透深度均随时间的增加而增加。与全浸泡腐蚀相比,干湿循环加速了氯离子的渗透过程,72d 循环后,氯离子渗透深度达 40mm。环境湿度状态在很大程度上决定着溶液渗入混凝土的状态和速率。在全浸泡条件下,混凝土处于近似水饱和而无水头压力的状态,溶液流速为零,主要是通过浓度梯度的作用迁移进入混凝土内部。当混凝土处于干湿循环环境时,其毛细管虹吸压对水流的作用等同于水饱和混凝土遭受 2.4MPa 水头压力的效果,从而加速溶液的迁移速率。

8.1.4 弯曲荷载应力比对混凝土抗渗性能的影响

桥梁的结构特点决定其在服役过程中会受到弯曲荷载的影响。试验选择了三个弯曲荷载应力比——0、0.3、0.5,研究了三组混凝土(包括 C40 基准混凝土、掺有 10% 粉煤灰的 C40F10 混凝土、掺有 15% 磨细矿渣的 C40K15 混凝土)在遭受弯曲荷载-72d 干湿循环侵蚀作用后的氯离子渗透深度,试验结果如图 8-2 所示。

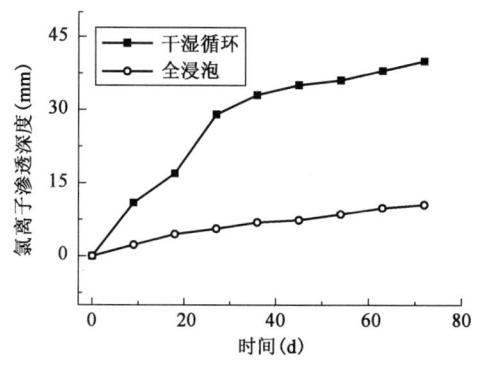
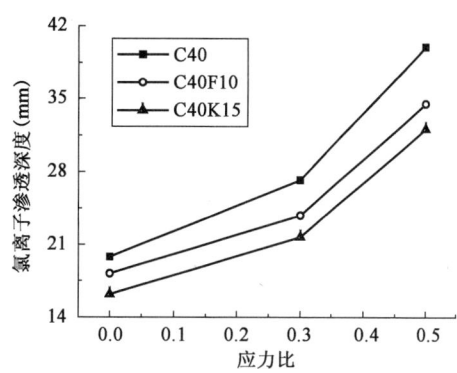

图 8-1 侵蚀制度对混凝土氯离子渗透深度的影响　　图 8-2 弯曲荷载应力比对混凝土氯离子渗透深度的影响

由图可知,随着弯曲荷载应力比的变化,三种混凝土呈现出一致的氯离子渗透深度变化趋势,即随着弯曲荷载率的增加,氯离子渗透深度也明显增加。分析其原因在于,弯曲荷载率的增加会使混凝土内部裂缝增多,从而加大了氯离子的渗透速率。同时试验过程中也发现,当荷载应力比超过 0.5 后,试件在加载过程中非常容易断裂。因此本研究中荷载-干湿循环加速试验方法采用荷载应力比为 0.5,以加速氯离子的渗透进程。

8.1.5 水胶比对混凝土抗渗性能的影响

水胶比是影响混凝土内部孔结构的关键因素,而混凝土的抗渗性能是与内部孔结构密切相关的。因此,试验选择了两组水胶比(0.335、0.4)的基准混凝土,研究了荷载水平0.5、干湿循环复合作用下水胶比对混凝土氯离子渗透深度的影响。试验结果如图8-3所示。由图可以看出,随龄期的增加,混凝土的氯离子渗透深度增加,随水胶比的减小,混凝土孔隙率减小,结构致密程度增加,从而使得氯离子扩散速率减小,混凝土的氯离子渗透深度减小。

8.1.6 矿物掺合料对混凝土抗渗性能的影响

矿物掺合料具有火山灰活性和微集料填充效应,掺入混凝土中能明显改变水泥硬化浆体的微观结构,优化孔隙结构,改善混凝土的抗渗透性能。试验选取了粉煤灰和磨细矿渣两种桥梁工程中常用的矿物掺合料,其中粉煤灰掺量10%、磨细矿渣掺量15%,研究了荷载水平0.5、干湿循环复合侵蚀环境下矿物掺合料对C40混凝土抗渗性能演变规律的影响,试验结果如图8-4所示。由图可知,与纯水泥混凝土相比,矿物掺合料的掺入减小了荷载-干湿循环复合作用下混凝土的氯离子渗透深度,其中掺有15%磨细矿渣的混凝土,经70次循环侵蚀后其氯离子渗透深度最小。这是因为矿物掺合料具有火山灰反应效应,掺入胶凝材料会与氢氧化钙反应,密实混凝土孔结构;同时改善界面过渡区氢氧化钙的择优取向,细化晶粒尺寸,从而有效提高混凝土的抗拉强度和抗渗性能。

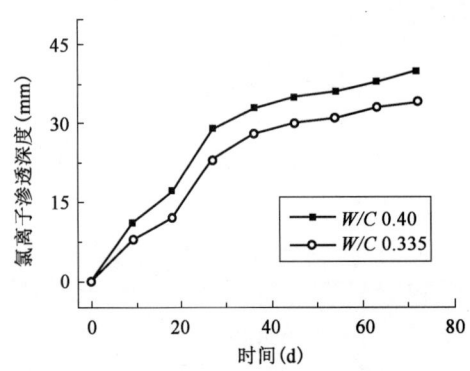

图8-3 水胶比对混凝土氯离子渗透深度的影响

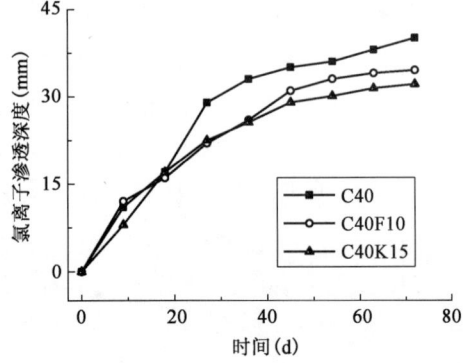

图8-4 矿物掺合料对混凝土氯离子渗透深度的影响

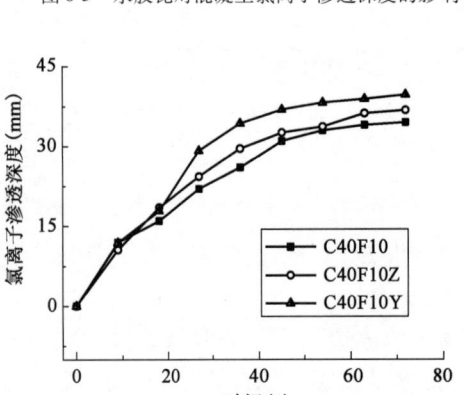

图8-5 外加剂对混凝土氯离子渗透深度的影响

8.1.7 外加剂对混凝土抗渗性能的影响

试验研究了干湿循环与外部荷载(应力比0.5)复合作用下两种化学外加剂——早强剂、引气剂对混凝土氯离子渗透深度的影响,结果见图8-5。由图可知,与C40F10混凝土相比,外加剂的掺入提高了侵蚀过程中混凝土的氯离子渗透深度值,其中掺有引气剂的混凝土,其氯离子渗透深度值最高。分析其原因在于,早强剂虽然加速了胶凝材料早期的水化,但不利于混凝土内部结构的细化,降低了密实度,引气剂增加了混凝土内部的孔隙率,从而使得掺有这两种外加剂的混凝土的氯离子渗透深度值增加。

8.2 荷载与氯盐、冻融复合作用下混凝土长期力学性能试验研究

冬季严寒地区的桥梁结构,当使用除冰盐处理桥面板上的积雪和积冰时,会遭受氯盐-冻融循环双重侵蚀,同时桥梁在服役过程中会承受各种荷载作用。本试验研究了荷载-氯盐-冻融循环复合作用下高性能混凝土抗压强度和抗折强度的演变规律,分析了弯曲荷载应力比、矿物掺合料(粉煤灰、磨细矿渣)及引气剂等因素对混凝土力学性能的影响。

8.2.1 混凝土原材料及配合比

试验选用 C50 混凝土,原材料与配合比分别参见第 4.2 节和第 6.2 节。

8.2.2 试验方法

试验方法依据附录 D"混凝土在荷载-冻融-盐侵蚀下强度演变加速试验方法"。

8.2.3 弯曲荷载应力比对混凝土力学性能的影响

试验选择了三个弯曲荷载应力比——0、0.3、0.5,研究了三组混凝土(包括 C50 基准混凝土、掺有 10% 粉煤灰的 C50F10 混凝土、掺有 15% 磨细矿渣的 C50K15 混凝土)在遭受弯曲荷载-400 次盐冻循环侵蚀作用后的抗压强度和抗折强度,试验结果如图 8-6 所示。

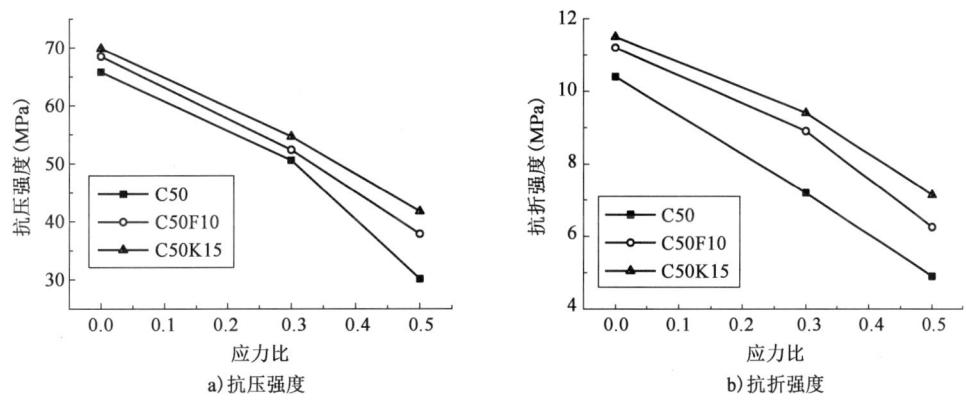

图 8-6 弯曲荷载应力比对混凝土抗压强度和抗折强度的影响

由图可知,随着弯曲荷载应力比的变化,三种混凝土的抗压强度和抗折强度呈现出一致的变化趋势,即随着弯曲荷载率的增加,抗压强度和抗折强度显著降低。分析其原因在于,弯曲荷载率的增加会使混凝土内部裂缝增多,损伤程度增大,同时结构致密度的降低也使得盐溶液冰点升高、加快混凝土的冻融破坏和力学性能的劣化。同时试验过程中也发现,当荷载应力比超过 0.5 后,试件在加载过程中非常容易断裂。因此本研究中荷-氯盐-冻融循环加速试验方法采用荷载应力比为 0.5,以加速混凝土的劣化过程。

8.2.4 矿物掺合料对混凝土力学性能的影响

试验选取了粉煤灰和磨细矿渣两种桥梁工程中常用的矿物掺合料,其中粉煤灰掺量 10%、20%,磨细矿渣掺量 15%、25%。研究了荷载水平 0.5、荷载-氯盐-冻融循环复合侵蚀环境下矿物掺合料对混凝土抗压强度和抗折强度演变规律的影响,试验结果如图 8-7 所示。

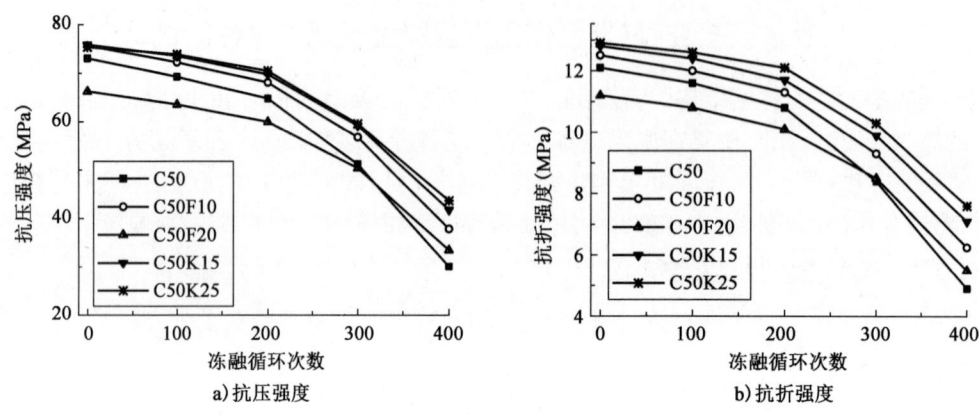

图8-7 矿物掺合料对混凝土抗压强度和抗折强度的影响

由图可知,与纯水泥混凝土相比,矿物掺合料的掺入减小了荷载-400次盐冻循环复合作用下混凝土抗压强度和抗折强度的损伤,且随矿物掺合料掺量的增加,混凝土强度损伤减小,特别是掺入磨细矿渣的混凝土,其强度损伤幅度最小。分析其原因在于,矿物掺合料掺入胶凝材料中,由于火山灰反应,会消耗部分氢氧化钙,密实混凝土微结构;同时改善界面过渡区氢氧化钙的择优取向,细化晶粒尺寸。这对于提高混凝土强度,特别是抗拉强度非常重要。

8.2.5 引气剂对混凝土力学性能的影响

试验研究了荷载应力比0.5、荷载-氯盐-冻融循环复合侵蚀环境下引气剂对混凝土抗压强度和抗折强度演变规律的影响,结果见图8-8。由图可知,与未掺引气剂的C50F20相比,引气剂的掺入由于引入气泡,增加了混凝土内部的孔隙率,显著降低了侵蚀前混凝土的抗压强度和抗折强度。遭受400次荷载-氯盐-冻融循环复合侵蚀之后,含引气剂混凝土的抗压强度和抗折强度损伤幅度有所减小。

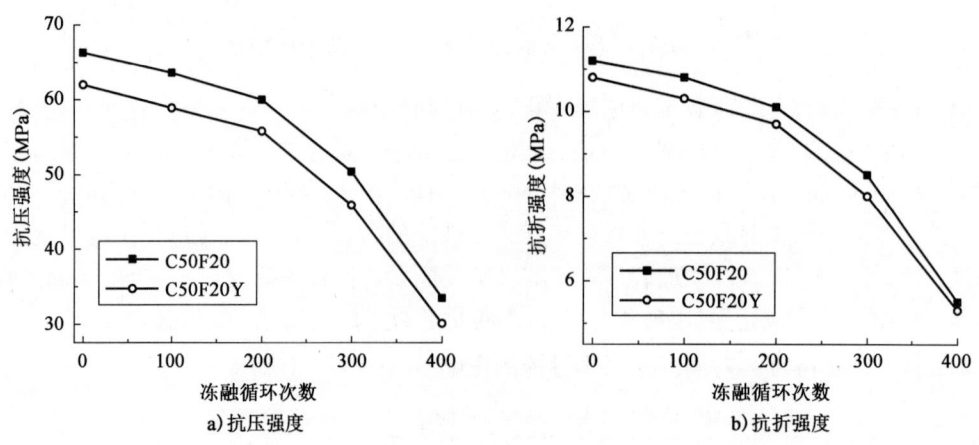

图8-8 引气剂对混凝土抗压强度和抗折强度的影响

8.3 本章小结

本章建立了"混凝土在荷载-干湿循环侵蚀下的长期抗渗性能试验方法"和"混凝土在荷载-冻融-盐侵蚀下强度演变加速试验方法",试验研究了混凝土在荷载与环境复合作用下长期性能,试验结果表明:

①混凝土在荷载与干湿循环复合作用下:干湿循环比全浸泡对混凝土抗渗性能影响程度大;弯曲荷载应力比越大,水胶比越大,混凝土的氯离子渗透深度越大;与纯水泥混凝土相比,矿物掺合料的掺入减小了荷载-干湿循环复合作用下混凝土的氯离子渗透深度;早强剂和引气剂的掺入提高了侵蚀过程中混凝土的氯离子渗透深度值,其中掺有引气剂的混凝土的氯离子渗透深度值最高。

②混凝土在荷载-氯盐-冻融复合作用下:随着弯曲荷载率的增加,混凝土在盐冻环境中抗压强度和抗折强度显著降低;与纯水泥混凝土相比,矿物掺合料的掺入减小了荷载-盐冻循环复合作用下混凝土抗压强度和抗折强度的损伤,且随矿物掺合料掺量的增加,混凝土强度损伤减小,特别是掺入磨细矿渣的混凝土,其强度损伤幅度最小;引气剂的掺入由于引入气泡,增加了混凝土内部的孔隙率,显著降低了侵蚀前混凝土的抗压强度和抗折强度。

9 现场环境混凝土结构承载力演变分析

现场进行混凝土长期性能试验周期长、费用高,实现困难,利用室内加速试验可实现混凝土劣化规律性模拟分析。但室内加速试验在介质浓度、作用强度等与现场条件又有所区别,如何将室内加速试验结果合理应用到现场工程中,是迫切需要解决的关键问题。目前,一般通过相似性理论,建立室内加速试验结果与现场使用环境试验结果的相似准则,来预测和分析现场环境下长期性能。

本章以硫酸盐侵蚀环境为例,利用混凝土长期力学性能的室内加速试验结果来模拟分析现场环境桥梁结构承载力长期变化情况。

9.1 现场环境作用模拟相似准则

实际的混凝土劣化是一个长期的过程,通常需要几年甚至几十年的时间。如何将硫酸盐加速侵蚀过程合理等效为实际环境中侵蚀过程,一直是一个没有解决的关键问题。根据环境作用的相似性理论,在加速试验与实际环境下,认为混凝土的劣化速度在环境作用程度方面呈一定的相似关系。如式(9-1)所示。

$$R_S = f(R_J, K) \tag{9-1}$$

式中:R_S——实际环境下混凝土的劣化速度;

R_J——室内加速试验条件下混凝土的劣化速度;

K——环境等效系数。

硫酸盐侵蚀环境是桥梁混凝土结构面临的严酷环境条件。目前一般通过加大硫酸盐溶液浓度的方法来研究混凝土抗硫酸盐侵蚀的能力、长期性能变化及使用寿命。现场硫酸盐侵蚀环境下,混凝土劣化速度与室内加速试验条件下混凝土劣化速度之间关系可表示为式(9-2)。

$$R_S = K \cdot R_J \tag{9-2}$$

等效系数 K 的确定需要大量的现场观测资料。根据国内外已有的相关研究成果,室内干湿循环-硫酸盐侵蚀复合作用加速试验与现场环境侵蚀等效系数可以表示为式(9-3)。

$$K = \alpha \cdot \gamma \tag{9-3}$$

式中:α——干湿循环时间与长期浸泡时间对比值,Atkinson 对干湿循环制度(在 2.1% 硫酸钠溶液中浸泡 16h,然后 54℃下干燥 8h 为一个循环)和长期浸泡制度下混凝土的性能进行了研究,得出等效系数为 8;

γ——试验室与实际环境硫酸盐浓度之比。

本研究中,试验室加速试验采用的硫酸钠溶液浓度为 10%,以现场为强硫酸盐侵蚀环境为例,环境中硫酸盐溶液浓度一般在 0.6% ~ 1.5%,以硫酸盐溶液浓度为 1% 作为计算分析的基础,则试验室与现场环境硫酸盐溶液浓度之比为 10,时间等效系数为 $K = 8 \times 10 = 80$。

那么，试验室干湿循环加速试验1d，相当于实际环境下80d硫酸盐侵蚀作用。

9.2 加速试验与现场结构时变相似性分析

由于混凝土中的水泥等胶凝材料在早龄期持续水化，加速试验条件下的混凝土力学性能变化是胶凝材料水化和硫酸盐侵蚀综合作用的结果。混凝土在硫酸盐作用和一般大气环境中的试验结果见图9-1。

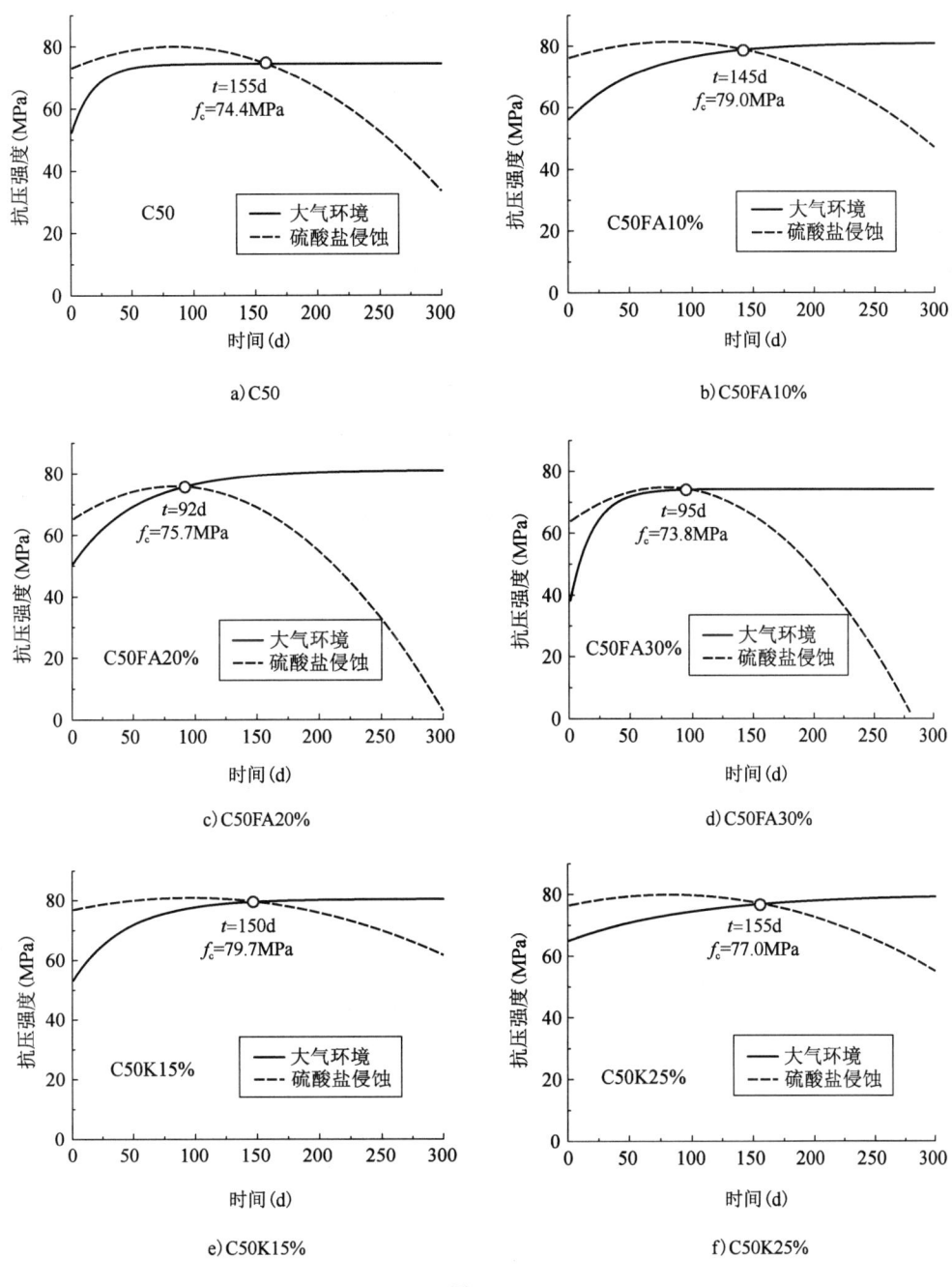

图 9-1

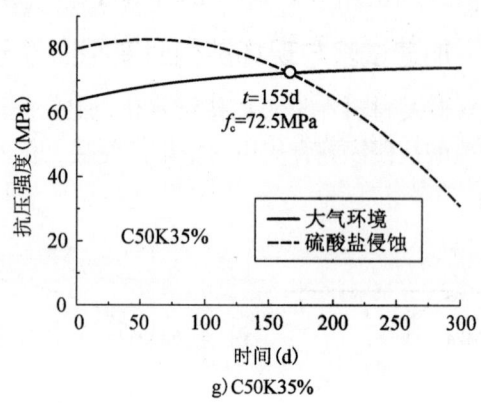

图 9-1 掺矿渣和粉煤灰混凝土大气环境及硫酸盐侵蚀环境下强度发展对比

从图中可以看出,硫酸盐干湿循环条件下混凝土强度早期有所发展。在大气环境条件下混凝土大约需经历 100d,其抗压强度才基本保持为一个恒定的值,水化效应效应减弱。而后,混凝土强度变化则主要是由于硫酸盐侵蚀所导致。单纯以上述理论分析试验室加速试验与现场环境相似性将会导致不合理的试验结果。

本项目针对硫酸盐侵蚀环境提出了作用等效-时间延伸的时变相似性处理方法,可表示为式(9-4)。

$$f_{cd}(t) = f_c(t) - \Delta f(t/K) \tag{9-4}$$

式中:$f_{cd}(t)$——结构混凝土在实际条件下的强度时变规律;

$f_c(t)$——混凝土在加速试验条件下的强度时变规律。

由于混凝土耐久性而导致的混凝土结构强度变化是一个漫长的过程,在本项目分析中,以 150d 作为混凝土结构承载能力变化的起点。将混凝土在大气环境下的抗压强度减去干湿循环-硫酸盐侵蚀作用下的抗压强度作为对应侵蚀年限的抗压强度折减值,从而可以将室内循环加速试验与现场实际环境侵蚀联系起来。根据上式得到的掺矿渣和粉煤灰的混凝土在实际环境下的强度劣化规律如图 9-2 所示。

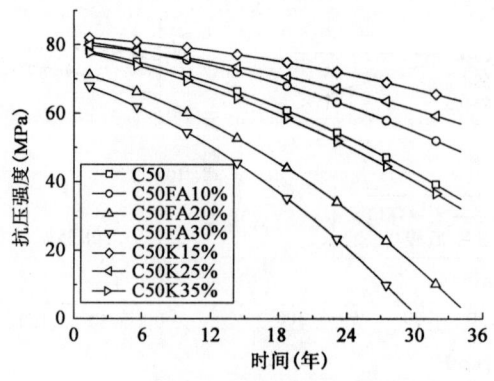

图 9-2 掺矿物掺合料和粉煤灰混凝土抗压强度劣化情况

9.3 混凝土箱梁承载力长期演变分析

以 16m 预应力混凝土箱梁为例,根据《公路钢筋混凝土及预应力混凝土桥涵设计规范》(JTG D62—2004)给出的抗弯承载力计算方法,可以得到 16m 预应力混凝土箱梁跨中截面抗弯承载力计算方法如图 9-3 所示。

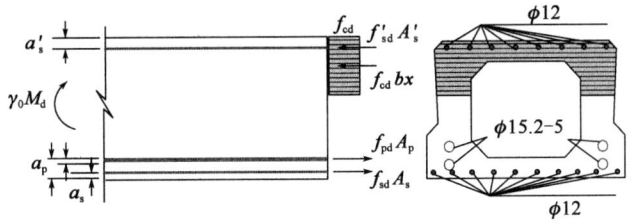

图 9-3 预应力混凝土箱梁截面抗弯承载力计算

受压区高度如式(9-5)所示。

$$x = \frac{f_{sd}A_s + f_{pd}A_p - f'_{sd}A'_s}{f_{cd}} \tag{9-5}$$

截面抗弯承载力如式(9-6)所示。

$$M_u = f_{cd}\left[A_{cx}\left(h_0 - \frac{x}{2}\right)\right] + f'_{sd}A'_s(h_0 - a'_s) \tag{9-6}$$

式中:h_0——截面有效高度。

将式(9-5)代入式(9-6),即可得到预应力混凝土箱梁截面抗弯承载力计算方法。如式(9-7)所示。

$$M_u = f_{cd}\left[A_{cx}\left(h_0 - \frac{f_{sd}A_s + f_{pd}A_p - f'_{sd}A'_s}{2f_{cd}}\right)\right] + f'_{sd}A'_s(h_0 - a'_s) \tag{9-7}$$

如考虑混凝土抗压强度在实际环境下随时间劣化情况,则需将混凝土强度随时间劣化规律引入式(9-7),即可得到预应力混凝土箱梁截面抗弯承载力随时间劣化情况,如式(9-8)所示。

$$M_u = f_{cd}(t)\left[A_{cx}(t)\left(h_0 - \frac{f_{sd}A_s + f_{pd}A_p - f'_{sd}A'_s}{2f_{cd}(t)}\right)\right] + f'_{sd}A'_s(h_0 - a'_s) \tag{9-8}$$

将式(9-7)给出的混凝土抗压强度随时间劣化规律代入式(9-8),则可以得到不同类别预应力混凝土箱梁截面抗弯承载力随时间劣化情况如图 9-4 所示,将抗弯承载力进行归一化,得到结构承载力折减百分比随时间变化情况如图 9-5 所示。

根据本文算例,混凝土箱梁在实际环境下强度折减情况如表 9-1 所示。

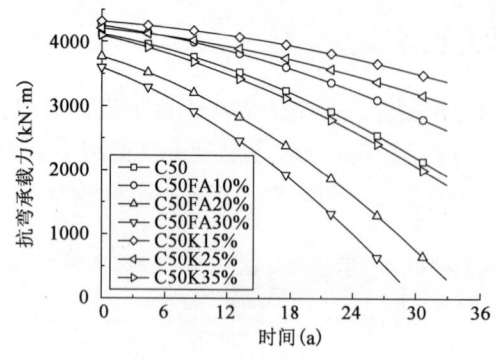
图 9-4 掺粉煤灰混凝土箱梁抗弯承载力劣化情况

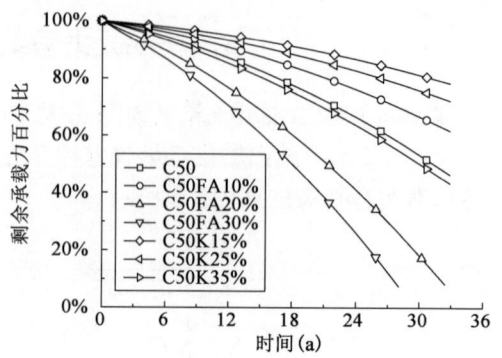
图 9-5 掺矿物掺合料混凝土箱梁抗弯承载力劣化情况

将表 9-1 中对应不同承载力损失百分比情况绘制不同掺量混凝土在硫酸盐侵蚀条件下的预测时间年限对比情况如图 9-6 所示。

不同组分混凝土承载力随时间演变规律情况（单位：年） 表 9-1

混凝土组分	承载力丧失百分比		
	10%	20%	30%
C50	9	16	22
C50FA10%	11	20	28
C50FA20%	6	10	15
C50FA30%	4	8	11
C50K15%	20	30	40
C50K25%	15	26	35
C50K35%	8	15	19

从图表中可以看出，矿物掺合料对混凝土强度和结构承载力的影响与粉煤灰和矿渣的掺量相关。粉煤灰掺量 10% 有利于改善混凝土结构抵抗硫酸盐侵蚀能力，以结构承载能力降低 20% 为例，普通混凝土结构承载能力要经历 16 年，而掺量为 10% 的粉煤灰混凝土需要 20 年，使用年限延长幅度为 125%；而掺量在 20%、30% 的情况下，其年限分别为 10 年和 8 年，大幅度缩减了使用寿命。对于掺矿粉的混凝土结构，在掺量为 15%~25% 时，使用寿命分别为 30 年和 26 年，延长幅度分别为 188%~162%，随着矿粉掺量的增加，延长幅度降低，甚至小于普通混凝土的使用寿命，如掺量在 35% 时，使用寿命反而减少 1 年。由此可以看出，对于矿物掺合料的使用，需要根据实际使用的材料通过试验进行确定，不同的矿物掺合料和不同的掺量，对于结构抗硫酸盐侵蚀的长期性能具有不同的影响。在本项目试验条件下，掺 15%~25% 的矿渣最优，掺 10% 的粉煤灰次之，掺 20%~30% 的粉煤灰、35% 的矿渣最差，其长期承载性能低于普通混凝土结构。

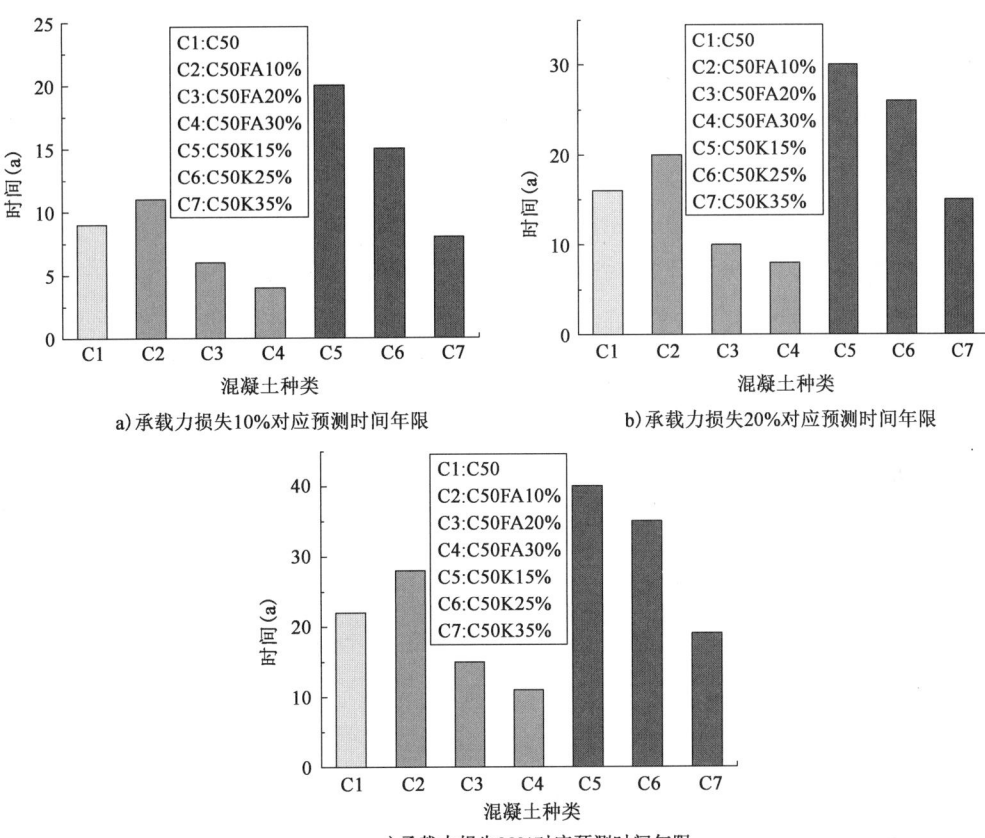

图 9-6 不同种类混凝土对应不同承载力损失百分比预测时间年限对比情况

第3篇

徐变特性

10 混凝土徐变概论

混凝土的长期变形性能主要是指混凝土的收缩徐变。收缩徐变是混凝土的时变特性,随着时间的推移而不断变化。所谓徐变是指在持续荷载作用下,混凝土结构的变形将随时间不断增加的现象,一般徐变变形比瞬时弹性变形大 1~3 倍,而徐变应变则是在持续应力作用下而产生的。徐变分为两种:基本徐变和干燥徐变。基本徐变是在无水分变化的情况下而产生的,而干燥徐变则伴随着构件含水率的变化而产生。混凝土的徐变显著地取决于加载龄期和含水率,受水泥水化进程的影响,在常应力作用下随着时间的推移,构件中的应变会大幅地增加,这一过程不仅限于早龄期混凝土,而且发生在构件的整个使用期。混凝土构件在荷载作用下,如果保持变形为常量,则结构应力将随着时间而逐渐减小,这种现象称之为应力松弛,它是由混凝土的徐变特性所引起的。

国内外的调研资料表明,混凝土收缩徐变已成为混凝土桥梁设计施工中十分棘手而又不容回避的问题。国内外不乏因混凝土的收缩和徐变影响结构使用乃至造成工程事故的例子。例如,国内某主跨 245m 的连续刚构桥,跨中严重下挠,最大达 32cm,并伴随出现大量斜裂缝;某主跨 270m 的大桥,截至 2002 年 10 月,已下挠了 17cm。在国外,欧洲混凝土协会(CEB)调查了 27 座混凝土悬臂桥(跨度从 53~195m)的变形资料,有些桥梁在建造完成 8~10 年后挠度仍有明显增长趋势,甚至有两座桥的挠度从建成起到最后报告测量时间(分别是建成后的 16 年和 20 年)一直在以相同的变形速度增加。英国的 Kingston 桥是一座跨度为(62.5 + 143.3 + 62.5)m 的预应力混凝土箱梁桥,主跨中央带铰,1970 年建成后跨中挠度缓慢加大,至今已经超过 30cm。美国 1978 年采用悬臂拼装法建成的 Parrots 渡桥是当时净跨最长的预应力轻集料混凝土连续刚构桥,该桥在使用 12 年后,195m 的主跨跨中下垂了约 63.5cm。这些桥的变形过大都直接或者间接与徐变相关,因此,正确认识混凝土的徐变特性对保证混凝土桥梁结构安全和耐久性有至关重要的作用。随着混凝土外加剂和掺和料种类的丰富以及桥梁结构和服役环境的多样化,混凝土在不同外加剂、掺和料和侵蚀环境下的徐变特性也亟待研究。

10.1 影响混凝土收缩徐变的主要因素

影响混凝土收缩徐变的因素很多,归纳起来可分为内部和外部因素两部分。内部因素主要是指混凝土的组成材料及其性质、配合比;外部因素则是指加载龄期、加载应力比(加载应力与混凝土强度之比)、持荷时间、环境因素(相对湿度和温度)、结构尺寸效应等。大部分因素对收缩和徐变共同起着作用,需要指出的是加载历史、荷载性质这些荷载条件与收缩无关,因为即使在零应力状态下,收缩应变也会发生。鉴于这些因素中,如水泥性质、集料特性、加载龄期等的影响在许多文献中都有较为明确的研究,本文着重阐述以前对混凝土收缩徐变较少研究的,而又与大跨度桥梁设计分析紧密相关的因素。

(1)活性掺合料、外加剂对收缩徐变的影响

在高墩大跨桥梁中,早龄混凝土的收缩徐变扮演着重要的角色。大跨度桥梁结构普遍向轻型化发展,其上部结构常采用高强混凝土(HSC)及轻集料混凝土。这些混凝土水灰比较低、坍落度较小,为保证其早强及施工的和易性,常加入减水剂、早强剂等化学外加剂,以及硅灰(SF)、粒化高炉矿渣(GGBS)到普通硅酸盐水泥(OPC)中。布柳河大桥的工地试验表明:掺合料对混凝土的后期弹性模量及抗压强度没有明显影响,但很大程度上影响着其徐变和收缩特性。对于为提高强度而掺入的外加剂,其收缩徐变减少近20%。在外界环境条件下,掺入SF可以有效地减少压应力徐变,但掺入GGBS则可大幅减少拉应力徐变。掺入SF、GGBS中一类或两者均掺入的混凝土,具有较低的干燥收缩,但由于火山灰效应的影响增大了混凝土的自生收缩。特别需要指出的是,对于较低水灰比且掺入活性掺合料的高强混凝土,自生收缩在混凝土收缩中占的比重很大,此时仅仅计入干燥收缩会导致较大的误差。

(2)外界的温湿环境对收缩徐变的影响

外界的温度对混凝土收缩徐变的影响是较为复杂的,一方面,高温加快了混凝土内水分的散失,减小了流变材料的黏性,使得徐变增大;另一方面,对于早龄混凝土,高温又加快了水泥的水化进程,使其倾向于减少徐变,但温度对混凝土收缩的影响不大。CEB70(欧洲混凝土委员会)对于温度的影响,以20℃外界温度为基准,采用计算早期混凝土的熟化度(Maturity)以修正计算龄期t,表达如式(10-1)所示。

$$M = \sum_0^{t_0} (T+10) \Delta t_0, t = \frac{\alpha}{30} M \tag{10-1}$$

式中:T——在时间间隔Δt_0中的平均温度;

t_0——加载龄期。

我国的《公路钢筋混凝土及预应力混凝土桥涵设计规范》(JTG 3362—2018)对于温度的修正也采用了上述形式。CEB70仅考虑了温度对加载前期,水泥硬化的影响,而并未考虑加载后温度的影响。有学者对BP-KX徐变模型进行了精练,提出并量化了温度对基本徐变和干燥徐变影响的计算模型。

一般认为,随着温度的升高,比徐变加大,温度在20~90℃之间时以50℃的比徐变最大,但也有文献认为70℃时的比徐变最大,随后又开始下降。混凝土的收缩徐变对湿度变化最为敏感,空气中相对湿度越大,水泥水分的散失就越小,水泥水化则相对充分,收缩和徐变就越小。大量的试验表明:外界周期性的温湿交替循环,对收缩的影响不大,但与平均的温湿环境相比,徐变变形会增大。

(3)构件的损伤(damage/defects)对收缩徐变的影响

在高应力条件下,构件截面上会产生微裂缝,以及由于沿着构件横截面的不均匀收缩,使得在构件截面上存在应变软化及刚度退化现象。构件截面微裂缝的出现,减少了混凝土的收缩应变,但却显著地增加了徐变,使得徐变与应力之间呈现出非线性关系。

(4)截面配筋对混凝土收缩徐变的影响

大跨度预应力连续刚构桥梁结构由于在其施工期及运营期内力分布截然不同,除了在截面上施加预应力外,还布置着大量的普通受力钢筋,这些钢筋的分布对混凝土的变形起着

相当大的约束作用,同时引起了截面上的应力重分布。长沙理工大学所做的混凝土长期徐变试验表明,钢筋含量是影响徐变的一个不可忽视的因素。梁体中钢筋对混凝土收缩徐变影响不是一个常量,而与混凝土的强度分级及弹性模量有关。但迄今为止,大多数的收缩徐变试验都没有考虑配筋的影响,应用于结构分析时为简化计算,一般也忽略普通钢筋的影响,这势必会带来误差。

(5)不同应力状态对混凝土收缩徐变的影响

对于有限预应力或部分预应力混凝土构件,截面上的混凝土会出现不同程度的拉应力。众所周知,混凝土的抗拉强度仅为其抗压强度的十分之一左右,处于负弯矩区的混凝土在拉应力徐变的作用下,极有可能加重受拉区混凝土的开裂,使得梁截面中性轴偏移,进而减小构件的安全储备。目前,对混凝土拉伸徐变的研究很少,国内外的徐变预测模式及其理论均是建立在压应力徐变基础上的线性理论,由于混凝土的拉伸徐变与压缩徐变存在明显的差异,因此在有限元分析中,把拉伸徐变与压缩徐变等同考虑会带来较大的误差。对于部分桥梁,由于在施工期及运营期结构受力截然不同,同一梁截面在不同施工阶段可能会出现不同的拉压应力状态,故对拉伸徐变的研究是十分必要且有意义的。

影响混凝土拉伸徐变的因素与压缩徐变的影响大致相同。在相同的加载龄期及荷载作用下,拉伸徐变要比压缩徐变大的多。特别是对于短期受载的构件,拉压徐变比就更大。在混凝土拌制过程中,加入适量的矿物掺合料,会不同程度地降低拉伸及压缩徐变系数。在常温常压的施工环境下,拉伸徐变在前120d左右都会呈现出较快的增长,而在密封保湿的试验环境下,拉伸徐变在前30d左右增长迅速,而在30d以后增长较为平稳。目前,对混凝土拉伸徐变系数的计算,不是从徐变机理出发而引出一系列公式来求解,而是采用拉压徐变的关系表示。

(6)混凝土收缩徐变的表示方法

混凝土的收缩应变一般表达为收缩应变终值(名义收缩系数)与时间函数的乘积,如式(10-2)所示。

$$\varepsilon_s(t, t_0) = \varepsilon_{s\infty} \cdot \beta_s(t - t_0) \tag{10-2}$$

式中:$\varepsilon_{s\infty}$——收缩应变终值;

β_s——随时间发展的系数;

t_0——干燥龄期;

t——计算龄期。

混凝土的徐变是指混凝土中应力保持不变的情况下应变随时间增长的现象,一般采用徐变系数、徐变度(比徐变)、徐变率、徐变函数(徐变柔度)来表示。

徐变系数是指混凝土在τ时刻加载,到t时刻所发生的徐变变形与瞬时弹性变形的比值,采用符号$\varphi(t,\tau)$表示。变形可以是应变、应力、转角等,常用应变来表示,即式(10-3)。

$$\varphi(t,\tau) = \frac{\varepsilon_c(t,\tau)}{\varepsilon_e(\tau)} \tag{10-3}$$

式中:$\varepsilon_c(t,\tau)$——加载龄期为τ的构件,在计算龄期t时刻的徐变变形;

$\varepsilon_e(\tau)$——加载初期的弹性变形。

目前国际上对徐变有两种不同的定义,一种如式(10-4)所示。

$$\varepsilon_c(t,\tau) = \frac{\sigma(\tau)}{E_{28}}\varphi(t,\tau) \tag{10-4}$$

式中：$\sigma(\tau)$——τ 时刻的应力；

E_{28}——28d 的混凝土弹性模量。

国际预应力协会-欧洲混凝土委员会的 CEB-FIP 系列模型、英国的 BS 模型及 Gardner&Lockman 等人提出的 GL2000 模型均采用式(10-4)。徐变表达的另一种方式如式(10-5)所示。

$$\varepsilon_c(t,\tau) = \frac{\sigma(\tau)}{E(\tau)}\varphi(t,\tau) \tag{10-5}$$

式中：$E(\tau)$——混凝土在加载龄期 τ 时刻的弹性模量。

美国混凝土协会的 ACI209 系列模型、国际材料与结构研究试验室联合会的 RILEM B3 模型采用了式(10-5)来定义。

徐变度(specific creep)是指在单位应力作用下，τ 时刻加载的构件，在计算龄期 t 时刻所产生的徐变应变，用符号 $C(t,\tau)$ 表示。徐变度与徐变系数的关系如式(10-6)所示。

$$C(t,\tau) = \varphi(t,\tau) \cdot \frac{1}{E(\tau')} \tag{10-6}$$

式中：$E(\tau')$——τ' 时刻混凝土的弹性模量，对于徐变系数的第一种表达，τ' 取 28d，对第二种表达，τ' 取加载龄期 τ。

一般来说，混凝土的徐变在加载后一年达到总徐变变形的 70% 以上，三年渐趋于稳定，一般在 15~20 年达到极限，但新近提出的模型，如：RILEM B3(1995)模型、GL2000 模型等均认为徐变的发展没有极限，而是在后期徐变系数——时间曲线表现为渐近曲线。徐变率(creep ratio)是指，以极限徐变变形为基准(一般取 20 年的徐变终值)来描述徐变随时间发展的情况。国外一些学者研究认为，假如以 20 年的徐变定为 1，徐变随时间变化的情况，见表 10-1。

混凝土的徐变率随持荷时间的变化　　　　　表 10-1

持荷时间	14d	20d	90d	180d	1 年	20 年
徐变率	0.126	0.33	0.55	0.66	0.76	1

徐变函数(Creep Compliance Function)是指在单位应力作用下，在 τ 时刻加载的混凝土构件所产生的瞬时弹性应变与计算龄期 t 时刻的徐变应变之和，用符号 $J(t,\tau)$ 表示，如式(10-7)所示。

$$J(t,\tau) = \frac{1}{E_c(\tau)} + \frac{\varphi(t,\tau)}{E_c(t)} \tag{10-7}$$

现代施工技术的发展使得钢筋混凝土桥梁结构工程能够快速地施工，钢筋混凝土受力构件在施工期的内力，可能等同于或大于结构的成桥受力(如大跨高墩连续刚构桥在边跨合龙前的悬臂状态)。由于混凝土裂缝的出现及其较低的早龄弹性模量，这些结构(构件)在施工期荷载的作用下会产生较大的瞬时挠度，同时由于收缩及伴随着高强应力而发生的徐变，结构的时效变形可能会大得不可接受。因此，在结构设计中，收缩和徐变的影响是一个不可忽视的重要因素。

10.1.1 基本徐变

基本徐变只依赖于材料特性,与构件尺寸和外界环境没有关系。一般情况下,加载过程并不是瞬间完成的,所以所谓的"瞬时应变"是由弹性应变和早期徐变构成的,因此,真正测量基本徐变是不可能的。而且,由于弹性模量随着水化过程的进行而升高,实际弹性应变会不断减小。所以,作为无湿度交换条件下总应变与弹性应变之差的基本徐变并不容易准确测出。但在实际中,总应变更多地被关注,基本徐变的不准确并不会过多的影响工程应用。

10.1.2 干燥徐变

干燥徐变也叫 Pickett 效应,不仅与材料特性有关,还受环境条件(湿度、温度等)和构件尺寸影响。从图 10-1 中可以看出,从总应变中减去弹性应变、基本徐变和收缩即可得到干燥徐变。徐变随时间增长,最终的徐变值将会增长到最初弹性应变的 2 至 6 倍。但是在干燥条件下的徐变超过干燥收缩应变和密封试件徐变值的总和,这种现象称为干燥徐变(或 Pickett effect)。干燥徐变表现了一种应变含水率和微观尺度下流体力学相耦合作用的结果。混凝土中渗透进水分会引起膨胀(一般远远小于干燥收缩)或者如果是已经干燥的混凝土则水分渗透会引起一定的收缩恢复。

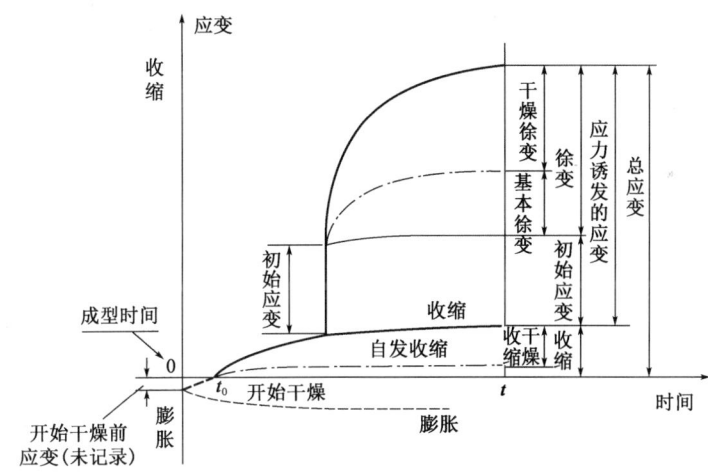

图 10-1 混凝土中各种可测应变和由可测应变导出的应变之间的关系

10.2 混凝土徐变理论

目前,热化力学模型(Thermal Chemical Mechanical Model)建立在连续损伤力学理论基础上,较好地解释了早龄混凝土的短期徐变行为;Z. P. Bazant 的固化理论(Solidification Theory)以及微预应力固化理论(Micro-prestress Solidification Theory)较好地论证了混凝土的长期徐变行为机理。另外,还有欧洲模式规范 CEB-FIP MC1990 和美国 ACI209 等混凝土徐变计算分析模型。中国规范目前借鉴的是 CEB-FIP MC1990 模型。

10.2.1 微预应力固结理论

微预应力固结理论是 Bazant 教授于 1997 年提出来的理论。该理论是在 1989 年固结理论的基础上改进得来的。Bazant 教授又于 2004 年基于微预应力固结理论建立了用于分析计算温度作用下混凝土的徐变的模型。

(1) 固结理论

混凝土的水化过程一般称之为老化。老化对混凝土徐变的影响很大,使得混凝土在持续应力作用下,徐变随持荷时间的增长而明显减少。这种现象不只存在于早期的混凝土中,在结构的整个使用期间都会存在。而如何用数学模型描述老化现象是一个非常复杂的问题。Bazant 在对大量试验现象进行观察并对试验数据总结的基础上,提出了一个基于基本数学模型的新型理论——固结理论,该理论的物理基础是老化过程的微观机理。其原理就是将老化过程表示成非老化物质体积增加的过程,将主导徐变的黏弹性应变和黏性应变分别用各自相应的体积函数表示,具体推导过程如下。

混凝土总的应变可以分解为如式(10-8)所示。

$$\varepsilon = \frac{\sigma}{E_0} + \varepsilon^v + \varepsilon^f + \varepsilon^0 \tag{10-8}$$

式中:σ——混凝土应力;

E_0——弹性模量;

$\frac{\sigma}{E_0}$——弹性应变;

ε^v——黏弹性应变;

ε^f——流动应变(流变应变);

ε^0——由收缩开裂或温度引起的附加应变。

式(10-8)中弹性应变、黏弹性应变、流动应变、附加应变如图 10-2 所示。

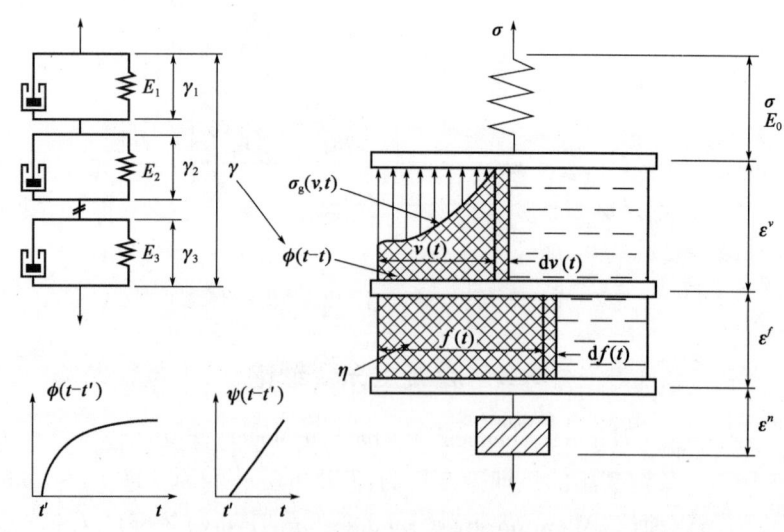

图 10-2　混凝土内部水泥浆固结过程微观机理

弹性应变 σ/E_0 表示混凝土中矿物质集料部分以及硬化水泥凝胶体微观弹性颗粒的变形。由于其物理—化学本质,所有微观组成部分的弹性性质是不会老化的,即不会随着时间的增长而变大。

黏弹性应变 ε^v 和流动应变 ε^f 表示水泥凝胶体的迟滞弹性和流动性。v、f 分别表示 ε^v、

ε^f 各自的固结物质体积,这些固结物质共同承担外力、抵抗变形。老化即被描述成固结物质体积 v 和 f 体积增长的过程。由于老化是时间的函数,所以固结物质体积也可以分别表示成 $v(t)$ 和 $f(t)$。这么一来,复杂的化学过程被简化为固结物质体积增长的物理过程。

在时刻 τ 假定厚度为 $\mathrm{d}v(\tau)$ 的一层物质发生固结,并且与原有固结物质结合在一起。对于此模型的假设是:认为在任何时刻固结的体积元素 $\mathrm{d}v(\tau)$ 都对应了相同的应变,也就是说耦连在模型中的所有体积元素都是平行的关系。根据图 10-2 所示,对于所有 $t>0$,有平衡关系如式(10-9)所示。

$$\int_{\tau=0}^{t} \sigma_{\mathrm{g}}[v(\tau),t]\mathrm{d}v(\tau) = \sigma(t) \tag{10-9}$$

在微观结构下的固结物质被认为是非老化、线性黏弹性的物质。因此,应力—应变关系有如式(10-10)所示。

$$\varepsilon^v(t) - \varepsilon^v(\tau) = \int_0^t \Phi(t-t')\sigma_{\mathrm{g}}[v(\tau),\mathrm{d}t'] \tag{10-10}$$

式中:$\varepsilon^v(t) - \varepsilon^v(\tau)$——黏弹性应变,由 τ 时刻固结的物质所产生;

$\Phi(t-t')$——固结物质微观徐变柔量函数,其代表了在时刻 τ 作用的单位应力 ($\sigma_{\mathrm{g}}=1$),到 t 时刻产生的徐变应变,根据我们的假设,在微观结构上固结物质并没有发生老化,$\Phi(t-t')$ 仅是单一变量持荷时间 $(t-\tau)$ 的函数;

$\sigma_{\mathrm{g}}[v(\tau),\mathrm{d}t']$——表示当时间变化了 $\mathrm{d}t'$ 时,σ_{g} 的改变量,并且假定:当 $t'<\tau$ 时,$\sigma_{\mathrm{g}}[v(\tau),\mathrm{d}t']=0$,如果 σ_{g} 函数是可微的,则有 $\sigma_{\mathrm{g}}[v(\tau),\mathrm{d}t']=[\partial\sigma_{\mathrm{g}}v(v,t')/\partial t']\mathrm{d}t'$。

以上以黏弹性应变 ε^v 为例,推导了其应力—应变和体积函数之间的关系。黏性部分可作类似推导,最终即可表示基于固结理论的徐变模型。

(2)微预应力固结理论

可以看出,固结理论合理的解释了短期老化现象。但是,还有三个无法合理解释的复杂现象。通过这三个现象的描述,可以看出将微预应力与固结理论结合是很有必要的,并且也是有实际意义的。

①混凝土的老化。

混凝土的老化可以通过持荷时间越长,混凝土徐变明显越小的现象来说明。持荷时间越长的混凝土越成熟、老化越明显、强度越高。混凝土的老化主要分为两种类型:

a. 短期的化学老化。短期的化学老化是由于在缓慢地水泥水化过程中产生新的固体物质并且堆积在毛细管壁上造成的。实际上在室温下,新物质产生的过程时间仅仅在一年左右,也就是说短期的化学老化大约一年后停止。

b. 长期的非化学老化。长期的非化学老化是指当水泥水化过程基本结束几年后,混凝土在持荷状态下徐变的衰减量仍然没有减弱。

这两个矛盾的现象是以前的混凝土徐变理论所不能解释的,单纯地用固结理论无法说明第二种现象。只有将固结理论和微预应力理论结合起来才可以合理地解释。前者的过程是一个固结过程,而后者在微观上是应力松弛的过程。

②干燥徐变效应。

干燥徐变效应亦可以被称作由于应力引起的收缩,或者叫作 pickett 效应。干燥徐变效应只是一个瞬时效应。因为在实际干燥过程中,干燥徐变比基本徐变(在饱和度为100%下的徐变)要大得多,但是干燥结束后,其比基本徐变要小得多(当达到热力学平衡后,环境湿度会随之减小)。干燥徐变的物理本质现在可以通过引进两个不同的机理得到解释:

a. 表面机理。表面机理可以解释成由于微裂纹或者应力软化所引起的表面附加徐变。从本构模型的角度分析,微裂纹以及应力软化这两个原因是等效的。而不同湿度下的徐变,通常是通过加荷试件以及它的对比收缩试件的差值来定义的。

b. 真实机理。水化硅酸钙由于黏结的破坏和重组,剪切滑移的速度会由于作用于该滑移平面上的压缩微预应力的减小(或增大)而减小(或者增大);由于干燥作用,孔隙水的化学能(单位质量的基普斯自由能)将发生改变,应力也发生改变。

③热徐变。

热徐变表示在加热和冷却时由于温度的改变造成徐变的瞬间增长。拿冷却来说,当在持续低温状态下,比起最终的徐变来说,瞬时的徐变增加是一个相反的迹象。就像徐变干燥效应一样,热徐变也有两个相似的机理:

a. 表面机理。表面上的宏观机理,由于热引起的微裂纹并且类似于干燥徐变。

b. 纳观机理。纳米级微观结构反应机理,当温度改变时,纳米孔隙内的水发生化学能变化造成在微预应力水平上的改变。

干燥徐变和热徐变的表面机理都是在宏观水平上考虑整个结构或者构件(在厘米或者米的量级上),混凝土短期老化机理是在毛细孔水平上(在微米量级),而混凝土长期老化以及干燥徐变和热徐变的真实机理都是在水化硅酸钙中纳米孔隙范围考虑的(在纳米量级)。

混凝土长期老化和短期老化机理最初是分开定义的。在后来的研究中,混凝土长期老化和干燥徐变的微观机理都可以用一个相同的基于微预应力松弛的物理机理来解释。微预应力松弛理论建立于固结的纳米结构的水泥凝胶体上,通过在水化过程中不同化学成分微观化学体积的改变或者在孔隙水(蒸汽水、毛细管水、吸附水、被阻碍的吸附水)四相的化学能(单位质量的基普斯自由能)不平衡来解释。在描述了三个现象之后,可以看出除了基于固结理论外,利用微预应力理论解释徐变是很有必要而且可行的。图10-3是微观状态下硬化水泥浆的形态。因为无论是基于什么样的机理之下,混凝土内部水分的迁移对于混凝土徐变来说都是至关重要的。

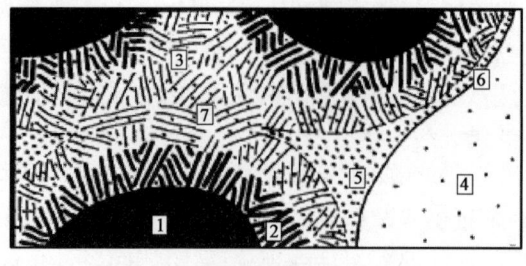

图10-3 硬化水泥浆体的理想微结构

1-无水水泥;2-水泥凝胶体(内部产物);3-水泥凝胶体(外部产物);4-富含水蒸气的空气;5-毛细管水;6-自由吸附水;7-阻碍吸附层水

由图可以看出,在硬化的水泥浆体内部存在着多种孔隙水。不同种类的孔隙水对于混凝土的徐变有着不同的作用。在整个微结构中,毛细管水压力以及吸附水压力主导着整个应力水平,这种压力远远大于外界所施加荷载的压力。导致在水泥凝胶体内部的微孔隙中产生了分离压力和微预应力 S,如图10-4所示。

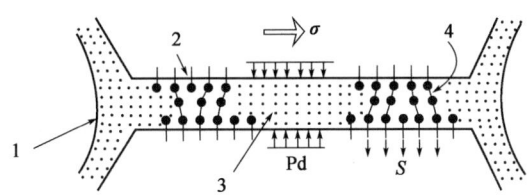

图10-4 水泥凝胶体中的微孔结构
1-新月状的毛细管;2-准黏结破坏;3-阻碍吸附水层;4-横向黏结

在微观上,混凝土的徐变的本质原因是剪切面上的剪切滑移所造成的。当存在于微结构体系中的徐变场处于高应力状态下时,便会产生剪切滑移,而与之产生的微预应力 S 在实际刻画混凝土的徐变模型中起到了非常重要的作用。这些徐变场大量存在于微结构中,其主要作用是释放应力、产生徐变,而且随着时间的推移徐变场的数量会越来越少,也就是为什么混凝土的徐变量会随着时间的推移而减小的缘故。微预应力的刻画可以合理解释许多现象,并且从微观上强化了先前的固结理论。

Bazant 教授等人证明了微预应力固结理论的合理性,并且配合了一定的试验。事实上,诸如长期老化、干燥徐变、热徐变等现象,都可以通过一个统一有效的微预应力固结模型来解释。这个新的统一模型,可以用计算机进行数学计算,对于分析许多实际的重要问题,该模型被期望能够提供一个更加实用的手段。

(3)微预应力固结理论计算方法

微预应力固结理论方法是 Bazant 教授于1997年提出的一种计算混凝土徐变的新方法。微预应力固结理论和 B3 模型的理论基础都是混凝土的固结理论。B3 模型中混凝土徐变与混凝土中水泥浆的水化过程有关。但是水泥的水化过程一般在一年后停止,所以 B3 模型对于混凝土长期徐变并不能作出很好的解释,并且对于湿度对徐变的影响考虑不深入。预应力固结理论在固结理论的基础上把微预应力引入到徐变模型中,把混凝土长期徐变和环境因素影响同混凝土微结构中微预应力建立起联系,使得模型不但对于混凝土短期徐变使用,而且对混凝土长期徐变及徐变所受环境影响描述良好。

①微预应力的概念。

混凝土微观结构中微预应力是由于水化反应引起的水化物体积变化以及在阻隔吸附水层(由水化的铝酸盐的晶体片构成,大约10个水分子厚度,约为2.7nm)中的分离压力的变化而产生。水泥胶体的主要成分为水化硅酸三钙($3CaO \cdot 2SiO_3 \cdot 3H_2O$,简写为 $C_3S_2H_3$);水化硅酸钙在胶体中形成片状或针状晶体,这些片状或层状的晶体依靠比较微弱的范德华(Van der Waals)力结合在一起。硬化的普通硅酸盐水泥胶体具有很强亲水性,并且微观结构中许多胶状的微孔,微孔的分布也没有规律(孔隙率大约为0.4~0.55),在这样的多空隙介质材料中,材料的内部表面积很大,大约 $500m^2/cm^3$;在这样的微观结构下,毛细压力和水分的吸附压力决定了微结构中应力的水平,这种应力水平远远超过外部施加荷载所能提供的应力水平。混凝土胶体空隙中的水分吸附层一般达到 10 个水分子厚度后平衡。混凝土硬化水泥浆胶体中许多微空隙的宽度小于 10 个水分子的厚度,水分吸附在这样小的空间内难以充分发展,即水分的吸附作用被阻碍。这样,在空隙中会产生一个横向的压应力。其中,水分吸附层产生一个反向的张力与之平衡。水分吸附层产生的这种反向张力成为分离压。阻隔吸附水层中的分离压处于一种热力学平衡状态,如果混凝土中的相对湿度或者温度改变引起微预应力的变化,那么微预应力和微结构中的化学势能将重新建立平衡。这种作用在混凝土水泥浆微孔壁上的分离压称为微预应力。

混凝土微结构中微预应力的升高或释放会引起水化硅酸盐水化物中化学键的断裂和重组,从而引起微滑移平面上剪切滑移率的增大或减小。化学键在某一位置断裂然后经历一定的剪切滑动会在另一位置重新结合,而不会引起断裂。化学键在微结构中某一位置断裂而在相邻某一位置重新组合的现象是由于含空隙水的硬化水泥胶体是一种亚稳定的材料,并且其界面亲水性强而且粗糙易于结合。Powers 的经典实验证明了这种化学键重新组合的过程。Powers 把水和水泥以及大量钢珠放置在一个容器中然后充分旋转搅拌,这样经过一定的时间,Powers 得到了一些基本水化的水泥胶体粉。然后,Powers 将这些水泥粉放置在一个容器中并加载很小的压力,几天后这些水泥粉完全结合,并且和普通养护的混凝土达到了基本相同的强度。这一实验充分证明了水泥颗粒在充分接触的条件下其之间化学键重新结合的现象。

混凝土干燥徐变和混凝土长期徐变的物理机理可以概括为受到环境湿度或者温度影响,横向作用在微滑移平面上的微预应力的升高或释放造成硅酸盐水泥水化物中化学键的断裂和重组,从而引起微滑移平面上剪切滑移率的增大或减小。

②微预应力固结理论法的计算。

结构在使用荷载条件下,也就是在混凝土强度 50% 的荷载作用下没有出现裂缝时,混凝土徐变和应力表现线性关系。在这种情况下,徐变柔量 $J(t,t')$ 可以较好地描述这种关系。徐变柔量 $J(t,t')$ 定义为加载龄期 t' 时刻,在单位轴向应力 $\sigma = 1$ 作用下引起的应变。随加载龄期 t' 的增长,瞬时应变逐渐变小的现象称作老化。徐变柔量不仅和持荷时间 $t-t'$ 有关而且也和加载龄期 t' 有关。在随时间变化应力 $\sigma(t)$ 作用下,每一个 t' 时刻产生的应力增量 $d\sigma(t')$ 都会产生一个应变增量 $d\varepsilon(t) = J(t,t')d\sigma(t')$。根据 Boltzmann 和 Volterra 叠加原理,可以得到轴向作用下线性黏弹性徐变规律,如式(10-11)所示。

$$\varepsilon(t) = \int_1^t J(t,t')d\sigma(t') + \varepsilon^0(t) \tag{10-11}$$

式中:ε^0——收缩应变 ε_{sh} 和温度引起热胀冷缩的应变 ε_T 以及混凝土中分散的可能存在微小开裂应变 ε_{cr} 之和。

上述积分式是 Stieltjes 积分式,允许不连续或阶越的应力历史 $\sigma(t)$。当预先规定应变历史 $\varepsilon(t)$ 时,上述积分式则变为对应力历史 $\sigma(t)$ 的 Volterra 积分式,此时对于徐变柔量 $J(t,t')$ 的形式不能进行数学解析积分,此时进行数值积分是比较方便的。对于在混凝土龄期为 $\hat{t}(\varepsilon^0 = 0)$ 时施加的初始单位应变 $\varepsilon = 1$ 所对应的 $\sigma(t)$ 的解称作松弛函数 $R(t,\hat{t})$。如式(10-12)所示。

$$R(t,\hat{t}) \approx \frac{0.992}{J(t,\hat{t})} - \frac{0.115\psi}{J(t,t-1day)}$$

$$\psi = \frac{J(\bar{t},\hat{t})}{J(\bar{t},t)} - 1, \bar{t} = \frac{(\hat{t}+t)}{2} \tag{10-12}$$

根据叠加原理并且考虑混凝土各向同性可以得到混凝土三轴应力应变关系剪切柔量和体积柔量分别如式(10-13)和式(10-14)所示。

$$J_G(t,t') = 2(1+\upsilon)J(t,t') \tag{10-13}$$

$$J_K(t,t') = 3(1-2\upsilon)J(t,t') \tag{10-14}$$

式中：υ——泊松比，$\upsilon \approx 0.18$。

在高应力状态下，混凝土徐变表现出非线性性质，但是如果由于分布微裂纹依时性增长而引起的应变如果包含在 $\varepsilon^0(t)$ 中，那么式(10-11)仍然适用。

在持荷时间为0，也就是在 t' 时刻的徐变柔量 $J(t',t') = q_1$ 一般被认为是不随龄期变化的。但是杨氏模量随龄期的增长而增长。如式(10-15)所示。

$$E(t') = \frac{1}{J(t'+\delta,t')} \tag{10-15}$$

式中：δ——$\delta \in (0.0001s, 10min)$。

徐变柔量 $\dot{J}(t,t')$ 的形式可以一般的表示为它的应变率的形式如式(10-16)所示。

$$\dot{J}(t,t') = \upsilon^{-1}(t)\dot{C}_g(\theta) + \frac{1}{\eta_f}$$

$$\upsilon^{-1}(t) = q_2\left(\frac{\lambda_0}{t}\right)^m + q_3$$

$$\dot{C}_g(\theta) = \frac{n\theta^{n-1}}{\lambda_0^n + \theta^n}, \theta = t - t' \tag{10-16}$$

式中：θ——持荷时间；

λ_0——1d；

m——0.5；

n——0.1；

q_2, q_3——常数；

$C_g(\theta)$——和龄期无关的徐变柔量，描述了水泥胶体(不考虑空隙的硬化水泥胶体)的迟滞弹性；

$\upsilon(t)$——单位体积混凝土中所含的胶体体积，随水化反应的进行而增长；

η_f——混凝土塑性应变的有效黏性。

对于密封条件下的混凝土的徐变称作基本徐变。如式(10-17)所示。

$$\frac{1}{\eta_f} = \frac{q_4}{t} \tag{10-17}$$

式中：q_4——常数；这样 $J(t,t')$ 塑性应变项可以简单表达为 $q_4\ln\left(\frac{t}{t'}\right)$。

因此，在轴向单位应力作用下，混凝土的常应变 ε 可以被分解成如式(10-18)的形式。

$$\varepsilon = \varepsilon^i + \varepsilon^v + \varepsilon^f + \varepsilon^0 \tag{10-18}$$

式中：ε^i——瞬时弹性应变；

ε^v——黏弹性应变（与水泥水化过程有关）；

ε^f——纯黏性应变（与混凝土长期徐变及干燥徐变有关）；

ε^0——由于裂缝收缩以及温度变化（热胀冷缩）引起的非弹性应变。

式（10-18）中，ε^i为瞬时弹性应变，与时间无关，故该式求导得出各项应变速率如式（10-19）所示。

$$\dot{\varepsilon} = \dot{\varepsilon}^v + \dot{\varepsilon}^f + \dot{\varepsilon}^0$$

$$\dot{\varepsilon}^v = \frac{\dot{\gamma}(t)}{v(t)} = \frac{\dot{\Phi}(t-t')}{v(t)} = v^{-1}(t)\dot{C}_g(\theta)$$

$$v^{-1}(t) = q_2\left(\frac{\lambda_0}{t}\right)^m + q_3$$

$$\dot{C}_g(\theta) = \frac{n\theta^{n-1}}{\lambda_0^n + \theta^n}, \theta = t - t' \tag{10-19}$$

式中：θ——持荷时间；

λ_0——1d；

m——0.5；

n——0.1；

q_2,q_3——常数；

$\dot{C}_g(\theta)$——和龄期无关的徐变柔量，描述了水泥胶体（不考虑空隙的硬化水泥胶体）的迟滞弹性；

$v(t)$——单位体积混凝土中所含的胶体体积，随水化反应的进行而增长。

式（10-19）中纯黏性应变速率$\dot{\varepsilon}^f$计算如式（10-20）和式（10-21）所示。

$$\dot{\varepsilon}^f = \frac{\sigma(t)}{\eta(S)} = \sigma(t)q_4 S \tag{10-20}$$

$$\dot{S} + c_0 S^2 = -c_1\frac{\dot{h}}{h} \tag{10-21}$$

式中：S——微预应力；

c_0,c_1——经验常数。

这样，模型中在控制混凝土长期徐变和干燥徐变的$\dot{\varepsilon}^f$项中引入了微预应力及温度、湿度效应，使得模型可以考虑长期徐变及混凝土受温度、湿度影响的效应。但是湿度在徐变中同样会对混凝土固结过程产生影响。同样温度效应也会对混凝土固结过程产生影响，同样也会影响混凝土微预应力的变化从而影响混凝土长期徐变的过程。于是Bazant于2001年改进了模型把温度湿度效应通过等效时间方法同时引入到混凝土水化过程及混凝土长期徐变过程中，并且细化了模型参数。使得模型更加合理。

（4）改进的微预应力固结理论模型

①改进的微预应力固结理论。

在轴向应力σ作用下，混凝土的常应变ε可以被分解成如式（10-22）的形式（图10-5）：

$$\varepsilon = \varepsilon^i + \varepsilon^v + \varepsilon^f + \varepsilon^{cr} + \varepsilon^{sh} + \varepsilon^T \tag{10-22}$$

式中：ε^i——瞬时应变；

ε^v——黏弹性应变;

ε^f——纯黏性应变;

ε^{cr}——由于破裂引起的非弹性应变;

ε^{sh}、ε^T——分别由于湿度和温度的变化引起的收缩应变和热应变。

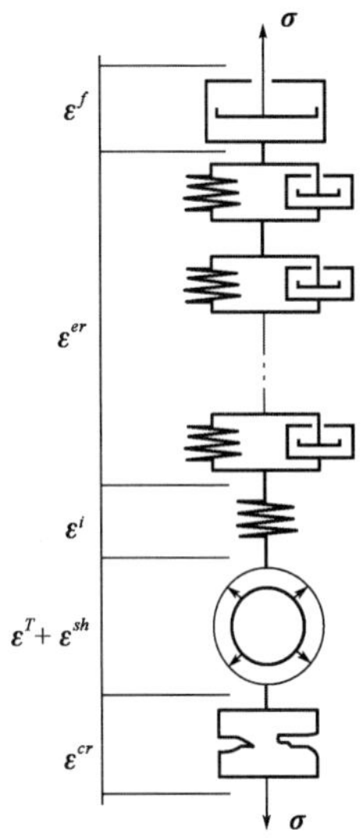

瞬时应变 ε^i 是施加轴向应力 σ 后立即发生的应变,可以写成 $\varepsilon^i = q_1\sigma$ 的形式。在室温 $T = T_0 = 296\text{K}(23℃)$ 下,且湿度条件为 $h = h_0 = 1$ 时,系数 q_1 是与老化无关的。黏弹性应变 ε^v 来源于水化硅酸钙中的固体凝胶体,可以根据固结理论描述,把 ε^v 从促使混凝土长期老化的固结过程中分离出来。如式(10-23)和式(10-24)所示。

$$\dot{\varepsilon}^v(t) = \frac{\dot{\gamma}(t)}{v(t)} \quad (10\text{-}23)$$

$$\gamma(t) = \int_0^t \Phi(t-\tau)\dot{\sigma}(\tau)\mathrm{d}\tau$$

其中:
$$\Phi(t-t') = q_2\ln[1+\xi^n]$$

$$\xi = \frac{t-t'}{\lambda_0}$$

$$v(t)^{-1} = (\lambda/t)^m + \alpha \quad (10\text{-}24)$$

图 10-5 流变学模型

函数 $v(t)$ 描述了混凝土水化过程中固结物质的增长状况。当固定其余参数时,并且 $n = 0.1, \lambda_0 = 1$ 和 $m = 0.5$ 时,模型的自由参数是 q_2(单位为 MPa^{-1})和 α(无量纲);可变的 $\gamma(t)$ 表示水泥凝胶体的黏弹性应变,此部分应变在卸载后可以完全恢复。另外一方面,由于 $v(t)$ 的存在,使得黏弹性变形 ε^v 只能部分恢复。

纯黏性应变(流动应变)$\varepsilon^f(t)$ 是徐变应变中完全不可恢复的一部分应变,且可以用式(10-25)表示。

$$\dot{\varepsilon}^f(t) = \frac{\sigma(t)}{\eta(S)} \quad (10\text{-}25)$$

式中:$\eta(S)$——黏性参数;

S——微预应力。

定义 $\eta(S)$,这个参数被定义成微预应力 S 的幂函数形式,$1/\eta(S) = cbS^{b-1}$。微预应力 S 是一个变量,用来刻画滑移面上的平均常应力,滑移面通过在水泥浆体微观结构中的阻碍吸附水层来描述。微预应力的解可以假设成符合具有非线性黏性的 Maxwell 流变模型,η 可以通过微分方程式(10-26)来描述。

$$\frac{\dot{S}(t)}{C_s} + \frac{S(t)}{\eta(S)} = \frac{\dot{s}(t)}{C_s} \quad (10\text{-}26)$$

式中:$\dot{S}(t)$——微预应力随时间变化的速率;

$\dfrac{\dot{s}(t)}{C_s}$——由于毛细孔湿度和温度的改变导致的 Maxwell 模型应变随时间变化的速率。

定义 $c_0 = C_s cb$,这个一阶微分方程的解如式(10-27)

$$S(t) = [S_0^{1-b} + c_0(b-1)(t-t_0)]^{1/1-b} \quad (10\text{-}27)$$

$S(t_0) = S_0$ 为上式的初始条件。如式(10-28)所示。

$$\dot{\varepsilon}^f(t) = \frac{bc}{S_0^{1-b} + c_0(b-1)(t-t_0)}\sigma(t) \tag{10-28}$$

上式清楚地说明了徐变应变的流动部分有一个对数解。只要假定 $S_0^{1-b} = (b-1)c_0 t_0$,可以得到 $S(t) = S_0(t_0/t)^{1/1-b}, \dot{\varepsilon}^f(t) = q_4\sigma(t)/t$,其中 $q_4 = bc/[c_0(b-1)]$。假定 $b=2$,得到 $S_0 c_0 t_0 = 1, S(t) = S_0 t_0/t, q_4 = 2c/c_0$,$q_4$ 的取值取决于 c 和 c_0 的比值。模型中自由参数是 c(当 $b=2$ 时,单位是 $MPa^{-2} d^{-1}$)和 c_0(当 $b=2$ 时,单位是 $MPa^{-1} d^{-1}$)。

②温度和湿度效应。

对于早期混凝土来说,在温度的不断上升作用下,水化作用发生很快,加热可能会有相反的效果。孔隙湿度在老化过程中扮演了一个相同的角色,事实上,孔隙湿度降低,水化过程和徐变过程都会减慢。

这两方面的影响可以通过引进两个不同的时间来描述:

a. 等效时间 t_e(等效水化时期,或者称为"成熟阶段"),它直接地描述了水化的程度;

b. 减小时间 t_r,用来描述在微结构水平上黏结破坏和重组的速率变化。

因此,可以引入式(10-29)。

$$t_e(t) = \int_0^t \beta(\tau)d\tau, t_r(t) = \int_0^t \psi(\tau)d\tau$$

$$\beta(t) = \beta_T(t)\beta_h(t), \beta_h(t) = \{1 + [a_h - a_h h(t)]^4\}^{-1}$$

$$\beta_T(t) = \exp\left\{\frac{Q_h}{R}\left(\frac{1}{T_0} - \frac{1}{T(t)}\right)\right\}$$

$$\psi(t) = \psi_T(t)\psi_h(t), \psi_h(t) = \alpha_h + (1+\alpha_h)h(t)^2$$

$$\psi_T(t) = \exp\left\{\frac{Q_v}{R}\left(\frac{1}{T_0} - \frac{1}{T(t)}\right)\right\} \tag{10-29}$$

式中:T——绝对温度;

T_0——参考温度;

h——水泥浆体毛细孔内湿度(蒸汽压力);

R——气体常量;

Q_h、Q_v——分别表示水化过程以及黏性过程中的活化能。

可以假设 $T_0 = 296K$、$Q_h/R \approx 2700K, Q_v/R \approx 5000K, a_h = 5, \alpha_h = 0.1$。

对于通常的温度和湿度历史,这些等式可归纳为式(10-30)和式(10-31)。

$$\varepsilon^{ev}(t) = \frac{\gamma(t)}{v[t_e(t)]} \tag{10-30}$$

$$\gamma(t) = \int_0^t \Phi[t_r(t) - t_r(\tau)]\dot{\sigma}(\tau)d\tau \tag{10-31}$$

温度和湿度对黏性应变速率和黏弹性应变速率都有影响。可是,由于需要分离固结过程(水化过程),只是需要减小时间 t_r。因此,当温度和湿度变化发生时,式(10-25)和式(10-26)应该被重新写为式(10-32)、式(10-33)。

$$\frac{d\varepsilon^f}{dt_r} = \frac{\sigma(t)}{\eta(S)} \tag{10-32}$$

$$\frac{1}{C_s}\frac{dS}{dt_{r,s}} + \frac{S}{\eta(S)} = \frac{1}{C_s}\frac{ds}{dt_{r,s}} \tag{10-33}$$

因此,从式(10-29)$dt_r = \psi(t)dt$,可以设 $dt_{r,s} = \psi_s(t)dt$。同样考虑到 η 也是微预应力 S 的函数,式(10-32)和式(10-33)可以写为式(10-34)、式(10-35)。

$$\dot{\varepsilon}^f(t) = \frac{\psi(t)}{\eta(S)}\sigma(t) \tag{10-34}$$

$$\dot{S}(t) + \psi_s(t)c_0 S(t)^2 = \dot{s}(t) \tag{10-35}$$

式(10-35)中微预应力速率的减小时间系数 ψ_s 可以被相似的表示为式(10-30)的形式,只不过用 α_s 代替 α_h,用 Q_s 代替 Q_v。分析试验数据表明 $\alpha_s = 1$,$Q_v/R \approx 3\,000$K 是最合适的。

式(10-35)中右边 $\dot{s}$ 的值取决于毛细孔张力、表面张力、晶体增长压力以及分离压力,并且所有的因素对于温度和湿度的变化都很敏感。因为相邻的微孔和毛细孔之间的距离很近,所以水的所有相可以被假设在一个热力学等式中(从宏观的角度)。在这样一个假设下,所有前面提到的量都必须随 h 变化,即 $f(t) = f_0 - C_0 RT(t)\ln[h(t)]/M$,在热力学平衡的条件下保持化学能守恒以及毛细孔隙的 Kelvin 等式。其中 f_0 是一个常量(通常是个很大的负数)。因此,对于常量 S 来说,见式(10-36)。

$$s(t) = -C_1\frac{RT(t)}{M}\ln[h(t)] + s_1 \tag{10-36}$$

式中:s_1——s 在 $h = 1$ 时的取值。

因此,这个关系式的初值满足了,那它的变化率的形式见式(10-37)。

$$\dot{s}(t) = -k_1\left(\dot{T}\ln h + T\frac{\dot{h}}{h}\right) \tag{10-37}$$

式中:k_1——$k_1 = C_1 R/M(\text{MPaK}^{-1})$。

将式(10-37)代入式(10-35),在湿度和温度同时变化时控制微预应力的方程就转化为如式(10-38)形式。

$$\dot{S} + \psi_s c_0 S^2 = -k_1\left(\dot{T}\ln h + T\frac{\dot{h}}{h}\right) \tag{10-38}$$

式(10-38)给出了依赖于 $\dot{T}$ 和 $\dot{h}$ 的解。特殊情况下,h 的减小(干燥)和 T 的增大(加热)都可以导致微预应力的增长(即在微结构中达到应力峰值),因此滑移速率的增加以及徐变流动速率的增加,都会抵消 ψ_h 的影响(并且通常是压倒性的影响)。当干燥转换为湿润,或者是加热转换为冷却,即 $\dot{T}$ 和 $\dot{h}$ 变化它们的符号。那么,微预应力速率 $\dot{S}$ 同样可能改变符号,并且当时肯定会减小徐变速率。

一段时间后,当时的徐变场肯定会削弱,即最高微预应力场肯定会发生剪切滑移。然而,新的徐变场将会在微结构的其他地方形成,这些地方的微预应力相对激化。在新的场,由于 $\dot{T}$ 和 $\dot{h}$ 的变化徐变又会增加。为了在一个简单的式子里建立 $\dot{T}$ 和 $\dot{h}$ 反复的效应,我们可以在式(10-38)中引进绝对值的符号,如式(10-39)。

$$\dot{S} + \psi_s c_0 S^2 = k_1\left|\dot{T}\ln(h) + T\frac{\dot{h}}{h}\right| \tag{10-39}$$

式中:c_0、k_1——正常数(式中的绝对值保证了微预应力 S 不会成为负值,而且反映了不仅干燥或降温条件会加速徐变发展,同样湿度增加或温度升高的情况下徐变也会增长。后者是由于湿度增加或温度升高会在混凝土内部产生新的徐变场从而引起徐变的增长)。

混凝土内部含水率 ω 或相对湿度 h 的改变会在混凝土内部产生新的微预应力峰值从而激活混凝土内部的徐变场,这就解释了混凝土干燥徐变效应。干燥徐变效应还与混凝土中的微裂缝有关。在无荷载试件中混凝土内部会产生许多微裂缝;而在受压试件内部,由于压应力的作用,微裂缝的闭合产生的效应在宏观上就表现为徐变的增加。

其中混凝土内部相对湿度 $h(x,t)$ 的分布假设与应力和变形无关。混凝土内部湿度场的分布可以通过求解微分方程而得到式(10-40)。

$$\dot{h} = \text{div}[C(h)\text{grad}h] + \dot{h}_s(t_e) \tag{10-40}$$

式中:$h_s(t_e)$——混凝土内部水化反应而引起的自干燥效应,自干燥效应在普通混凝土中很小,计算时可以忽略不计,但是在高墙混凝土中自干燥效应比较显著;

$C(h)$——混凝土传导系数,描述了混凝土传导能力的大小,混凝土内部相对湿度从 100% 降到 60% 时,$C(h)$ 大约减小 20 倍。

10.2.2 BP-KX 模型

BP-KX 模型是 Z. P. Bazant 于 1993 年在 BP 模型的基础上建立起来的,在 BP-KX 模型中,混凝土徐变函数 $J(t,t',t_0)$ 可表示为式(10-41)。

$$J(t,t',t_0) = q_1 + F(\sigma)[C_0(t,t') + \kappa C_d(t,t',t_0) + C_p(t,t',t_0)] \tag{10-41}$$

式中:$J(t,t',t_0)$——徐变函数;

t,t',t_0——混凝土的计算龄期、加载龄期和干燥龄期;

q_1——单位应力产生的瞬时弹性应变;

$F(\sigma)$——受应力级别影响的非线性参数;

κ——与干湿循环作用相关的修正系数;

$C_0(t,t')$——基本徐变度;

$C_d(t,t',t_0)$——干燥徐变度;

$C_p(t,t',t_0)$——预干燥徐变度。

根据扩散理论,修正系数 κ 取决于干燥渗透深度 D_p、与环境相对湿度 h 变化幅度 Δ_h 相关的经验函数 $\kappa_1(\Delta_h)$ 以及有效截面厚度 D,修正系数 κ 的计算表达式为式(10-42)。

$$\kappa = 1 + \kappa_1(\Delta_h)\frac{D_p}{D_p + 0.5D} \tag{10-42}$$

在式(10-42)中,可得式(10-43) ~ 式(10-45)。

$$\kappa_1(\Delta_h) = 2.5\Delta_h[1 - e^{-(t-t')/10}](1 - e^{-T_h/5}) \tag{10-43}$$

$$D_p \approx (6C_1T_h)^{1/2} \tag{10-44}$$

$$D = 2V/S \tag{10-45}$$

式中:T_h——干湿循环周期(d);

C_1——干燥扩散系数,$C_1 \approx 0.1\text{cm}^2/\text{d}$;

V/S——混凝土试件的体积和表面积之比。

基于混凝土的扩散理论,在 BP-KX 模型中采用与环境相对湿度的变化幅度、混凝土构件有效截面厚度和干燥渗透深度等因素相关的修正系数 k 来考虑干湿循环作用对混凝土干燥徐变的影响。由湿循环对混凝土材料性能作用的机理进行分析,环境相对湿度的变化幅度、混凝土构件有效截面厚度和干燥渗透深度等因素都会对混凝土的材料性能产生影响,而混凝土的徐变与其材料性能紧密相关,因此,BP-KX 模型在考虑干湿循环对混凝土徐变影响方面的物理意义明确,且在机理上可以进行合理的解释。

10.2.3　B3 模型

B3 模型是 Bazant 等人于 1995 年在固结理论的基础上建立的混凝土徐变计算模型。B3 模型是基于固结理论而建立,结合弹性理论、黏弹性理论和流变理论来模拟混凝土宏观力学性质因水泥水化、固相物增多而随时间不断变化的现象,其理论基础清晰明确。该模型徐变柔量的计算由物理意义明确的三部分组成,具体表达式如式(10-46)。

$$C(t,t_0) = q_1 + C_0(t,t_0) + C_d(t,t_0,t_c) \tag{10-46}$$

式中：　　q_1——老化黏弹性柔量；

$C_0(t,t_0)$——基本徐变度；

$C_d(t,t_0,t_c)$——干燥徐变度。

①老化黏弹性柔量计算如式(10-47)。

$$q_1 = \frac{0.6 \times 10^6}{E_{cm28}} \tag{10-47}$$

式中：E_{cm28}——混凝土 28d 弹性模量。

②基本徐变度计算,如式(10-48)~式(10-57)。

$$C_0(t,t_0) = q_2 Q(t,t_0) + q_3 \ln[1+(t-t_0)^{0.1}] + q_4 \ln(t/t_0) \tag{10-48}$$

$$q_2 = 451.1(c)^{0.5}(f_{cm28})^{-0.9} \tag{10-49}$$

式中：c——水泥含量；

f_{cm28}——28d 标准圆柱体抗压强度(单位:Pa),按式(10-50)进行计算。

$$f_{cm28} = f'_{28} + 1\,200 \tag{10-50}$$

式中：f'_{28}——混凝土第 28d 抗压强度。

$$Q(t,t_0) = Q_f(t_0)[1+(Q_f(t_0))/Z(t,t_0)^{r(t_0)}]^{-1/r(t_0)} \tag{10-51}$$

$$Q_f(t_0) = [0.086(t_0)^{2/9} + 1.21(t_0)^{4/9}]^{-1} \tag{10-52}$$

$$Z(t,t_0) = (t_0)^{-m}\ln[1+(t-t_0)^n]^{-1} \tag{10-53}$$

$$m = 0.5, n = 0.1 \tag{10-54}$$

$$r(t_0) = 1.7(t_0)^{0.12} + 8 \tag{10-55}$$

$$q_3 = 0.29(W/C)^4(q_2) \tag{10-56}$$

$$q_4 = 0.14(a/c)^{-0.7} \tag{10-57}$$

式中：q_2——老化黏弹性柔量；

q_3——非老化黏弹性柔量；

q_4——非老化流变柔量；

W/C——水灰比；

a/c——集料水泥比。

③干燥徐变度计算,如式(10-58)~式(10-64)。

$$C_d(t,t_0,t_c) = q_s \cdot \left[e^{-8H(t)} - e^{-8H(t_0)} \right]^{\frac{1}{2}} \tag{10-58}$$

$$q_5 = 7.57 \times 10^5 f_{28}^{-1} \varepsilon_{sh\infty}^{-0.6} \tag{10-59}$$

$$H(t) = 1 - \left[\left(1 - \frac{H}{100}\right) S(t) \right] \tag{10-60}$$

$$H(t_0) = 1 - \left[\left(1 - \frac{H}{100}\right) S(t_0) \right] \tag{10-61}$$

$$K_t = 190.8(t_0)^{-0.08}(f_{cm28})^{-0.25} \tag{10-62}$$

$$S(t) = \tanh \sqrt{\frac{t - t_c}{\tau_{sh}}} \tag{10-63}$$

$$\tau_{sh} = K_t (K_s D)^2 \tag{10-64}$$

式中:K_s——取值见表10-2;

H——相对湿度;

D——有效截面高度,$D = \frac{2v}{s}$。

K_s 的 取 值　　表 10-2

截面形状	无限平板	圆柱	棱柱	球体	立方体
K_s	1.00	1.15	1.25	1.30	1.55

④总徐变变形的计算。

将得出各个参量代入式(10-46)即可求出的徐变柔量,徐变可以由式(10-65)求出。

$$\varepsilon_c = \sigma \cdot C(t,t_0) \tag{10-65}$$

式中:σ——作用在混凝土上的应力。

与其他几个混凝土徐变模型(ACI209、CEB-0FIP1990 等模型)相比,B3 模型最大的特点在于需要更多的定义参数和计算步骤,创新地将混凝土的水灰比和集料水泥比对徐变的影响计入模型计算中。同时,它考虑了徐变参数统计变量的性质,使其具有不确定性。也就是说,在特定的情况下可对 B3 模型进行修正。

B3 模型是在固化理论的基础上推导出来的,是理论性最强的半经验半理论公式,具有明确的物理概念和较高的预测精度。更为重要的是,它的徐变预测公式是材料参数和时间函数的线性组合,而且每个参数均有明确的物理意义。在拟合过程中,无论初始参数如何选取,优化方法如何,都会得到稳定的优化参数。这给通过试验来确定材料参数,并进行长期预测提供了很大的方便,是其他预测模型所不具备的。

10.2.4　ACI209R-1992 模型

ACI209R-1992 模型是美国混凝土协会于 1992 年提出的当前美国规范应用的混凝土徐变模型。在 ACI209R-1992 模型中,徐变函数 $J(t,t')$ 计算表达式如式(10-66)和式(10-67)

所示。

$$J(t,t') = \frac{1 + C_c(t)}{E_{cmto}(t,t')} \qquad (10\text{-}66)$$

$$C_c(t) = \frac{t^{0.6}}{10 + t^{0.6}} \times C_{cu} \times K_{CH} \times K_{CA} \times K_{CS} \times \gamma_{sc} \times \gamma_{ac} \times \gamma_{\alpha c} \qquad (10\text{-}67)$$

式中： t 和 t'——混凝土的计算龄期和加载龄期；
　　　　$E_{cmto}(t,t')$——加载时混凝土弹性模量；
　　　　$C_c(t)$——徐变系数；
系数 $C_{cu}, K_{CH}, K_{CA}, K_{CS}, \gamma_{sc}, \gamma_{ac}, \gamma_{\alpha c}$——查阅相关参考文献计算。

10.2.5　CEB/FIP(MC1990)模型

欧洲混凝土委员会和国际预应力联合会(Euro-International Concrete Committee and International Federation for Prestressing)在1970年及1978年提出的徐变预测模型的基础上,提出了CEB/FIP(MC1990)模型(CEB/FIP,1990)。该模型考虑了以下影响因素:相对湿度、构件尺寸、水泥类型、水泥模量和加载龄期。《公路钢筋混凝土及预应力混凝土桥涵设计规范》(JTG 3362—2018)规定的混凝土徐变计算参考CEB/FIP(MC1990)模型。

对于 t_0 时刻加荷 t 时刻的徐变柔量 $J(t,t_0)$ 可以表示为式(10-68)。

$$J(t,t_0) = \frac{\phi(t,t_0)}{E_{cm28}} + \frac{1}{E_{cmt0}} \qquad (10\text{-}68)$$

式中: E_{cm28}, E_{cmt0}——混凝土28d及加荷龄期 t_0 时刻弹性模量;
　　　　$\phi(t,t_0)$——徐变系数, $\phi(t,t_0)$ 可以表示为如式(10-69)~式(10-74)。

$$\phi(t,t_0) = \phi_0 \beta_c(t - t_0) \qquad (10\text{-}69)$$

$$\phi_0 = \phi_{RH} \beta(f_{cm}) \beta(t_0) \qquad (10\text{-}70)$$

$$\beta(f_{cm}) = \frac{5.3}{(f_{cm}/f_{cm0})^{0.5}} \qquad (10\text{-}71)$$

$$\beta(t_0) = \frac{1}{0.1 + (t_0/t_1)^{0.2}} \qquad (10\text{-}72)$$

$$\beta_0(t - t_0) = \left[\frac{(t - t_0)/t_1}{\beta_H + (t - t_0)/t_1}\right]^{0.3} \qquad (10\text{-}73)$$

$$\beta_H = 150\left[1 + \left(1.2\frac{RH}{RH_0}\right)^{18}\right]\frac{h}{h_0} + 250 \leqslant 1\,500 \qquad (10\text{-}74)$$

式中： ϕ_0——徐变系数；
　　　　$\beta_c(t - t_0)$——描述加荷后徐变随时间发展的系数；
　　　　t——混凝土的龄期；
　　　　t_0——混凝土的加荷龄期；
　　　　f_{cm}——混凝土28d抗压强度(MPa)；

f_{cm0}——10MPa；

RH——周围环境相对湿度；

$RH_0 = 100\%$；

$h = 2A_c/u$；

h——构件名义尺寸(mm)；

A_c——构件截面面积；

u——构件周长；

$h_0 = 100\text{mm}$。

11 粉煤灰混凝土的徐变特性

在水泥混凝土的胶凝材料中采用粉煤灰取代部分水泥,由于粉煤灰具有二次水化效应等作用,可以改善混凝土的耐久性能和后期强度。粉煤灰及其二次水化效应部分改变了水泥的水化产物和混凝土细微观结构,对混凝土的徐变性能也会带来一定的影响,若不加以考虑将会造成混凝土结构出现意外变形或预应力过大损失。目前,对掺加粉煤灰的混凝土徐变特性的研究不够系统,导致结构设计人员对掺加粉煤灰的混凝土构件徐变变形的计算无参数可依。

国外对粉煤灰混凝土徐变特性的研究开始较早,研究内容包括粉煤灰掺量、应力水平和养护条件等因素对混凝土徐变的影响,Lohtia、Nagataki 和 Swamy 等人认为粉煤灰混凝土的徐变与基准混凝土的徐变相当,而 Dhir、Sturrup 和 Bamforth 等人认为掺加粉煤灰混凝土徐变比基准混凝土要小。

国内研究起始于20世纪90年代,重点主要集中于加载龄期和粉煤灰掺量对粉煤灰混凝土徐变的影响两个方面。粉煤灰混凝土徐变在早龄期是随着粉煤灰掺量增加而增大,在晚龄期则随粉煤灰掺量的增加而减少;粉煤灰掺量对混凝土的早期徐变影响较大,早龄期压缩徐变随粉煤灰掺量的增加而增加。不考虑加载龄期因素,粉煤灰混凝土的徐变与粉煤灰掺量密切相关,一般趋势为小掺量情况下,徐变随掺量的增加而减少;粉煤灰混凝土与同强度等级未掺加粉煤灰的混凝土相比较,其后期强度和抗压弹性模量增大,干燥收缩和徐变降低。

本章主要采取试验手段对掺加不同掺量粉煤灰的混凝土桥梁徐变特性进行研究,分析粉煤灰混凝土加载龄期和掺量对混凝土徐变特性的影响规律,修正《公路钢筋混凝土及预应力混凝土桥涵设计规范》(JTG D62—2004)中关于普通混凝土的徐变计算方法。该研究成果已被新版《公路钢筋混凝土及预应力混凝土桥涵设计规范》(JTG 3362—2018)修订采纳。

11.1 粉煤灰混凝土徐变特性试验研究

制作了普通混凝土、用15%粉煤灰取代等量水泥的混凝土、用30%粉煤灰取代等量水泥的混凝土以及15%粉煤灰取代等量水泥的基础上加入2%的减水剂的混凝土,通过试验研究粉煤灰对混凝土徐变性能的影响,分析不同水泥取代量下粉煤灰混凝土的徐变规律,并得出其徐变模型。

11.1.1 原材料及配合比

(1)试验原材料

水泥:P.O.42.5 普通硅酸盐水泥,其化学成分见表11-1,物理力学性能见表11-2。
石子:碎石,粒径5~25mm 连续级配。

砂子:中砂,细度模数2.6。
减水剂:QY-5高效减水剂。
水:自来水。
塑料管:PVC增强管,内径17mm,外径20mm。
粉煤灰:石景山发电总厂生产的Ⅱ级粉煤灰,使用时粉磨至勃氏比表面积452m²/kg。

水泥和粉煤灰的化学组成   表11-1

化学组成	CaO	SiO$_2$	Al$_2$O$_3$	Fe$_2$O$_3$	MgO	Na$_2$O	K$_2$O	MnO	TiO$_2$	P$_2$O$_5$	SO$_3$	L.O.L
粉煤灰	4.35	44.26	33.12	4.39	0.78	0.45	1.71	0.05	1.41	0.73	0.31	4.08
水泥	63.66	22.42	6.11	4.34	0.92	0.22	0.55	0.14	0.23	0.05	0.26	0.51

水泥基本物理力学性能   表11-2

细度 80μm筛余量(%)	标准稠度用水量(%)	安定性	凝结时间(h:min)		抗折强度(MPa)			抗压强度(MPa)		
			初凝	终凝	3d	7d	28d	3d	7d	28d
2.8	29.6	合格	1:08	3:26	4.2	—	7.1	21.6	—	48.9

(2)粉煤灰掺量

粉煤灰属火山灰质材料,在化学组成上与硅酸盐水泥熟料有较大的差异。进行火山灰反应时,需要消耗较多数量的Ca(OH)$_2$(以下简称CH),并降低水化产物C-S-H凝胶的钙硅比,因而应用大掺量粉煤灰混凝土的情况曾引起人们对混凝土"缺钙"的担心。粉煤灰通常对混凝土强度,尤其对早期强度具有负面影响,但在水胶比较低的情况下,粉煤灰混凝土也能够获得较高的强度。传统的常态中粉煤灰掺量一般占胶凝材料总量15%~30%。

(3)水胶比

水胶比的确定考虑两个方面的因素:首先,本文研究的目标为普通粉煤灰混凝土,水胶比过高引起孔结构劣化将使混凝土无法达到设计的强度,低水胶比是强度的有力保障;其次,大量研究表明低水胶比是应用大掺量矿物掺合料的前提条件,否则会引起混凝土强度、抗碳化等性能的劣化。众所周知,水泥基材料的耐久性、强度等性能与其密实性能密切相关,采用低水胶比的实质是控制材料的初始孔隙率,通过限制组分的反应来改善孔结构,以提高混凝土密实性,从而克服大掺量引起的负面问题。根据Powers的经典理论,水泥水化后体积增加,因此当初始水灰比低于某临界水灰比时,由于受水化空间的限制,水泥不能完全水化。根据不同研究者的试验结果,此临界水灰比在0.38~0.42之间取值。在以往关于粉煤灰对普通混凝土徐变性能影响的研究中,通常采用两种不同的方式进行比较,其一是通过降低水胶比或延长养护龄期,保证在强度相同或相近的条件下加载,比较其与未掺粉煤灰混凝土徐变性能的差异;其二则是保持水胶比不变,在同龄期加载。前者往往使徐变减小,而后者则使徐变增大,这主要由于普通混凝土强度较低,在采用第二种方式时,粉煤灰混凝土强度太低而使得粉煤灰的微集料效应无法发挥所致。根据以上分析,对第二种情况的研究显得更加重要,且水胶比的调整,往往导致胶凝材料总量、用水量和砂率做相应的调整,使得浆体体积、胶凝材料与集料的质量比产生较大变化,给混凝土徐变性能带来不可知的影响。为了使试验数据具备相同的比较条件,粉煤灰不同掺量时均采取相同的水胶比。基于上述考虑,本试验中水胶(灰)比固定为 0.4,混凝土按 C40 配制。

(4)减水剂

使用减水剂的不同目的,分成三种情况来考虑是合适的,第一种是为了提高混凝土强度;第二种是为了节约水泥,保持混凝土强度不变;第三种是为了加大流动度。本文其中之一的目的是研究减水剂对混凝土徐变的影响。所以要在保持水胶比不变情况下掺入减水剂,故采用第三种。

根据试验相关规范要求以及对实际工程中应用情况的考虑在掺15%粉煤灰混凝土中掺入 2%的减水剂。

(5)配合比及其他参数

根据要求设计混凝土配合比:其中第一组为普通混凝土,第二组用15%粉煤灰取代等量水泥的混凝土,第三组用 30%粉煤灰取代等量水泥的混凝土,第四组在 15%粉煤灰取代等量水泥的基础上加入 2%的减水剂的混凝土,以便了解粉煤灰与减水剂同时掺入对混凝土徐变性能的影响。

未掺粉煤灰混凝土水泥用量为 $387kg/m^3$,水灰比 0.4,砂率不变。在此基础上,固定砂率与水胶比不变,粉煤灰按 15%、30%质量分数等量取代水泥,减水剂直接加入。各组试验配合比和坍落度见表 11-3,坍落度的控制既要考虑易于成型和振捣,又要避免坍落度过大引起在试模内的分层、离析,造成不均匀性,给试验结果带来较大的离散性。同时,坍落度也是影响混凝土徐变性能的因素,坍落度越高徐变越大。基于以上考虑,为了消除坍落度对混凝土徐变性能的干扰,控制坍落度在 $100mm ± 50mm$ 范围内。

混凝土配合比 表 11-3

编号	配合比(kg/m^3)					坍落度(mm)
	水泥	粉煤灰	水	砂	石	减水剂	
1	387	—	151	650	1 262	—	100
2	329	58	151	650	1 262	—	110
3	271	116	151	650	1 262	—	130
4	329	58	151	650	1 262	7.74	145

11.1.2 试件制作与养护

(1)试件制作

试验采用的试件为 $100mm × 100mm × 300mm$ 的混凝土棱柱体(中心预留直径为 17mm 孔道,以便加载时高强螺栓由此穿过)和 $100mm × 100mm × 100mm$ 混凝土立方体试件(图 11-1),混凝土试件共四组,每组成型 6 个棱柱体用于测定混凝土的徐变和收缩;3 个立方体试件,用来测定混凝土 28d 强度值。

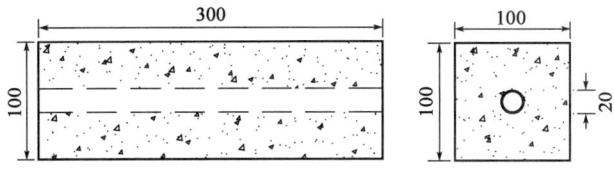

图 11-1 试件正面与立面示意图(尺寸单位:mm)

(2)试件养护

在养护过程中必须保证所有试件养护条件的同一性,尽量减小养护条件的差异对混凝土徐变性能产生的影响。试件24h后拆模;然后置于温度(20±2)℃,相对湿度RH大于或等于95%的标准养护室内,试件养护28d。试件养护完成后移入温度为(20±2)℃、相对湿度为(45±5)%的恒温恒湿室进行徐变试验,直至试验完成。

11.1.3 试验方法

(1)加载装置及加载方法

为了使试件受到所需的应力,使用加载装置进行加载,本装置根据后张法原理,通过拧紧螺母拉长高强螺栓使其受到挤压从而给棱柱体试件加载,应力大小分别为0.2倍的棱柱体抗压强度,如图11-2所示。

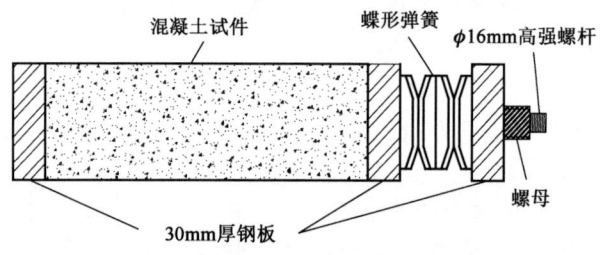

图 11-2 试件加载示意图

垫板1:尺寸为100mm×100mm×30mm,Q235钢,靠面抛光、镀锌;

垫板2:尺寸为100mm×100mm×30mm,Q235钢,中心留孔φ20mm,两面磨光、镀锌;

高强螺杆:采用直径为16mm的高强螺杆给试件加载,长度为500mm,螺栓级别12.9级,实测螺杆屈服强度1 100MPa,极限强度1 400MPa,弹性模量为192GPa,伸长率为11%;

碟簧:本试验选用碟型弹簧进行加载,根据碟形弹簧国家标准《碟形弹簧》(GB/T 1972—2005),选用的碟形弹簧参数为:外径80mm,内径41mm,厚度5mm,自由高度6.7mm,实测当单片碟簧压至1.28mm(0.75倍总变形量)时其负荷为33 700N;

螺母:用于预加应力的保持,本试验中螺母材料为12.9级高强螺杆螺母。

(2)试验步骤及测量方法

本试验借助电阻应变计测量试件的变形,分以下几步进行:

①将和高强螺杆待贴传感器处打磨光滑,擦拭酒精,清除打磨处灰尘;

②对应变片外形及电阻值进行严格检查;

③在打磨处涂上一薄层914胶,粘贴应变片及端子;

④将应变片引线与端子焊接,然后焊接导线,利用万用表检查是否联通,连接导线和应变仪;

⑤本试验加载设备采用人工扳手拧紧,等荷载加载。当螺母拧紧后,高强螺杆承受拉应力,试件承受压应力,碟簧的作用是能使保持长期受压状态。由于混凝土在长期荷载作用下会产生徐变和收缩变形,因此要定期对荷载进行调整,保持荷载与最初荷载的差值不超过5%。

11.1.4 徐变测试结果

按上述方法进行不同掺量粉煤灰混凝土徐变试验,图 11-3 为试验得出的徐变系数发展曲线。

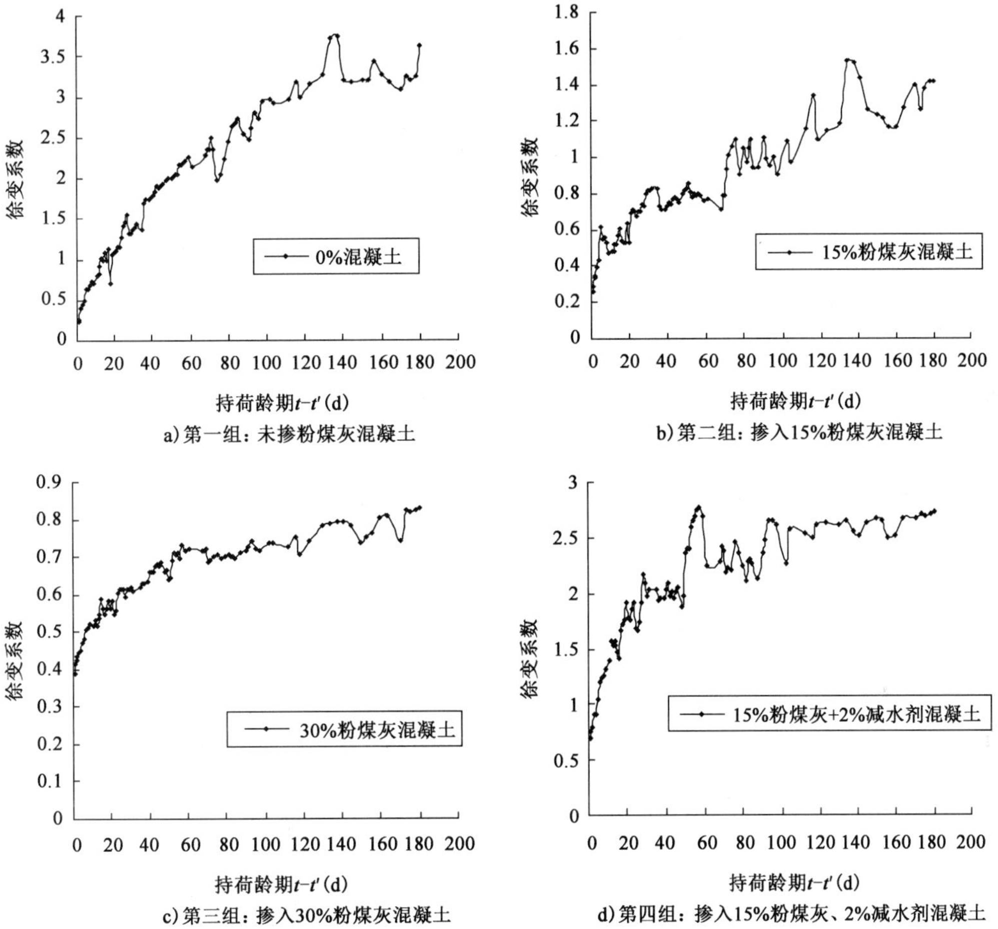

a) 第一组：未掺粉煤灰混凝土

b) 第二组：掺入15%粉煤灰混凝土

c) 第三组：掺入30%粉煤灰混凝土

d) 第四组：掺入15%粉煤灰、2%减水剂混凝土

图 11-3　粉煤灰混凝土徐变系数曲线

从图 11-3 中可以看出第一组混凝土在持荷 100d 之前徐变增长较快,而 100d 以后徐变虽然有一些浮动,不过总体趋势变缓;第二组混凝土前期徐变与第一组相差不多,发展比较平缓,后期徐变系数比第一组混凝土小;第三组混凝土较第二组混凝土发展更为平缓,徐变系数也比较低;第四组混凝土为同时加入 15% 粉煤灰与 2% 减水剂的混凝土,早期徐变系数与未掺粉煤灰混凝土相差不多,比 180d 徐变系数要小一些。

在原材料、养护条件、加载与持荷龄期等试验条件均相同的情况下不同粉煤灰掺量的混凝土徐变系数与未掺粉煤灰混凝土徐变系数对比结果如图 11-4 所示。

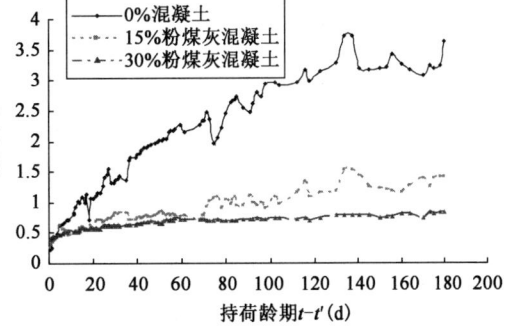

图 11-4　不同粉煤灰掺量下混凝土徐变系数曲线

从图11-4中可以看出当粉煤灰掺量为15%时,抵抗徐变的能力得到大幅度改善,其180d的徐变系数约为未掺粉煤灰混凝土徐变系数的50%;粉煤灰掺量为30%时,抵抗徐变的能力得到更大幅度增加,其180d的徐变系数为未掺粉煤灰的混凝土的28%;三条曲线都出现收敛趋势,其中掺30%粉煤灰混凝土的徐变系数曲线最为平缓。上述试验结果表明,总体上粉煤灰对改善混凝土徐变性能有利,但其抑制徐变的程度与粉煤灰的掺量有关。

粉煤灰混凝土徐变特性试验结果与我国04年《公路钢筋混凝土及预应力混凝土桥涵设计规范》(JTG D62—2004)(以下简称《桥规》)规定的混凝土徐变计算方法的计算结果见图11-5和图11-6。

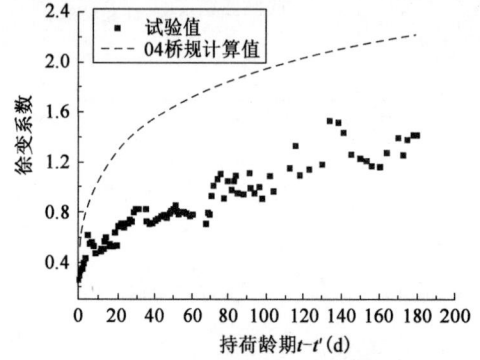
图11-5　15%粉煤灰掺量C40混凝土试验曲线、规范模型与修正模型计算值对比

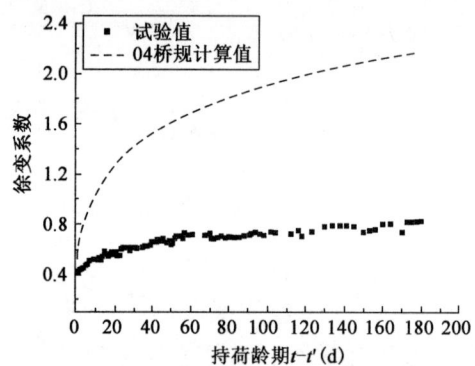
图11-6　30%粉煤灰掺量C40混凝土试验曲线、规范模型与修正模型计算值对比

通过对比可以发现,采用04年《桥规》的计算方法得到的计算结果与试验值差别较大。04年《桥规》的计算方法主要针对普通硅酸盐水泥混凝土,混凝土中掺加粉煤灰后改变了混凝土的部分特性,其中与混凝土徐变相关的主要有两个方面:

①混凝土强度时变特性:预应力混凝土的张拉一般在7d之内完成,而掺加粉煤灰对混凝土早期强度的影响最为明显;

②混凝土的细微观结构:掺加粉煤灰以后,混凝土中胶凝材料的水化机理改变、细微观结构发生变化,影响混凝土材料徐变效应。

11.2　粉煤灰混凝土的徐变系数

11.2.1　粉煤灰混凝土徐变系数修正模型

我国《公路钢筋混凝土及预应力混凝土桥涵设计规范》(JTG D62—2004)规定的混凝土徐变计算参考CEB-1990模型,徐变系数$\phi(t,t_0)$和名义徐变系数ϕ_0。按下式(11-1)和式(11-2)计算。

$$\phi(t,t_0) = \phi_0 \cdot \beta_c(t-t_0) \tag{11-1}$$

$$\phi_0 = \phi_{RH}\beta(f_{cm})\beta(t_0) \tag{11-2}$$

式中:ϕ_{RH}——湿度影响系数,$\phi_{RH} = 1 + \dfrac{1-RH/RH_0}{0.46(h/h_0)^{1/3}}$;

$\beta(f_{cm})$——强度等级影响系数,$\beta(f_{cm}) = \dfrac{5.3}{(f_{cm}/f_{cm0})^{0.5}}$;

$\beta(t_0)$——加载龄期影响系数,$\beta(t_0) = \dfrac{1}{0.1 + (t_0/t_1)^{0.2}}$;

$\beta_c(t - t_0) = \left[\dfrac{(t - t_0)/t_1}{\beta_H + (t - t_0)/t_1}\right]^{0.3}$;

$\beta_H = 150[1 + (1.2RH/RH_0)^{1.8}](h/h_0) + 250$。

《公路钢筋混凝土及预应力混凝土桥涵设计规范》(JTG D62—2004)附录 F 中强度等级 C20～C50 混凝土名义徐变系数 ϕ_0 考虑了不同加载龄期、环境相对湿度及构件理论厚度对徐变的影响,具体见表 11-4。

规范中混凝土名义徐变系数 ϕ_0 表 11-4

加载龄期 (d)	40%≤RH<70%				70%≤RH<99%			
	理论厚度 h(mm)				理论厚度 h(mm)			
	100	200	300	≥600	100	200	300	≥600
3	3.90	3.50	3.31	3.03	2.83	2.65	2.56	2.44
7	3.33	3.00	2.82	2.59	2.41	2.26	2.19	2.08
14	2.92	2.62	2.48	2.27	2.12	1.99	1.92	1.83
28	2.56	2.30	2.17	1.99	1.86	1.74	1.69	1.60
60	2.21	1.99	1.88	1.72	1.61	1.51	1.46	1.39
90	2.05	1.84	1.74	1.59	1.49	1.39	1.35	1.28

注:1. 本表适用于一般硅酸盐类水泥或快硬水泥配制而成的混凝土;
2. 本表适用于季节性变化的平均温度 −20～+40℃;
3. 本表数值系按 C40 混凝土计算所得,对强度等级 C50 及以上混凝土,表列数值应乘以 $\sqrt{\dfrac{32.4}{f_{ck}}}$,式中 f_{ck} 为混凝土轴心抗压强度标准值(MPa);
4. 计算时,表中年平均湿度 40%≤RH<70%,取 RH=55%;70%≤RH<99%,取 RH=80%;
5. 构件的实际理论厚度和加载龄期为表列中间值时,混凝土名义徐变系数可按直线内插法求得。

目前,国内外还没有掺加粉煤灰混凝土徐变计算模型的相关规范,因此,本研究在我国桥梁规范徐变模型的基础上,结合已有的试验数据,对掺加粉煤灰的混凝土徐变计算模型进行一定的讨论分析。

由于粉煤灰替代了部分水泥,致使粉煤灰混凝土的抗压强度与普通混凝土不同,同时,随着龄期的增长,粉煤灰在混凝土内产生的效应也会使徐变发展与普通混凝土不同。因此,可以通过考虑掺加粉煤灰混凝土抗压强度、徐变变形等参数的影响,对我国《公路钢筋混凝土及预应力混凝土桥涵设计规范》(JTG D62—2004)的徐变计算模型进行修正。

以我国规范模型为基础,考虑粉煤灰影响的混凝土徐变计算模型可表示为式(11-3)。

$$\begin{aligned}
\phi(\alpha, t, t_0) &= \beta(\alpha) \cdot \phi'(t, t_0) \\
&= \beta(\alpha) \cdot [\beta(f'_{cm}) \cdot \phi_{RH} \cdot \beta(t_0) \cdot \beta_c(t - t_0)] \\
&= \beta(\alpha) \cdot [\gamma(\alpha, t_0) \cdot \beta(f_{cm})] \cdot \phi_{RH} \cdot \beta(t_0) \cdot \beta_c(t - t_0) \\
&= [\beta(\alpha) \cdot \gamma(\alpha, t_0)] \cdot [\beta(f_{cm}) \cdot \phi_{RH} \cdot \beta(t_0) \cdot \beta_c(t - t_0)] \\
&= \phi(\alpha, t_0) \cdot \phi(t, t_0)
\end{aligned} \quad (11\text{-}3)$$

其中：
$$\phi(\alpha,t_0) = \beta(\alpha) \cdot \gamma(\alpha,t_0)$$

式中：$\beta(\alpha)$——粉煤灰掺量影响系数；

$\gamma(\alpha,t_0)$——加载龄期及粉煤灰掺量对混凝土强度影响的修正系数。

11.2.2 粉煤灰混凝土徐变系数修正

计算强度修正系数 $\gamma(\alpha,t_0)$。根据式(11-3)，$\beta(f'_{cm})$ 为加载龄期及掺合料掺量对强度影响系数，可表示为式(11-4)。

$$\beta(f'_{cm}) = \gamma(\alpha,t_0) \cdot \beta(f_{cm}) \quad (11\text{-}4)$$

通过对不同粉煤灰掺量的混凝土在不同加载龄期下的抗压强度试验结果的统计分析，得出 $\gamma(\alpha,t_0)$。粉煤灰混凝土立方体抗压强度试验配合比，见表11-5。

粉煤灰混凝土配合比　　　　　表11-5

编号	配合比（kg/m³）					粉煤灰掺量
	水泥	粉煤灰	水	砂	石	
1	420	—	162.5	809	1 029	0%
2	336	84	162.5	809	1 029	20%
3	252	168	162.5	809	1 029	40%

不同龄期下粉煤灰混凝土立方体抗压强度试验结果，见表11-6。

不同龄期下粉煤灰混凝土立方体抗压强度（MPa）　　　表11-6

龄期（d）	粉煤灰掺量		
	0%	20%	40%
3	15.7	15.1	14.4
5	28.2	18.1	17.7
7	44	32.3	31.3
14	52	45.6	42.1
21	57	49.9	43.3
28	58.9	55.2	48.8
60	61.7	56.7	56.6

利用表11-6的试验结果，应用SPSS（统计产品与服务解决方案）统计回归软件，可得到 f'_{cm} 与 f_{cm} 的关系式，如式(11-5)所示。

$$\begin{aligned}
f'_{cm} &= f_{cm} \times \left[\frac{85.493 - 99.511 \times t_0^{-0.360} \times (1+\alpha)^{0.416}}{58.9}\right] \\
&= f_{cm} \times (1.452 - 1.689 \times t_0^{-0.360} \times (1+\alpha)^{0.416}) \quad (R^2 = 0.960)
\end{aligned} \quad (11\text{-}5)$$

式中：f_{cm}——粉煤灰掺量为0时混凝土28d平均立方体抗压强度（MPa）。

由此可以得出式(11-6)。

$$\begin{aligned}
\beta(f'_{cm}) &= \beta(f_{cm}) \times \left[\frac{58.9}{85.493 - 99.511 \times t_0^{-0.360} \times (1+\alpha)^{0.416}}\right]^{0.5} = \beta(f_{cm}) \times \gamma(\alpha,t_0) \\
&= \beta(f_{cm}) \times \frac{1}{[1.452 - 1.689 \times t_0^{-0.360} \times (1+\alpha)^{0.416}]^{0.5}}
\end{aligned} \quad (11\text{-}6)$$

为了考虑不同强度等级粉煤灰混凝土徐变性能,本文增加了 C50 普通混凝土及粉煤灰掺量分别为 10% 及 30% 的粉煤灰混凝土进行徐变试验。新增的粉煤灰混凝土配合比,见表 11-7。

粉煤灰混凝土配合比   表 11-7

编号	配合比（kg/m³）					粉煤灰掺量
	水泥	粉煤灰	水	砂	石	
1	467	—	154	770	1 021	0%
2	435	48	169	739	1 109	10%
3	338	145	169	739	1 109	30%

该组粉煤灰混凝土在加载龄期为 28d、应力级别为 40% 时,得到的徐变系数试验曲线,见图 11-7。

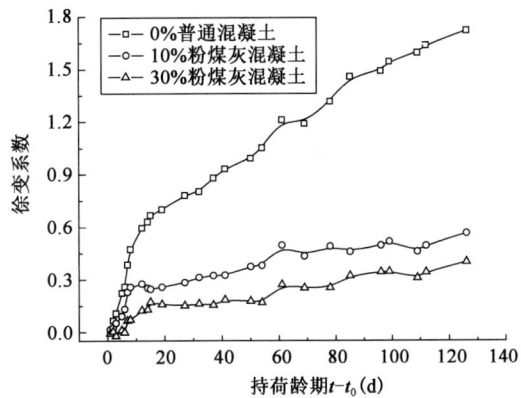

图 11-7 不同粉煤灰掺量 C50 强度等级粉煤灰混凝土徐变系数曲线

根据图 11-3、图 11-7 徐变试验结果,以及公式(11-2),可得到粉煤灰掺量影响系数 $\beta(\alpha)$,如式(11-7)所示。

$$\beta(\alpha) = 1 - 1.027\,3\alpha^{0.421\,8} \quad (R^2 = 0.870) \tag{11-7}$$

式中:α——粉煤灰掺量(%)。

当粉煤灰掺量为 20% 时,$\alpha = 0.2$;当加载龄期为 28d 时,利用式(11-5)~式(11-7)可以得到粉煤灰掺量修正系数和强度影响修正系数:

$$\beta(\alpha) = 1 - 1.027\,3\alpha^{0.421\,8} = 0.479\,0$$

$$\gamma(\alpha, t_0) = \frac{1}{[1.452 - 1.689 \times t_0^{-0.360} \times (1+\alpha)^{0.416}]^{0.5}} = 1.052\,7$$

进而可以得到掺加粉煤灰混凝土名义徐变系数的修正系数:

$$\phi(\alpha, t_0) = \beta(\alpha) \cdot \gamma(\alpha, t_0) = 0.504\,2$$

根据以上方法可以得到不同粉煤灰掺量和不同加载龄期的混凝土名义徐变系数修正系数 $\phi(\alpha, t_0)$,见表 11-8。

粉煤灰混凝土名义徐变系数修正系数 $\phi(\alpha,t_0)$ 表 11-8

加载龄期 (d)	掺量(%)			
	10	20	30	40
3	1.18	1.01	1.06	1.15
5	0.89	0.73	0.61	0.50
7	0.80	0.65	0.53	0.43
14	0.70	0.55	0.45	0.36
28	0.64	0.50	0.41	0.32
60	0.60	0.47	0.38	0.30
90	0.58	0.46	0.37	0.29

注：计算时，构件的粉煤灰掺量和加载龄期为表列中间值时，修正系数 $\phi(\alpha,t_0)$ 可按直线内插法求得。本表适用于《公路钢筋混凝土及预应力混凝土桥涵设计规范》(JTG D62—2004)附录 F 中混凝土名义徐变系数 ϕ_0 中的所有理论厚度。

算例：

以 C40 混凝土为例，参数如下：①混凝土 28d 立方体抗压强度 $f_{cm}=40\text{MPa}$；②相对湿度 $h=55\%$；③构件厚度 $h=100\text{mm}$；④加载龄期 $t_0=28\text{d}$；⑤混凝土龄期 $t=3\,600\text{d}$。

不掺粉煤灰时，由《公路钢筋混凝土及预应力混凝土桥涵设计规范》(JTG D62—2004)计算混凝土徐变系数：

湿度影响系数：$\phi_{RH}=1+\dfrac{1-RH/RH_0}{0.46(h/h_0)^{1/3}}=1+\dfrac{1-0.55/1}{0.46\times(100/100)^{1/3}}=1.978\,3$

强度等级影响系数：$\beta(f_{cm})=\dfrac{5.3}{(f_{cm}/f_{cm0})^{0.5}}=\dfrac{5.3}{(40/10)^{0.5}}=2.65$

加载龄期影响系数：$\beta(t_0)=\dfrac{1}{0.1+(t_0/t_1)^{0.2}}=\dfrac{1}{0.1+(28/1)^{0.2}}=0.488\,4$

名义徐变系数 $\phi_0=\phi_{RH}\beta(f_{cm})\beta(t_0)=1.978\,3\times2.65\times0.488\,4=2.56$，与规定的系数 ϕ_0 吻合。

在 t_0 龄期加载至时间 t 的混凝土徐变系数如式(11-8)。

$$\phi(t,t_0)=\phi_0\cdot\beta_c(t-t_0) \tag{11-8}$$

其中：

$$\beta_c(t-t_0)=\left[\dfrac{(t-t_0)/t_0}{\beta_H+(t-t_0)/t_1}\right]^{0.3}$$

其中：

$\beta_H=150[1+(1.2RH/RH_0)^{18}](h/h_0)+250=150[1+(1.2\times0.55)^{18}]\times1+250=400.085$

故：$\beta_c(t-t_0)=\left[\dfrac{(t-t_0)/t_1}{\beta_H+(t-t_0)/t_1}\right]^{0.3}=\left[\dfrac{(3\,600-28)/1}{400.085+(3\,600-28)/1}\right]^{0.3}=0.968\,7$

那么，3 600d 后的混凝土徐变系数为：

$$\phi(t,t_0)=\phi_0\cdot\beta_c(t-t_0)=2.56\times0.968\,7=2.480\,4$$

从表 11-8 中可以得到，粉煤灰掺量为 20%、加载龄期为 28d 的混凝土徐变系数的修正

系数为 0.50,因此,粉煤灰掺量为 20% 的混凝土在 28d 龄期加载至 3 600d 的徐变系数为:
$$\phi(\alpha, t, t_0) = \phi(\alpha, t_0) \cdot \phi(t, t_0) = 0.50 \times 2.480\ 4 = 1.25$$

另外,从表 8-20 中可以看出,当粉煤灰掺量为一定时,粉煤灰混凝土徐变修正系数 $\phi(\alpha, t_0)$ 随加载龄期的增加而减小,表明加载龄期对粉煤灰混凝土强度具有一定的影响,加载龄期越小,强度越低;当加载龄期为 3d 时,粉煤灰混凝土徐变修正系数 $\phi(\alpha, t_0)$ 随粉煤灰掺量的增加呈先减小后增大的趋势,且大于 1,原因是:一方面,当加载龄期过小时,粉煤灰混凝土强度过低,会增加徐变变形,另一方面,掺入粉煤灰的量存在一个阈值(从表 11-8 来看,该阈值在 20%~30% 之间),该阈值可使粉煤灰混凝土强度在加载龄期为 3d 时强度达到最大,而超过了该阈值,粉煤灰混凝土徐变将迅速发展;当加载龄期大于 7d 时,粉煤灰混凝土徐变修正系数 $\phi(\alpha, t_0)$ 随粉煤灰掺量的增加而减小,表明粉煤灰的掺入能减缓粉煤灰混凝土徐变的发展。徐变对结构的不利影响主要表现在使结构挠度增大,使预应力松弛等。由此,实际工程中预应力混凝土结构加载龄期一般不小于 3d。

按修正模型计算的不同粉煤灰掺量混凝土的徐变系数与试验结果、04 桥规(JTG D60—2004)计算值、85 桥规(JTJ 023—85)计算值的对比见图 11-8 ~ 图 11-11。

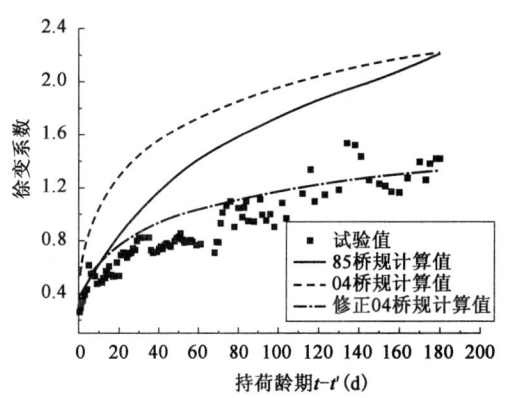

图 11-8 15% 粉煤灰掺量 C40 混凝土试验曲线、规范模型与修正模型计算值对比

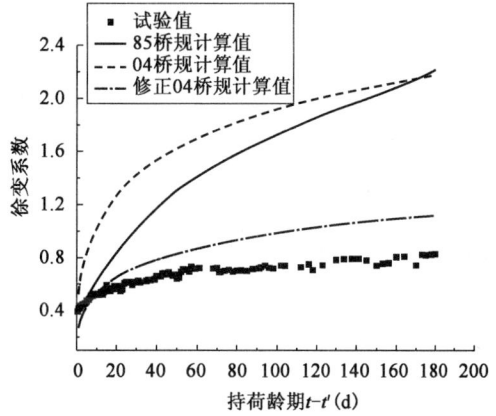

图 11-9 30% 粉煤灰掺量 C40 混凝土试验曲线、规范模型与修正模型计算值对比

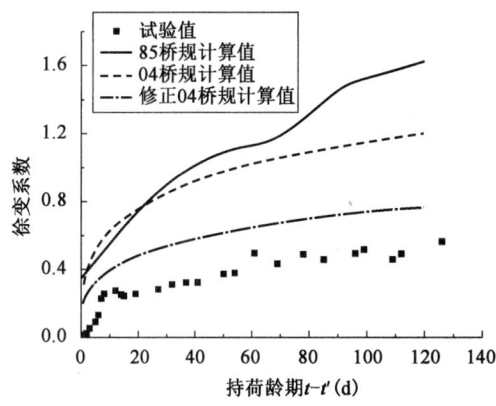

图 11-10 10% 粉煤灰掺量 C50 混凝土试验曲线、规范模型与修正模型计算值对比

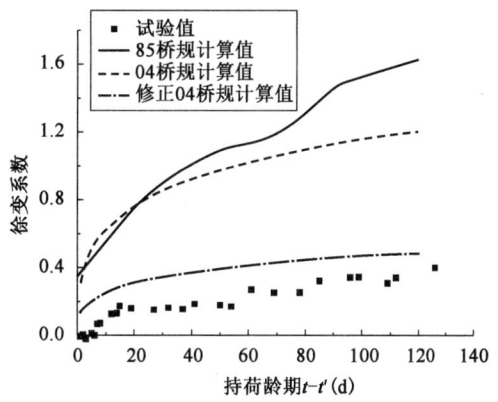

图 11-11 30% 粉煤灰掺量 C50 混凝土试验曲线、规范模型与修正模型计算值对比

从图中可以看出,粉煤灰的掺入减小了混凝土徐变变形,规范模型中未考虑粉煤灰掺量这一参数,而修正模型可以反映粉煤灰的不同掺量对徐变的影响。将 85 桥规计算值一并进行对比表明,85 桥规徐变系数计算值在初期与试验值较接近,但随着持荷龄期的增长,其徐变系数发展速率较 04 桥规计算值显著增大,与试验值误差较大。

以不同加载龄期下粉煤灰混凝土为例,分别计算 04 桥规模型与修正模型的徐变系数并进行对比。采用的参数为:粉煤灰掺量分别为 15%;加载龄期分别为 3d、7d、28d;环境相对湿度为 55%;构件理论厚度为 100mm;粉煤灰混凝土 28d 抗压强度为 40MPa。两个模型计算对比见图 11-12,加载龄期越大修正与未修正的混凝土徐变系数差距越大,说明粉煤灰对混凝土徐变特性的改善效果随加载龄期的增大而更加明显;当加载龄期小于 3d 时,由于粉煤灰的二次水化效应不充分,混凝土早期强度有所降低,掺加粉煤灰反而会增加混凝土的徐变变形。

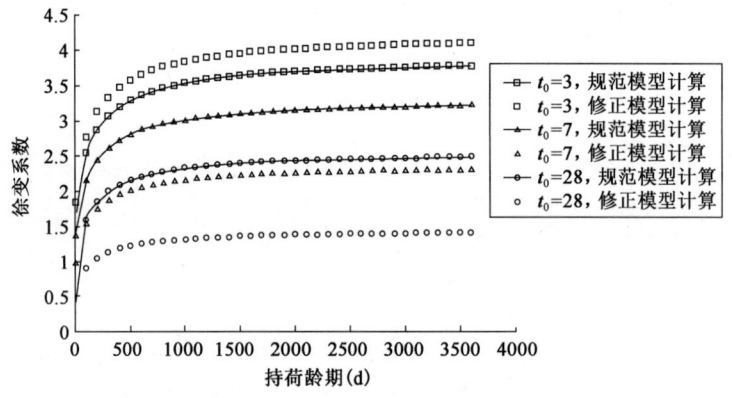

图 11-12　不同加载龄期下粉煤灰混凝土规范模型与修正规范模型徐变计算对比

11.3　本 章 小 结

本章试验研究了掺加不同掺量粉煤灰的桥梁混凝土徐变变形性能,试验结果表明:当粉煤灰掺量为 15% 时,抵抗徐变的能力得到大幅度改善,其 180d 的徐变系数约为未掺粉煤灰混凝土徐变系数的 50%;粉煤灰掺量为 30% 时,抵抗徐变的能力得到更大幅度增加,其 180d 的徐变系数为未掺粉煤灰的混凝土的 28%;三条徐变曲线都出现收敛趋势,其中掺 30% 粉煤灰混凝土的徐变系数曲线最为平缓。总体上粉煤灰对改善混凝土徐变性能有利,但其抑制徐变的程度与粉煤灰的掺量有关。

分析了掺加粉煤灰对混凝土徐变特性的影响,采用混凝土强度修正系数和粉煤灰掺量修正系数对《公路钢筋混凝土及预应力混凝土桥涵设计规范》(JTG D62—2004)中规定的普通混凝土徐变系数进行修正,建立了粉煤灰混凝土徐变系数计算模型,并给出了不同粉煤灰掺量和不同加载龄期的粉煤灰混凝土徐变系数的修正系数建议值。

12 掺减水剂与引气剂混凝土的徐变特性

随着桥梁结构对混凝土强度、工作性和耐久性要求的日益提高,使用外加剂成为改善混凝土性能的必要技术手段。为减小水灰比,增加混凝土强度,提高新拌混凝土流动性,需使用减水剂进行改善;为了改善桥梁混凝土的抗冻耐久性能,目前最有效的技术手段是使用引气剂。外加剂已成为现代混凝土材料中除水泥、水、粗集料、细集料之外的第五组分,对混凝土的长期性能有着重要影响。现阶段对外加剂的研究大部分是关于混凝土浆体流变特性、硬化混凝土抗冻性能的研究,但关于掺减水剂与引气剂对混凝土长期变形性能即徐变特性影响的研究尚不充分。

本章采取试验手段对掺加减水剂与引气剂的桥梁混凝土徐变特性进行研究,分析减水剂与引气剂的掺入对混凝土徐变性能的影响规律,并通过试验研究经冻融循环后混凝土徐变规律以及引气剂对冻融循环下混凝土徐变的影响。

12.1 掺减水剂混凝土的徐变

减水剂一般具有分散水泥颗粒和调节凝结时间作用。使用减水剂可以改善混凝土的和易性,节约水泥,或降低水灰比以提高强度,具体表现在:

①在保持混凝土配合比不变的情况下,改善其工作性;或在保持工作性不变的情况下减少用水量,提高混凝土强度;

②在保持强度不变时减少水泥用量,节约水泥,降低成本;

③加入减水剂后混凝土更为均匀密实,改善系列物理化学性能,如抗渗性、抗冻性、抗侵蚀性等,提高了混凝土的耐久。

惠荣炎和黄国兴曾做过减水剂对混凝土徐变影响的试验。按使用减水剂的目的,把其分成三种情况来考虑:第一种是为了提高强度;第二种是为了节约水泥,保持强度不变;第三种是为了加大流动度。试验结果对第一种情况,掺高效减水剂制成高强混凝土,其徐变值减小15%~30%;对第二种情况,混凝土徐变基本不受影响;对第三种情况,徐变均增大。内维尔也得到与上面相同的结论,他试验用三种配比,一种是不掺减水剂的混凝土,水灰比为0.43;另一种为掺减水剂混凝土,但水灰比不变(即为加大流动度),还有一种是掺减水剂,降低水灰比(0.38)以提高强度。试验结果显示,掺减水剂是为了加大流动度,其混凝土徐变比不掺加减水剂的大;掺减水剂是为了提高混凝土强度时,其徐变则比不掺的小。荷兰学者弗莱斯(F. Peres)用三种混凝土在减小水灰比的情况下,做过塑化剂对徐变影响的试验,结果表明,在减水剂情况下,掺塑化剂混凝土的徐变比正常偏小18%~27%。原南京水利科学院研究所曾以节约水泥为目的,做过两组化纤浆废液减水剂对混凝土徐变影响的试验,水灰比为0.60,减水剂掺量为0.1%,加荷龄期为90d和360d,持荷100d,试验结果表明为了节约水泥而掺减水剂时,其徐变和不掺的基本接近。爱来克特(K. M. Alexander)等人研究了高效减水剂对混凝土徐变的影响,该减水剂的主要成分是三聚氰胺,掺量为1%,配比与不掺的相同,掺有减水剂的目的是提高混凝土的流动度,通过一年半的观测,掺减水剂的混凝土徐变比不掺的增大10%左右。

本研究在11.1节掺粉煤灰混凝土徐变试验的基础上,研究掺加减水剂改变混凝土工作性对混凝土徐变性能的影响。制作了15%粉煤灰取代等量水泥的混凝土、15%粉煤灰取代等量水泥的基础上加入2%的减水剂的混凝土,试验所用材料与试验方法见11.1节。试验得出两种混凝土的徐变系数,如图12-1所示。

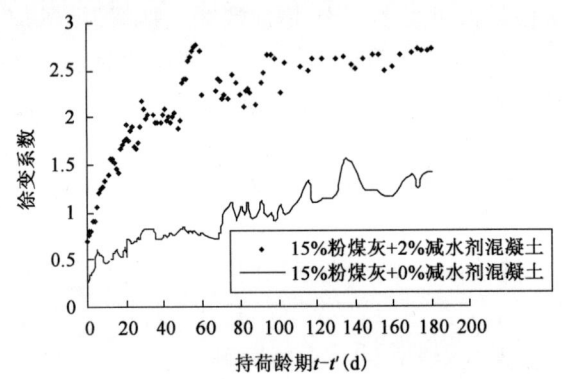

图12-1　不同配合比的混凝土徐变系数曲线

从图12-1可以看出,当以增加混凝土流动性为目的掺入减水剂时,混凝土徐变变形有所增大。

12.2　掺引气剂混凝土的徐变

引气剂是一种憎水性表面活性剂,溶于水后加入混凝土拌合物内,在搅拌过程中能产生大量微小气泡。引气剂在混凝土中引入细微观气泡,可改善混凝土抗冻性、抗盐冻剥蚀性能,提高混凝土抗渗性和耐久性能。

1941年,Swayze首次发表论文阐述了引气可以改善混凝土的工作性,减少泌水,提高抗冻耐久性。随后,掺加引气剂被证明是提高混凝土抗冻性最有效的方法。在国内,吴中伟院士早在20世纪50年代初研制了松香热聚物加气剂(引气剂),开创了我国采用引气剂来提高混凝土抗冻耐久性的先河。此后,水利水电科学研究院、同济大学等单位在混凝土引气剂的研制和推广等方面都进行了研究工作。

在掺加引气剂的混凝土的徐变研究方面成果较少,苏联学者Podvalnyi在1963年对冻融循环条件下的轴心受压混凝土构件进行了短期徐变试验的初步研究,但并未对试验结果进行理论分析。而且,混凝土经受冻融循环作用后的徐变试验和理论尚不成熟。

本节主要采取试验手段对掺加不同掺量引气剂的桥梁混凝土徐变变形进行研究,分析引气剂的掺入对混凝土徐变性能的影响规律,并对掺加引气剂的混凝土经冻融循环作用后的损伤演变及不同冻融循环次数后的徐变性能进行分析。

12.2.1 原材料及配合比

(1) 试验原材料

引气剂：ZB-12 型引气剂，密度为 $1.04 \pm 0.02 \text{g/cm}^3$，pH 值为 10～12。

水泥、石子、碎石、砂子等原材料均与 11.2 节相同。

(2) 掺 ZB-12 引气剂混凝土性能指标(表 12-1)

ZB-12 引气剂混凝土性能指标 表 12-1

检验项目	企标	检验结果	检验项目	企标	检验结果	检验结果
减水率	≥6	6.8	抗压强度比(%)	3d	≥95	110
含气量(%)	>3.0	5.5		7d	≥95	107
对钢筋锈蚀作用	无	无		28d	≥90	105

(3) 引气剂掺量

根据使用目的和要求，液体掺量范围为 1.5～2.5/万。

(4) 配合比及其他参数

根据要求设计混凝土配合比：其中第一组为普通混凝土，第二组为掺 1.5/万引气剂混凝土，第三组为掺 2.5/万引气剂混凝土，以便了解引气剂的掺入对混凝土徐变性能的影响。

混凝土水泥用量为 387kg/m^3，水灰比 0.4，砂率不变。由于引气剂的重量很少，所以保持水泥用量不变，引气剂直接加入。试验配合比见表 12-2。

混 凝 土 配 合 比 表 12-2

编 号	配合比(kg/m³)					
	引气剂掺量	水泥	引气剂	水	砂	石
1	0	387	—	151	650	1 262
2	1.5/万	387	0.006	151	650	1 262
3	2.5/万	387	0.010	151	650	1 262

12.2.2 试件制作与养护

试验采用的试件为 100mm×100mm×300mm 的混凝土棱柱体(中心预留直径为 17mm 孔道，以便加载时高强螺栓由此穿过)如图 12-2 所示，混凝土试件共三组，每组成型 3 个棱柱体用于测定混凝土的徐变和收缩；3 个立方体试件，用来测定混凝土 28d 强度值。

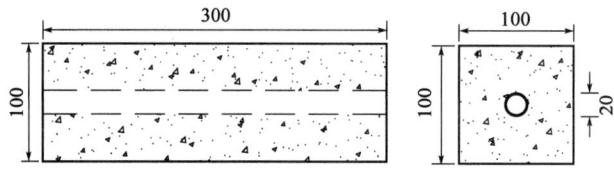

图 12-2 试件正面与立面示意图(尺寸单位:mm)

试件 24h 后拆模；然后置于温度 20℃±2℃，相对湿度 RH 大于或等于 95% 的标准养护室内；进行编号，试件养护 28d。

12.2.3 试验方法

加载装置及加载方法与11.2节中粉煤灰混凝土徐变试验方法一致,对冻融循环分别为0、25、50次后混凝土徐变变形进行研究。冻融试验参照《普通混凝土长期性能和耐久性能试验方法标准》(GB/T 50082—2009)中快冻法的规定进行。

12.2.4 测试结果

不同掺量引气剂混凝土徐变经不同冻融次数后的徐变试验曲线如图12-3所示。从图12-3可以看出掺有同掺量的引气剂的混凝土徐变均随冻融次数的增加而增大;对于未掺引气剂的混凝土,当徐变变形发展90d时,经历50次冻融循环及25次冻融循环后的混凝土徐变分别为无冻融循环引气剂混凝土的1.23倍、1.12倍;对于掺1.5/万引气剂混凝土,当徐变变形发展90d时,经历50次冻融循环及25次冻融循环后的混凝土徐变分别为无冻融循环引气剂混凝土的1.28倍、1.16倍;对于掺2.5/万引气剂混凝土,当徐变变形发展90d时,经历50次冻融循环及25次冻融循环后的混凝土徐变分别为无冻融循环引气剂混凝土的1.18倍、1.06倍。此现象反映了混凝土徐变随冻融次数的增加而增大,表现在冻融次数一定时,徐变发展随引气剂的增加而逐渐减缓;对于相同掺量的引气剂,徐变发展速率随冻融次数的增加而减缓。掺引气剂后,在冻融后徐变的增加量减小,说明掺引气剂对混凝土在冻融条件下的徐变具有改善作用。

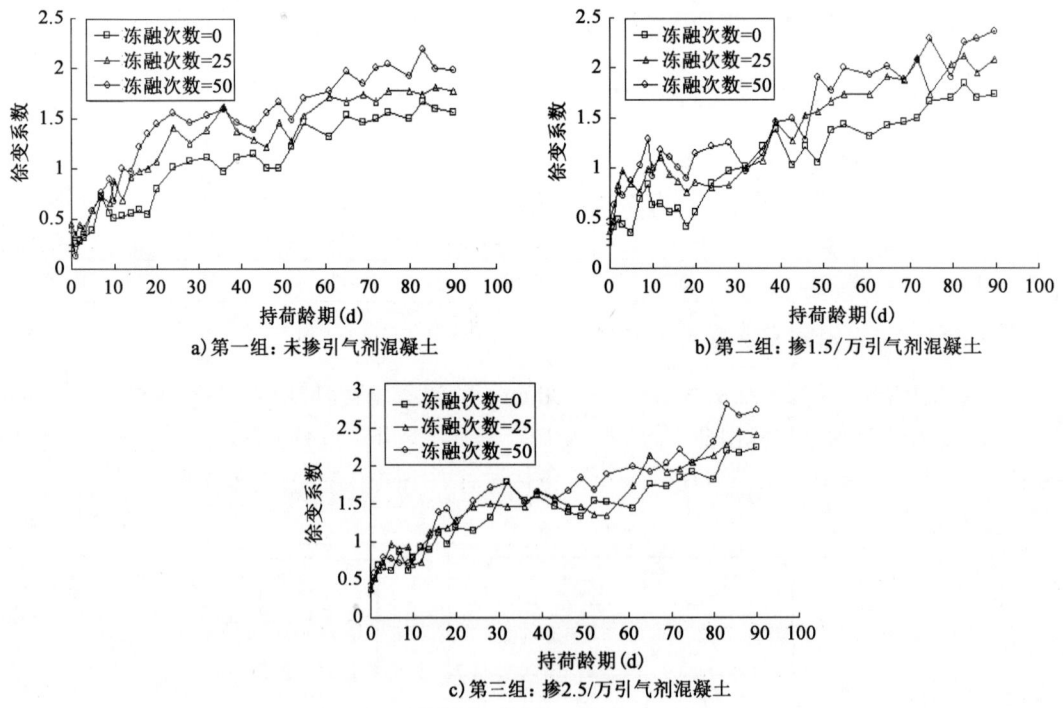

图12-3 不同掺量引气剂混凝土徐变度曲线

一定冻融次数下不同含气量混凝土徐变的徐变试验曲线如图12-4所示。从图12-4可以看出当冻融次数一定时,混凝土徐变均随含气量的增加而增大;对于未受冻的混凝土,当徐变变形发展90d时,含气量为3%、1%的混凝土徐变分别为不含气混凝土的1.32倍、

1.08倍;对于经受25次冻融作用后的混凝土,当徐变变形发展90d时,含气量为3%、1%的混凝土徐变分别为不含气混凝土的1.28倍、1.14倍;对于经受50次冻融作用后的混凝土,当徐变变形发展90d时,含气量为3%、1%的混凝土徐变分别为不含气混凝土的1.30倍、1.15倍;值得说明的是,在此批试件制作成型后,并未及时移入标准养护室,而是在-5℃的温度环境下置放了6d,混凝土早期受冻从而劣化了混凝土内引气剂对混凝土抗冻性的影响。虽然试验现象反映了引气剂的添加增加了混凝土的徐变变形,但出于此原因,此研究还值得进一步的深入。

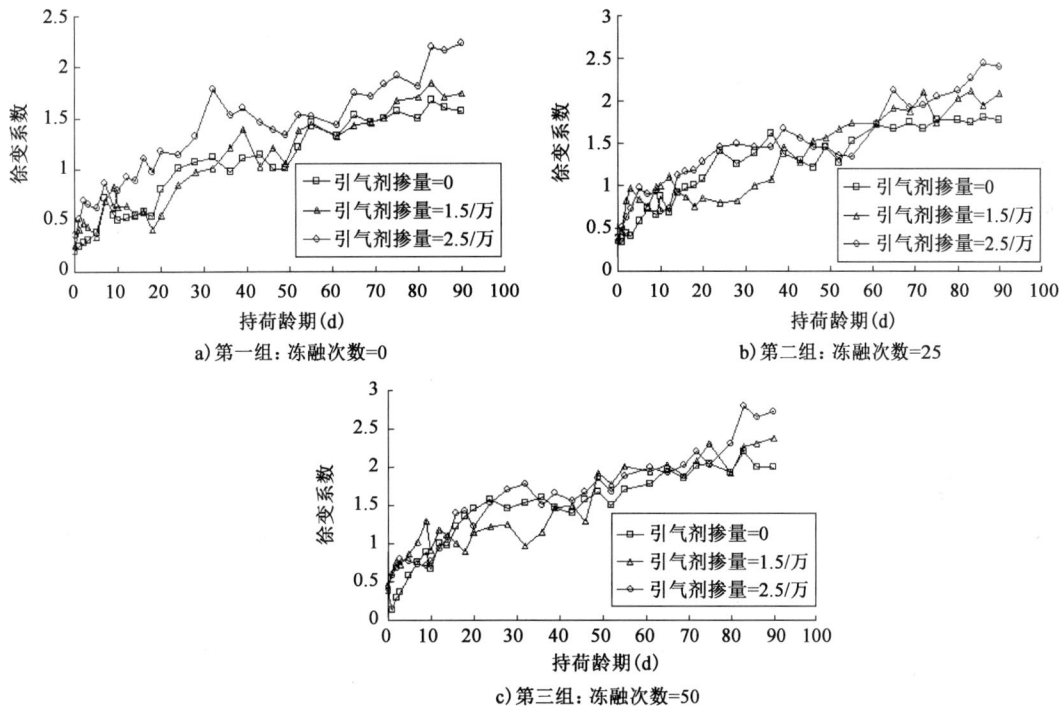

图12-4 一定冻融次数下不同含气量混凝土徐变度曲线

12.3 本章小结

本章研究了掺加减水剂与引气剂对桥梁混凝土徐变特性的影响,并研究了经冻融循环后混凝土徐变发展情况以及引气剂对冻融循环后混凝土徐变的影响。试验结果表明:

①对以改善工作性为主要目的而掺入减水剂的混凝土徐变性能的试验研究,掺入减水剂使混凝土徐变变形增大。

②引气混凝土的徐变变形随引气剂掺量增加而增大;但是,掺引气剂的混凝土在遭受冻融后,其徐变变形增加量减小,说明掺引气剂对处于冻融环境中的混凝土徐变效应具有改善作用。

13 掺粉煤灰混凝土桥梁实体结构长期变形分析

本章分析了掺加矿物掺合料混凝土弹性模量演变和徐变发展演变规律,分析了加载龄期对于掺加矿物掺合料的混凝土的徐变系数的影响。以 16m 跨预应力简支箱梁桥为例,建立混凝土桥梁结构长期性能分析方法,根据本课题试验结果,对比分析了加载龄期、掺量对由于混凝土徐变而导致的跨中截面的竖向附加变形和预应力损失值的影响,结果表明:随着预应力加载龄期的增加,由混凝土徐变导致的变形逐渐减小,预应力损失逐渐减小;随着粉煤灰和矿渣掺量的增加,由混凝土徐变导致的变形逐渐减小,预应力损失逐渐减小;在 3d 加载龄期时,掺粉煤灰的混凝土徐变变形和预应力损失大于普通混凝土,提出了掺加粉煤灰的混凝土预应力加载龄期不小于 7d。

13.1 掺粉煤灰混凝土弹性模量演变规律

在实际桥梁施工过程中,混凝土的抗压强度和弹性模量会随时间而变,在混凝土桥梁中,考虑混凝土的弹性模量对桥梁线型的控制影响较大,因而在对混凝土桥梁长期受力性能进行分析时有必要考虑混凝土弹性模量随时间变化情况。

本文在第 4 章制作了几组混凝土试件,通过标准试验条件对混凝土弹性模量进行测试,考察不同外加剂类型、掺和料类型及掺量对混凝土性能的影响。根据混凝土试验结果,混凝土的弹性模量随水胶比的减小而增大,水胶比从 0.48 减至 0.34,各个龄期的混凝土弹性模量增幅可以到达 60% 以上。混凝土试件的弹性模量随龄期增加而增长,至 3 年龄期时,弹性模量与 1 年龄期相比变化不大。对于掺粉煤灰混凝土,由于粉煤灰火山灰活性较低,粉煤灰混凝土在 28d 之前的弹性模量偏低,而后快速增长,粉煤灰掺量 12% 的混凝土在 90d 龄期时,弹性模量即超过纯水泥混凝土;然而随掺量增加,粉煤灰混凝土的弹性模量降低。矿粉混凝土(矿粉单掺或矿粉—粉煤灰复掺)在 28d 之前的弹性模量低于纯水泥混凝土,而后快速发展,至 1 年龄期时,各组掺有矿粉的混凝土,其弹性模量均赶上甚至超过纯水泥混凝土。

根据试验量测结果,并采用如下所示指数函数形式对掺不同外加剂和掺合料的混凝土的弹性模量随时间的变化规律进行拟合。

$$E_c = A_0 e^{\frac{-t}{A_1}} + A_2 \tag{13-1}$$

式中:E_c——混凝土弹性模量(MPa);

t——时间(d);

A_0、A_1、A_2——拟合系数。

通过拟合分析,各拟合系数和相关性见表 13-1。

混凝土的弹性模量拟合方程系数　　　　　表13-1

混凝土序号	A_0	A_1	A_2	R^2
Q1	-6.102 85	57.339 47	55.611 93	0.82
Q2	-11.532 57	106.913 98	59.264 74	0.99
Q3	-8.844 69	123.053 61	57.711 96	0.94
Q4	-12.333 09	128.029 17	55.780 34	0.93
Q5	-14.654 42	62.084 37	58.642 21	0.94
Q6	-9.804 78	62.557 75	57.833 39	0.99
Q7	-6.225 55	77.287 05	55.807 43	0.82
Q8	-8.509 01	92.911 45	56.870 0	0.90
Q9	-6.494 52	33.779 95	55.051 34	0.98
Q10	-6.982 80	54.560 83	50.866 66	0.92
Q11	-5.979 77	112.277 52	45.857 73	0.95
Q12	-4.797 25	111.025 27	35.012 06	0.93

图 13-1 给出根据式(13-1)计算得到不同外加剂类型、掺合料类型及掺量的混凝土弹性模量发展曲线。

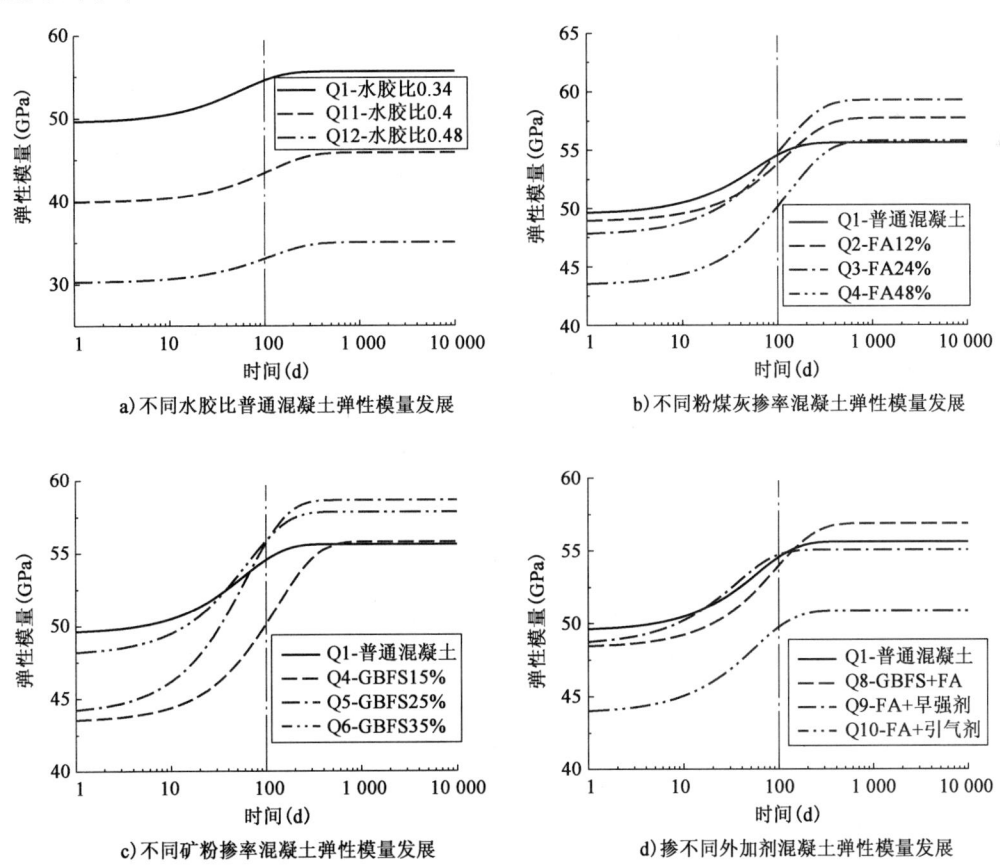

a) 不同水胶比普通混凝土弹性模量发展

b) 不同粉煤灰掺率混凝土弹性模量发展

c) 不同矿粉掺率混凝土弹性模量发展

d) 掺不同外加剂混凝土弹性模量发展

图 13-1　不同外加剂类型、掺合料类型及掺量混凝土弹性模量发展曲线

从图中可以看出,前 100d 掺矿粉和粉煤灰的混凝土弹性模量小于普通混凝土,100d 之后掺矿粉和粉煤灰的混凝土弹性模量均能超过普通混凝土。早强剂的掺入促进了混凝土前期弹性模量(180d 之前)的增长;而后增长缓慢。引气剂的掺入降低了混凝土各龄期的弹性模量。

13.2 掺粉煤灰混凝土桥梁结构长期变形分析

本书第 11 章提出了粉煤灰混凝土徐变计算模型,根据表 11-8 给出的粉煤灰混凝土徐变系数的修正系数建议值,计算得到如图 13-2 所示的不同加载龄期、不同粉煤灰掺量的混凝土徐变系数发展曲线。

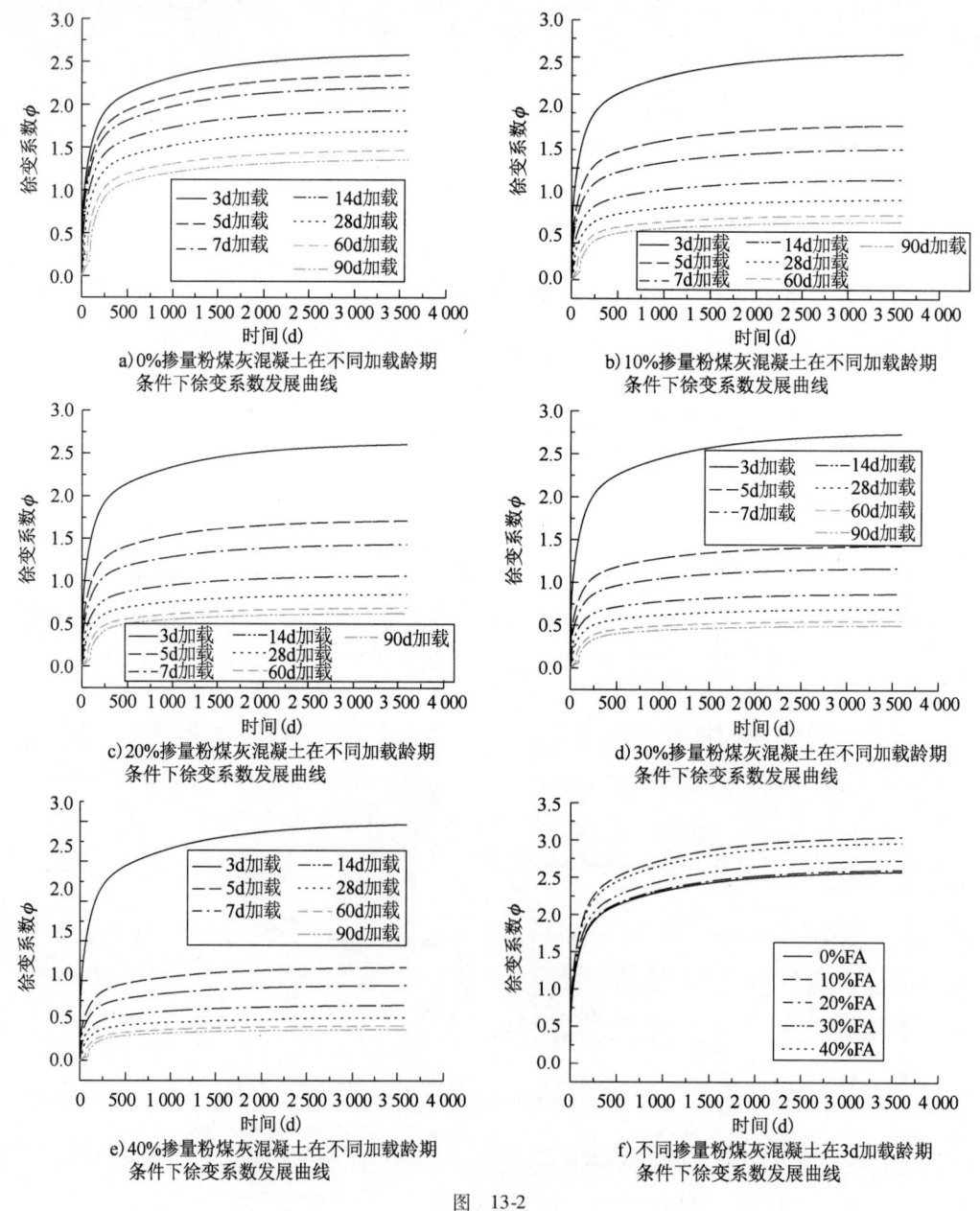

图 13-2

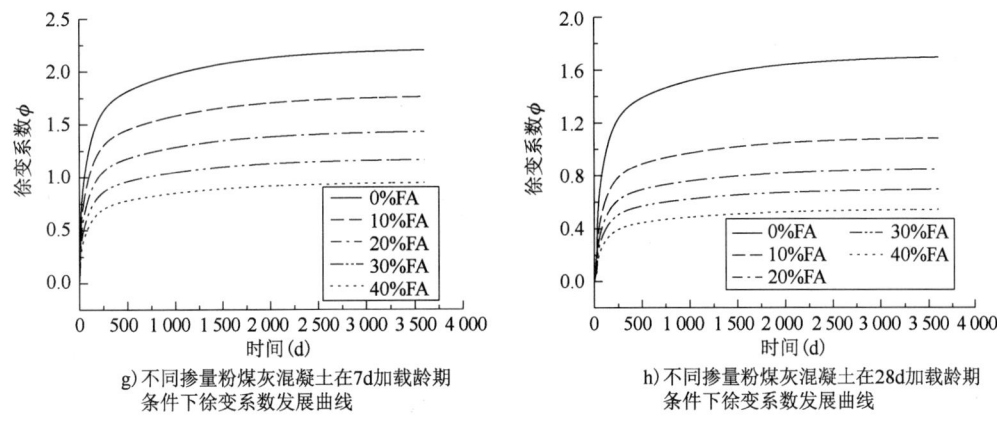

g) 不同掺量粉煤灰混凝土在7d加载龄期条件下徐变系数发展曲线

h) 不同掺量粉煤灰混凝土在28d加载龄期条件下徐变系数发展曲线

图13-2 不同掺量粉煤灰混凝土在不同加载龄期条件下徐变系数发展曲线

根据国内已报道的掺粉煤灰混凝土收缩预测模型相关研究成果,尚未形成统一的收缩预测模型,本文在以下算例分析中仍采用《公路钢筋混凝土及预应力混凝土桥涵设计规范》(JTG D62—2004)附录F给出的收缩应变预测模型。

另外,配钢筋的混凝土结构,由于内部钢筋对混凝土徐变作用的影响,钢筋混凝土与素混凝土徐变规律存在差异。通过对钢筋混凝土柱的徐变实测值与素混凝土柱的徐变实测值进行比较,得到徐变折算系数 $\omega(t-t_0)$ 随时间的变化曲线见式(13-2)。

$$\omega(t-t_0) = \begin{cases} 1.0 & \text{素混凝土} \\ 0.832(t-t_0)^{0.015} & \text{钢筋混凝土},(t-t_0) \leq 30d \\ 0.89 & \text{钢筋混凝土},(t-t_0) > 30d \end{cases} \quad (13\text{-}2)$$

为能够直观反映掺粉煤灰混凝土收缩徐变发展规律对实际桥梁结构长期受力性能的影响,选取一根16m预应力混凝土箱梁作为工程实例,结合混凝土收缩徐变分析程序CTDAP,对16m预应力混凝土箱梁长期受性能进行分析。

预应力混凝土箱梁材料参数如下:混凝土等级C50,混凝土28d平均立方体抗压强度48MPa,湿度70%,理论厚度为224mm,混凝土加载龄期7d,粉煤灰取代率分别为0%~40%,每10%为一级。考虑粉煤灰掺量对预应力混凝土箱梁长期受力性能的影响。预应力混凝土箱梁结构尺寸及横断面尺寸如图13-3所示。

根据前述粉煤灰混凝土收缩徐变预测模型,以7d加载龄期粉煤灰混凝土为例,计算得到不同掺量粉煤灰预应力混凝土箱梁跨中竖向位移发展情况和预应力筋预应力损失情况如图13-4所示。

从图中可以看出,混凝土加载龄期为7d时,当粉煤灰掺量由0%递增至40%以后,预应力混凝土梁跨中截面竖向附加变形由11.97mm递减至4.77mm,降幅达到60%。预应力损失值由135.9MPa降低至94.42MPa,降低幅度达到30.5%。

根据同样计算原理,对不同加载龄期条件下对应不同粉煤灰掺量预应力混凝土箱梁跨中截面10年后跨中截面竖向位移及预应力损失情况进行分析,计算结果如图13-5所示。

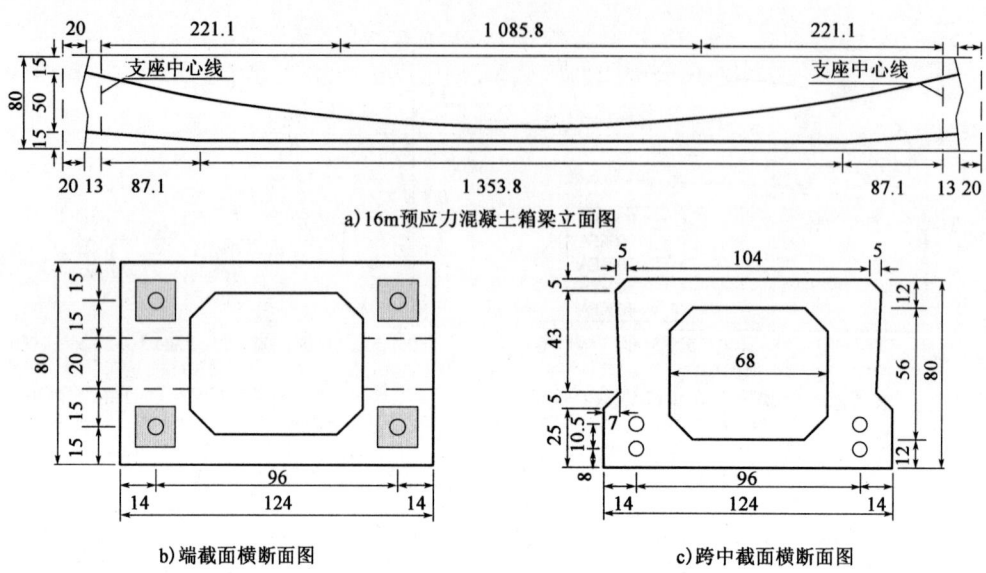

a) 16m预应力混凝土箱梁立面图

b) 端截面横断面图

c) 跨中截面横断面图

图13-3　16m预应力混凝土箱梁结构图(尺寸单位:cm)

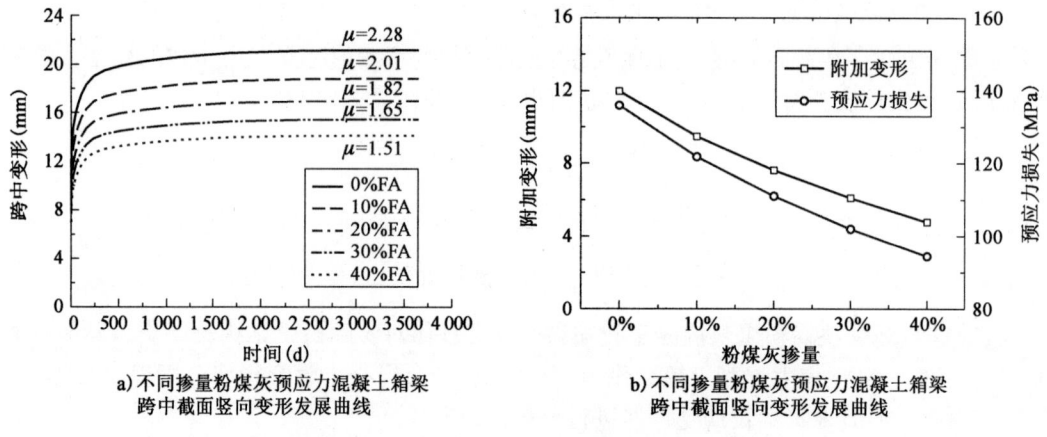

a) 不同掺量粉煤灰预应力混凝土箱梁
跨中截面竖向变形发展曲线

b) 不同掺量粉煤灰预应力混凝土箱梁
跨中截面竖向变形发展曲线

图13-4　不同掺量粉煤灰混凝土在不同加载龄期条件下徐变系数发展曲线

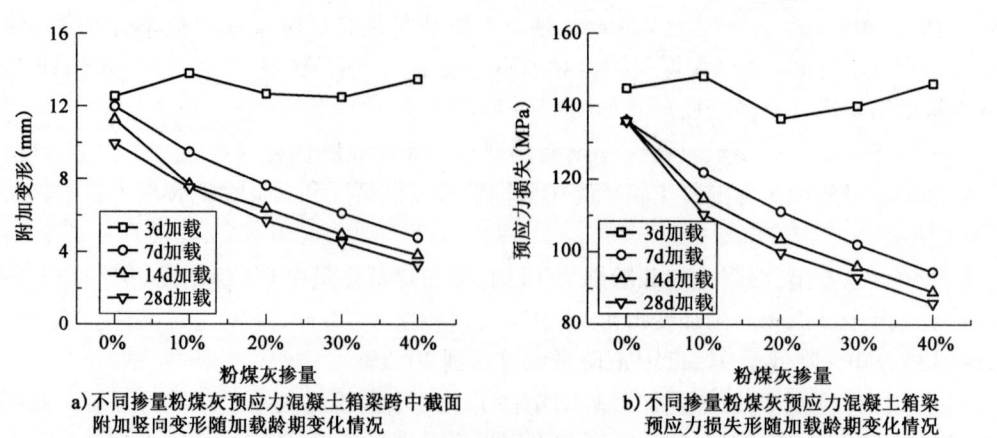

a) 不同掺量粉煤灰预应力混凝土箱梁跨中截面
附加竖向变形随加载龄期变化情况

b) 不同掺量粉煤灰预应力混凝土箱梁
预应力损失随加载龄期变化情况

图13-5　掺粉煤灰预应力混凝土箱梁跨中截面竖向变形及预应力损失随加载龄期变化情况

收缩徐变计10年后,对应不同粉煤灰掺量和加载龄期条件下预应力混凝土箱梁跨中截面由于混凝土收缩徐变引起的附加竖向位移及预应力损失情况列于表13-2和表13-3。

预应力混凝土箱梁跨中截面附加竖向变形情况　　　表13-2

加载龄期 (d)	粉煤灰掺量				
	0%	10%	20%	30%	40%
3	12.534	13.784	12.654	12.474	13.464
7	11.974	9.474	7.624	6.094	4.774
14	11.254	7.674	6.354	4.934	3.824
28	9.954	7.504	5.694	4.504	3.264

预应力混凝土箱梁预应力损失变化情况　　　表13-3

加载龄期 (d)	粉煤灰掺量				
	0%	10%	20%	30%	40%
3	144.80	148.13	136.56	140.00	146.1
7	135.90	121.80	111.00	102.00	94.42
14	135.86	114.56	103.5	95.94	89.03
28	135.85	110.17	99.73	92.88	85.92

从图13-4、图13-5和表13-2、表13-3中可以看出,在粉煤灰掺量和混凝土加载龄期均对预应力混凝土箱梁的长期受力性能产生显著影响。在3d加载龄期条件下,混凝土箱梁跨中竖向附加变形和预应力损失随粉煤灰掺量的增加而增大;当加载龄期大于3d之后,混凝土箱梁跨中数向变形和预应力损失值随粉煤灰掺量增加而减小。此外,随着加载龄期的增长,预应力混凝土箱梁的跨中截面竖向位移和预应力损失幅度均明显减小。

第4篇

长期性能检测方法

14 混凝土长期力学性能现场快速检测方法

14.1 研究现状

14.1.1 混凝土强度测试技术

混凝土的强度是指混凝土受力达到破坏极限时的应力值,通常主要指抗压强度。我国标准规定"检验评定混凝土强度用混凝土试块,其标准成型方法、标准养护条件及强度试验方法均应符合现行国家标准《混凝土力学性能试验方法标准》(GB/T 50081—2002)的规定"。因此,要准确测量混凝土的强度,必须制作标准试件并加载至破坏极限,这种测试方法在取得测试值后试件即已破坏。显然,对实际工程结构的混凝土强度进行检测时,在没有同条件存放的标准试件的情况下,将结构混凝土切割制成标准试件去进行测试会损害结构性能,通常是不可行的。结构混凝土强度无损检测方法就应运而生。

所谓混凝土的"实际强度"是一个不严谨的概念,因为任何一个强度试验都与试件制作条件、形状、尺寸、龄期、加荷速度等因素有关。所以,在无损检测中当我们采用某一物理量(如回弹值、超声值等)与混凝土强度建立相关关系时,所指的强度值应是标准值强度。根据所建立的相关关系推算的无损检测结果应是混凝土强度标准值。用一批强度标准值推算值,并按统计概念所确定的被测混凝土强度值应是混凝土标准值的推定值。结构混凝土强度无损检测方法就是在不破坏结构的情况下,得到混凝土标准值,因此只能寻找一个或几个与混凝土强度具有相关性,而测试过程中不损伤混凝土性能的物理量作为混凝土强度的测试指标。通过混凝土结构无损检测所得强度值,实际上是一个间接推算值,检测准确程度取决于该物理量和混凝土强度之间的相关性。

实际工程结构或构件,在养护条件、测试龄期等方面,都不可能与标准立方体的试验条件相同。强度检测方法所使用的推算公式是根据物理量与强度标准值之间的相关性而建立的,但推算结果仍不可能与强度标准值相同。为此将强度标准值的推定值称为特征强度。

目前,混凝土强度检测方法包括无损检测方法、半(微)破损检测方法和综合检测方法三类,其中无损检测方法是以不影响结构或构件混凝土任何性能为前提,以混凝土抗压强度与部分物理量之间相关性为基础的检测技术,代表性方法有:回弹法、超声脉冲法、射线吸收与散射法、成熟度法等;半(微)破损检测方法是以不影响结构承载能力为前提,在结构上直接破损取样或进行局部破坏性试验,根据试验值与混凝土强度标准值相关性评价混凝土强度的方法代表性方法有钻芯取样法、拔出法、射钉法等;综合法采用两种或两种以上检测手段获取各物理参量,与混凝土强度建立多维相关关系,从不同角度综合推算混凝土强度,代表性方法有:超声-回弹综合法、超声-钻芯综合法、声速衰减综合法等。

(1)回弹法

回弹法是用回弹仪测定混凝土表面硬度,利用混凝土表面硬度与强度存在相关关系的原理来推算混凝土强度。其主要优点是:仪器构造简单、测试方法易于掌握、检测效率高、费用低,影响因素较少,适用于施工现场对结构混凝土的强度进行随机的、大量的检验。但是,此方法受混凝土表层质量的影响较大。

回弹法是较早成熟并得到广泛应用的结构混凝土强度非破损检测技术,1948 年 E. Schmid 研制了回弹仪,为混凝土强度回弹检测技术奠定了基础。随后,许多国家相继开展这方面的研究,前苏联、罗马尼亚、日本等国家在50 年代都曾取得许多成果。我国自50 年代开始采用回弹法测定现场混凝土抗压强度;60 年代初,开始自行生产回弹仪,并推广应用。但由于研究深度不够,无统一的技术标准,因而使用混乱,误差较大;1963 年建工部建研院结构所召开了"回弹仪检验混凝土强度和构件试验方法技术交流会",并于1966 年3 月出版了《混凝土强度的回弹仪检验技术》一书,对回弹法的推广应用起了促进作用。1978 年,国家建委将混凝土无损检测技术研究列入了建筑科学发展计划,并组成了以陕西省建筑科学研究设计院为组长单位的全国性协作研究组,对回弹法的仪器性能、影响因素、测试技术、数据处理方法及强度推算方法等进行了系统研究,提出了具有我国特色的回弹仪标准状态及"回弹值-碳化深度-强度"相关关系,提高了回弹法的测试精度和适应性。1985 年颁布了《回弹法评定混凝土抗压强度技术规程》(JGJ 23—85),1989 年又对该规程进行了修订,修订后的规程为行业标准《回弹法检测混凝土抗压强度技术规程》(JGJ/T 23—92)。2000 年,仍然由陕西省建筑科学研究设计院为主编单位在原有规程的基础上,对使用泵送混凝土制作的构件强度进行修正,扩大了测强曲线的适用范围,改变了构件强度推定值的方法,并且明确了混凝土回弹仪的检定方法应按照国家现行标准《回弹仪检定规程》(JJG 817)执行,重新颁布了新的《回弹法检测混凝土抗压强度技术规程》(JGJ/T 23—2001)。现在,回弹法已成为我国应用最广泛的无损检测方法之一。

(2)超声法

超声法是利用超声波在不同密度和不同弹性模量的混凝土中传播速度不同的原理,根据波速与混凝土强度的相关关系来推算混凝土的强度。这类方法的特点是测试方便、费用低廉,测试结果的可靠性主要取决于被测物理量与强度之间的相关性。因此,必须在测试前建立严格的相关公式或校准测强曲线。

1949 年,加拿大 Leslie 和 CHeesman、英国 R. Jones 等运用超声脉冲进行混凝土检测获得成功。从此,超声检测结构混凝土作为一种无损检测技术得到了研究人员的重视,开展了大量研究工作。我国于上世纪50 年代后期开始研究超声法检测结构混凝土强度:建材研究院提出了"水泥净浆声速核算法",陕西省建筑科学研究院提出了"砂浆声速核算法",湖南大学提出了"声速衰减综合测强法"等,南京水利科学研究院提出了用概率法判断缺陷的方法,使原来的经验判断上升为数值判据判断。1978 年,以中国建筑科学研究院、陕西省建筑科学研究院为首组成了以建工系统为主的全国性协作组,就一些共同关心的问题进行了合作研究。20 世纪80 年代,研究工作快速发展:中国建筑科学研究院进行了综合法测强研究,首次提出了北京地区超声法测强曲线;南京水利科学研究院进行了超声法测强测量缺陷和裂缝深度的研究;同济大学进行了超声法测量、测强、测厚及超声波检测仪的研究；湖南大学进行了超声检测影响因素及混凝土中声波衰减及频谱分析的研究；陕西省建筑科学研究院进行了缺陷、检测火灾后损伤层厚度的研究。在此基础上，1990年颁布了《超声法检测混凝土的缺陷技术规程》（CECS 21:1990）。部分地区也利用统计方法建立了本地区的超声法测强曲线。近年来，随着超声测强应用范围的扩大和理论研究的不断深入，超声波检测混凝土强度的研究有了很大进展。尹荣研究了用超声波在早期检测混凝土强度，探讨超声脉冲传播速度与早期强度之间的关系，给出了试块强度与声速之间的相关关系曲线。目前的研究表明，超声检测混凝土的早期强度是可行的。超声波检测方法不仅能换算出混凝土的强度，而且能评价其匀质性及判定内部有无缺陷，可以在混凝土的强度检测中应用。尽管如此，由于影响因素较多，超声法检测混凝土强度的现状依然处于经验阶段，很多公式是从归纳统计的基础上得出的，缺乏理论机理层面的有效支撑，应用范围上受到限制。

（3）超声-回弹综合法

超声-回弹法是以回弹法与超声法为基础、联合利用两种检测方法，弥补干扰因素对单一检测手段的影响，修正单一检测方法的误差，从而得到更加准确的评定结果。

1966年，罗马尼亚的LFacaoru提出用声速及回弹值综合估算混凝土强度的方法，为混凝土非破损检测技术发掘了多因素综合分析的新途径。1971年，罗马尼亚颁布了《超声-回弹综合法确定混凝土强度技术规程》。自此，超声-回弹综合法开始受到各国科技工作者的重视。前苏联、东欧、美国、加拿大及日本等国都广泛开展了这项技术研究，在实际工程中应用并编制了标准，如美国的ASTM、英国的BSI、德国的DIN和日本建筑学会及国际组织RILEM均已颁布或正准备颁布有关标准。

我国近年来围绕超声-回弹综合法展开了系统的研究，完成了多项科研成果，使该方法在结构工程质量检测中得以广泛的推广使用。1988年，由中国工程标准化委员会批准了我国第一本《超声-回弹综合法检测混凝土强度技术规程》（CECS 02:88）。2005年，根据中国工程建设标准化协会（2000）建标协字第15号文《关于印发中国工程建设标准化协会2000年第一批推荐性标准制、修订计划的通知》的要求，在CECS 02:88的基础上，吸收了国内外超声检测仪的最新成果和超声检测技术的新经验，结合我国工程建设中混凝土质量检测的实际需要，重新修订实施了《超声回弹综合法检测混凝土强度技术规程》（CECS 02:2005）。该规程在计算混凝土强度时采用的是全国统一测强曲线，并给出混凝土材料、养护方法、龄期等的适用范围。当结构或构件所采用的材料及其龄期与统一测强曲线所采用的材料及其龄期有较大差异时，应用全国统一测强曲线来推算结构或构件混凝土强度将带来很大的误差，所以《超声回弹综合法检测混凝土强度技术规程》（CECS 02:2005）建议有条件的地区应建立地区测强曲线或专用测强曲线，以便于提高混凝土强度的检测精度。

（4）拔出法

拔出法根据锚固件埋入混凝土体内的时间分为两种：一种是将锚固件固定好后混凝土浇筑成型，称为预埋拔出法（LOK试验）；另一种是在混凝土浇筑成型后，在已硬化的混凝土表面钻孔，安置锚固件，称为后装拔出法（CAPO试验）。两种方法均根据拔出仪检测到的实体混凝土锚固件的拔出力来评定混凝土抗压强度。

拔出法最初是在20世纪30年代，由前苏联Perfilieffc提出并开展相关研究。当时的研究未获成功的原因是由于破坏形式为钢筋与混凝土之间出现黏结破坏,而不是混凝土本身被破坏。此后,苏联工程师 Volf 和 Gershberg 两人对锚固件进行了改进,将锚固件做成直径大于锚杆的球形锚头,从而使锚固件被拔出时带出了混凝土锥形块体。他们所作的试验就是预埋拔出法的雏形。此后几年里,拔出法的研究几乎没有进展。直到 1944 年,美国工程师 Tremper 对不同龄期、不同水灰比、不同粗集料的混凝土进行了大量的预埋拔出试验。试验表明拔出试验的变异系数是 9.6%,而相应的抗压试验结果的变异系数是 8.4%。可见这两种试验的精度已经接近,并通过回归分析,得到了拔出力与抗压强度的关系式。与此同时,日本学者也对拔出法进行了研究,由于采用的锚固件和反力支承的尺寸各不相同,因而得到不同的拔出力和抗压强度的相关公式。此后拔出法的研究又陷入停滞状态。直到 1959 年,丹麦希望将预埋拔出法发展成为一种标准的试验方法,Kiekegaard-Hansen 做了大量的试验来探索预埋拔出法成为标准试验方法的可能性。通过反复试验,他选择较小的反力支承内径,这种试验得到的拔出力和混凝土抗压强度的关系是线性的,最后选定的合理反力支承内径为 55mm,所采用锚头直径为 25mm,埋深为 25mm,这就是著名的 LOK 试验。随后,ACI 成员 Malhotra 在 70 年代中期进行了两次预埋拔出法试验,他选用的锚固件和反力支承的尺寸为 LOK 试验的两倍,引入了抗拔强度的概念。第一次试验针对不同配合比和不同龄期的混凝土,得到的结论是:混凝土强度不同,其抗拔强度和抗压强度的比值也不同,随着龄期增长这种比值没有很大的变化。第二次试验得出了不同龄期混凝土的抗拔强度与圆柱体抗压强度、钻芯强度、回弹值、超声波速之间的回归公式。根据混凝土抗压强度与抗剪强度比较接近的试验现象,他指出拔出试验是对混凝土抗剪强度的直接检测。20 世纪 80 年代,预埋拔出法得到了很多国家的技术标准组织的认可,一些有影响的技术标准组织将拔出试验列为标准试验方法,如:美国材料试验学会标准《硬化混凝土拔出强度标准试验方法》(ASTMC-900-99)、国际标准化组织《硬化混凝土拔出强度的测定》(ISO/DIS 8046)、丹麦标准化局《硬化混凝土拔出试验方法》(DS 423.31)、瑞典标准化委员会《硬化混凝土拔出试验》(SS 137238)和挪威标准化局《混凝土试验-拔出试验》(NS 3679)等。

预埋拔出法虽然简单易行,但必须在浇筑混凝土之前将锚固件布置并埋设在预定的位置,无法随时随地对结构混凝土进行现场检测,灵活性不高。针对预埋拔出法的这些缺点,后装拔出法逐渐发展起来。后装拔出法是在混凝土硬化后,在其表面钻孔、切槽并埋入锚固件,接着拔出锚固件,根据拔出力推算混凝土强度的一种试验方法。其优点在于对没有预埋锚固件的混凝土也能随时进行拔出试验。1938 年,B. G. Skramtajew 在总结 Volf 的预埋拔出法时就已经提出了后装拔出法的设想。到了上世纪 70 年代,丹麦 Petersen 在 LOK 试验的基础上,提出了 CAPO 试验,即混凝土硬化后,在其表面钻孔、切槽并埋入锚固件,接着拔出锚固件,根据拔出力推定混凝土强度。其优点在于对没有预埋锚固件的混凝土也能随时进行拔出试验。这种试验的原理、试验时混凝土受力状态和受力部分的尺寸、施加拔出力所用的器具、试验得出的混凝土拉拔力与 LOK 试验完全一样,所不同的是 CAPO 试验无需在浇筑混凝土前布置测试点和锚固件。

拔出法检测混凝土强度在我国起步较晚,我国在 1985 年前后开始这项技术的研究工作,冶金、铁道、建工等部门的科研单位和院校相继开展了有关课题的研究并通过鉴定,研制开发了几种不同类型的拔出仪器,在工程实践中有所使用。中国工程建设标准化协会1994年颁布协会标准《后装拔出法检测混凝土强度技术规程》(CECS 69:94),但由于后装拔出法影响因素较多,各地区材料及施工工艺差异较大,致使该法的检测精度受到影响,从而限制了该法的推广与应用。

14.1.2 混凝土弹性模量测试技术

在混凝土结构的长期性指标中,除了以强度作为主要监控的指标外,经常还关心混凝土的弹性模量,混凝土静弹性模量作为混凝土材料性能计算的重要系数,它反映了混凝土所受应力与产生应变之间的关系,并体现混凝土结构截面的刚度,是与桥梁结构挠度变形相关的重要指标,也是研究裂缝开展和温度应力必要的参数之一。在工程中有时出现强度满足要求而弹性模量偏低,使得混凝土构件变形较大而不能正常使用。对混凝土弹性模量的研究主要利用传统的试验方法,通过测定相应龄期棱柱体抗压强度f_{cp},并在弹性范围内利用应力与应变之间的关系计算混凝土的弹性模量。试验的工作量很大,同时得到的数据少,并受地理条件的限制,一般只能在试验室进行,方便性差。

李清富、张鹏采用标距分别为300mm及150mm来进行混凝土弹性模量的试验。比较发现采用标距为300mm能较为客观地测出塑性混凝土的弹性模量,这是混凝土弹性模量测量的方法的进步。

张竞南、胡晓波等,利用铜与集料的弹性模量较接近的特性,通过在试模侧模板上的小孔,在试件两侧面固定铜质预埋件量测标距为150mm来固定千分表的杆件和加载时传递变形,以改进试验方法。但由于千分表法内在的系统测量精度差的缺陷,因此没有较大程度上没有提高混凝土弹性模量的测量精度。

郑永来等设计3组不同尺寸比例的石膏悬臂梁以及混凝土悬臂梁,根据荷载与应变测量结果通过有限元计算分析得到结构材料的静弹性模量;利用敲振法、白噪声扫频等方法得到各阶固有频率,利用有限元得到各阶振型的动态弹性模量。

周继凯、吴胜兴等采用贴应变片方法,对简支梁三分点加荷法进行静弹性模量试验,并按照梁纯弯曲区边缘纤维的应变和对应的应力来计算混凝土的弹性模量。混凝土静弹性模量作为混凝土材料长期性能的重要指标,在混凝土结构性能分析计算中都要用到,而测定混凝土静弹性模量主要是从试验方法以及试件尺寸选择上着手进行研究,试验过程比较复杂,或需统一尺寸,或需在实验室进行测试。

从20世纪40年代开始,Leslie、Cheesman及Jones等人将超声波检测技术引入到混凝土材料的检测中来,开辟了混凝土无损检测的新领域,使用超声波检测混凝土弹性模量、强度的相关技术得到了发展。

罗骐先使用纵波超声换能器,利用纵波和表面波在混凝土表面传播时的振幅差异,分辨出纵波波速、表面波速,根据弹性参数得到混凝土的动弹性模量以及泊松比,从而开辟了用纵波换能器无损测试混凝土动态弹性模量的途径。

仝秋红从混凝土超声无损检测的角度出发,运用计算机对混凝土中的超声场进行模拟,以研究超声波在混凝土中的传播方式,为超声探头的设计、制作及无损检测分析提供理论依据。

缪群、李为杜采用超声波对掺硅灰的高强混凝土的力学性能进行研究,发现超声波声速与硅灰混凝土强度之间相关性较好,并得到了该条件下的声速与强度之间的回归公式。

郝恩海、刘杰等采用超声对四种不同强度等级、不同龄期的标准混凝土试块进行测试,后进行抗压强度和静态弹性模量试验,得到抗压强度和弹性模量与超声波声速之间的关系表达式及曲线,并指出水灰比和集料的性能是影响混凝土抗压强度和弹性模量的主要因素。另外,超声波在混凝土试件内传播速度还受含水量及试件密实程度的影响。

张玉敏、王忠海采用超声波,对不同龄期三种强度等级的混凝土进行无损测试,得到了抗压强度、弹性模量和超声声速之间的函数关系。

刘宏伟、谢丽等利用超声波测定混凝土的早龄期弹性模量,研究了混凝土密度、波速及混凝土的泊松比三个因素对早龄期弹性模量的影响,发现混凝土自身密度以及泊松比对弹性模量测定影响较小。

从对混凝土动弹性模量测试技术的研究来看,主要有两种无损检测方法,一种利用敲振法、白噪声扫频等方法得到各阶固有频率,进而利用有限元反算出各阶振型弹性模量;另一种为利用超声波在混凝土中传播的特点,由固体弹性参数间接得到混凝土的动态弹性模量。而由固有频率反算得结构材料的各阶振型弹模,与结构尺寸与形式有关,测试手段较为复杂。而利用超声波则较为便捷,可在不知道混凝土的强度的条件下,无损测定混凝土弹性模量。可见,这是一种检测混凝土弹性模量的重要研究方向,有必要在混凝土长期性指标现场快速无损检测中继续开展研究。混凝土静弹性模量作为混凝土材料性能计算的重要参数,其反映了混凝土应力与应变之间的关系,并体现混凝土结构截面的刚度,是与桥梁结构挠度变形相关的重要指标,明确其在使用期的发展变化规律,对于保障混凝土桥梁长期安全可靠运行具有重要意义。

14.1.3 现有技术检测混凝土长期强度与弹性模量的不足及发展

(1)现有技术检测混凝土长期强度的不足及发展

目前在桥梁混凝土检测中回弹法、超声法、超声-回弹法以及钻芯取样法等检测技术得到了广泛的应用,但这些检测技术尚不足以有效支撑桥梁混凝土长期强度的检测。混凝土长期强度与短期强度相比较,其主要特点是混凝土长期强度随时间的变化而变化,同时表层混凝土的碳化深度也不断增长。从理论的角度,在自然条件下,时间越长,混凝土的水化越充分,强度是不断增长的,实际在对长龄期混凝土构筑物检测中发现 30 年龄期的混凝土强度可比原设计强度高 80%～100%。但由于混凝土配合材料、施工条件、环境侵蚀等因素的影响,经过多年使用混凝土强度也有可能大幅下降,这就使得工程现状与原设计有了很大的差异。因此,对已运行多年的混凝土结构进行安全评估,就必须对此类长龄期混凝土的强度进行现场检测。另外,桥梁混凝土的强度正在向高强方向发展,C40 以上的混凝土已在桥梁建设中大量使用,随着龄期的增长,桥梁混凝土的强度还将进一步提高,而目前现有的混凝土强度检测技术对于高强混凝土的检测并不完善。因此,桥梁混凝土长期强度的检测技术应能够尽量弱化混凝土碳化的影响,并形成对高强度混凝土实际强度的精确推算。

现有检测混凝土强度方法中,除了钻芯法是在结构混凝土中钻取芯样进行抗压试验直接测定混凝土强度外,其他方法均是测定与混凝土抗压强度相关的物理量,然后根据该物理量与混凝土强度的相关关系,间接推算混凝土强度。如回弹法是依据混凝土表面硬度与混凝土强度的相关性,超声法是依据混凝土中超声脉冲速度与混凝土强度的相关性,后装拔出法则是依据表层混凝土的抗拔力与混凝土抗压强度有相关性等。但此种相关性均受多种因素影响,而混凝土长龄期对这些相关性带来的影响又均未有过系统研究。

回弹法属于表面硬度法,桥梁运营时间较长,表面混凝土碳化过深,将影响回弹法的混凝土测强精度。超声法的检测精度取决于测试量与混凝土强度之间的相关性,而现有的测强曲线不可避免的带有局限性,对混凝土长期强度检测的可靠性值得商榷。超声回弹法能够弱化碳化影响混凝土强度的检测结果,同时也能弱化混凝土含水量的变化影响混凝土的强度检测结果。但目前的超声回弹法规程中的测强曲线对于混凝土的适用龄期相对较短,中国工程建设标准化协会颁布的《超声回弹综合法测定混凝土强度技术规程》(CECS 02:88)中规定的统一曲线适用龄期为7~720d,对于多年甚至长达几十年的桥梁混凝土,若按此种曲线推算混凝土强度,将产生较大的误差,因此难以满足对于桥梁混凝土长期强度的检测要求。

钻芯法是检测混凝土强度的较精确方法,受龄期、碳化深度等因素影响很小,国内外对混凝土的长期强度测试一般采用钻芯取样法。但钻芯法钻孔使结构局部受损,不宜在同一结构中大量重复使用。结构上还不允许在预应力和小构件上钻取芯样,适用范围受到限制,并不适用于桥梁混凝土长期强度检测。

近年来,后装拔出法逐渐被认为是具有较大发展前景的结构混凝土强度检测技术,其对结构造成的破损小于钻芯法,设备与工艺的要求也较简单。传统的后装拔出法需要用切槽机在已钻的孔内壁切槽,若遇坚硬粗集料,切出的环形沟槽完整性差、尺寸偏差较大且槽内混凝土损伤较为严重,测试结果离散性较大,操作难度大。

针对现有的这些检测技术的缺陷与不足,研究人员在现有检测技术的基础上进行改进,希望能够发展出适用于混凝土尤其是高强混凝土的长期强度检测技术。这些工作大致可以分为几个方面:

①研究普通回弹仪和特殊回弹仪检测混凝土强度的试验方法,以及高强、长龄期混凝土的测强曲线;

②研究超声法测试高强、长龄期混凝土的具体检测方法;

③研究超声-回弹法综合测试高强混凝土的检测技术,或者利用动弹模与混凝土强度之间的相关性,研究超声-回弹法测试混凝土动弹模的方法;

④针对后装拔出法的不足,研究采用膨胀螺栓或化学胶黏剂方法固定拔出件,进行拔出法的试验研究;

⑤综合超声、回弹、钻芯、拔出等多种方法测试混凝土,从多维角度评价混凝土强度的检测方法。

朱浮声、黄志烨进行了普通回弹仪与重型回弹仪检测高强混凝土强度的试验研究,认为:高强混凝土强度检测中,重型回弹仪检测结果反映的不是混凝土试件表面硬度与强度关系,而是其内部结构与强度的关系;增大冲击能量却使回弹值降低。普通回弹仪检测结果反映了混凝土试件硬度与强度间相关关系,试验测强曲线具有较好统计特征并与实测值吻合,表明普通回弹仪在高强混凝土强度检测中的适用性。陈启昕、蒋林华等利用混凝土试件加速碳化的方法,采用超声-回弹综合测试,获得382组试验数据,通过数据统计、分析、处理得到了长龄期混凝土测强曲线。郝恩海、刘杰对四种不同强度等级、不同龄期标准混凝土试块进行超声测试,同时作了抗压强度和弹性模量试验,通过试验得出了抗压强度、弹性模量和超声声速之间的关系式。

理论上,在自然条件下,时间越长,混凝土的水化则越充分,强度是不断增长的。在对长龄期混凝土构筑物检测中,发现有的30年龄期混凝土强度可比原强度标准值高80%~100%。但由于受到混凝土施工条件、使用环境等因素的影响,经过多年的运行,长龄期混凝土较普通混凝土相比较,其主要特点是长龄期混凝土强度随时间的变化而变化,同时表层混凝土的碳化深度也将不断增长。另外,桥梁混凝土结构由于长期处于外界恶劣环境的影响以及侵蚀作用下,以及在现实中公路桥梁的严重超载现象,会使混凝土结构产生各种类型的裂缝,混凝土强度很可能大幅下降,这就使得工程现状与原设计有了很大的差异。因此,对已运行多年的混凝土结构进行评估,需要对此类长龄期混凝土的强度进行检测。

对于强度小于C40且碳化不是很深的混凝土,利用超声-回弹法检测混凝土强度的适用性较好,并且我国已经建立了《超声-回弹综合法检测混凝土强度技术规程》(CECS 02:2005),可根据各地区混凝土所用材料及环境条件,查阅相应的测强曲线。但对于一些高强混凝土结构,随着龄期的增长,碳化深度逐渐增大,混凝土的表面硬度增大,造成超声-回弹综合法检测结果不能够真实的反映结构混凝土的强度。寻求一种能克服长龄期混凝土碳化程度并能够适用于高强混凝土强度的测试技术是检测混凝土强度的重要条件。

从现有的测试技术来看,拔出法可以测定指定部位的混凝土强度,该法测得的混凝土极限拉拔力与标准试验法所测得的抗压强度具有良好的线性相关性。只要建立这种对应关系,就可以通过拔出试验推定混凝土的抗压强度。在国际上,一些有影响的技术标准组织已将拉拔试验法列为标准试验方法。

(2)现有技术检测混凝土弹性模量的不足及发展

目前已有的弹性模量测试技术可以分为静态弹性模量检测与动态弹性模量检测。静态弹性模量检测,测试精度反映在测量试件左右两侧变形差上,采用粘贴应变片的方式精度较好,但是贴片工艺复杂,试验周期较长,且受贴片质量影响较大,一次性破坏试验,浪费较大;而采用千分表或其他变形测试体系,较为经济,但存在固定装置与变形装置间的传递误差,对于混凝土这种变形量很小的试件,还存在人为视觉造成的读数误差。这些测试都要采用专门形状与尺寸的试件在试验室里进行试验,由于现场在结构上切割试件造成破损大,不可以接受,而试验室制作的混凝土试件又可能与结构上混凝土在性能上存在差异,测试结果并不能全面反映构件的真实性能。

采用敲振法等,由结构自振频率反算得到动态模量的方法,测试过程较为复杂,并且对结构尺寸大小、型式都有较为严格的要求,要求试件具有一定的长、宽、高比例,成条杆状并可方便称重,仅适用于试验室的试件以及形状规则的部分预制构件,而不宜用于大型、非杆状或变异截面的试件及在役构筑物,并且,得到的动态弹性模量不但与材料性能,还与结构型式有关。混凝土动弹模量是结构动力分析以及动力工作性态评价的重要参数,不可以简单地与混凝土静态弹性模量画上等号,或者根据经验认为比静态弹性模量提高20%左右,这样是缺乏试验依据的。而利用超声波测试混凝土得到动态弹性模量技术可行,且较为便捷,利用超声波无损检测混凝土性能指标的方法受构件尺寸以及试验环境的影响较小,运用前景广泛。但由于集料在混凝土试件中占有70%以上比例,那么集料声速很大程度上混凝土的声速,如何扩大应用范围,可在现场测量更多类型的混凝土结构的动弹性模量。甚至若能建立动、静态弹性模量之间的转换关系,便可以便捷准确地得到混凝土静态弹性模量,所以有必要进一步开展相关研究。

14.2 混凝土强度现场检测方法研究

14.2.1 螺纹钢筋在立方体试块中拔出试验

(1)试验方案

本节试验采用了200mm×200mm×200mm的立方体试件作为拔出法测试混凝土强度的试件,并且采用对应同批次150mm×150mm×150mm的标准立方体试件进行标准抗压强度试验作为强度参照试件。本节试验考虑了4个试验参数:混凝土强度、浇筑龄期、拔出钢筋埋置深度、孔壁光滑程度。其中,试件强度等级分别设计为C40、C55、C70,测试时的浇筑龄期分别设置为28d、60d、120d,拔出钢筋埋置深度分别设计为22mm、25mm、28mm,孔壁光滑程度分别采用冲击电锤与金刚石台式钻孔。每一种强度水平对应有三种龄期,每一种龄期对应有三种拔出钢筋埋置深度,每一个拔出钢筋埋置深度对应有有三组试件,每组试件由一块200mm×200mm×200mm立方体(拔出试件)和对应三块150mm×150mm×150mm标准立方体(抗压强度试块)。试件采用规范推荐的混凝土配合比进行浇筑。每组试件的拔出立方体试件和立方体抗压强度试块,采用同盘浇筑的混凝土浇筑而成,在同一振动台上同时振捣成型,成型后在20℃±5℃环境中静置一昼夜以后,拆模、编号。

(2)操作工艺

考虑采用化学黏结剂的方法黏结拔出件,参考在建筑及桥梁工程中已广泛应用的化学后锚固钢筋技术中的操作工艺[详见《混凝土结构后锚固技术规程》(JGJ 145—2013)],具体如下:

①钻孔

在试件侧面中央采用一定的机械设备钻孔,保证钻孔的垂直度,钻孔直径取为25mm,钻孔深度取为40mm。混凝土结构后锚固钢筋技术中采用的设备为冲击电锤,由于冲击电锤钻出的孔壁较为粗糙,为研究孔侧壁光滑程度对拔出力的影响,在本节试验中还采用了金刚石钻孔机。

②清孔

用气泵将空内的灰尘清干,并用无水乙醇棉花将孔内擦洗干净,待孔内乙醇完全挥发后再进行下一步操作。

③植筋

将直径为25mm的螺纹钢筋端头擦洗干净,并在孔内以及钢筋端头涂抹均匀而密实的化学黏结剂(环氧石英砂浆,又名结构胶,本节试验中分别采用了2种已在工程中广泛应用的结构胶品牌,长沙固特邦公司生产的结构胶与长沙固力公司生产的结构胶),将钢筋插入已填充结构胶的孔中,控制钢筋的锚固深度为22mm、25mm、28mm并固定好。

④拔出钢筋

待结构胶达到强度后,安装拉拔仪并使拉拔仪的承力环紧贴混凝土表面,对植入钢筋进行拔出试验,并记录拔出力。

(3) 试验结果分析

试验结果见表 14-1 ~ 表 14-3、图 14-1 ~ 图 14-6。

孔壁粗糙拔出试验结果（冲击电锤） 表 14-1

深度 (mm)	C40 试件拔出力(kN)					
	28d			60d		
22	12.1	22	22	27	32	26.2
25	23.5	25.5	34	36.3	12.3	35.5
28	32.7	26.7	18	40.1	18	21

深度 (mm)	C55 试件拔出力(kN)					
	28d			60d		
22	13.1	17.6	17.4	26	17	36
25	27.7	30.3	19.2	11.1	39.8	28.8
28	21.2	36.5	39.9	31.3	35.1	31

深度 (mm)	C70 试件拔出力(kN)					
	28d			60d		
22	14.9	19.1	27.8	21	11.3	29.9
25	17.8	26.2	32.3	36.8	11.8	33.9
28	12.2	41.3	12.3	36.4	22.1	41.4

孔壁光滑拔出试验结果（金刚石台式钻孔机） 表 14-2

深度 (mm)	C40 试件拔出力(kN)					
	28d			60d		
22	16.8	19.1	31	21	35	25.5
25	27.7	29.2	33.1	37.8	38.2	39.7
28	38.4	22.3	41.7	40.5	40.8	34.2

深度 (mm)	C55 试件拔出力(kN)					
	28d			60d		
22	12	18.6	31	27	34	37
25	27.7	31.2	33.1	26	39.8	28.8
28	32	33.5	39.9	32	36	38

深度 (mm)	C70 试件拔出力(kN)					
	28d			60d		
22	16.8	19.1	31	21	35	25.5
25	27.7	29.2	33.1	37.8	38.2	38.9
28	36	22.3	13	37.9	47.6	31

拔出后破坏形态 表14-3

照片	说明	照片	说明
	植入钢筋后试件图		拔出植入深度为22mm的钢筋后混凝土破坏情况
	拔出植入深度为25mm的钢筋后混凝土破坏情况		拔出植入深度为28mm的钢筋后混凝土破坏情况
	植入深度为25mm时胶黏钢筋拔出后端部形状		植入深度为22mm、28mm时胶黏钢筋拔出后端部形状

由试验结果可以看出,随着埋植深度的增大,拔出钢筋的拔出力增大,呈现出了非常显著的一致性。但是,随着混凝土强度的提高,混凝土脆性变大,当拉拔力达到一定数值时,试件表面整体容易破碎、起壳从而得到的拔出力不高,并且离散程度较大,从而可以看出采用该法虽试件强度的增加但拔出力并没有明显的提高,所以还需改进方法。

选用的化学黏结剂在未固化达到强度之前,植入的钢筋很容易发生沉降以及倾斜,由于植入钢筋绑扎不好控制的原因而使试验数据较离散,结果不理想。对强度较高的混凝土而言拔出植入的钢筋时对混凝土表层破坏较大。在植入深度为25mm时,测得的数值相对稳定。根据前期的测试情况,再进一步在预应力T形梁上表面按照上述操作进行植筋测试。

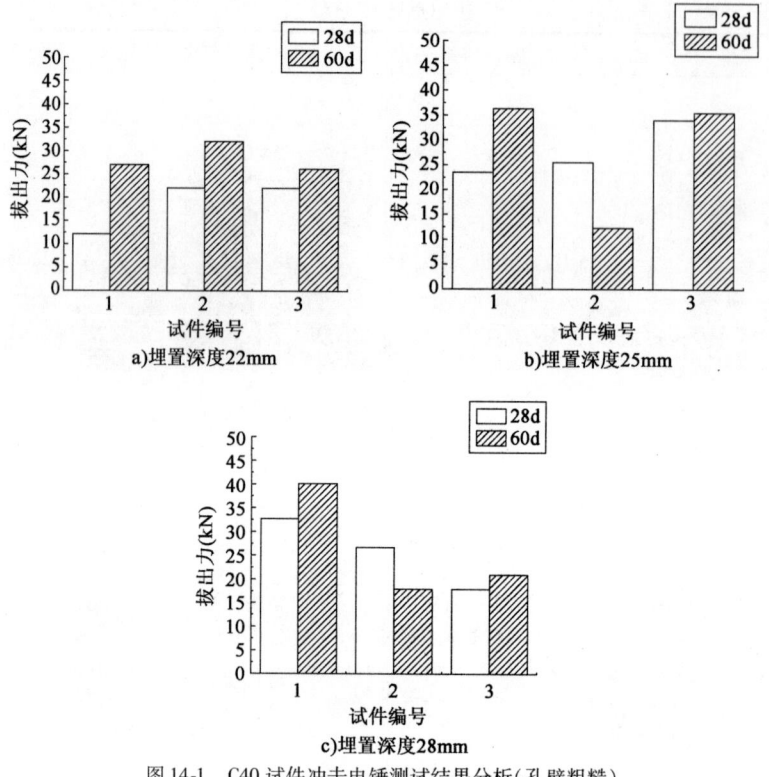

图 14-1　C40 试件冲击电锤测试结果分析（孔壁粗糙）

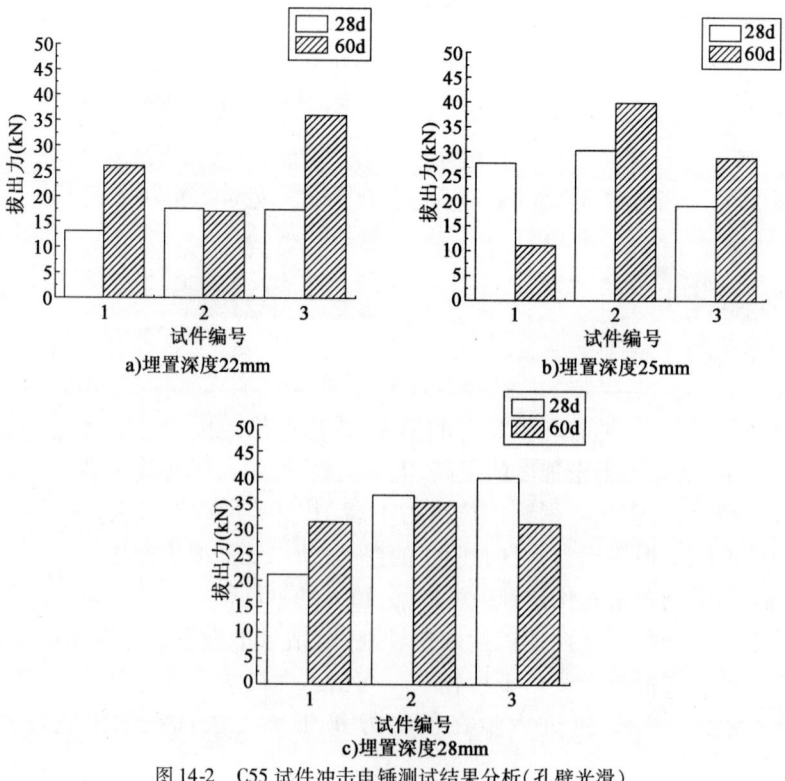

图 14-2　C55 试件冲击电锤测试结果分析（孔壁光滑）

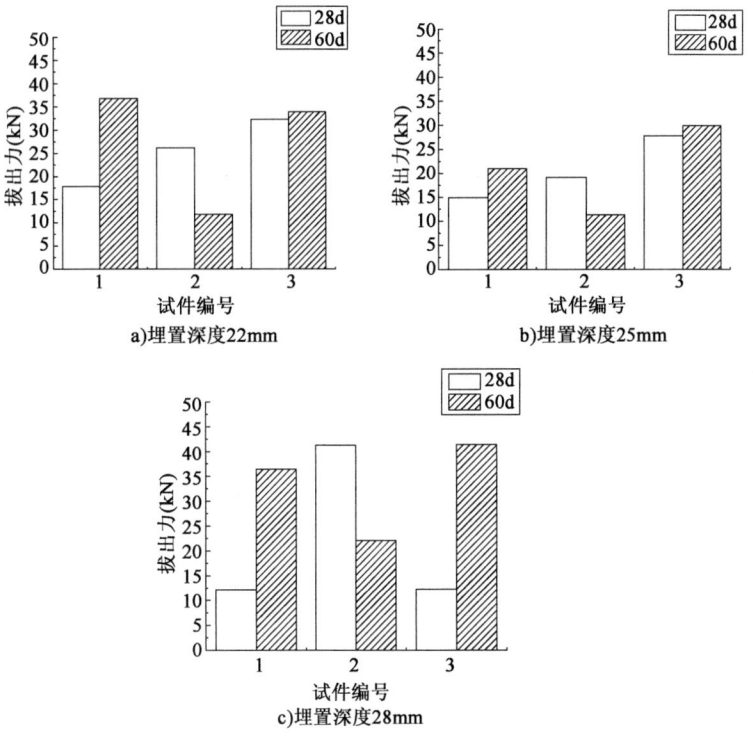

图 14-3 C70 试件冲击电锤测试结果分析

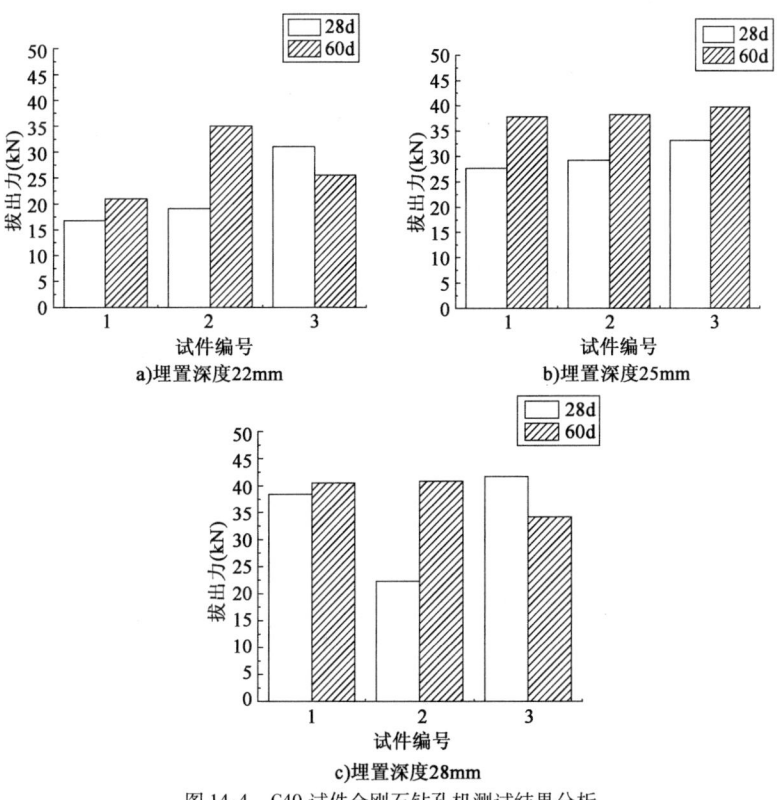

图 14-4 C40 试件金刚石钻孔机测试结果分析

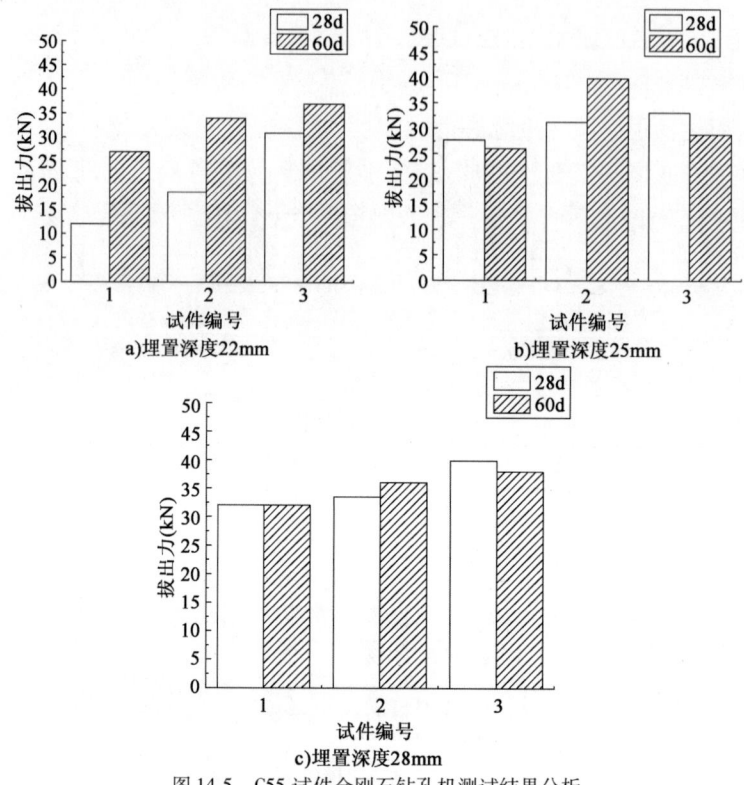

图 14-5 C55 试件金刚石钻孔机测试结果分析

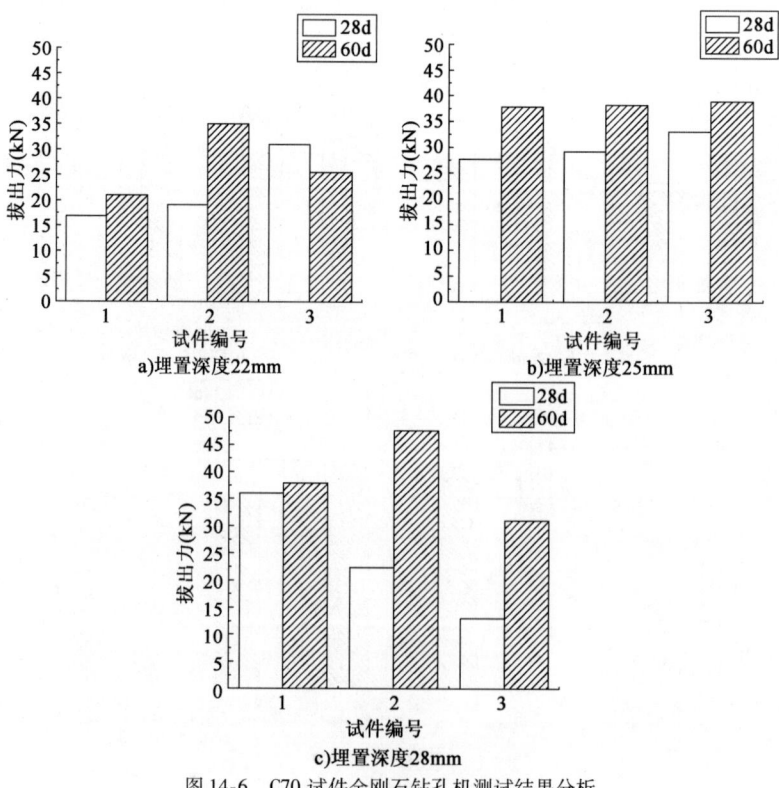

图 14-6 C70 试件金刚石钻孔机测试结果分析

14.2.2 螺纹钢筋在 T 梁中拔出试验

由于之前的试验研究中发现,拔出试验的破坏形态与拔出件距离试件边缘的距离存在关系,拔出件植入位置距离试件边缘过近时,由于试件边缘的混凝土受约束较少,在拔出力影响下容易破碎,表面破坏严重。因此,拔出件的植入位置需距离试件边缘一定距离。以 200mm × 200mm × 200mm 的立方体试块作为拔出试件,存在试件体积过小受拉拔力影响大、拔出时立方体混凝土容易破碎的问题。在后续的试验中,以钢筋混凝土 T 梁与预应力混凝土 T 梁为试验对象,进行了螺纹钢筋作为拔出件的拔出试验。T 梁的混凝土强度分别为 C40 与 C55,螺纹钢筋的植入位置布置在 T 梁翼缘板的顶部,其植入工艺、埋置深度同立方体试块试验,试验如表 14-4 所示,结果如表 14-5 所示。

螺纹钢植入 T 梁情况 表 14-4

照 片	说 明	照 片	说 明
	钢筋植入情况(一)		钢筋植入情况(二)
	植入钢筋梁边缘情况图		埋入钢筋拔出后混凝土破坏情况
	胶黏钢筋拔出后端部形状(一)		胶黏钢筋拔出后端部形状(二)

试 验 测 试 结 果　　　　　　　　　　　表 14-5

拔出力(kN)	状况说明	拔出力(kN)	状况说明	拔出力(kN)	状况说明
26.2	埋入深度达30mm	13.2	表面已有横向裂缝	26.1	埋入钢筋不铅直
14.5	距边缘太近	27	控制较好	20.8	控制较好
22.7	控制较好	23	控制较好	28.3	孔附近有几个粗集料

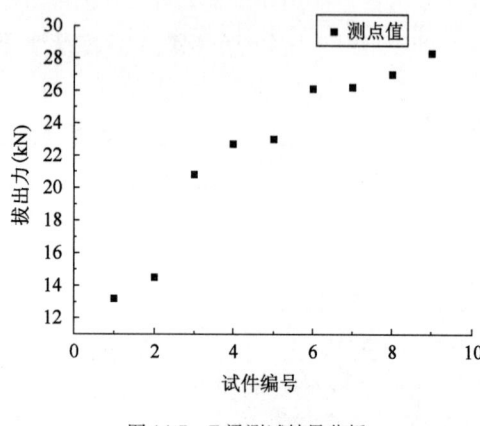

图 14-7　T 梁测试结果分析

测试结果分析见图 14-7。发现当植入钢筋与边缘距离较小时，拔出钢筋时，混凝土表面会破坏严重，边缘起壳、破碎比较严重，可见拔出试件受边缘效应比较明显，且发现布有钢筋的混凝土构件胶黏拔出力更稳定些。若该法运用于现场测试的话，植入钢筋的垂直度与深度仍不好控制，所以仍需进一步开展研究。

14.2.3　钢质锚固件在 T 梁中拔出试验

前期试验研究表明，参考混凝土后锚固钢筋技术的植筋方法制作钢筋拔出件，钢筋的埋置深度、角度难以控制。从试验结果来看，拔出力数据离散性较大，较不理想，难以满足工程应用中测试混凝土强度的精度要求。并且，实验室条件下可通过一些辅助装置来控制钢筋埋置角度、深度，但现场条件下实现这一点较为困难，尤其是对于不同角度的混凝土测试表面则更为烦琐。因此，以螺纹钢筋作为拔出件的混凝土强度拔出试验方法的实用性不足，需优化拔出试验。参考《后装拔出法检测混凝土强度技术规程》(CECS 69:94) 中的埋入拔出件方法，本项目研究设计了一种可埋入混凝土中，并可反复使用的钢质锚固件，作为拔出试验方法的拔出件，并以其为对象继续进行了拔出法的试验研究。钢质锚固件的设计图及实物图片如图 14-8 所示。

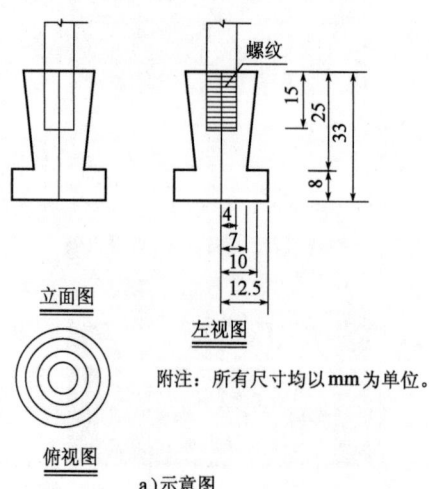

a) 示意图

b) 实物图

图 14-8　钢质锚固件外观图

试验结果如表14-6所示。

试 验 结 果　　　　　　　　表14-6

项　目	编号	拔出力（kN）	说　明	拔出件形式
水钻28、环氧水泥砂浆、在T梁表面上钻孔	1	20.4	试件预埋时有些倾斜，并发现这种黏结剂与混凝土黏结不好	
	2	17.6	控制较好	
	3	15.6	控制较好黏结情况比较好	
电锤28、环氧水泥砂浆、在水泥板表面上钻孔	1	19.6	控制较好黏结情况比较好	
	2	20.8	控制较好黏结情况比较好	
	3	19.6	控制较好黏结情况比较好	

续上表

项目	编号	拔出力（kN）	说明	拔出件形式
水钻25、环氧水泥砂浆、在水泥板表面上钻孔	1	12.6	胶与混凝土黏结情况不好	
	2	12.4	黏结情况比较好但埋入深度不够	
采用植筋胶			预埋试件由于拉杆达到强度极限拉断	

试验研究中发现,采用该形状的埋入构件使埋入深度与角度更好控制。若采用φ25mm的钻头钻孔,填密黏结剂时由于空洞与钢质锚固件间结合密实,锚固件埋入困难,不好控制埋入深度;从选用植筋胶黏结剂的钢质锚固件来看,由于采用该黏结剂的拉杆的材料强度不够而没有拔出。可见,采用不同黏结剂与混凝土黏结情况不同。采用固特邦的植筋胶的钢质锚固件与混凝土黏结更好。另外试验结果表明:布有钢筋构件测试的拔出力相对更加稳定,比素混凝土构件能更加真实的模拟实际桥梁结构的情况。通过对比同内径的冲击电锤与水钻钻孔的钢质锚固件与混凝土胶结以及测试情况来看,电锤钻的孔孔壁粗糙,胶黏剂与混凝土黏结更好。

14.2.4 钢质锚固件布有双向钢筋混凝土板拔出试验

为了更好的分析钢质锚固件在不同强度等级混凝土上的适用情况,更加真实地模拟实际结构混凝土的受力情况,本节试验采用了布有双向钢筋网的混凝土板构件作为试件进行拔出试验。

（1）试验方案

①试件设计（图14-9）。

浇筑一批强度等级为C40、C55、C70大小为1 300mm×1 000mm×100mm的含有双向钢筋的水泥板试件及对应同批次150mm×150mm×150mm的标准立方体试件,见图14-9。

②布置测点。

在每块1 300mm×1 000mm×100mm双向钢筋混凝土板上,避开钢筋网,并距边缘保持一定距离作为测点标记,每一个侧面可进行不少于24个测点的拔出试验,去掉异常测点,取其平均值作为该测点拔出力计算值F(kN)。

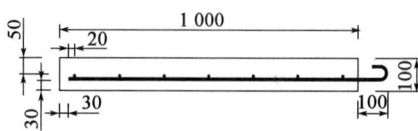
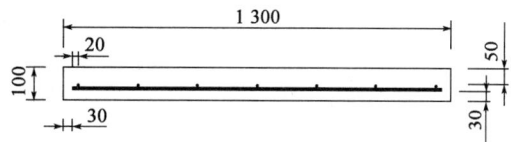
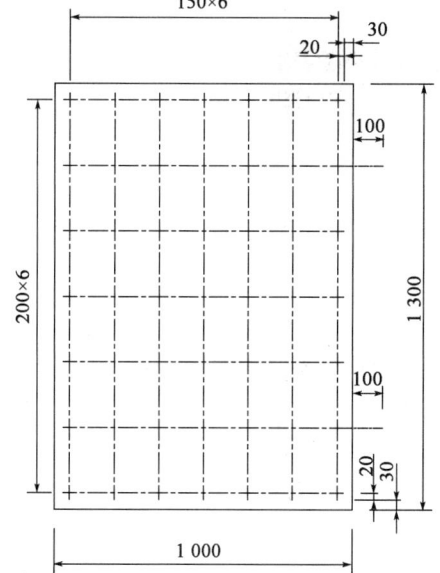

说明:
1. 钢筋混凝土试验构件尺寸为1 000mm×1 300mm,厚度为100mm。
2. 试验构件三个方向混凝土保护层厚度分别为30mm,50mm,30mm。
板内钢筋采用直径为10mm的R235钢筋,呈网状布置,纵、横向钢筋相互焊接。
钢筋间距:沿长边方向为200mm,短边方向为150mm。
3. 在构件长边处一端取2根钢筋伸出混凝土100mm,形成挂钩。位置如图所示。
4. 此试验构件做3个强度等级,分别为C40,C55,C70。每个强度等级构件做2块板。均为一次浇筑。
5. 配制混凝土时,粗集料选择碎石,最大粒径在40mm以下。
6. 在浇筑试验构件同时,每个强度等级另外做6个150mm×150mm×150mm的标准混凝土试块。

图14-9 试件浇筑尺寸及钢筋布置图(尺寸单位:mm)

（2）试验过程

①钻孔。

分别用冲击电锤与手持式水钻在拔出试件上已标识中心的位置上钻孔,特别注意钻头始终与混凝土表面保持垂直,垂直偏差度按标准要求≤3°,钻孔速度不要过快,以防损坏钻头,钻孔直径为28mm,深度为45mm的孔。

②清孔。

用气泵将空内的灰尘清干,并用无水乙醇将孔内擦洗干净。

③埋入钢质锚固件。

将预埋的钢质锚固件反复用无水乙醇擦洗干净,并在孔壁内以及钢质锚固件端头涂抹密实的结构胶,将钢质锚固件旋转压入孔中,并使锚固件顶缘与混凝土构件表面齐平,为使黏结胶在未达到强度之前,确保控制锚固件的埋置深度及垂直度,选用常用的聚乙烯塑料瓶,制作成如图14-10所示辅助控制件。

④拉拔钢质锚固件。

首先对锚固件附近的区域进行清理、平整,放置内径为55mm的钢垫板,并使锚固件位于钢垫板孔中央,从而使拉拔仪通过反力钢垫板均匀地垫于混凝土的表面,然后对拉拔仪施加拔出力,如图14-11所示。

a)单个示意图　　　　　　　　　　b)整体示意图

图 14-10　埋入钢质锚固件的辅助控制示意图

图 14-11　运用拉拔仪对埋入的钢质锚固件进行拉拔

施加连续均匀的拔出力,其速度控制在 0.5~1.0kN/s,施加拔出力至混凝土开裂,测力显示器的读数不再增加为止,记录各测点的拔出力,精确到 0.1kN 及结合黏结情况与测试结果进行分析。

(3)测试结果分析

C70 试件测试结果见表 14-7、表 14-8,C40 试件测试结果见表 14-9;C55 试件测试结果见表 14-10。

C70 试件(黏钢胶)试验结果　　表 14-7

编号	拉拔力(kN)	备注	照片
1	11.3	边缘有起壳	

续上表

编号	拉拔力(kN)	备注	照片
2	18.1	黏结较好,但是拔出后发现沿孔径有开裂	
3	20.2	控制较好、黏结情况好	
4	14.3	胶黏结稍有问题,有气孔	
5	12.7	沿径向、环向有混凝土开裂起壳	

续上表

编　号	拉拔力(kN)	备　注	照　片
6	18	黏结情况相对较好	
7	14.3	钢质锚固件预埋时角度控制有问题,微倾大约5°	
8	12.3	孔周围破坏(沿径向)破坏严重(15×17)且孔破坏不对称	
9	13.4	破坏时有清脆破坏响声部分胶未与混凝土形成黏结	

续上表

编 号	拉拔力(kN)	备 注	照 片
10	15.9	部分胶未与混凝土形成黏结,如白色胶化物所示	
11	15.4	测胶黏结情况相对较好但混凝土沿径向开裂	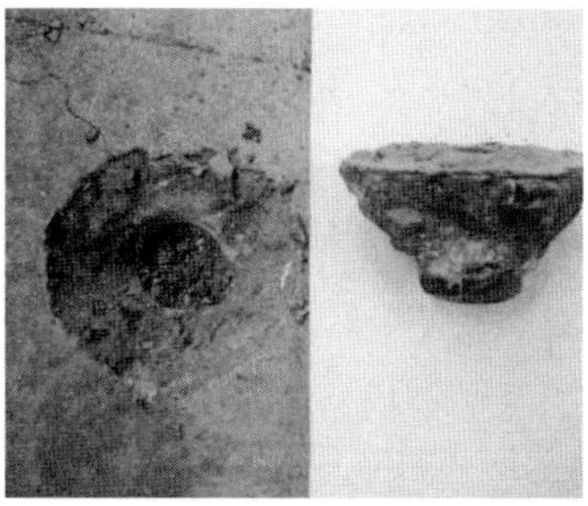
12	17	测胶黏结情况相对较好	

C70 试件(其他黏结剂)试验结果 表 14-8

编 号	拉拔力(kN)	备 注	照 片
1	8.4	采用固力公司生产的植筋胶,可见胶与混凝土黏结情况不好	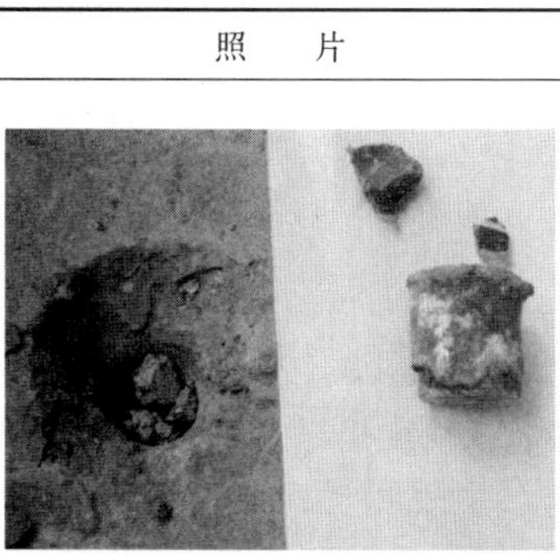

续上表

编　号	拉拔力(kN)	备　注	照　片
2	7.1	采用固力公司生产的植筋胶,可见胶与混凝土黏结情况不好,只有上表层的胶粘住了一层混凝土	
3	9.3	胶与混凝土黏结情况不好	
4	5.6	采用无机植筋胶,可见胶与钢质锚固件以及混凝土都黏结不好	
5	18.3	采用有机植筋胶,胶与钢质锚固件及混凝土都黏结较好,混凝土周围也没有出现破碎情况	

C70试件测试试验情况见图14-12。通过在C70的混凝土板上利用不同的黏结材料在同一块水泥板上做的测试结果来看,市面上常用的不同的黏结剂与混凝土的黏结情况有差异。试验结果表明,最后一种有机植筋胶对混凝土的黏结情况较好,埋入的钢质锚固件拔出时为混凝土与混凝土之间的破坏,而不是前面所见到的胶与混凝土接触面之间的剥离破坏。

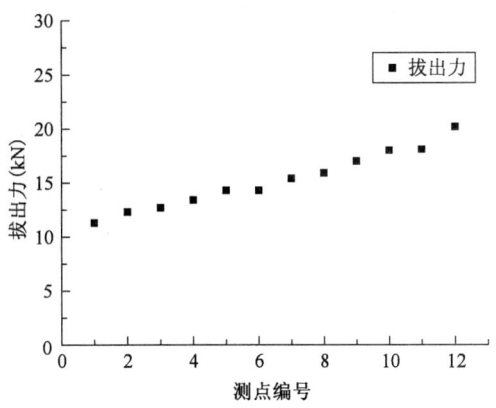

图 14-12　C70 试件(黏钢胶)试验情况

C40 试件(黏钢胶)试验结果　　　　　　　　　　　表 14-9

编　号	拉拔力(kN)	说　　明	照　　片
1	14.2	黏结情况较好	
2	11.9	黏结情况较好	
3	11.3	周围粗集料脱落	

续上表

编 号	拉拔力(kN)	说 明	照 片
4	14.7	集料拉断,但一侧有气泡	
5	14.1	黏结情况较好、集料拉断	
6	12	黏结情况较好	
7	10.6	孔周围破坏较严重(但有孔洞)	
8	19.1	集料较小,较多,级配不均匀	

续上表

编　号	拉拔力(kN)	说　　明	照　　片
9	12	黏结情况较好	
10	16.9	有较大集料拉断	
11	15.2	黏结较好,孔周围粗集料较多	

C40 测试试验情况见图 14-13。

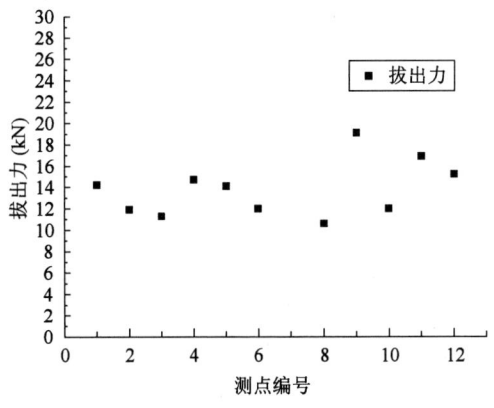

图 14-13　C40 试件(黏钢胶)试验情况

C55 试件(植筋胶)试验结果

表 14-10

编号	拉拔力(kN)	备注	照片
1	21.7	黏结情况较好、对周围没有扰动	
2	22.8	随表层的有机胶量微沉,但是没有影响锭子与混凝土的黏结	
3	16.8	黏结情况较好、但是测点处集料级配不均匀	
4	18.7	黏结情况较好、对周围没有扰动	
5	17.5	黏结情况较好、对周围没有扰动	

续上表

编 号	拉拔力(kN)	备 注	照 片
6	22.9	黏结情况较好、对周围没有扰动	
7	21.9	黏结情况较好、对周围没有扰动	
8	19.8	黏结情况较好、对周围没有扰动	
9	20.0	黏结情况较好、对周围没有扰动	
10	21.1	黏结情况较好、对周围没有扰动	

续上表

编号	拉拔力(kN)	备注	照片
11	20.9	黏结情况较好、对周围没有扰动	
12	17.3	黏结较好、但一侧有微气泡	

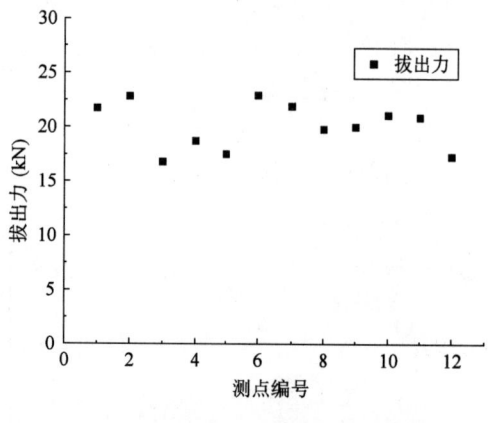

图 14-14 C55 试件(植筋胶)试验情况

C55 试件测试试验情况见图 14-14。

14.2.5 胶黏拔出法测试结果分析

通过不断地试验、总结并分析混凝土拔出法的测试情况,并对比选用黏结剂以及严格控制埋置的深度与垂直度,其拔出力能够较好的反映混凝土的强度,利用一定标准尺寸的钢质钢质锚固件能更加方便的控制操作的精度,从而达到控制拔出力测试值的离散程度;从钻孔选用的工具来看,用冲击电锤的孔壁粗糙,能使胶与混凝土黏结更加充分。另外,测试过程中似乎还发现钻孔的位置与距边缘以及钢筋的距离有影响,所以还需要进一步进行测试来验证。最终,混凝土被拉出一倒锥面体。

每一块板可以得到 24 个测点数据,其中的 3 个最大值、3 个最小值,视为异常点舍去,以剩下测点拔出力的平均值,为该混凝土的拔出力 F。通过选定的测试手段,还需要加大测试的样本量,才能更充分地验证该方法的实用性与准确性,建立混凝土强度与拔出力之间的关系,并可利用超声波对混凝土测试结果相结合,能够避开龄期较长而碳化深度对混凝土测强结果的影响。

(1)立方体抗压强度试验

标准立方体试块表面完全干燥后,依据相关规范,在 2 000kN 万能压力机上,按照规范规定的加载速度连续均匀地施加荷载。当混凝土强度等级 <C30 时,加载速度取 6.75 ~

11.25kN/s;当强度等级≥C30且<C60时,加荷速度取11.25~18kN/s;当混凝土强度等级≥C60时取加荷速度18~22.5kN/s,用得到的破坏荷载值除以试块的受压面积计算得到相应试块的抗压强度值f_{cu}^c,取3个立方体试块平均值,测试结果见表14-11。

立方体试块所测抗压强度代表值(MPa) 表14-11

C35	C50	C60
33.0	45.7	52.5
36.5	51.1	60.2

(2)数据整理与分析

参考后装拔出法建立测强曲线所推荐采用的线性回归方程进行分析,按最小二乘法原理进行回归分析。在回归处理之前,首先对于试验检测数据组中的可疑数据进行分析。测量数据中一般都含有测量随机误差和测量较大误差。较大误差是明显歪曲检测结果,通常是由测试时的疏忽、精度控制、环境条件变化等不可预计的非正常因素引起的。对于回归数据中存在可疑数据的剔除,可以用正态分布来决定取舍。在多次测量过程中,误差的出现服从正态分布。试验数据中出现大于$\mu+3\sigma$或小于$\mu-3\sigma$测试值的概率是很小的($p(|x-\mu|)\leq 0.003$),若运用含有可疑的数据进行测强曲线分析,将会出现较大误差。在对数据进行曲线回归时,需要对大于3σ的可疑数据进行舍弃,否则作为随机误差予以保留。利用拔出试验所测得的拔出力F与抗压强度值f_{cu}^c进行试验分析以及回归分析。将各试件试验所得的拔出力和试块抗压强度值汇总,按最小二乘法原理,进行回归分析。回归方程一般有直线、幂函数曲线和指数函数曲线三种形式。其中,直线方程使用方便、回归简单、相关性好,是国际上普遍使用方程形式。《后装拔出法检测混凝土强度技术规程》(CECS 69:94)中附录A推荐采用直线形式建立测强曲线,回归方程如式(14-1)所示。

$$f_{cu}^c = A \times F + B \tag{14-1}$$

式中:f_{cu}^c——混凝土强度换算值(MPa),精确至0.1 MPa;

　　　F——拔出力(kN),精确至0.1kN;

　　　A、B——测强公式的回归系数。

通过确定A,B的数值后,对于每一个测定的拔出力F,由式(14-1)便可以计算得到混凝土强度的换算值f_{cu}^c,而实测值f_{cu}与换算值f_{cu}^c之间的误差为:

$$e_i = f_{cu,i} - f_{cu,i}^c \quad (i=1,2,3,,n)$$

为使误差e_i的值最小,以确保确定的A、B取值准确,通过选用最小二乘法进行计算分析。

设Q代表误差平方总和,则:

$$\sum e_i^2 = \sum (f_{cu,i} - f_{cu,i}^c)^2 = \sum (f_{cu,i} - A \times F_i - B)^2$$

为使Q值取值最小,只需对上式的A、B分别求偏导数,并令其等于零:

$$\frac{\partial Q}{\partial A} = -2\sum_{i=1}^{n}(f_{cu,i} - A \times F_i - B)F_i = 0$$

$$\frac{\partial Q}{\partial B} = -2\sum_{i=1}^{n}(f_{cu,i} - A \times F_i - B)F_i = 0$$

为使计算简便,定义 L_{XX}、L_{YY} 如下所示。

$$L_{XX} = \sum_{i=1}^{n} F_i^2 - \frac{1}{n}\left(\sum_{i}^{n} F_i\right)^2$$

$$L_{YY} = \sum_{i=1}^{n}(f_{cu,i})^2 - \frac{1}{n}\sum_{i}^{n}(f_{cu,i})^2$$

$$L_{XY} = \sum_{i=1}^{n}(F_i \times f_{cu,i}) - \frac{1}{n} \times \left(\sum_{i=1}^{n} F_i\right)\left(\sum_{i=1}^{n} f_{cu,i}\right)$$

那么 $A = \frac{L_{XY}}{L_{XX}}$,$B = \frac{1}{n}\sum_{i=1}^{n} f_{cu,i} - A\frac{1}{n}\sum_{i=1}^{n} F_i$。

相关系数 r 可以说明线性回归效果的好坏,r 的绝对值越接近于 1,回归的效果越好。

$$r = \frac{L_{XY}}{\sqrt{L_{XY}L_{YY}}}$$

将试验测试得到的所有数据总体进行回归,实测值与拟合曲线如图 14-15 所示。

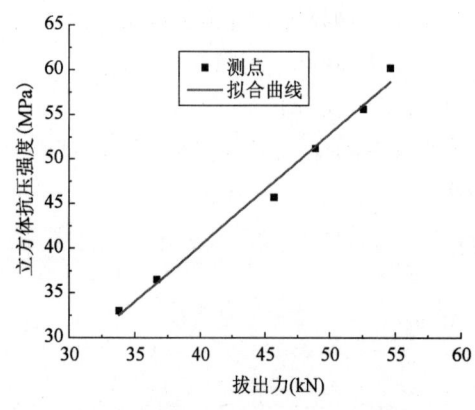

图 14-15 胶黏拔出法回归曲线

按照以上计算方法,求出系数 A、B 便可以得到胶黏拔出法检测混凝土强度技术的测强曲线,本项目得到的测强曲线如式(14-2)所示。

$$f_{cu}^c = 1.19 \times F - 7.7 \qquad (14-2)$$

式中:f_{cu}^c——混凝土强度换算值(MPa),精确至 0.1 MPa;

F——拔出力(kN),精确至 0.1 kN。

该式的相关系数 $r = 0.96$。

运用下式计算得到回归方程式的平均相对误差 δ 和强度相对标准差 e_r:

$$\delta = \pm\frac{1}{n}\sum_{i=1}^{n}\left|\frac{f_{cu,i}}{f_{cu,i}^c} - 1\right| \times 100\% = 2.4\%$$

$$e_r = \sqrt{\frac{1}{n-1}\sum_{i=1}^{n}\left(\frac{f_{cu,i}}{f_{cu,i}^c} - 1\right)^2} \times 100\% = 3.3\% < 12\%$$

式中:δ——回归方程式的强度平均相对误差(%),精确到 0.01;

e_r——回归方程式的强度相对标准差(%),精确到 0.01;

$f_{cu,i}$——由第 i 个试件抗压试验得出的混凝土抗压强度值(MPa),精确到 0.01 MPa;

$f_{cu,i}^c$——由第 i 个试件的拔出力 F_m 按照回归方程式算出的混凝土强度换算值(MPa),精确到 0.01 MPa。

立方体试块抗压强度计算值与实测值对比如表 14-12 所示。

按测强公式计算出的强度计算值与立方体试块抗压强度实测值对比表(MPa)　表 14-12

强　度　等　级	抗压强度实测值	计算抗压强度代表值
C35	33.0	32.7
C35	36.5	36.1
C50	45.7	46.9
C50	51.2	50.7
C60	52.6	55.2
C60	60.2	57.6

一方面,通过改进胶黏锚固件,利用设计的钢质锚固件在布有双向分布钢筋的混凝土试件中进行的胶黏拔出测试分析可知,采用钢质锚固件的胶黏拔出法可避免后装拔出法需在孔内切槽,且当遇到坚硬粗集料时,切出的环形沟槽完整性差并对混凝土表层造成损伤,较胶黏螺纹钢筋的方法更便捷,并可提高控制精度经以上拟合回归分析可知:该方法简便、可靠;另一方面,在极限拔出力作用下,根据拔出力 F 与 f_{cu} 之间的关系及破坏机理分析并总结,混凝土构件表层以下自 3~4cm 处的混凝土在复杂的三轴应力作用下而被拔出,对一般服役结构混凝土而言,达到这个碳化深度需要 50 年以上。通常情况下,该测强方法受混凝土碳化影响比较小。从影响因素来看,混凝土集料的成分、种类及粒径大小混凝土潮湿程度都对拔出力测试结果有影响,所以有待在该领域进一步开展研究,以便建立不同地区拔出力与混凝土强度之间的测强关系式。利用测试得到的拔出力 F,推算结构混凝土的强度。在条件允许的情况下,建议对一些运用多年的桥梁混凝土进行测试与分析,以便进一步完善该测试方法,修正拔出力与混凝土强度之间的关系式。

14.2.6　胶黏拔出法测试流程

(1)测点布置要求

①按单个构件检测时,应在构件上均匀布置3个测点。当3个拔出力中的最大拔出力和最小拔出力与中间值之差均小于中间值的15%时,仅布置3个测点即可;当最大拔出力或最小拔出力与中间值之差大于中间值的15%(包括两者均大于中间值的15%)时,应在最小拔出力测点附近再加测2个测点;

②当同批构件按批抽样检测时,抽检数量应不少于同批构件总数的30%,且不少于1件,每个构件不应少于3个测点;

③测点宜布置在构件混凝土成型的侧面,如不能满足这一要求时,可布置在混凝土成型的表面或底面;

④在构件的受力较大及薄弱部位应布置测点,相邻两测点的间距不应小于10h,测点距构件边缘不应小于4h;

⑤测点应避形接缝、蜂窝、麻面部位和混凝土表层的钢筋、预埋件;

⑥测试面应平整、清洁、干燥,对饰面层、浮浆等应予清除,必要时进行磨平处理。

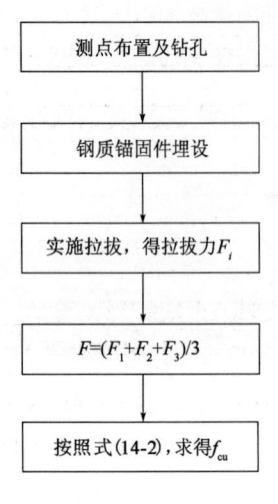

图 14-16　胶黏拔出法流程图

(2) 锚固件及拔出胶要求

采用如图 14-8 所示的钢质锚固件,并采用有机植筋胶作为拔出胶。

(3) 时间要求

埋设好钢质锚固件 48h 后,才能进行拔出试验。

(4) 其他要求

拔出仪与锚固件用拉杆连接对中,并与混凝土表面垂直。施加拔出力应连续均匀,其速度控制在 0.5~1.0kN/s;施加拔出力至混凝土开裂破坏、测力显示器读数不再增加为止,记录极限拔出力值精确至 0.1kN;拔出试验后,应对拔出试验造成的混凝土破损部位进行修补。

胶黏拔出法的测试流程见图 14-16。测试实例见后面章节。

14.2.7　超声-胶黏拔出综合法

单一的胶黏拔出法容易受到混凝土自身或外部环境的因素影响而降低测试精度,甚至导致不适用现象。本节探讨综合法对混凝土进行评定。

综合法就是采用两种或两种以上的无损检测方法获取多种物理参量,并建立强度与多种物理参量的综合相关关系,达到由不同角度综合评价混凝土的强度的效果。混凝土强度是一个多种因素的综合指标,它与材料结构的非均质性、孔隙率与孔的结构及试验条件等一系列的因素有关。因此,由单一的物理指标难以全面地反映多种要素,也就不能准确、全面地反映混凝土的工作性能。而且混凝土材料某些因素所造成的影响,对于不同的单一指标来说是不同的,也有甚至是截然相反的。于是人们就想到用较多的指标综合反映混凝土强度,这就是综合法的基本设想。由于综合法参考多项物理参数,可较全面地反映影响混凝土强度的多种因素,并可抵消部分影响强度与物理量相关关系的因素。因而它比单一物理量的非破损检测方法具有更高的准确性和可靠性。

目前,在我国用于混凝土强度无损检测技术的综合法以超声-回弹综合法应用较为广泛。本节将超声法与胶黏拔出法相结合起来,综合对混凝土强度进行评定,以期在混凝土强度检测上,扩大适用范围,提高检测精度,为无损检测提供新的方法与思路。

(1) 超声-胶黏拔出综合法检测混凝土强度原理及可行性分析

胶黏拔出法利用高强化学黏结剂将预埋钢质锚固件与混凝土进行黏接,黏接牢固后,利用极限拔出力与混凝土强度间的关系试,间接推算结构混凝土强度。一方面,该方法只能反映结构表层 3~5cm 深度混凝土的质量情况,而对混凝土内部的非匀质性、空隙率和孔结构等则无法反映。所以对于截面尺寸较大、表层与内部质量有较大差别的结构混凝土,单一采用胶黏拔出法很难完整、准确反映结构的真实强度;另一方面,超声法对混凝土试件进行测试及结果分析可知,超声法通过利用弹性波在混凝土中传播的波形参数(纵波波速、波幅、表面波、横波等)在混凝土整个断面内的传播情况及弹性指标来反映混凝土的强度,同时利用超声波还可以检测混凝土缺陷。我国已制定了相关规程,对混凝土内部的空洞和不密实区的位置及范围、裂缝深度、灌注桩和钢管混凝土中的缺陷进行检测,这是其他检测办法办不到的。将超声法、胶黏拔出法综合起来,用来综合推定混凝土强度,即可内外结合,又可在较高或较低的强度曲线相互弥补声速 V_P 以及拔出力 F 各自的不足,减少原来 $f_{cu} \sim F$ 和 $f_{cu} \sim V_P$ 关系中的多种干扰因素,对超声声速和拔出力有影响的水泥种类、集料类型、混凝土含水量等因素影响显著程度都比原来单一方法降低,测试精度得以提高。

(2)超声-胶黏拔出综合法

①超声测试方法

超声测点应布置在拔出法的同一测区内,每一测区布置3个测点。超声测试宜优先采用对测或角测,当被测构件不具备对侧或者角测条件时,可采用单面平测。

当在混凝土浇筑方向的侧面对侧时,测区混凝土中的声速代表值应根据该测区中的3个测点的混凝土中声速值,按式(14-3)计算。

$$V_r = \frac{1}{3}\sum_{i=1}^{3}\frac{l_i}{t_i - t_0} \tag{14-3}$$

式中:V_r——测区混凝土中的声速代表值(km/s);

l_i——第 i 个测点的超声测距(mm);

t_i——第 i 个测点的声时读数(μs);

t_0——声时初始读数(μs)。

当在混凝土浇筑的顶面或底面测试时,测区声速代表值应按式(14-4)修正。

$$V_a = \beta \cdot V_r \tag{14-4}$$

式中:V_a——修正后的测区混凝土中声速代表值(km/s);

β——超声测试面的声速修正系数,在混凝土浇筑的顶面和底面对测或斜测时,β = 1.034;在混凝土浇筑的顶面或底面平测时,测区混凝土中声速代表值应按《超声回弹综合法检测混凝土强度技术规程》(CECS 02:2005)的附录B第B.2节计算和修正。

②超声-胶黏拔出法修正公式

根据对同一批次的试件进行超声、胶黏拔出法测试的结果,声速值 $V_{P,i}$、拔出力 F_i,以及试件抗压强度实测值 $f^c_{cu,i}$。从统计数学分析来看 F_i、$V_{P,i}$、$f^c_{cu,i}$ 等变量均属于非确定量,其相关关系可以通过选用常用综合的方程式进行拟合分析,如式(14-5)~式(14-7)所示。

$$f_{cu} = a + bF + cV_r \tag{14-5}$$

$$f_{cu} = aV_r^b F^c \tag{14-6}$$

$$f_{cu} = a \cdot e^{(bV_P + cF)} \tag{14-7}$$

由于式(14-6)、式(14-7)均为二元非线性回归方程,难以作回归统计,可通过变量变换转化为线性方程形式,再利用线性回归方程的方法来确定这些未知参数,对该两式两边同时取对数,便可以转换为线性回归方程式(14-8)和式(14-9)

$$\ln(f_{cu}) = \ln(a) + b \cdot \ln(V_P) + c \cdot \ln(F) \tag{14-8}$$

$$\ln(f_{cu}) = \ln(a) + b \cdot V_P + c \cdot F \tag{14-9}$$

通过计算得到回归方程式如表14-13所示。

超声-胶黏拔出法回归结果　　　　　　　表14-13

模　式	回　归　方　程	r	$\delta(\%)$	$e_r(\%)$
1	$f_{cu} = -84.98 + 0.899F + 0.020\,5V_r$	0.985	4.1	5.0
2	$f_{cu} = 0.000\,002\,695\,66V_r^{1.558\,6}F^{0.936\,9}$	0.986	1.6	2.2
3	$f_{cu} = 5.49 \cdot e^{(0.000\,243V_P + 0.023F)}$	0.97	2.0	2.6

根据试验数据情况拟选用三种回归公式,可见采用超声-胶黏拔出综合法,拟合曲线的相关系数更加接近1,即相关性更好,而第2类方程模式,相关系数最高,达到0.986,及其平均相对误差δ,相对标准差e_r在三个拟合方程中最小,但是从实际运用的方便考虑,可选取二元一次回归方程,即第1类方程如表14-13中所示。

(3)超声-胶黏拔出法相综合的优点分析

①减少龄期和含水率的影响。混凝土的声速值除受集料声速的影响外,还受混凝土的龄期和含水率等因素的影响。而拔出力也受混凝土的龄期和含水率的影响。然而,混凝土的龄期和含水率对其声速和拔出力的影响有着本质的不同。混凝土含水率增大,由于超声在水中传播的速度要比空气中大,于是当混凝土内部空隙被水填充时,所测超声波波速也会增大,所以随着龄期的延长,水泥水化程度增加,混凝土中自由水减少,超声波在其内的传播速度会降低;另一方面随着混凝土中含水率增加,会导致拔出力降低,所以两者综合来评价混凝土可以减少龄期以及含水率的影响。

②弥补相互不足。一个物理参数只能从某一方面,在一定范围内反映混凝土的力学性能,超过一定范围,它可能不敏感或者不起作用。如拔出力主要以表层砂浆的抗拉强度来反映混凝土的强度,当表层混凝土已存在工作裂缝,或粗集料级配不良时,这种反应就不敏感。当混凝土构件截面尺寸较大或内外质量有较大差异时,就很难反映结构的实际强度。超声声速是以整个断面的动弹性来反映混凝土强度,混凝土强度较高时,弹性指标变化幅度小,相应其声速随强度变化的幅度也不大,其微小变化往往被测试误差所掩盖,采用超声法与拔出法综合测定混凝土强度,既可内外结合,又能在较低或较高的强度区间相互弥补各自的不足,能够较全面地反映结构混凝土的实际质量。

③提高测试精度。由于超声-胶黏拔出综合法能减小一些因素的影响程度,较全面的反映整体混凝土质量,通过以上回归分析比较可以知道(综合法$R=0.985$),超声-胶黏拔出综合法提高了无损检测混凝土强度的精度,具有明显的效果。

14.2.8　超声-胶黏拔出综合法测试流程

(1)胶黏拔出测试要求

胶黏拔出测试要求见第14.2.6节。

(2)超声测试要求

超声测点应布置在拔出法的同一测区内,每一测区布置3个测点。

在超声测试时,换能器辐射面应通过耦合剂与混凝土测试面良好吻合。声时测量应精

确至 $0.1\mu s$,超声测距测量应精确至 $1.0mm$,且测量误差不应超过 $\pm 1\%$,声速计算应精确至 $0.01km/s$。

超声-胶黏拔出综合法的测试流程见图 14-17。

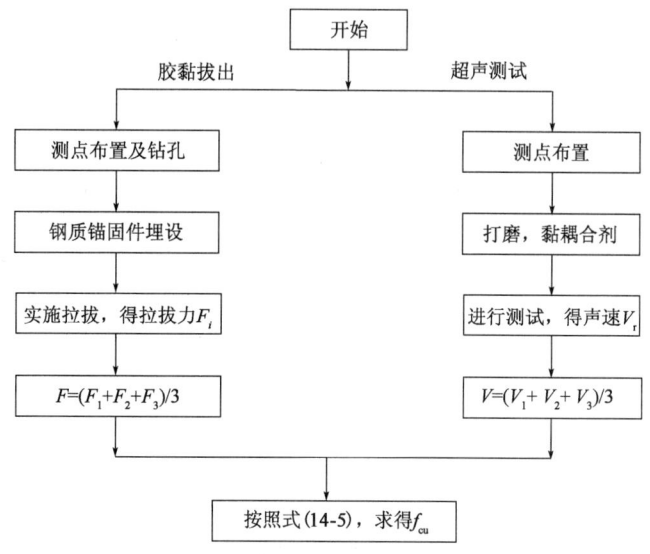

图 14-17 超声-胶黏拔出综合法测试流程图

14.3 混凝土弹性模量测试方法试验研究

14.3.1 试验概况

利用超声波无损检测方法,推算不同强度等级混凝土试件的动态弹性模量;对该组混凝土试件进行静态弹性模量试验,将得到的动、静态弹性模量进行对比。

(1)混凝土材料组成对超声波声速的影响分析

混凝土是一种复杂的多相复合体系,它的力学强度会受到各种内部结构因素及外部环境条件的影响。而超声脉冲波的传播速度其本质是混凝土应力应变性质的反映,虽通过理论可以推导出它们之间存在的关系,但在各种因素的影响下,这种关系将会受到影响。

①水泥种类及配合比的影响。

水泥品种对超声波的传播速度有一定影响,但规律性不明显。而混凝土的配合比的变化对声速将有显著影响,低强度混凝土水灰比较大,密实程度低,声速变化明显;强度高的混凝土则相反,如果水化反应充分,密实程度较高,声速较大,强度较高,由于集料与水泥浆比例较小,虽符合强度与声速的测试规律,但声速变化不是非常明显。

②粗集料类型及集料粒径大小的影响。

工程中对水泥集料的选择常就地取材,选用碎石或者卵石作为其集料,碎石和卵石的表面情况差异较大,从而混凝土的内部黏结情况也不同,在相同配合比时,碎石因表面粗糙,与砂浆的界面黏结较好,因而混凝土强度较高,卵石则因表光滑而影响黏结,混凝土强度低。但超声速度和回弹值对混凝土内部的黏结状态并不敏感,陈启昕试验发现在同一超声速度、回弹值的情况下,碎石混凝土的强度要比卵石混凝土的强度要高。对于石灰岩或花岗岩为集料的混凝土,王铁兵通过在单一技术条件下,试验发现对该两种石料的混凝土进行超声检测时,可以不考虑石料种类的影响。

根据有关资料研究表明,一般认为,由于石料的粒径对混凝土强度影响复杂,王铁兵选用压碎值和针片状大体一致,混凝土集料粒径为 10~20mm,10~30mm,20~40mm 的石灰岩机制石料进行对比试验,得出石料最大粒径对声速及强度有相反作用,即当声速一定时,所测得的混凝土强度随最大粒径的增加而减小。

③砂率及含水率的影响。

据相关关资料,在振捣程度相同,保证粗集料相对含量不变的条件下,砂、石的比例在一定范围内变化,对混凝土强度或超声波声速影响不大。由于混凝土在水化硬化过程中形成许多孔隙,混凝上内部的水分吸附在孔隙之中,而超声波声速在水中的传播速度为 1 450m/s,在空气中的速度为 340m/s,那么含水率的变化将会导致超声波声速测试结果的差异。即混凝土中声速随着混凝土含水率的升高而增大,但是含水率对混凝土强度的影响较为复杂。当混凝土的空隙中充满水时,加荷后因水的静压和尖臂作用,使混凝土强度略有下降。因此,在一定的条件下,含水率对强度和声速的影响恰恰相反,它一方面使强度下降,一方面又使声速提高。

④外加剂及养护条件。

随着对混凝土结构物要求的提高,外加剂使用越来越普遍,其含量虽少,但对混凝土性能影响却较大,王铁兵通过将不掺外加剂、早强剂、减水剂、引气剂四种混凝土在相同的配合比条件下的超声测试情况进行对比,只有添加引气剂对声速影响较大,这是由于引气剂的加入会使混凝土内部形成不连通的孔界面,降低了声速,提高了强度。同时还发现不同的养生条件下,声速的测试结果也有所不同,即标准养生的试件水化更充分,其声速值要比自然养生试件的声速值提高 2%~7%。

(2)试验材料及配合比的确定

①试验材料。

水泥:425 号硅酸盐水泥;

细集料:湘江河砂;

粗集料:长沙县莲花桥碎石场的 5~25mm 的玄武岩碎石,及湘江某料场的天然卵石;

外加剂:湖南固特邦土木技术发展有限公司生产的 SPD-1 混凝土减水剂,长沙博赛特建筑工程材料有限公司的硅灰;

拌和水:自来水;

累计筛余:按重量计(%)。

通过严格控制好集料的级配,保证卵石、碎石材料的级配良好,见表14-14 及表14-15。

卵石集料颗粒级配统计表(累计筛余,%)　　　　表 14-14

公称粒级(mm)	筛孔尺寸(圆孔筛)(mm)					
	2.5	5	10	16	20	25
5~20	96	95	60	—	10	—
5~30	95	96	—	61	—	5

碎石集料颗粒级配统计表（累计筛余，%） 表 14-15

公称粒级(mm)	筛孔尺寸（圆孔筛）(mm)					
	2.5	5	10	16	20	25
5~20	94	97	65	—	9	—
5~30	96	96	—	64	—	5

按照粗集料最大粒径分别为 30mm 以及 20mm 的卵石与碎石按照连续级配,制作标准棱柱体,及同批次尺寸为 200mm×200mm×500mm 的大试件,各做 12 组试块,每组 10 个标准棱柱体,一个大尺寸试件。

②配合比的设计。

分别采用控制好级配的碎石和卵石集料,选用常规的最佳配合比法分别制作标准棱柱体,及同批次尺寸为 200mm×200mm×500mm 的大试件,各做 12 组试块,每组 10 个标准棱柱体,一个大尺寸试件,采用试验室常温养护,制作混凝土试件的配合比见表 14-16。

试验中混凝土试件的配合比 表 14-16

等 级	配 合 比	水 灰 比	砂 率	添 加 剂
C40	0.42:1:1.186:2.304	0.42	34%	1.35%
C55	0.405:1:1.849:2.555	0.405	32%	4.25%
C70	0.36:1:1.458:2.52	0.36	37%	10%

③浇筑试件并养护并编号。

为了与现场条件尽量一致,所有试件均采用湿养护 7d 后,置于空气条件下直到龄期。为了试验过程中容易区分各试件,依照集料类型、粒径大小以及强度的差别,对所浇筑的试块进行编号。

(3) 试验测试设备

①超声测试采用武汉岩海生产的 RS-ST01C 非金属超声检测仪器,50kHz 的纵波换能器;

②搅拌机:HJWY-60 单卧轴试验室用搅拌机;

③医用凡士林;

④规格为 150mm×150mm×300mm 的钢制试模,及 200mm×200mm×500mm 的试模;

⑤电子秤(精度 0.1g)。

14.3.2 无损检测混凝土弹性模量

(1) 超声波无损检测的基本原理和依据

运用超声波检测混凝土性能指标方法,是以超声波在混凝土中的传播参数(声速、衰减系数等)之间的相互关系为基础,通常混凝土的强度越高,密实程度越好,所测声速就越快。本试验中使用的 RS-ST01C 非金属超声检测仪器是一种集超声波发射、接收和信号转换处理的检测仪器。其工作原理是通过超声波发射传感器向待测定的混凝土构件发射超声脉冲,使其穿过混凝土,然后超声波接收传感器接收穿过混凝土后的脉冲信号,显示在仪器上并储存超声脉冲穿过混凝土所记录的波动参数。利用这些参数通过运算便可得出混凝土的弹性模量。对于由不同材料组成的混凝土而言,密度、超声波通过所用的声时以及波形是不一样的,RS-ST01C 非金属超声检测仪器就是利用这样的原理来测定混凝土的弹性模量,利用固体的弹性参数与其波速之间的关系,测定混凝土弹性模量的基本原理见式(14-10)、式(14-11)。

$$E_\mathrm{d} = \frac{\rho V_\mathrm{p}^2 (1+\mu)(1-2\mu)}{1-\mu} \tag{14-10}$$

$$E_\mathrm{d} = \frac{2\rho V_\mathrm{r}^2 (1+\mu)^3}{(0.87+1.12\mu)^2} \tag{14-11}$$

式中:E_d——利用超声波测定的混凝土动弹性模量(GPa);
　　ρ——试件密度;
　　V_p——超声波在混凝土中传播的纵波速度(m/s);
　　V_r——超声波在混凝土中传播的表面波速度(m/s);
　　μ——泊松比。

由式(14-10)可以看出,利用超声波无损检测混凝土的弹性模量跟混凝土自身的密度、泊松比以及超声波通过混凝土的速度有关,横向应变与纵向应变之比值称为泊松比,也叫横向变形系数,它是反映材料横向变形的弹性常数,联立式(14-10)及式(14-11)可以得到式(14-12),运用 matlab 工具便可方便的解答所测介质的动态泊松比 μ,再任意代入式(14-10)或式(14-11)便可得到混凝土的动态弹性模量。

$$\left(\frac{V_\mathrm{p}}{V_\mathrm{r}}\right)^2 = \frac{2(1-\mu)(1+\mu)^2}{(1-2\mu)(0.87+1.12\mu)^2} \tag{14-12}$$

(2)混凝土弹性模量无损检测试验方法

①仪器测试原理。

运用 RS-ST01C 非金属超声检测仪器对混凝土试件进行测试时,当纵波换能器置于试件表面(图14-18),换能器的发射端将发出轴向的平面波(P 和 S 波)以及微弱的径向边缘波(其中包含边缘纵波以及横波),且换能器还发射能量更强的表面波(R 波)并沿试件表面传播,如图14-19 所示。当发射、接收的换能器以一定间隔置于固体表面时,将会在超声仪器的显示屏幕上显示出相应波形,但该波形是以上几种波相互叠加而形成的图形,如图14-20所示。由于纵波传播速度最快,那么点1来表示 P 波的初至点,波形后面部分振幅突然增大,这就是波速较小、而能量较大的 R 波的到达,可以称点2为 R 波的初至点。运用该原理,采用纵波换能器测量超声在混凝土中传播的 V_p 及 V_r,利用式(14-10)~式(14-12)可计算得到混凝土动态弹性模量。

②测试方法。

a. 相应试件达到龄期后,首先对已编号的尺寸为200mm×200mm×500mm 及150mm×150mm×300mm 的试件进行标距、标点,以便开展测试。将超声波发射、接收换能器沿试件成型侧面中心的直线上放置,大试块以9个不同的测距(L):50、100、150、200、250、300、350、400、450mm;小试块以50、100、125、50、200、250mm 测量如图14-20 所示波形上相应测点1、点2 的声时值(μs);同时对试块的标距点采用角测法进行测试。

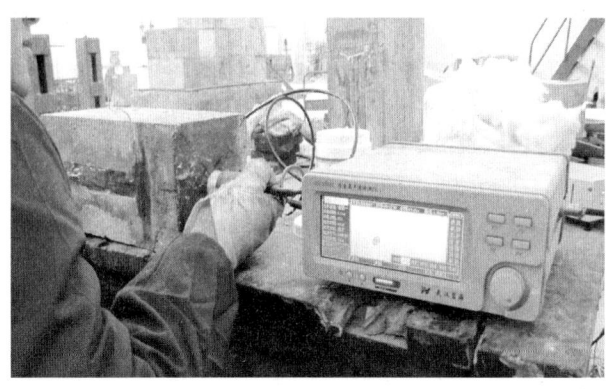

图 14-18 用超声仪对混凝土试件进行测试

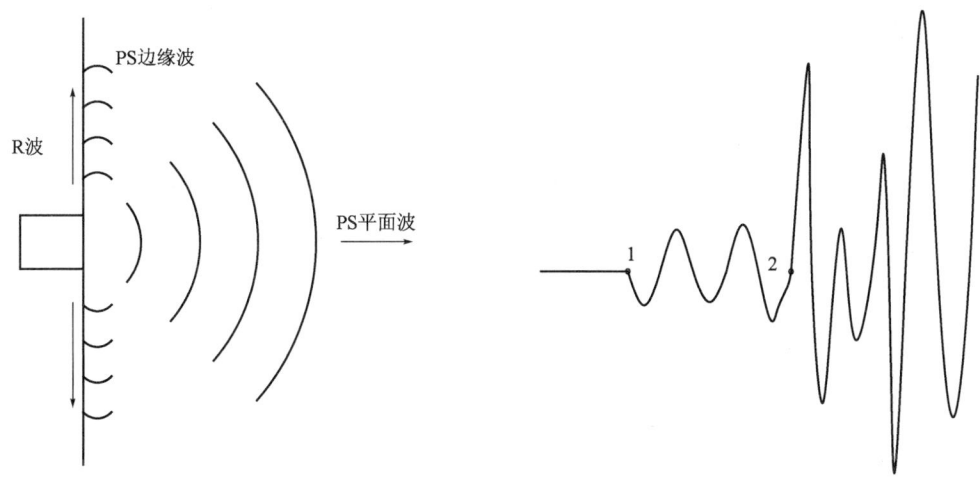

图 14-19 纵波换能器发射的波　　　　图 14-20 平测法得到波形图及观测特征点

b. 平放混凝土试件,为保证换能器与试件耦合好,确保数据稳定,在试件两端中间部分均匀涂上一薄层医用白凡士林,同时在仪器的超声波发射和接收探头上也均匀涂上一薄层医用白凡士林。

c. 打开仪器的电源开关,为记录数据方便,可调节脉冲发射的频率为 1 次/s,利用"微动螺旋"调节延时值、放大倍数,以便能准确的判定波形的初至点,以及相应测试点,记录该波形测点的声时值。

d. 把一组探头分别安在混凝土试件的两端截面中间,按下仪器的采样按钮,分别读取 3 次屏幕显示的数据,取其平均值作为该试件在该龄期的波速的声时值,然后取一组试件测定的平均值。测试情况如图 14-21 所示。

平测法中,不同的测距条件下,得到波形特征点 1、2 的声时值,把声时值 $t(\mu s)$ 作为 x,相应的测距 $d(mm)$ 作为 y,利用最小二乘法进行

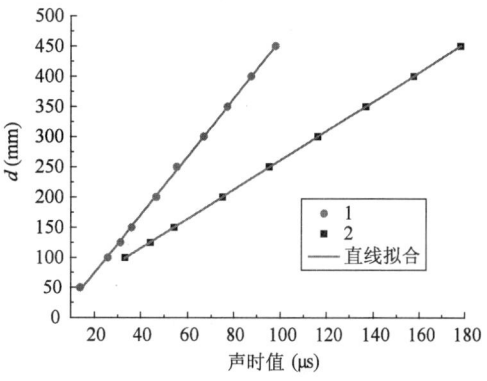

图 14-21 EA 试件平测法测试情况

线性拟合,可以得到声时值 $t(\mu s)$ 与测距 L 之间的关系曲线,其斜率即超声声速。编号为 EA 的试件测得相应 1、2 点的两条直线,1 号线的斜率,即 EA 试件表面的纵波波速 V_p 为 4 825.5m/s;2 号线的斜率代表表面波波速 V_r 为 2 420.3m/s。通过综合同批次大尺寸的试件的平测结果以及标准棱柱体的平测法以及角测法得到的波速测试结果,可以得到超声波在编号为 EB、FB、GB 系列试件中的传播速度。

（3）测试结果

①利用电子称对试件进行称量,并根据试件尺寸得到相应试件的密度,如表 14-17 所示。

试件重量及密度统计表　　　　　　　　　　　　　　　　　　　　表 14-17

粒径(5~30mm)碎石混凝土									
编号	EA-3	EA-1	EA-2	FA-1	FA-2	FA-3	GA-4	GA-2	GA-7
重量(kg)	16.62	16.77	16.68	16.47	16.30	16.49	16.77	16.74	16.85
密度(kg/m³)	2 463	2 485	2 471	2 440	2 415	2 442	2 484	2 480	2 496
粒径(5~20mm)碎石混凝土									
编号	Fa-1	Fa-2	Fa-3	Ea-3	Ea-1	Ea-2	Ga-1	Ga-2	Ga-3
重量(kg)	16.13	16.07	16.15	16.30	15.47	16.43	16.74	16.69	16.51
密度(kg/m³)	2 390	2 380	2 392	2 414	2 439	2 434	2 480	2 472	2 446
粒径(5~30mm)卵石混凝土									
编号	EB-1	EB-2	EB-3	FB-1	FB-2	FB-4	GB-5	GB-1	GB-3
重量(kg)	15.83	15.89	15.99	16.33	16.29	16.32	16.23	16.48	16.73
密度(kg/m³)	2 345	2 353	2 369	2 420	2 413	2 417	2 404	2 441	2 478
粒径(5~20mm)卵石混凝土									
编号	Eb-1	Eb-2	Eb-3	Fb-1	Fb-2	Fb-3	Gb-4	Gb-5	Gb-3
重量(kg)	16.92	15.83	15.80	15.624	15.727	15.81	16.48	16.57	16.32
密度(kg/m³)	2 358	2 344	2 340	2 314	2 329	2 342	2 441	2 455	2 418

②利用超声仪依照上述方法对各组混凝土进行测试,得到的超声波速度如表 14-18 所示。

各类试件超声测试波速统计表　　　　　　　　　　　　　　　　　表 14-18

5~30mm 粒径碎石混凝土超声波测试结果										
试件编号		FA-1	FA-2	FA-3	EA-3	EA-1	EA-2	GA-4	GA-2	GA-7
波速(m/s)	V_P	4 715	4 716	4 769	4 825	4 819	4 833	4 901	4 886	4 910
	V_r	2 426	2 418	2 410	2 420	2 467	2 423	2 427	2 457	2 428

续上表

5～20mm 粒径碎石混凝土超声波测试结果										
试件编号		Fa-1	Fa-2	Fa-3	Ea-3	Ea-1	Ea-2	Ga-1	Ga-2	Ga-3
波速 (m/s)	V_P	4 582	4 550	4 545	4 770	4 550	4 545	4 825	4 852	4 819
	V_r	2 245	2 284	2 255	2 245	2 284	2 255	2 440	2 407	2 453
5～30mm 粒径卵石混凝土超声波测试结果										
试件编号		EB-1	EB-2	EB-3	FB-1	FB-2	FB-4	GB-5	GB-1	GB-3
波速 (m/s)	V_P	4 250	4 295	4 266	4 434	4 508	4 411	4 609	4 634	4 661
	V_r	2 275	2 218	2 235	2 355	2 367	2 412	2 441	2 400	2 414
5～20mm 粒径卵石混凝土超声波测试结果										
试件编号		Eb-1	Eb-2	Eb-3	Fb-1	Fb-2	Fb-3	Gb-4	Gb-5	Gb-3
波速 (m/s)	V_P	4 364	4 340	4 395	4 184	4 272	4 611	4 611	4 584	4 567
	V_r	2 309	2 318	2 289	2 217	2 293	2 291	2 417	2 367	2 340

③利用测试得到相关试件超声声速、以及其对应的密度代入式(14-10)～式(14-12)中进行解答,便可以计算得到相应试件的动态弹性模量,统计如表 14-19。

动态弹性模量统计表　　　　表 14-19

类型/粒径	试件编号	动态弹性模量 (GPa)	平均值 (GPa)
碎石混凝土 (5～30mm)	EA-3	4.344	4.259
	EA-1	4.410	
	EA-2	4.370	
	FA-1	4.292	4.375
	FA-2	4.221	
	FA-3	4.263	
	GA-4	4.422	4.459
	GA-2	4.505	
	GA-7	4.451	
碎石混凝土 (5～20mm)	Fa-1	3.650	3.689
	Fa-2	3.743	
	Fa-3	3.675	
	Ea-3	4.029	4.039
	Ea-1	4.124	
	Ea-2	3.964	
	Ga-1	4.436	4.391
	Ga-2	4.326	
	Ga-3	4.413	

续上表

类型/粒径	试件编号	动态弹性模量（GPa）	平均值（GPa）
卵石混凝土（5~30mm）	EB-3	3.575	3.531
	EB-1	3.454	
	EB-2	3.563	
	FB-1	3.896	3.888
	FB-2	3.882	
	FB-3	3.886	
	GB-4	4.236	4.282
	GB-2	4.307	
	GB-7	4.304	
卵石混凝土（5~20mm）	Eb-3	3.647	3.693
	Eb-1	3.719	
	Eb-2	3.713	
	Fb-1	3.365	3.529
	Fb-2	3.605	
	Fb-3	3.617	
	Gb-4	4.228	4.083
	Gb-2	4.100	
	Gb-7	3.921	

14.3.3 混凝土静态弹性模量试验方法

以上利用无损检测方法通过计算得到了各组混凝土动态弹性模量,为验证无损检测试验所得到的结果是否正确,需要进行加载试验来验证。这里采用万能试验机加载方法来测定同组的混凝土试件的弹性模量。

(1)试验概况

对由不同集料、粒径大小的各组中尺寸为 150mm×150mm×300mm 的试件,6 件为一组,其中 3 个为对应用超声无损检测用到的试件,其余 3 个试件用于轴心抗压强度试验,以给出该组试件的轴心抗压强度值,用于静力受压弹性模量试验。

试验设备:

①钢制垫板:尺寸≥150mm×150mm,平整度误差≤150×0.02% =0.03mm;

②千分表固定装置 2 组;

③应变测量装置:千分表 2 个;

④手持式砂轮打磨机;

⑤应变片、端子及相应屏蔽信号线;

⑥CM-1C 静态数字应变仪;

⑦无水乙醇、脱脂棉花;

⑧502胶水；
⑨时代试金集团生产型号为的YAW-J1000F压力机，如图14-22所示。

（2）试验方法

对一组中已准备好的6个试件严格按照标准进行静力弹性模量试验，具体步骤见下：

①对准备做试验的试件上下呈压面以及承压板表面清理干净，测量试件尺寸并检查其外观，由此计算试件的承压面积A，试件的尺寸精确至1mm，可按公称尺寸计算。试件承压面的不平整度，不应大于试件边长的0.05%（0.075mm），承压面与相邻面得不垂直度，不大于±1°。

图14-22　YAW-J1000F型压力机

②先取3个试件，以规定的加载速度，测定混凝土的轴心抗压强度f_{cp}，从而可以计算得到荷载控制值F_a。

③仔细调整静态弹性模量待测的试件在压力试验机上的位置，使轴心与上下压板的中心对准。当压力机启动后，上压板与试件快接近时调整球座，以确保接触均匀。

④对中完成后，加荷至基准应力为0.5MPa的初始荷载值F_0，保持恒载60s并在以后的30s内记录变形测量装置的记录值ε_0，后以连续均匀地加荷至应力为轴心抗压强度f_{cp}的1/3荷载值F_a，保持恒载60s，并在以后的30s内记录该时的变形读数ε_a，然后以同样的速度卸荷至F_0。如此反复预压三次，直到两侧的变形之差与它们平均值之比小于20%时，否则应继续进行预压，直到达到要求。

⑤预压三次后，用同样的加荷和卸荷速度以及60s的保持恒载（F_0及F_a）至少进行两次反复预压。在最后一次预压完成后，在基准应力F_0持荷60s不变，并在以后的30s内记录相应变形读数ε_0用同样的加载速度加荷至F_a并保持60s不变，在后30s内记录变形读数ε_a，如图14-23所示。

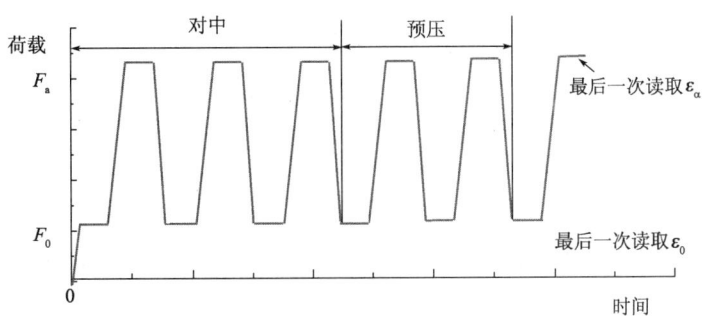

图14-23　混凝土静态弹性模量试验加荷示意图

⑥试验结果计算。

混凝土静态弹性模量按照式(14-13)计算。

$$E_c = \frac{F_a - F_0}{A} \times \frac{L}{\Delta n} \tag{14-13}$$

式中:E_c——混凝土弹性模量(MPa);

F_a——应力为 1/3 轴心抗压强度时的荷载(N);

F_0——应力为 0.5MPa 时的初始荷载(kN);

A——试件承压面积(mm^2);

L——测量标距(mm);

Δn——最后一次从 F_0 加载至 F_a 时试件两侧变形的平均值(mm) $\Delta n = \varepsilon_a - \varepsilon_0$。

混凝土弹性模量按 3 个试件测值的算术平均值计算。如果其中一个试件的轴心抗压强度与用以确定检验控制荷载的轴心抗压强度值相差超过后者的 20% 时,将该值剔除,取余下两个试件测值的平均值作为试验结果,同时,弹性模量值应按其余两个试件测试值的算术平均值计算,如有两个值超过此规定,试验结果无效。

首先取一组试件中三个混凝土试块依规范进行轴心抗压强度试验,用于测定该龄期混凝土的弹性模量。通过设定相应的 F_a 与 F_0 的值,用于测定该组混凝土的静态弹性模量。静态弹性模量加载及变形装置如图 14-24 所示。

图 14-24 静态弹性模量加载及变形装置示意图

(3)试验结果

①对粒径为 5~30mm 连续级配碎石的混凝土进行棱柱体抗压试验,利用得到的棱柱体轴心抗压强度来测定该类型混凝土的静态弹性模量。

a. 轴心抗压强度试验结果。

试验结果分见表 14-20。

粒径为 5~30mm 连续级配碎石混凝土强度试验   表 14-20

集料类型	试件编号	压力机读数(kN)	压力机平均值(kN)	棱柱体轴心抗压强度(MPa)
碎石	FA-4	693.7	687.89	30.6
	FA-5	743.1		
	FA-6	626.9		
	EA-4	1 027.2	1 001.3	44.5
	EA-5	977.1		
	EA-6	1 000.0		
	GA-1	1 147.6	1 269.23	56.4
	GA-5	1 304.2		
	GA-6	1 356.3		

b. 静态弹性模量试验结果。

利用表 14-20 得到的棱柱体轴心抗压强度,计算出弹性模量试验的控制荷载 F_0、F_a,利用式(14-13)计算得到各种类型混凝土的静态弹性模量,并根据式(14-14)计算得到相应试件的泊松比。

$$\mu = \left|\frac{\varepsilon_\tau}{\varepsilon}\right| \qquad (14\text{-}14)$$

式中：μ——泊松比；

ε_τ——横向应变；

ε——纵向应变。

由表 14-21 可以看出,在同样的集料组成条件下,随着轴心抗压强度的增大,混凝土的静态弹性模量增大,这与已有结论以及超声波无损检测的结论有相似的地方。

碎石混凝土不同强度等级的静弹性模量及泊松比　　　表 14-21

试件编号	轴心抗压强度（MPa）	静态弹性模量（GPa）	平均值（GPa）	静态泊松比	平均值
FA-1	30.57	35.32	35.47	0.182 436	0.186
FA-2		35.19		0.185 455	
FA-3		35.59		0.189 239	
EA-3	44.53	43.44	37.62	0.186 684	0.183
EA-1		44.10		0.164 238	
EA-2		43.70		0.197 368	
GA-1	56.41	44.22	38.51	0.152 807	0.152
GA-5		45.05		0.151 899	
GA-6		44.51		0.150 903	

②对粒径为 5～20mm 连续级配碎石的混凝土进行棱柱体抗压试验,利用得到的棱柱体轴心抗压强度来测定该类型混凝土的静态弹性模量。

a. 轴心抗压强度试验结果。

试验结果分别见表 14-22。

粒径为 5～20mm 连续级配碎石混凝土强度试验　　　表 14-22

集料类型	试件编号	压力机读数（kN）	压力机平均值（kN）	棱柱体轴心抗压强度（MPa）
连续级配碎石（5～20mm）	Fa-1	513.01	707.6	31.5
	Fa-2	769.61		
	Fa-3	707.66		
	Ea-3	967.32	1 008.71	44.8
	Ea-1	1 059.82		
	Ea-2	998.98		
	Ga-5	1 269.7	1 386.9	61.6
	Ga-4	1 441		
	Ga-6	1 450		

b. 静态弹性模量试验结果。

利用表 14-22 得到的棱柱体轴心抗压强度,计算出弹性模量试验的控制荷载 F_0、F_a,利用式(14-13),计算得到各种类型混凝土的静态弹性模量,并根据式(14-14)得到相应试件的泊松比。试验结果见表 14-23。

碎石混凝土不同强度等级的静弹性模量及泊松比　　　　表 14-23

试件编号	轴心抗压强度(MPa)	静态弹性模量(GPa)	平均值(GPa)	静态泊松比	平 均 值
Fa-1		33.51		0.184 911	
Fa-2	31.45	33.93	33.28	0.185 366	0.183
Fa-3		32.40		0.180 124	
Ea-3		36.97		0.177 719	
Ea-1	44.88	36.74	36.80	0.188 406	0.186
Ea-2		36.68		0.190 789	
Ga-1		39.08		0.209 552	
Ga-2	61.64	38.75	38.76	0.207 93	0.203
Ga-3		38.45		0.203 455	

③对粒径为 5~30mm 连续级配卵石的混凝土进行棱柱体抗压试验,利用得到的棱柱体轴心抗压强度来测定该类型混凝土的静态弹性模量。

a. 轴心抗压强度试验结果。

试验结果见表 14-24。

粒径为 5~30mm 连续级配卵石混凝土强度试验　　　　表 14-24

集料类型	试件编号	压力机读数(kN)	压力机平均值(kN)	棱柱体轴心抗压强度(MPa)
连续级配卵石(5~30mm)	EB-4	499.0	496.33	22.1
	EB-5	510.1		
	EB-6	480.0		
	FB-4	487.0	761.13	33.8
	FB-5	761.13		
	FB-6	782.0		
	GB-4	1 351.1	1 325	58.9
	GB-5	971.7		
	GB-6	1 299.0		

b. 静态弹性模量试验结果。

利用表 14-23 得到的棱柱体轴心抗压强度,计算出弹性模量试验的控制荷载 F_0、F_a,利用式(14-13),计算得到各种类型混凝土的静态弹性模量,并根据式(14-14)得到相应试件的泊松比。试验结果见表 14-25。

卵石混凝土不同强度等级的静弹性模量及泊松比　　　　表14-25

试件编号	轴心抗压强度（MPa）	静态弹性模量（GPa）	平均值（GPa）	静态泊松比	平 均 值
EB-1	22.06	29.81	29.37	0.194 384	0.186
EB-2		29.47		0.184 154	
EB-3		28.91		0.180 672	
FB-1	33.83	35.06	34.23	0.160 514	0.163
FB-2		34.36		0.160 377	
FB-3		34.30		0.167 975	
GB-5	57.73	38.82	38.62	0.203 252	0.205
GB-1		39.06		0.205 521	
GB-3		37.97		0.205 765	

④对粒径为5~20mm连续级配卵石的混凝土进行棱柱体抗压试验,利用得到的棱柱体轴心抗压强度来测定该类型混凝土的静态弹性模量。

a. 轴心抗压强度试验结果。

试验结果如表14-26所示。

粒径为5~20mm连续级配卵石混凝土强度试验　　　　表14-26

集料类型	试件编号	压力机读数（kN）	压力机平均值（kN）	棱柱体轴心抗压强度(MPa)
连续级配卵石（5~20mm）	Eb-4	758.0	689.3	30.7
	Eb-5	622.1		
	Eb-6	688.2		
	Fb-4	740.6	653.53	29.1
	Fb-5	469.2		
	Fb-6	653.5		
	Gb-5	1 143.5	1 143.5	50.82
	Gb-6	713.1		
	Gb-7	1 174.6		

b. 静态弹性模量试验结果。

利用表14-26得到的棱柱体轴心抗压强度,计算出弹性模量试验的控制荷载 F_0、F_a,利用式(14-13),计算得到各种类型混凝土的静态弹性模量,并根据式(14-14)得到相应试件的泊松比。试验结果见表14-27。

14.3.4 动静态弹性模量相关性研究

(1)取集料由碎石组成的混凝土试块用两种方法测定的试验结果进行列表,如表14-28所示。根据表14-28绘制柱状图14-25。

卵石混凝土不同强度等级的静态弹性模量及泊松比　　　表 14-27

试件编号	轴心抗压强度（MPa）	静态弹性模量（GPa）	平均值（GPa）	静态泊松比	平均值
Eb-1	30.6	32.14	33.03	0.161 238	0.156
Eb-2		33.30		0.153 344	
Eb-3		33.64		0.153 722	
Fb-1	29.05	28.69	29.25	0.165 205	0.166
Fb-2		29.33		0.165 919	
Fb-3		29.73		0.166 667	
Gb-4	50.82	37.73	36.89	0.192 882	0.191
Gb-2		36.64		0.195 095	
Gb-3		36.29		0.185 43	

碎石混凝土动、静态弹性模量　　　表 14-28

5～30mm 碎石混凝土				5～20mm 碎石混凝土			
试件编号	E_d(GPa)	E_c(GPa)	E_d/E_c	试件编号	E_d(GPa)	E_c(GPa)	E_d/E_c
FA-1	42.92	35.32	1.22	Fa-1	36.5	33.5	1.09
FA-2	42.21	35.19	1.20	Fa-2	37.43	33.9	1.10
FA-3	42.63	35.91	1.19	Fa-3	36.75	32.4	1.13
EA-3	43.44	37.34	1.16	Ea-3	40.29	37.0	1.09
EA-1	44.10	37.88	1.16	Ea-1	41.24	36.7	1.12
EA-2	43.70	37.63	1.16	Ea-2	39.64	36.7	1.08
GA-1	44.22	38.05	1.16	Ga-1	44.36	39.1	1.14
GA-5	45.05	38.61	1.17	Ga-2	43.26	38.8	1.12
GA-6	44.51	38.89	1.14	Ga-3	44.13	38.5	1.15

以上两组试验结果对比分析发现，用两种方法测定的混凝土在同龄期的弹性模量值有较大的差别，利用超声波无损检测的弹性模量值总是偏大，但是两者变化趋势存在一致性，且 E_d/E_c 的值保持在 1.08～1.22 范围之间，都随着强度等级的增大而提高。对集料由卵石组成的混凝土在相同龄期用两种方法测定的试验结果进行列表，如表 14-29 所示。

卵石混凝土动、静态弹性模量　　　表 14-29

5～30mm 卵石混凝土				5～20mm 卵石混凝土			
试件编号	E_d(GPa)	E_c(GPa)	E_d/E_c	试件编号	E_d(GPa)	E_c(GPa)	E_d/E_c
EB-1	35.75	29.74	1.20	Eb-1	37.19	32.14	1.16
EB-2	34.54	29.46	1.17	Eb-2	37.13	33.30	1.12
EB-3	35.63	28.90	1.23	Eb-3	36.47	33.64	1.08
FB-1	38.96	35.06	1.11	Fb-1	33.65	28.69	1.17
FB-2	38.82	33.34	1.16	Fb-2	36.05	29.33	1.23
FB-3	38.86	34.30	1.13	Fb-3	36.17	29.73	1.22

续上表

\multicolumn{3}{c}{5~30mm 卵石混凝土}			5~20mm 卵石混凝土		
试件编号	E_d(GPa)	E_c(GPa)	E_d/E_c	试件编号	E_d(GPa)	E_c(GPa)	E_d/E_c
GB-5	42.36	38.82	1.09	Gb-4	42.28	37.73	1.12
GB-1	43.07	39.06	1.10	Gb-2	41.00	36.64	1.12
GB-3	43.04	37.97	1.13	Gb-3	39.21	36.29	1.08

根据表14-29绘制柱状图14-26,对图14-25与图14-26进行比较,可以看出,卵石混凝土两种方法测定的弹性模量与碎石混凝土试验的结论是相似的,发展趋势相同,因此,可以对以上两组试验所得到的结果进行分析,找出该类型的E_d与E_c相应的关系。

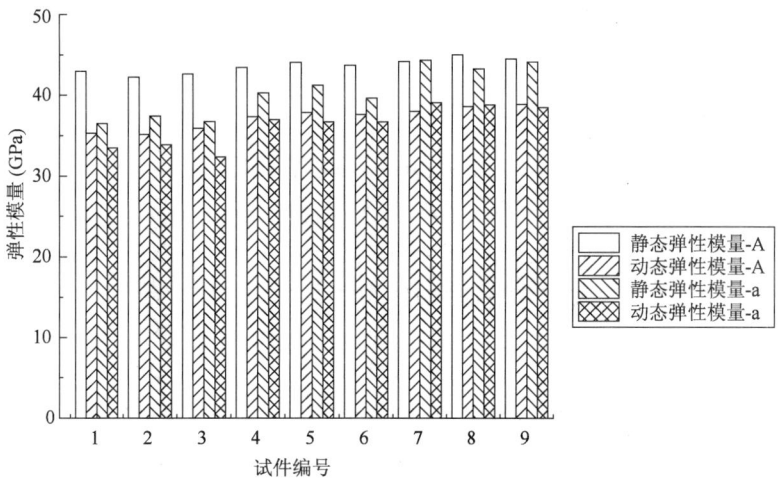

图14-25 碎石混凝土两种方法测定的弹性模量

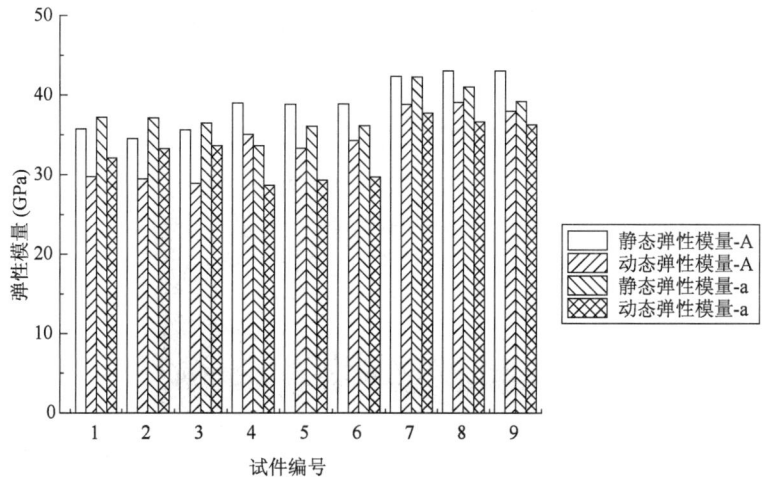

图14-26 卵石混凝土两种方法测定的弹性模量

(2)关系曲线。

根据本章对两组混凝土进行的静态、动态弹性模量测定结果,从表14-26、表14-27及表14-28可以分析碎石、卵石两种混凝土的纵波波速与轴心抗压强度及静态弹性模量之间的关系,且可看到无论是碎石混凝土还是卵石混凝土的纵波波速都随着试件强度等级的增加而提高,虽增加幅度有差异,这与已有的测试结论相符。利用 origin8.0 程序进行回归分析,得出该趋势曲线如图 14-27 及图 14-28 所示。

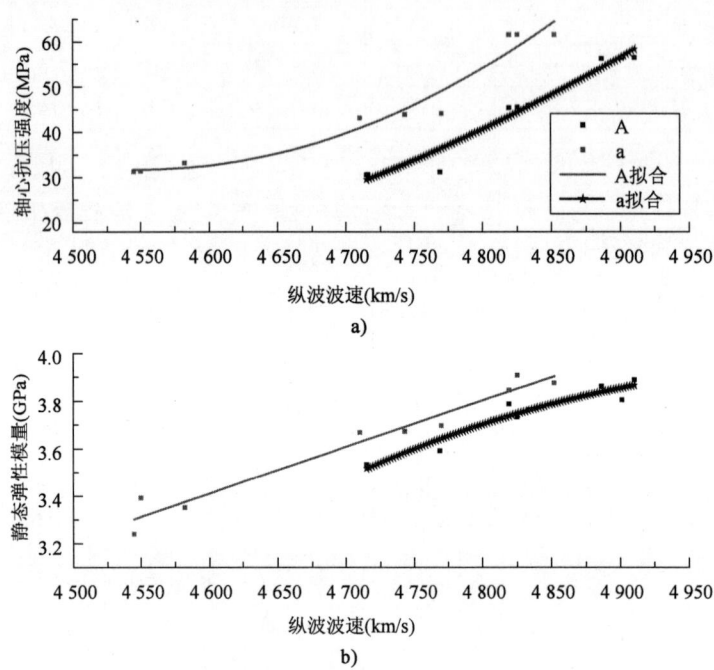

图注：A、a 分别代表集料粒径为 5~30mm、5~20mm 的碎石混凝土

图 14-27　碎石混凝土 V_P 与 E_f 及 f_c 之间的关系

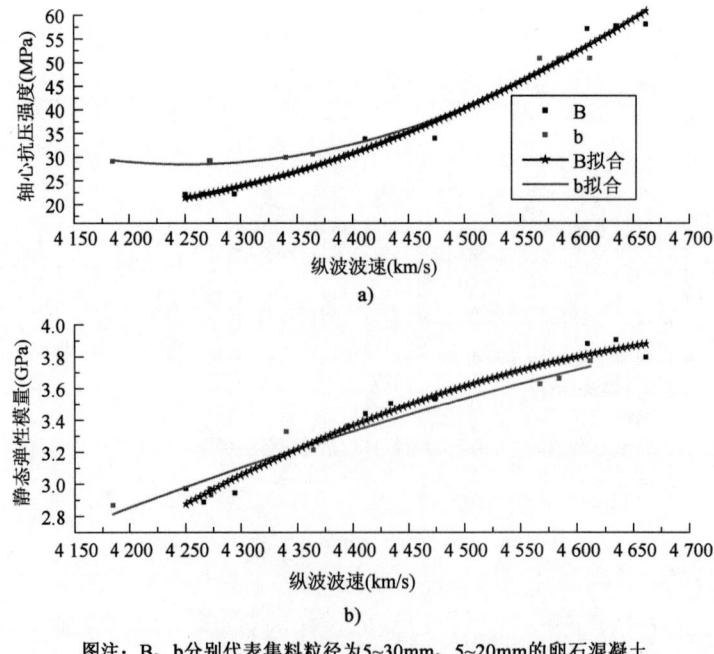

图注：B、b 分别代表集料粒径为 5~30mm、5~20mm 的卵石混凝土

图 14-28　卵石混凝土 V_P 与 E_j 及 f_c 之间的关系

一方面对于碎石混凝土,在同一强度或静态弹性模量等级条件下,粒径大的试件,所测得纵波波速也大,如图 14-27 所示;而对于集料由卵石组成的混凝土试件,却没有呈现一致的规律性,不同粒径大小的混凝土声速与强度或与弹性模量之间的关系曲线在某一点出现交点,即卵石粒径的大小对纵波波速没有如碎石一致的影响。这也再次证明,不可简单地建立统一的超声波声速测强曲线,集料的种类以及粒径的大小会影响声速的测试结果。即集料种类、粒径的大小都是影响超声波在混凝土传播速度的要素,从而由超声波声速间接推算得到的强度以及弹性模量也需要独立、逐类分析。

由表 14-28、表 14-29 可以知道,虽随着强度等级的增大,动、静态弹性模量数值上都呈现增大的特征,两者间数值上仍有一定差异,但与已有的研究结论相符,即动态弹性模量比静态的大。这是由于混凝土试件的动弹性模量是在低应力-应变条件下测到的,而静态弹性模量是在高应力-应变条件下测到的,且加载速度不一样;一方面,对与弹性固体模型物质,可把混凝土模型视为多相固体,考虑相互结合因素,多项固体中波速还与相互结合的参数及波长有关,由于频散现象,波速可以远大于单相弹性固体的波速;另一方面,混凝土在浇筑时不可避免存在一些不密实的空洞,在混凝土试件中存在一些微小裂纹和孔隙,它的的存在,将影响的静弹性模量的测定,但超声波则能够绕过这些孔隙而继续传播。所以,在混凝土承受动态载荷和静态载荷时所呈现的力学特性会有所不同。

试验所得到由碎石、卵石不同粒径组成不同强度等级混凝土的动、静弹性模量的关系,采用不同的函数模型(一次、二次函数)进行回归分析,其中二次线性函数的拟合性较好,如图 14-29、图 14-30 所示。通过拟合分析可知,其最大的相对误差与相对标准差分别为 3.24% 与 4.08%,最小只有 1.1% 与 1.3%,回归精度较高,而一次线性函数相关性相对较差,其最大相对误差与标准差分别为 28.9% 与 30.8%。

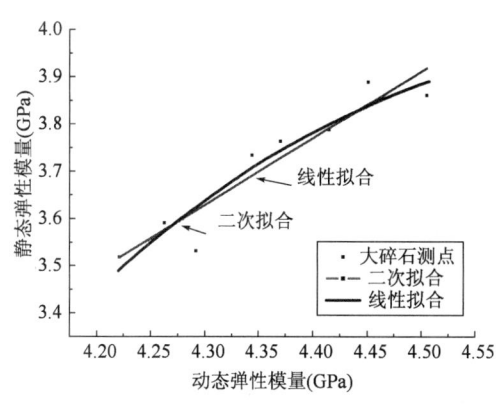
图 14-29 大粒径碎石混凝土动-静弹性模量关系曲线

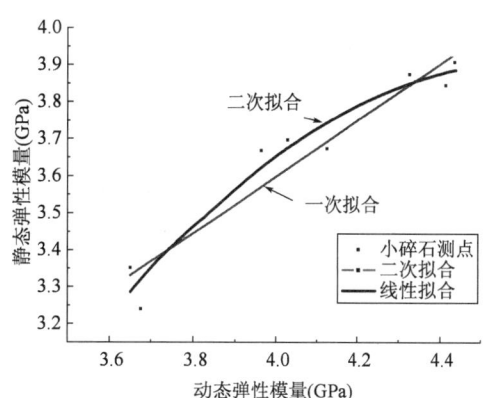
图 14-30 小粒径碎石混凝土动-静弹性模量关系曲线

从以上结果来看,混凝土试件的非弹性性质越大,差异越明显;混凝土试件越接近弹性,两者间的差异就越小。由于集料在混凝土占有高达 70% 左右的比例,很大程度上会影响混凝土的一些力学性能,特别是透射波通过混凝土试件后,集料声速对混凝土的总声速具有决定性的影响,从图 14-31、图 14-32 分析可知由于集料种类、粒径大小的差异,在相同的超声波条件下,混凝土实测轴心抗压强度不一定相同,而由声速利用式(14-11)得到的动态弹性模量也会存在差异。

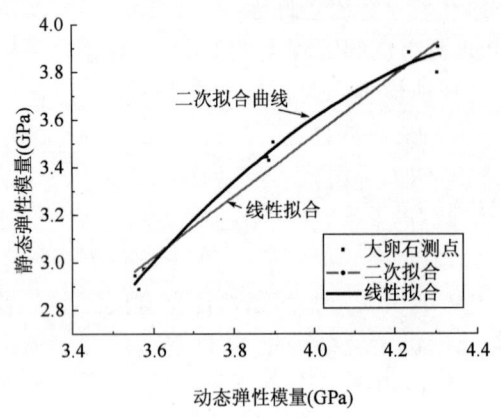

图14-31 大粒径卵石混凝土动-静弹性模量关系曲线

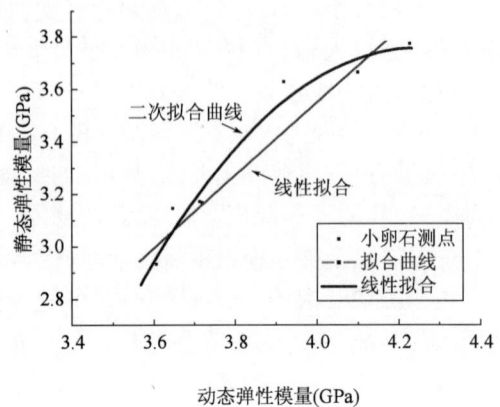

图14-32 小粒径卵石混凝土动-静弹性模量关系曲线

但总体趋势是一致的,都随着混凝土强度等级的增加而增加,并且可建立混凝土的静态弹性模量与动态弹性模量之间的转换关系式,根据集料类型、粒径大小的不同可以建立在不同条件下的动-静态弹性模量相互关系,如表14-30、表14-31所示,其中两者间以二次线性函数相关性较好。

碎石混凝土动-静态弹性模量的关系　　表14-30

集料类型	函数模型	回 归 方 程	相关系数 R	相对误差（%）	相对均方差（%）
碎石 (5~30mm)	一次函数	$E_j = -2.45 + 1.41 E_d$	0.92	2.18	2.47
	二次函数	$E_j = -41.51 + 19.34 E_d - 2.06 E_d^2$	0.96	1.1	1.3
碎石 (5~20mm)	一次函数	$E_j = -0.52 + 0.77 E_d$	0.93	28.9	30.8
	二次函数	$E_j = -9.988 + 6.0 E_d - 0.647 E_d^2$	0.96	3.1	3.67

卵石混凝土动-静态弹性模量的关系　　表14-31

集料类型	函数模型	回 归 方 程	相关系数 R	相对误差（%）	相对均方差（%）
卵石 (5~30mm)	一次函数	$E_j = -1.32 + 1.21 E_d$	0.92	2.18	2.47
	二次函数	$E_j = 3.63 + 2.41 E_d - 0.153 E_d^2$	0.96	1.10	1.3
卵石 (5~20mm)	一次函数	$E_j = -1.03 + 1.153 E_d$	0.93	28.9	30.8
	二次函数	$E_j = -5.58 + 3.54 E_d - 0.312 E_d^2$	0.96	3.10	3.67

14.3.5 动弹性模量测试流程

动弹性模量的测试流程见图14-33。

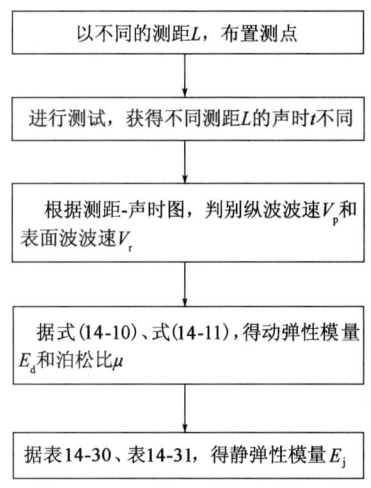

图 14-33 动弹性模量测试流程图

14.4 工程示范

14.4.1 瞿家塅大桥

瞿家塅大桥位于湖南省长沙县,是一座建成于 1962 年的 T 型普通钢筋混凝土简支梁桥,粗料石重力式桥墩,扩大基础,施工单位为湖南省交通厅工程管理局工程总队。桥梁全长 100 m,桥宽:7.0 m(车行道) + 2 × 0.15m(护栏),全桥共有五跨,每跨跨径长为 16 m,见图 14-34。

图 14-34 瞿家塅大桥全景

瞿家塅大桥的管养单位为长沙县公路管理局,其所在线路名称为三黄线,所在线路编号 S207,中心桩号 K82 + 300。瞿家塅桥原设计荷载为汽车-15 级,近年来公路运输发展较快,交通流量与重型车辆数量急剧增长,该桥的原设计承载能力已无法满足车辆通行需要;并且相关部门检查发现该桥存在 T 梁开裂、露筋,桥面铺装破损严重等较显著病害,因此管理部门于 2009 年运用预应力碳纤维板,对该桥实施提载性的加固改造,将其承载能力由原汽车-15 级提升至公路-Ⅱ级;同时对原破损的桥面、护栏进行了重建。新建的护栏采用 C25

混凝土,集料采用 5~20mm 碎石混凝土。

运行约 1 年后,为了跟踪观测护栏的混凝土弹性模量大小,本课题组于 2010 年 8 月 18 日—2010 年 9 月 18 日在大桥现场进行了测试。在测试过程中,选择靠近春华镇的第 5 跨(即 4 号墩与 5 号台之间)的护栏进行测试。在测试过程中,在上游的护栏上布置了一组测点,将超声波仪的收、发换能器都放置在沿混凝土护栏的侧面中心的直线上,用凡士林让其与混凝土表面紧密接触。以 6 个不同的测距(L):50、100、150、200、250、300mm 对它们进行动弹性模量测试,见图 14-35。

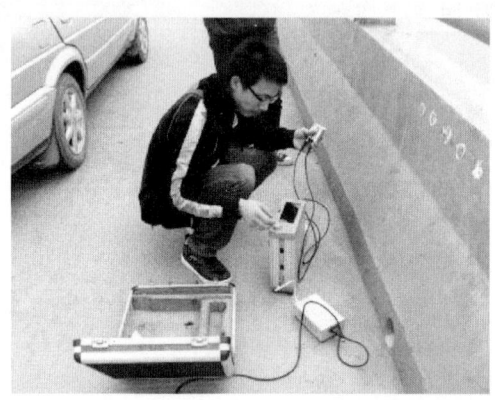

图 14-35 瞿家埠大桥的护栏动弹性模量测试

混凝土护栏的动弹性模量测试结果见表 14-32 和图 14-36。

上游侧护栏测距-声时结果　　　　表 14-32

测距 L (cm)	声时 t(μs)							
	2010-8-18				2010-8-25			
50.0	15.4	34.1	65.8	94.6	16.1	34.8	75.5	103.0
100.0	25.3	40.7	59.4	85.0	26.0	41.4	63.4	93.1
150.0	36.3	51.7	82.5	103.0	35.9	52.4	82.1	115.1
200.0	50.6	61.6	89.1	121.3	51.3	65.6	93.1	134.9
250.0	57.2	72.6	96.8	117.4	62.3	77.7	101.9	131.6
300.0	72.6	85.8	107.8	137.5	71.4	87.9	112.1	142.9
测距 L (cm)	声时 t(μs)							
	2010-9-10				2010-9-18			
50.0	15.0	32.6	69.5	92.0	18.3	38.1	82.7	103.0
100.0	26.0	41.4	59.0	91.7	28.2	45.8	66.7	96.0
150.0	35.9	51.3	81.0	107.6	37.0	53.5	85.4	105.4
200.0	46.9	61.2	90.9	123.7	50.2	65.6	93.1	116.4
250.0	61.2	76.6	101.9	138.9	62.3	77.7	101.9	127.9
300.0	68.9	84.3	107.4	127.1	72.2	87.6	111.8	139.3

如图14-36a)所示,1-1的散点值相连,几乎为一条直线。运用最小二乘法,进行直线(方程$L = a + kt$)回归,该直线方程的斜率即为平测法纵波声速V_P值。串联1-3的第1点与1-4的第2~4点,将这些被连接测点的定距测时数据以最小二乘法回归成直线方程$L = a + kt$后,方程的斜率为疑似表面波传播速度V_R。将1-1的直线斜率(即V_P)及直线方程$L = a + kt$的斜率(即V_R)代入式(14-11),则可得到关于泊松比μ的一元三次方程。采用MATLAB7.9求解,可得泊松比μ,代入式(14-9)或式(14-10),可得动弹性模量的值,代入表14-30,选择二次函数进行计算,进行修正,可得静弹性模量,混凝土护栏的动静弹性模量测试结果见表14-33。

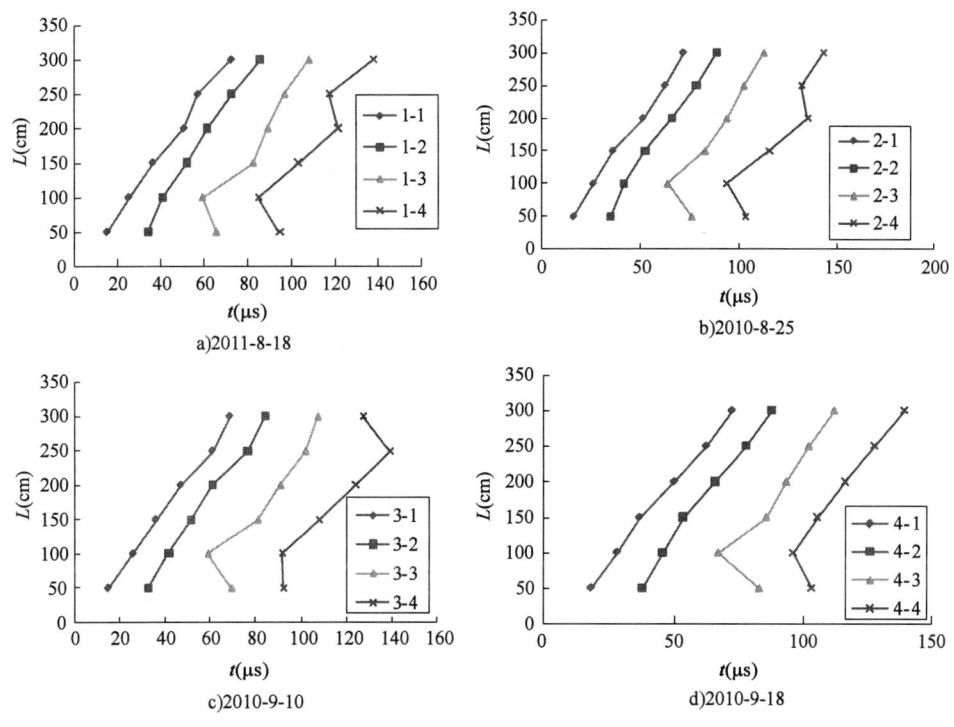

图14-36 混凝土护栏测距-声时曲线

混凝土护栏动、静弹性模量结果 表14-33

测试时间	V_P(m/s)	V_r(m/s)	μ	E_d(GPa)	E_s(GPa)
2011-8-18	4 650	2 665	0.166	35.12	32.59
2010-8-25	4 642	2 630	0.182	33.16	29.34
2010-9-10	4 600	2 632	0.168	34.13	31.01
2010-9-18	4 857	2 722	0.195	34.60	31.78

14.4.2 星沙跨线桥

星沙跨线桥位于湖南省长沙县的G107线上,于1989年建成,上部结构采用24m + 3 × 30m + 24m的变截面预应力混凝土连续箱梁,桥梁全长168.0m;下部结构采用柱式桥墩及扩大基础;支座采用橡胶支座;伸缩缝采用梳型钢板。桥宽:11.0 m(车行道) + 2 × 0.5m(护栏)。原荷载等级为:汽车-20级、挂车-100级,现改为:公路-Ⅱ。箱梁采用C40混凝土。集料采用5~20mm碎石混凝土,见图14-37。

图14-37 星沙跨线桥全景

为了跟踪观测运行20多年后的箱梁的混凝土弹性模量大小,本课题组于2010年8月14日—2010年9月14日,在大桥现场进行了测试。在测试过程中,选择第1跨(即0号台与1号墩之间)的箱梁进行测试。在测试过程中,在外侧箱梁的腹板上选择了一组测点,将超声波仪的收、发换能器都放置在沿混凝土护栏的侧面中心的直线上,用凡士林让其与混凝土表面紧密接触。以6个不同的测距(L):50、100、150、200、250、300mm对它们进行动弹性模量测试,见图14-38。

图14-38 星沙跨线桥的动弹性模量测试

混凝土箱梁的动弹性模量测试结果见表14-34和图14-39。

箱梁测距-声时结果　　　　　　　　　　　　表14-34

测距 L (cm)	声时 $t(\mu s)$							
	2010-8-14				2010-8-21			
50.0	16.1	35.9	73.0	97.5	17.6	36.3	73.0	101.2
100.0	23.8	40.3	57.9	90.8	28.6	42.9	62.7	92.8
150.0	35.9	51.3	78.8	107.9	37.4	52.8	82.5	109.6

续上表

测距 L (cm)	声时 t(μs)							
	2010-8-14				2010-8-21			
200.0	46.9	61.2	90.9	124.0	47.3	62.7	92.4	121.8
250.0	57.9	72.2	98.6	121.1	57.2	72.6	99	125.4
300.0	66.7	81.0	107.4	132.2	69.3	83.6	108.9	140.8

测距 L (cm)	声时 t(μs)							
	2010-9-6				2010-9-14			
50.0	15.4	34.1	65.8	94.6	20.5	37.0	78.0	97.5
100.0	25.3	40.7	59.4	85.0	29.7	43.6	64.5	95.3
150.0	36.3	51.7	82.5	103.0	39.0	53.5	82.1	113.3
200.0	50.6	61.6	89.1	121.3	50.0	64.5	96.4	130.0
250.0	57.2	72.6	96.8	117.4	61.0	74.4	101.9	129.4
300.0	65.6	85.8	107.8	137.5	79.4	87.6	112.9	143.7

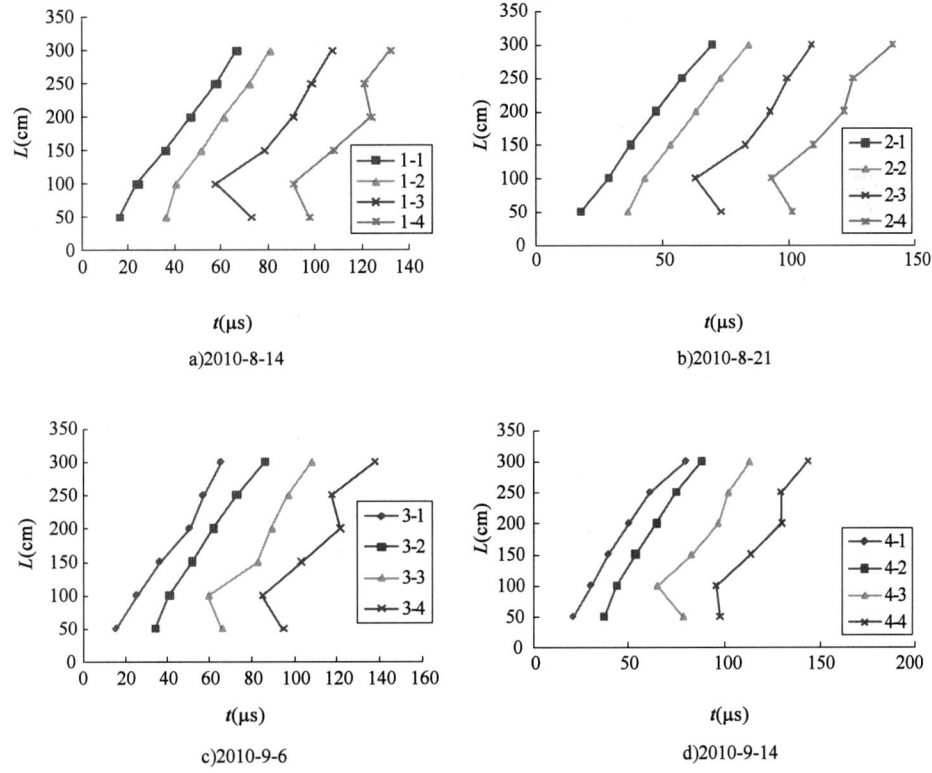

图 14-39 箱梁测距-声时曲线

采用与瞿家墩大桥的一致的计算方法,可获得该桥的动、静弹性模量,见表 14-35。

箱梁动、静弹性模量结果　　　　　表14-35

测试时间	V_P(m/s)	V_r(m/s)	μ	E_d(GPa)	E_s(GPa)
2010-8-14	5 228	2 872	0.178	36.72	34.86
2010-8-21	4 907	2 777	0.183	36.88	35.07
2010-9-6	4 772	2 665	0.166	36.99	35.21
2010-9-14	5 022	2 869	0.196	36.86	35.04

14.4.3　水渡河大桥

水渡河大桥位于湖南省长沙县的G107线上，于1989年建成，上部结构采用9×30m的等截面钢筋混凝土简支箱梁，桥梁全长285.0m；下部结构采用柱式桥墩及扩大基础；支座采用橡胶支座；伸缩缝采用梳型钢板。桥宽：11.0 m(车行道)+2×0.5m(护栏)。原荷载等级为：汽车-20级、挂车-100级，现改为：公路-Ⅱ。箱梁采用C40混凝土。集料采用5~20mm碎石，见图14-40。

图14-40　水渡河大桥全景

为了跟踪观测运行20多年后的箱梁的混凝土弹性模量大小，本课题组于2010年8月16日—2010年9月16日，在大桥现场进行了测试。在测试过程中，选择第1跨(即0号台与1号墩之间)的箱梁进行测试。在测试过程中，在外侧箱梁的腹板上选择了一组测点，将超声波仪的收、发换能器都放置在沿混凝土护栏的侧面中心的直线上，用凡士林让其与混凝土表面紧密接触。以6个不同的测距(L)：50、100、150、200、250、300mm对它们进行动弹性模量测试，见图14-41。

图14-41　水渡河大桥的动弹性模量测试

混凝土箱梁的动弹性模量测试结果见表 14-36 和图 14-42。

箱梁测距-声时结果 表 14-36

测距 L (cm)	声时 $t(\mu s)$							
	2010-8-16				2010-8-23			
50.0	15.1	31.2	68.8	94.2	16.0	32.1	70.0	95.3
100.0	27.5	43.5	64.2	93.8	27.0	42.3	62.3	90.4
150.0	39.9	55.4	89.2	112.5	39.1	54.4	83.2	112.4
200.0	50.0	63.2	93.6	131.0	51.3	67.2	96.4	130.8
250.0	62.1	76.8	105.0	133.5	64.9	79.0	108.5	125.2
300.0	74.0	88.7	113.2	147.0	76.3	89.0	118.4	143.3
测距 L (cm)	声时 $t(\mu s)$							
	2010-9-8				2010-9-16			
50.0	14.1	33.5	69.0	92.0	13.5	36.0	67.0	97.5
100.0	27.1	42.7	56.0	94.5	24.0	41.2	59.6	92.7
150.0	36.9	53.4	79.0	113.9	36.6	50.6	76.5	112.2
200.0	48.8	62.1	92.1	132.0	48.2	59.8	92.2	128.6
250.0	60.7	77.8	102.9	149.9	58.8	73.8	96.7	121.1
300.0	70.9	83.2	109.3	129.1	69.1	79.9	105.5	132.2

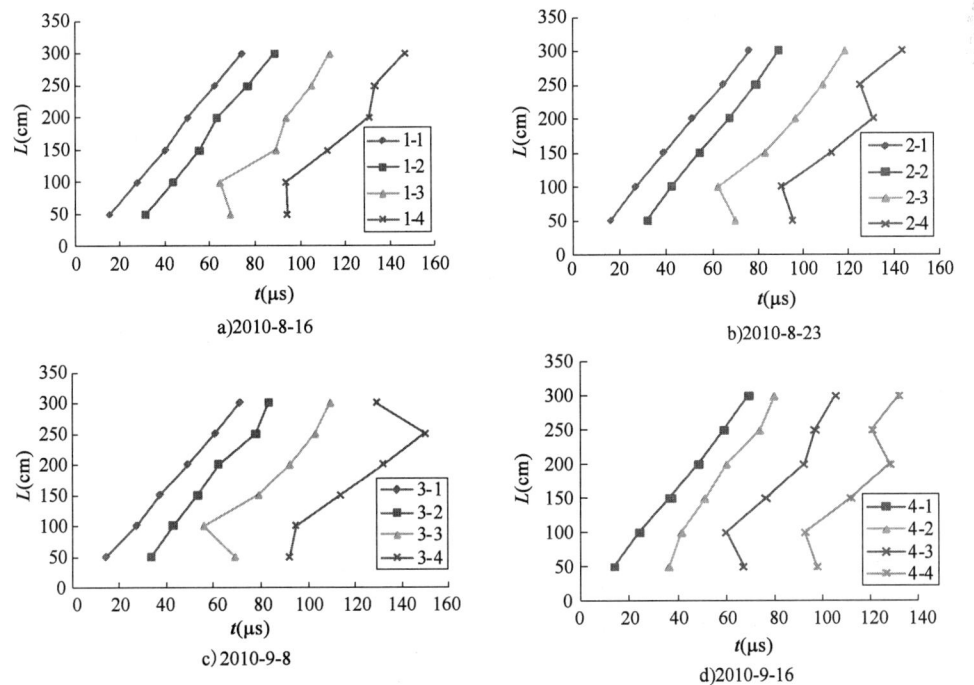

图 14-42 箱梁测距-声时曲线

采用与瞿家埫大桥的一致的计算方法,可获得该桥的动、静弹性模量,见表14-37。

箱梁动、静弹性模量结果　　　　表14-37

测试时间	V_P(m/s)	V_r(m/s)	μ	E_d(GPa)	E_s(GPa)
2010-8-16	4 172	2 233	0.243	38.20	36.65
2010-8-23	4 272	2 426	0.269	38.05	36.48
2010-9-8	4 250	2 260	0.249	39.20	37.69
2010-9-16	4 465	2 198	0.304	38.07	36.51

14.5 本章小结

对后装拔出法进行改进,采用钢质锚固件的胶黏拔出法可避免孔内环形切槽不完整带来的影响以及对混凝土表层的损伤。该方法由混凝土表层3～5cm处的混凝土抗拉强度建立的回归方程,受混凝土碳化影响较小,可用于混凝土长期性能检测。针对具体工程,为确保测试结果的准确性,宜按本章提出的方法建立混凝土强度与拉拔力之间的相关关系,并以此进行测试。

通过将超声法与胶黏拔出法相结合,综合对该组试件进行评定,通过理论分析并计算可知,超声-胶黏拔出综合法较采用单一方法具有以下特点:①能减少龄期和含水率的影响;②弥补相互不足;③进一步提高测试精度。

试验研究了混凝土的动态弹性模量与静弹性模量,试验结果表面两者关系采用二次曲线拟合具有较好的相关性。利用混凝土超声波检测技术可以实现混凝土动态弹性模量的现场无损检测,便捷实用,可作为混凝土弹性模量的长期检测技术。该技术在三座依托工程中进行了应用示范。

试验中混凝土试件的数量、加工情况、养护情况、环境的温度、湿度、地域选材等因素会影响试验的测试结果。虽建立了工程中混凝土常用不同集料类型、粒径大小条件下动静弹性模量的相互关系,但受试件的数量、种类的制约,只设计的三个强度等级同参数的试件,没有建立全强度等级、不同配合比及添加剂条件下混凝土-动静弹性模量间的相关关系,有待今后进一步研究。

15 混凝土桥梁长期变形性能现场检测方法

15.1 研究现状

桥梁上的大部分荷载是由加筋梁以及与其连接在一起的桥面板来承受的。在外部荷载和自重的作用下,桥面将发生弯曲变形。桥梁结构变形就是指加筋梁及其桥面各点变形所产生的垂直位移量,它直接反映桥梁结构的竖向整体刚度。从桥梁挠度的测量值可以得到桥梁竖直方向的变形曲线,从而判断出桥梁各点的变形量是否处于安全的设计范围内或正常使用性能是否满足要求。桥梁结构位移是桥梁技术状况评价的重要参数之一,当工程设施出现安全隐患或接近垮塌时,通常会出现不正常或超过安全范围的结构位移,或表现为结构变形速率不断增大。因此,桥梁长期变形性能现场检测对于保障结构安全、防止出现突然垮塌现象具有重要意义。

桥梁健康监测技术已成为国内外学者的研究热点,变形测量是其中的重要内容之一。变形测量系统应该具有如下特点:

①能够进行多点的长期在线、自动测量;
②受工程设施现场的尘埃、雾气和湿度的影响小;
③具有较大的测量范围和较高的测量精度;
④有较高的采样频率,以满足动态位移测量的需要。

目前,国内外的变形测量方法有很多,传统的方法如百分表测量法、悬锤测量法、水准仪(经纬仪)、全站仪等光学仪器测量法。百分表测量法和悬锤测量法是较为传统的测量方法,具有设备简单,可同时多点检测,测量结果稳定可靠的优点,但也存在很多不足:需要测试平台,对于跨江、跨线桥及跨峡谷高桥的应用存在较大局限性;无法对结构位移进行动态检测和永久检测;数据采集和后期的数据处理均为人工方式操作,效率比较低。光学仪器位移测量法是目前国内应用较为广泛的一种方法,早期主要为水准仪,近年来高精度水准仪和全站仪得到了越来越多应用。这类方法具有受结构下部状况影响较小,精度较高的优点,但该类方法同样无法实现动态连续测量和长期自动测量,新型的智能全站仪可以实现自动测量,但测试精度及采样频率较低,无法满足需要。另一方面采用该方法测量需要对工程设施交通进行较长时间封闭,应用于交通繁忙、车流量大的结构时非常不便。

随着计算机技术的迅速发展,数据采集和数据处理技术也得到大踏步的发展。工程结构位移检测仪器也朝着自动化的方向发展。目前具有代表性的测量方法有倾角仪测量法、连通管式测量法、CCD光电耦合测量法、激光测量法等。这些方法各有优势,但大多处于研究阶段,距离工程应用尚有一段距离。

倾角仪是在回转摆上利用电容传感技术和无源伺服技术构成的高灵敏度抗振动干扰的倾角测量仪器测量结构尤其是桥梁各测点的倾角值,再根据多点测量的倾角拟和出结构的位移曲线。这类方法存在在于算法过于烦琐,精度不够(只有厘米级),各倾角仪之间相位差、倾角仪瞬态反应、倾角仪零漂等的要求较高的问题。

连通管法是根据 U 形连通管内水位相等的原理,测试不动液面与附着于结构的连通管管道之间的相对位移来反映结构的位移。这一方法的关键在于测量连通管内的液面高差,目前可用于测量该液面高差的手段有压力传感器差动测量法、超声波测量法、光电测量法、激光测量法等非接触式测量法和 LVDT、电子尺测量法等接触式测量法。

基于固体图像传感器的位移测量法是近年来国内外在结构位移测试技术领域的研发热点,其原理如图 15-1 所示。

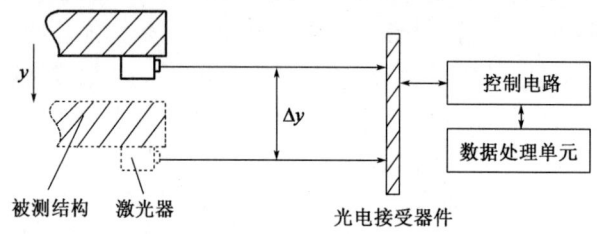

图 15-1 基于图像传感器的激光位移法原理示意

利用固定在被测结构上的激光器向固定不动的固体图像传感器(光电接收标靶)发射激光,控制电路输出信号驱动标靶进行扫描并进行处理后可以得到激光器光斑投射到标靶光敏面上的相对位置。由于标靶固定不动,当激光器随结构发生位移时,激光光斑在标靶光敏面上的位置随之发生变化,通过逻辑计算电路进行扫描计算即可以得知激光光斑在标靶接收面上的移动距离,从而可以得知结构的位移。当前可作为激光标靶的固体图像传感器主要分为 CCD(Charge Coupled Devices) 和 PSD(Position Sencitive Detectors) 两种,光电位置传感器 PSD 的缺点是受光强影响大、光灵敏度较低、被测物体的尺寸较小,测量范围小,受环境影响大等不足。电荷耦合器件 CCD 是一种集光电转换、电荷存贮电荷转移为一体的传感器件。它的主要功能是把光学图像转换为电信号,具有自扫描、高分辨率、高灵敏度、结构紧凑、像素位置准确等特点,是目前结构位移自动连续测试设备研发的主要应用光电器件。基于 CCD 图像传感器的结构位移测试技术与激光器结合应用,可以实现对结构的长期变形性能观测,适用于桥梁长期性能跟踪测试,是未来结构位移测试技术领域中最有发展前景的测试技术。

15.2 CCD 图像传感器和激光器相结合的变形测试技术

15.2.1 激光挠度测试仪原理

激光挠度测试仪采用固体图像传感器 CCD 和激光器组成。激光挠度测试仪原型机见图 15-2。

激光挠度测试仪的挠度测量原理:由于采用串联方式进行测点挠度测量,除了基点为不动点外,每个点都是动点,每个测点的挠度值都与比它更靠近基点的测点的值相关,必须当整座桥每个测点的原始数据采集完后才能进行挠度计算。见图 15-3。

当测点均匀间距布置时,计算公式如式(15-1)。

$$\begin{cases} Y_{i+1} = y_{(i+1)b} + Y_i - \dfrac{L \times \sin\theta_{i-1}}{N-1} \\ \sin\theta_{i+1} = N \times \dfrac{(Y_{i-1} - Y_i - y_{ia})}{L} \end{cases} \quad (15\text{-}1)$$

式中：Y——测点挠度；

y_a——测点近基点面传感器位移差值；

y_b——测点远基点面传感器位移差值；

θ——倾角；

N——测点总数；

L——第一个测点与最后一个测点间的距离。

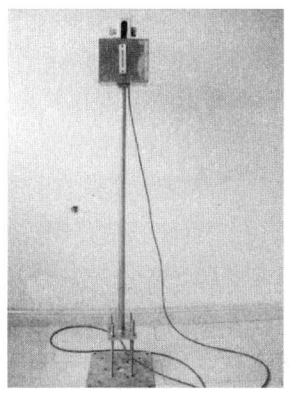

图 15-2 激光挠度测试仪原型机

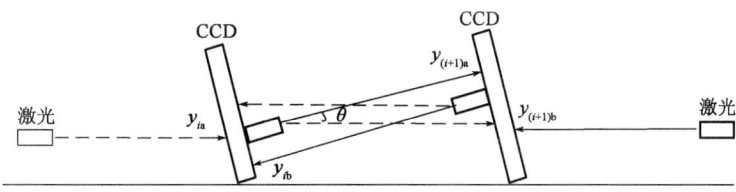

图 15-3 计算原理示意图

激光挠度测试仪研制过程中主要解决了一下技术难题：

(1) 大尺度线阵 CCD 标靶研制

目前线阵 CCD 器件的尺寸通常较小，应用于工程结构的远程测试时存在激光信号接收范围太小，激光器难以搜寻命中的问题。本课题采用串联阵列的技术思路研制较大尺寸的 CCD 线阵，将多个短固体图像传感器芯片连接起来产生一个长尺寸的固体图像传感器，以扩大激光的有效接收范围，从而实现较大量程的结构位移的测试。同时，开发针对单个固体图像传感器芯片的透镜棒阵列，以汇集到达传感器的光线，提高远距离测试条件下传感器的性能，从而使得 CCD 线阵上每个光接收芯片的分辨率不受固体图像传感器芯片数目增加的影响。

(2) 激光信号干扰过滤算法研究

开发了用于调整激光信号图像的系列图像算法，通过色差调整，白平衡，颜色识别，阈值判定,组合的 Opening、Erosion、Dilation 算法等图像处理方法对 CCD 标靶接收到的激光信号进行调整,尽可能消除干扰还原光波信号,从而减小自然光、微尘及涡流等干扰因素造成的系统误差。这一图像处理成套算法是控制该技术测试精度的关键,是整套技术软件部分的核心。

(3)高速视频采样驱动电路开发

目前进行大型结构尤其是大跨度桥梁的位移测试时,往往需要进行测量结果的动态位移。在大型结构中,结构的振动主要集中在低频部分,但对结构有害的频率分量通常高达 50Hz 甚至 100Hz,因此高频动态参数尤其是动态位移的测量在结构的健康监测中有很重要的地位。目前国内外研究的激光挠度测量技术大多采用 CCD 摄像机采集图像数据,经图像卡送至计算机,其速率通常低于每秒 30 帧,难以完成桥梁动态位移的测量。

本项目开发了高速集成电路对光接收器件的输出进行处理,以 FPGA 器件 EPF6016 系列可编程芯片作为数字处理电路的核心完成信号处理,提高了测试系统数据处理和采集速度。

(4)无线数据传输网络系统研发

大型结构尤其是大跨度桥梁的位移自动监测往往需布设较多测点,以尽可能全面地反映结构整体的变形状况。若采用数据有线传输的方式则将难以实现多测点的自动连续测量,即使采取数据以测点为单位进行存储定期采集的方式其人工采集的工作量也很大,更重要的是无法实现实时观测结构的整体位移从而实现结构安全的预警,因此对于线阵 CCD 结构位移测试技术的实际应用,有必要使其具有网络化的无线数据传输功能,甚至进一步的无线远程控制功能。本项目研发了可实现远程数据采集控制与无线网络远程数据传输的分布式全自动静态网络数据采集系统。

15.2.2 激光挠度测试仪主要组成

激光挠度测试仪主要由四个部分组成:机械系统、硬件系统、软件系统和传输系统。

(1)机械系统

图 15-4 为激光挠度测试仪机械系统的现场安装布局图(实际测试系统根据现场情况确定测试点),测点 1 为不动点,测试点 2、3、4 为被测点,测点 2 和测点 3 均带有两套测试系统,用于测量和中转。

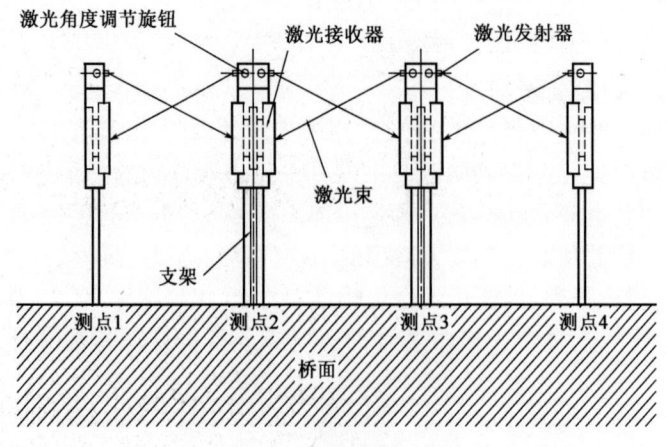

图 15-4 测试系统结构图

单个的测试系统包括激光发射,数据采集和调节固定三个部分。激光发射器带方向调节器,可方便调整激光打到对面的系统入光口。电路板和衰减片安装在密闭防水的不锈钢盒体内,入光口装有一个喇叭遮光罩,防止阳光直射CCD器件。系统带一个安装底座,可用膨胀螺钉固定至测试点,并可调节高度。

(2)硬件系统

激光挠度测试仪采用高分辨率的线阵CCD作为接收器件,通过硬件和软件采集、分析和计算激光束照射在CCD器件的位置,从而测出被测结构的挠度。硬件系统主要包括CCD器件及驱动电路、A/D转换电路、单片机电路及程序、RS485总线和无线两种通信接口、220V交流电和太阳能电源系统。

(3)软件系统

软件系统是激光挠度测试仪的数据接收、处理端,可以实现数据的采集、保存、处理、显示等功能,硬件部分采集到的数据都将传到激光挠度测试仪上位机软件进行处理、显示、保存,上位机系统控制示意图见图15-5。

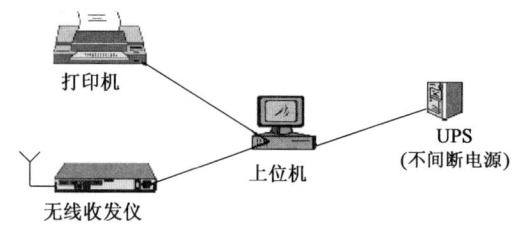

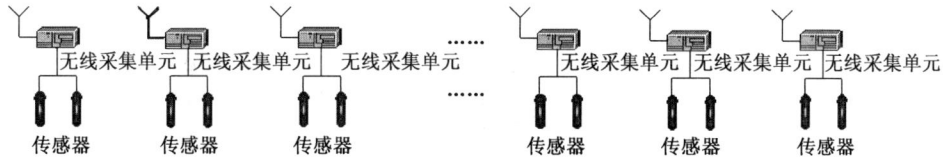

图15-5 上位机系统控制示意图

(4)无线传输系统

激光挠度测试仪的数据传输采用无线通信的方式,无线传感器网络的体系结构如图15-6所示。

通过在被监测的区域内部署大量CCD传感器节点,将CCD提供的位移数据通过串口传输给无线传感器网络节点,节点再将串口信号无线化传输给汇聚节点,所有的传感器节点通信依靠汇聚节点来传输数据,以实现对该区域的检测。本项目中无线传感器网络节点部分的设计采用TI公司的CC2430 SoC芯片作为微控制器。

15.2.3 激光挠度测试仪的调试与验证

在开发出桥梁挠度激光测试仪原型机后,课题组对原型机的性能和技术效果进行了测试。

测试方案如下:以1片5m长的钢筋混凝土T梁模拟实际桥梁,共安装3个原型机测试单元,其中1个为中继单元,另外2个分别为起始单元与终端单元。起始单元安装于距离T梁30m元的实验室结构墙上,背联式单元与终端单元均安装在钢筋混凝土T梁上。采用千斤顶对T梁进行加载使其产生变形,通过原型机的上位机控制3个测试单元以及无线网络系统对T梁挠度进行测试,并采用百分表对原型机的测试结果进行验证。

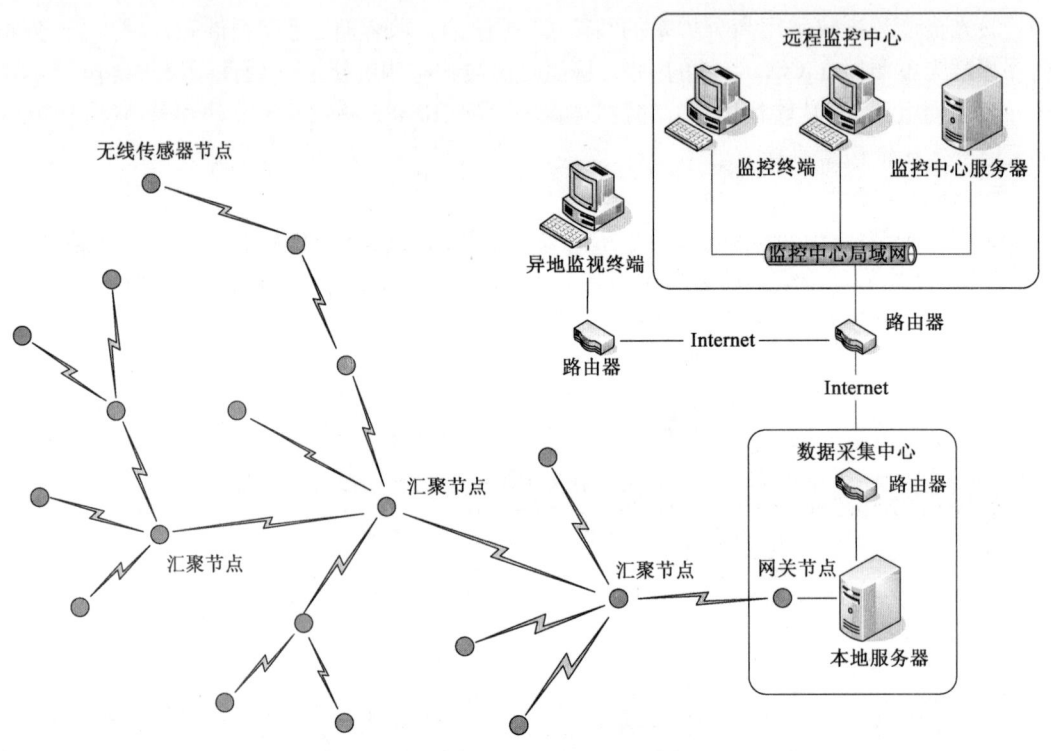

图 15-6 无线传感器网络体系结构图

激光挠度测试仪的室内应用测试如图 15-7 所示。挠度测试应用测试结果见表 15-1。

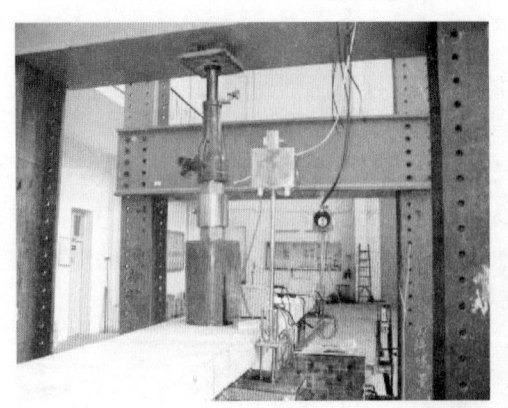 

a)激光挠度测试仪的室内应用

图 15-7

b)起始单元

c)中继单元

d)终端单元

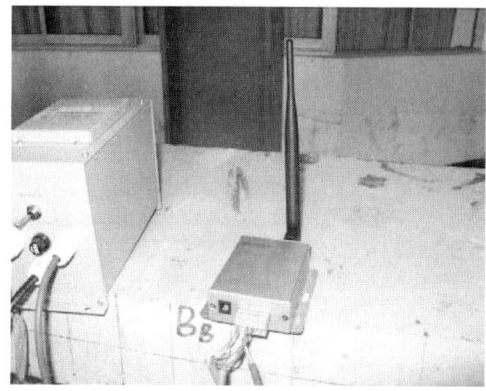
e)无线网关

图 15-7　试验梁测试

挠度测试结果(单位:mm)　　　表 15-1

天数	1d	2d	5d	10d	30d	60d	90d
激光挠度测试仪	9.832	9.831	9.823	9.830	9.753	9.748	9.363
百分表	9.837	9.837	9.835	9.832	9.782	9.780	9.650

15.2.4　激光挠度仪测试流程

激光挠度仪测试挠度的测试流程见图 15-8。

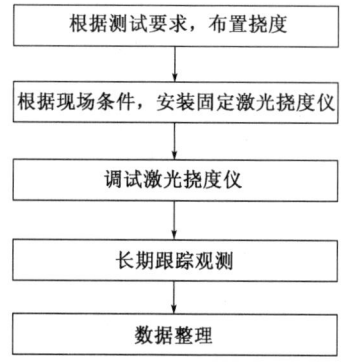

图 15-8　激光挠度仪测试流程图

15.3 工程示范

15.3.1 瞿家塅大桥

瞿家塅大桥简介见15.4.1。课题组于2010年8月18日,在大桥现场采用激光挠度仪测试随机车辆通行时的桥面挠度。测试如下：

(1)挠度测点布置

在测试过程中,选择靠近春华镇的第5跨(即4号墩与5号台之间)的跨中截面作为测试截面。

共安装4个原型机测试单元,其中2个为中继单元,另外2个分别为起始单元与终端单元。起始单元安装在5号台上,2个中继单元安装在第5跨跨中,终端单元安装在4号墩上,见图15-9。

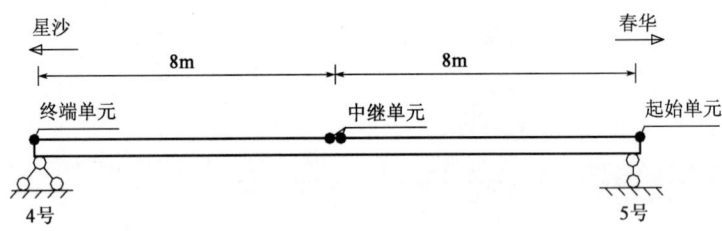

图15-9 瞿家塅大桥挠度测点布置

(2)激光挠度仪安装固定

在随机车辆荷载作用下,为了测试该桥在1d中的挠度变化情况,因此直接把激光挠度仪放置在桥面上进行测试,见图15-10a)。

(3)激光挠度仪调试

在测试之前,进行了激光挠度仪的调试,见图15-10b)。

a)激光挠度仪安装固定   b)激光挠度仪调试

图15-10 激光挠度仪安装

(4)激光挠度仪测试

采用激光挠度仪,对瞿家塅大桥的挠度进行了测试,见图15-11。

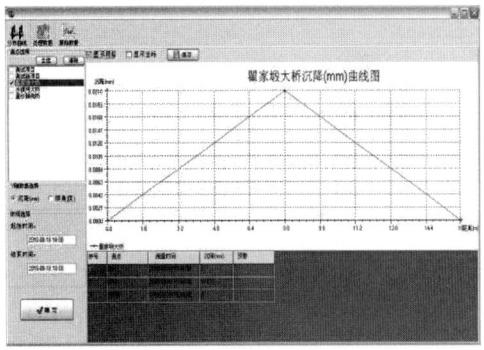

图 15-11 激光挠度仪测试

(5) 数据整理

测试完毕后,对瞿家塅大桥的挠度测试数据进行了整理,整理后的跨中挠度结果见表 15-2。

瞿家塅大桥挠度测试结果(单位:mm)　　　表 15-2

测试时间	2010-8-18				
	10:00	12:00	14:00	16:00	18:00
跨中挠度	0.021 0	0.053 5	0.713 7	0.150 2	0.103 7

15.3.2 星沙跨线桥

星沙跨线桥简介见 14.4.2。课题组于 2010 年 8 月 14 日—2010 年 9 月 14 日,在大桥现场采用激光挠度仪跟踪观测随机车辆通行时的箱梁长期挠度。测试如下:

(1) 挠度测点布置

在测试过程中,选择靠近星沙镇的第 1 跨(即 0 号台与 1 号墩之间)的跨中截面作为测试截面。

共安装 4 个原型机测试单元,其中 2 个为中继单元,另外 2 个分别为起始单元与终端单元。起始单元安装在 0 号台上,2 个中继单元安装在第 1 跨跨中,终端单元安装在 1 号墩上,见图 15-12。

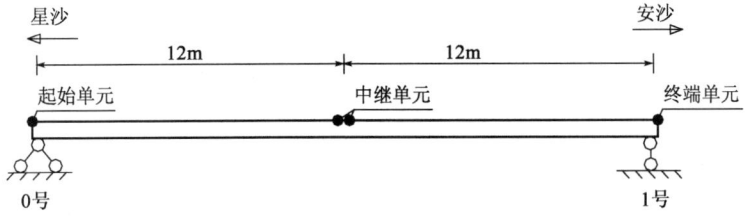

图 15-12 星沙跨线桥挠度测点布置

(2) 激光挠度仪安装固定

在随机车辆荷载作用下,为了测试该桥在 1 个月之间的长期挠度变化情况,把激光挠度仪固定在桥面防撞栏杆上进行测试,见图 15-13。

(3) 激光挠度仪调试

在测试之前,进行了激光挠度仪的调试,见图 15-14。

a)钻孔

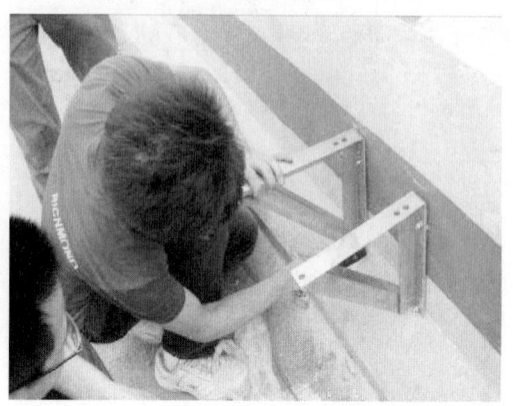
b)固定底架

c)起始单元固定

d)中继单元固定

e)终端单元固定

f)全部单元固定

图 15-13　激光挠度仪安装固定

(4) 激光挠度仪测试

在测试周期天的每天 13:00—14:00,采用激光挠度仪,对星沙跨线桥的挠度进行了测试,见图 15-14。为了验证测试数据的精确性,采用精密水准仪对测点的挠度进行同步观测,见图 15-15。

a)起始单元发射

b)中继单元接收

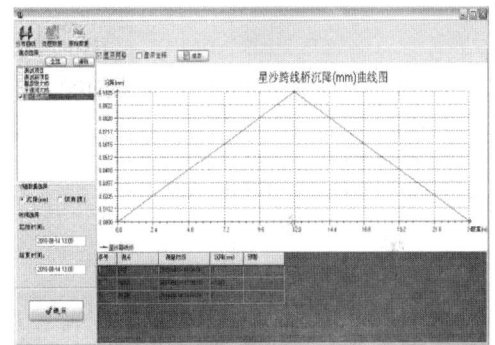
c)数据采集

图 15-14 激光挠度仪测试

图 15-15 精密水准仪测试

(5) 数据整理

测试完毕后,对星沙跨线桥的挠度测试数据进行了整理,整理后的跨中挠度结果见表 15-3。

星沙跨线桥挠度测试结果（单位：mm）　　　　　表 15-3

测试时间	2010-8-14	2010-8-21	2010-8-28	2010-9-6	2010-9-14
激光挠度仪	0.102 5	0.138 5	0.075 4	0.175 0	0.110 5
精密水准仪	0.110 3	0.121 5	0.073 5	0.143 5	0.102 0
误差	-0.007 8	0.017	0.001 9	0.031 5	0.008 5

据表 15-3 知，用激光挠度仪测试星沙跨线桥的长期挠度值与精密水准仪的实测值的最大误差为 0.031 5mm。

15.3.3 水渡河大桥

水渡河大桥简介见 14.4.3。课题组于 2010 年 8 月 16 日—2010 年 9 月 16 日，在大桥现场采用激光挠度仪跟踪观测随机车辆通行时的箱梁长期挠度。测试如下：

（1）挠度测点布置

在测试过程中，选择靠近星沙镇的第 2 跨（即 1 号墩与 2 号墩之间）的跨中截面作为测试截面。

共安装 4 个原型机测试单元，其中 2 个为中继单元，另外 2 个分别为起始单元与终端单元。起始单元安装在 1 号墩上，2 个中继单元安装在第 2 跨跨中，终端单元安装在 2 号墩上，见图 15-16。

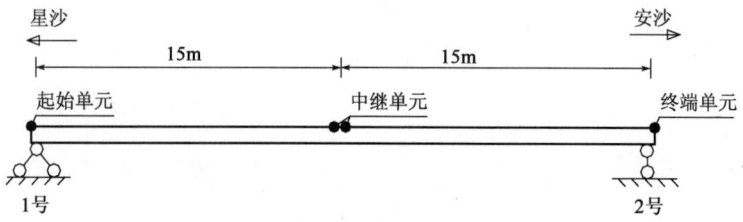

图 15-16　水渡河大桥挠度测点布置

（2）激光挠度仪安装固定

在随机车辆荷载作用下，为了测试该桥在 1 个月之间的长期挠度变化情况，把激光挠度仪固定在桥面防撞栏杆上进行测试，见图 15-17。

a)钻孔　　　　　　　　　　b)固定底架

图 15-17

c) 起始单元固定

d) 中继单元固定

e) 终端单元固定

f) 全部单元固定

图 15-17　激光挠度仪安装固定

(3) 激光挠度仪调试

在测试之前,进行了激光挠度仪的调试,见图 15-18。

图 15-18　激光挠度仪调试

(4) 激光挠度仪测试

在测试周期天的每天 15:00—16:00,采用激光挠度仪,对星沙跨线桥的挠度进行了测试,见图 15-19。为了验证测试数据的精确性,采用精密水准仪对测点的挠度进行同步观测,见图 15-20。

a)起始单元发射

b)中继单元接收

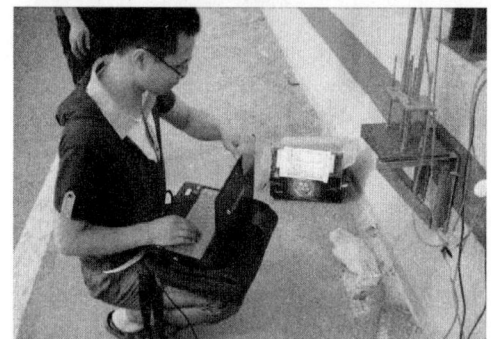

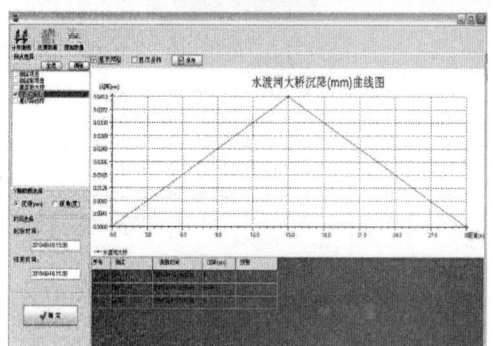
c)数据采集

图 15-19　激光挠度仪测试

图 15-20　精密水准仪测试

（5）数据整理

测试完毕后，对水渡河大桥的挠度测试数据进行了整理，整理后的跨中挠度结果见表 15-4。

水渡河大桥挠度测试结果（单位：mm） 表 15-4

测试时间	2010-8-16	2010-8-23	2010-9-1	2010-9-8	2010-9-16
激光挠度仪	0.5027	0.3842	0.4305	0.4720	0.0413
精密水准仪	0.5102	0.3805	0.3875	0.4900	0.0312
误差	-0.0075	0.0037	0.0430	-0.0180	0.0101

据表 15-4 知,用激光挠度仪测试水渡河大桥的长期挠度值与精密水准仪的实测值的最大误差为 0.043 0mm。

15.4 本章小结

采用固体图像传感器 CCD 和激光器组合而成的激光挠度测试仪,可在 100m 的间距上实现较高精度的结构位移测试;通过无线网络传输系统,可在上位机与测试单元间进行控制指令的发布和测试数据的传输,具有高效率、自动化、可多次重复检测等特点,适合于桥梁结构长期变形性能检测。

通过对试验室中钢筋混凝土 T 梁变形检测数据的比对分析,发现激光挠度测试仪检测的挠度结果与百分表的测试数据基本接近。利用激光挠度测试仪测试了 3 座混凝土桥梁在营运荷载作用下的挠度,其中在 2 座桥梁中同时采用精密水准仪进行测试比较,两者测量值之差在 0.05mm 之内。

16 混凝土抗渗性能现场检测方法

16.1 研究现状

混凝土渗透性,是指液体、气体或离子受压力、化学势或电场作用在混凝土中的渗透、扩散或迁移的难易程度。混凝土作为一种多孔结构的材料,一方面水很容易通过混凝土的孔隙进入到混凝土内部,降低混凝土孔隙液的pH值;另一方面水可以充当载体携带其他有害离子(Cl^-,Na^+等)进入混凝土内部,导致混凝土内部的钢筋锈蚀、混凝土发生碱集料反应(在有活性骨料的情况下)最终引起混凝土胀裂直至破坏。因此,在某种程度上可以认为水在混凝土中的渗透速度决定了混凝土的劣化速度。由于混凝土的渗透性对于混凝土的耐久性起到极其重要的作用,国内外许多学者在这方面进行了研究,对混凝土渗透性研究主要从混凝土的渗水性、透气性、氯离子扩散性、吸水率四个方面来研究。混凝土的渗透性与耐久性之间关系密切,混凝土的渗透性能越低,耐久性则越高,混凝土的渗透性随孔隙率降低而下降,渗水越少。扩散系数越小、混凝土越密实、混凝土的抗腐蚀性能和寿命越高。

影响混凝土渗透性的因素很多,大致可分为内部因素与外部因素,内部因素是指混凝土本身的材料组成和混凝土内部结构及龄期,外因是指混凝土所处的使用环境,在气候、荷载与变形的共同影响下混凝土内的微结构性能会逐步劣化,表面以及内部会产生微裂纹,并随着荷载等作用的增大逐渐发展甚至宏观开裂,从而使渗透通道相互连接,进一步降低混凝土的抗渗能力。

(1)混凝土抗渗性试验室检测方法

混凝土试件的渗透性试验从测试的手段来划分主要有:水压力法、透气法、电测法及现场测试方法等。

①水压力法

水是侵害性离子渗透入混凝土的介质,也是可溶性气体CO_2和SO_2进入混凝土的载体,更是钢筋锈蚀、冻融破坏和碱-集料反应必需的物质,通常混凝土只要有较好的抗水性就能够满足抗渗性要求。传统的水压力试验可分为稳定流动法、渗透深度法、抗渗标号法。我国试验方法的标准中采用抗渗标号法,这种方法操作简单,可以用于在工程上评价混凝土的抗渗性能,但需要事先按照相关规定浇筑试模,仅用于在实验室内评测新建结构混凝土的渗透性。

按水压力法不可准确地反映出混凝土的渗透性能,难以判定高性能混凝土的渗透性;并且不适用于在水工建筑物上使用,也难以将现场的压水结果与之联系。可见,在实际工程中应用现行水压力法来评定混凝土的渗透性有局限性。

②透气法

以水为渗透介质时,由于水泥的继续水化、物质的迁移等使渗透过程难以达到稳态,从而促使研究者的兴趣逐渐转向了以气体作为渗透介质的测试方法。Kollek 在 1989 年提出的以 O_2 为渗透介质测定混凝土渗透系数的 Cembureau 法在 1999 年被 RILEM 组织推荐为标准方法。该法的原理为：给试样施加稳定的气压，记录在此压力下通过试样的气体流量，再转换到渗透系数，以此来比较混凝土渗透性能，我国交通部在《水运工程混凝土试验规范》（JTJ 270—98）提出一个较为便捷的气体渗透性测试方法，国内学者王中平等也提出了改进了的气体渗透系数测试装置。

该方法具有测试速度快、精度较高的特点，但试验步骤严格、程序复杂，但在实际的运用中还存在一定难度。且 Cabrereet 在其研究中发现，透气法不适于在掺硅灰的混凝土渗透性试验，且从工程现场的实际操作的要求来讲，还有一定难度。

③电测法

众所周知氯离子是引起钢筋锈蚀，从而导致钢筋混凝土结构失效的主要因素之一，另外，以上水压力法、透气法已不适用于目前的高性能混凝土，因此国内外学者把研究重点放在了混凝土氯离子渗透性测试方法的研究上，一方面由于自然扩散法的试验周期较长，可重复性较差，相比之下，氯离子加速渗透法简单、快速、可以满足科学研究的需要。其原理是溶液中的离子在电场作用下渗透速度加快，使试验时间缩短，在试验室内具有重复使用性。

根据测试指标不同，电测法可以分为电量法、氯离子扩散系数法、极限电压法等。

电量法以 ASTM C1202 方法及其改良法为代表，具体为：混凝土试件养护 28d 后，切成厚 50mm、直径 100mm 的试件，在真空的条件下饱水后固定在水槽上，而两端水槽分别盛有 3.0% NaOH 与 0.3mol/L 的 NaCl 溶液，接入 60V 直流电，并每 30min 记录一次电流，通过记录 6h 内的直流电量来评价混凝土的渗透性。

虽然这种方法被选为标准方法，但发现试验过程中通过试件的电量与混凝土孔溶液中所有的离子有关并不只是氯离子，即溶液成分和溶液中的离子浓度对测量结果有较大影响；另一方面，在 6h 的测量过程中，电流是在不断变化的，且由于所加的电压过高，将会导致溶液的温度升高，从而都会影响测试结果。所以利用该方法来测试高强高性能混凝土时，评价指标有待进一步试验验证。考虑到电量法的缺点，一些学者提出采用降低电压（12V）而延长试验时间（30h）的方法来降低溶液热量，但根据电化学理论：只要有电流流过混凝土试样或电极端水溶液中的电压降大于 1V，由电极反应引起的误差就无法消除。

通过检测混凝土中氯离子扩散系数来评价混凝土渗透性包括自然浸泡法、电迁移法、饱盐电导率法等。自然浸泡法是指通过对混凝土试件盐酸溶液长期浸泡后，通过取样，切片或者研粉、浸取、电化学滴定、Fick 拟合等多个步骤。试验耗功耗时，且测得的氯离子浓度分布结果，多数为相对于混凝土一定渗透深度以内单位质量或者单位体积的氯离子平均浓度，也就无法真正得到混凝土表面的氯离子浓度。

Tang 与 Nilsson 通过改装设计了一种更方便的迁移装置，简称 RCM（混凝土氯离子扩散系数快速测定法）法，后来被定为北欧标准（NT Build492），我国在《混凝土结构耐久性设计与施工指南》（CCES 01—2004）中也推荐将 RCM 法作为测定氯离子扩散系数的标准试验方法。该方法首先利用超声对 $\phi 100mm \times 50mm$ 的试件预处理后，放入橡胶筒内，在橡胶筒中注入约 300mL 的 0.2mol/L 的 KOH 溶液，并使阳极和试件表面均浸没于溶液中，在试验槽中注入含有5% NaCl 的 0.2mol/L 的 KOH 溶液,与橡胶筒内溶液齐平,然后打开电源,记录时间、同步测定并联电压、串联电流和电解液初始温度,而试验需要的时间按测得的初始电流确定,达到规定时间后取出试件劈成两半,用硝酸银滴定来确定氯离子扩散深度。

RCM 快速迁移试验虽然简便,但没有从根本上解决快速氯离子渗透试验中存在的问题,另外,氯离子在混凝土中的渗透深度以及分布还受到氯离子结合能力的影响,所以仍需要大量试验来验证该方法的可靠性。

迁移法中另一种较为成功的是唐路平建立的方法,并已成为瑞典(CTH)和北欧的标准方法,但该方法仍采用较高电压(10~60V),而混凝土饱水通电时间较长(6~96hrs),不仅孔溶液在不断变化,其中相当一部分电流会在电极反应中消耗,并非用于氯离子迁移,与电量法一样,其先天缺陷无法完全克服。

NEL 法属于饱盐混凝土电导率法,首先用真空抽吸的方法加速混凝土试件盐饱和,使之成为线性元件,然后在低电压或电流下测量盐饱和后混凝土试件的电导率,再通过 Nernst-Einstein 方程来确定混凝土中的氯离子扩散系数。虽然电极反应引起的误差不可避免,但这里采用较小的电压(通常为1~5V),可减少电极反应的不良影响,并可在15min 内得到结果。已有的试验证明,NEL 法适用于各种强度等级的混凝土,可灵敏地反映混凝土渗透性的细微变化,包括矿物掺合料、养护方法等对混凝土渗透性的影响。

NEL 法虽然采用了较小的电压可以大大地减少电极反应的不良影响,并使用了真空加速盐饱和,但该方法假设进入混凝土前后的溶液是相同的,显然是不符合实际情况的。由于混凝土孔溶液中包含的离子是多样的,当混凝土干燥后,离子饱和结晶,但当溶液再次进入混凝土时,这些结晶又会溶于溶液中,从而会影响溶液的电导率。

综上所述,在电测方法中 NEL 法对于反映服役状态下的桥梁混凝土结构的渗透性较其他电测方法有一定优势,但若服役状态下结构的裂缝已发展为贯通时,就不适于继续采用 NEL 方法来评测结构物的渗透性。

(2)混凝土渗透性现场检测技术

传统的渗透性测试方法大多需要在施工时制样、试验室试验,仅适用于新建结构物渗透性测定,能给出在标准养护条件下的混凝土渗透性参数,但该参数与实际结构环境中的混凝土渗透性可能存在一定的差异。学者们虽通过总结传统的水压力法、透气法、电测法的适用性与不足,并在不断改进与完善测试方法,而对于既有结构,特别是对于服役多年的桥梁结构,不便于钻芯取样、也不可能得到施工时预留的混凝土试样的情况下,欲测定混凝土渗透性,最为需要的是混凝土表面层的现场测试技术。鉴于此,国内外科研机构进行了大量的相关研究,如测试方便的玻璃管试验,但是灵敏性较差,在某些条件下不能反映混凝土的渗透性能,因此应用不广泛,用于测定混凝土的吸水性指标和空气渗透性指标的 Figg 法,但是需要在混凝土上钻孔,若所钻的孔正好穿过集料的话,就会造成较大误差,且钻孔还会造成局部损伤,很有可能会引起钻孔附近混凝土的开裂,从而限制了其运用。Dhir 通过在试验室与现场大量的试验,改进了 Figg 的试验方法,改进后发现渗透性试验(空气)的结果相关性比较好,且对水灰比、水泥都有很高的灵敏性,能否方便地将这种测试技术用于现场测试。但还有待于在工程实践中进一步应用并检验。

另外,一种由 Basheer 研究开发出的 Autoclam 自动渗透性测试仪,在英国投入到商业应用已有10年时间,并在欧洲已得到普遍使用,主要用于非破损测试空气和水的渗透性,以及混凝土或其他建筑材料表面的吸水性,仪器如图16-1所示,其使用方便,在垂直、倾斜、水平表面上都可以进行测试,并具有良好的便携性,可在现场使用,可对混凝土的透气性、吸水性和渗透性进行测试。测试时,空气气压随时间的衰减被自动记录下来,用以计算混凝土的透气性指数;而在吸水率和透气性试验中,混凝土在恒定压力作用下,记录吸水的体积,以用于计算混凝土的吸水率和透水性指数。该方法可以在没有事先安排的情况下,可对结构物进行快速有效的现场检测,具有简单、迅速、易于操作、试验数据自动采集等优点,并在试验室与现场都可以应用,并可建立试验室与现场测试结果两者间的联系,以便更准确地反映混凝土的性能,这也体现了一种研究趋势。

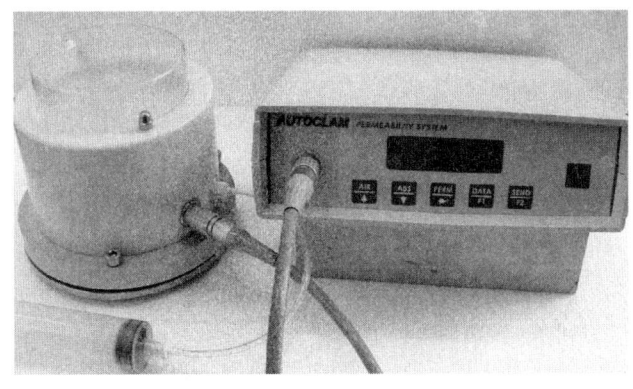

图 16-1　AutoClam 渗透仪

目前,国内一些研究机构已经开始引进这种设备,并应用于工程实践中,如:对运营11年大亚湾核电站的安全壳混凝土进行耐久性评估;评测国家奥林匹克体育场看台混凝土耐久性的要求;在桥梁检测上,检测京津城际轨道上预应力箱梁渗透性时应用到了该测试方法,在此之前国内还没有在现场检测桥梁混凝土渗透性的先例。但这些测试的评估标准都基于英国混凝土试验数据得到的分类标准,还没有一种结合国情、成套的测试方案与评价体系,所以在这个方面还需进一步实践与总结。

对于评价服役状态下的混凝土结构,特别桥梁结构的渗透性,不便钻芯取样、不能得到建造预留的同批试样。欲在不影响交通运营的条件下测定混凝土的渗透性,最为需要的是混凝土表面层的现场测试技术,才能够较真实的反映结构混凝土抗渗性,但国内在实体结构、特别是服役状态下的桥梁结构上混凝土表面测试技术应用的较少,这样就难以准确评价混凝土的耐久性及评估剩余寿命。那么可利用现有国内外的一些先进技术与资料,进一步研究,如可利用 Autoclam 设备的便利性及功能特点,开展室内与现场的测试,或同时跟传统的一些测试技术进行对比,一方面通过大量的测试,得出适用于我国混凝土的渗透性评价体系;一方面,可通过与传统的测试方法所得结果进行对比,以便建立一个相互对应关系,达到对混凝土渗透性进行评价的一致性。而对于现场桥梁混凝土渗透性好坏的评价尚没有一个统一的标准和标准试验方法,这对于现场桥梁混凝土渗透性定量评价带来一定的困难,所以在该方面还需要有大量的工作。

16.2 海洋环境下混凝土中氯离子渗透性能测试技术

16.2.1 混凝土中氯离子渗透理论

海洋环境中混凝土的抗渗性能主要以氯离子扩散系数表征。采用钻取粉样或取芯检测混凝土中氯离子含量、利用 Fick 第二定律拟合得到氯离子扩散系数的方法,具有破损性,不适合于对结构进行多次、重复检测,无法用于对混凝土抗氯离子渗透性能进行长期观测。本章以钢筋表面腐蚀电流密度作为海洋环境中混凝土抗氯离子渗透性能的长期检测指标,研究了混凝土中钢筋表面氯离子浓度和钢筋表面腐蚀电流密度的关系,建立了钢筋表面氯离子浓度与临界氯离子浓度之比和氯离子临界浓度侵蚀深度与保护层厚度之比的关系曲线,可以利用现场无损检测得到的钢筋表面氯离子浓度预测桥梁混凝土结构抗氯离子渗透性能,用于海洋环境桥梁混凝土结构抗氯离子渗透性能的长期跟踪观测。

海洋环境中氯离子侵蚀通常用 Fick 第二定律来进行模拟,其中,氯离子临界浓度侵蚀深度的平方与混凝土结构暴露时间成正比,即氯离子诱发钢筋锈蚀的年限与混凝土保护层厚度的平方成正比。若在 t_x 年时氯离子侵蚀深度为 x,那么保护层厚度为 c 的混凝土结构的耐久年限 t_c 可以表示为式(16-1)。

$$t_c = \left(\frac{c}{x}\right)^2 t_x \tag{16-1}$$

式中:t_x——氯离子侵蚀深度为 x 的年限;

x——检测时氯离子临界浓度对应的深度;

t_c——保护层厚度为 c 混凝土结构耐久年限;

c——混凝土保护层厚度。

对处于海洋环境中的混凝土桥梁保护层厚度、氯离子临界浓度侵蚀深度、钢筋表面氯离子浓度检测结果见图 16-2。

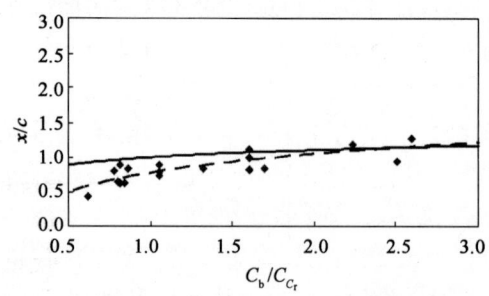

图 16-2 现场检测得到的浓度比与深度比的关系

通过拟合分析,得到深度比和浓度比的关系式见式(16-2),如图 16-2 中虚线所示。

$$\left(\frac{x}{c}\right) = 0.4\ln\left(\frac{C_b}{C_{C_r}}\right) + 0.7767 \quad (R^2 = 0.733) \tag{16-2}$$

当氯离子临界浓度侵蚀深度达到钢筋表面,即 $x = c$ 时,混凝土表面氯离子浓度应为临界氯离子浓度,即 $C_b = C_{C_r}$。即以上拟合曲线理论上应经过图中点(1,1)。而以上关系式经过(1,0.7767),稍有偏差。以拟合曲线过点(1,1)为拟合条件,重新对图中数据进行拟合,得到深度比和浓度比的关系式,见式(16-3)。

$$\left(\frac{x}{c}\right) = 0.16\ln\left(\frac{C_b}{C_{C_r}}\right) + 1 \tag{16-3}$$

该曲线经过点(1,1),且为现场检测数据的上包络线,与实际检测数据相比,具有一定的安全裕度。因此可用其来表示现场实际结构中氯离子临界浓度侵蚀深度和钢筋表面浓度与保护层和氯离子临界浓度之间的关系。

根据式(16-1)和式(16-3),可以得到氯离子临界浓度侵蚀到钢筋表面的时间,见式(16-4)。

$$t_c = \left[0.16\ln\left(\frac{C_b}{C_{C_r}}\right) + 1\right]^{-2} t_x \tag{16-4}$$

在上式中,要预测混凝土结构耐久年限,需要得到使用 t_x 年后钢筋表面氯离子浓度。正是由于氯离子的存在,才使海洋环境混凝土结构中钢筋发生腐蚀。氯离子的存在不仅降低了混凝土的电阻率,还可以在钢筋表面形成腐蚀电池。腐蚀电池形成的数量和电位差与钢筋表面氯离子的数量存在一定的相关关系。根据前述,钢筋腐蚀电流密度是表征混凝土中钢筋表面电化学腐蚀的一个重要指标,而且可以采用线性极化法通过无损检测手段得到。找到钢筋表面氯离子浓度与腐蚀电流密度的关系,即可以通过无损检测钢筋表面腐蚀电流密度来预测评估混凝土抗氯离子侵蚀耐久年限。

16.2.2 腐蚀电流密度与氯离子渗透性能关系的试验研究

现有研究成果表明,腐蚀电流密度和钢筋表面氯离子浓度之间存在一定的相关关系。本文开展了大量的试验工作以揭示这种相关性能,并力争建立相关关系模型。

在试验过程中,根据常见温湿度变化情况,共考虑了如表16-1所示的5种工况。

试验环境工况 表16-1

工况	温度(℃)	相对湿度(%)	备注
1	20	80	模拟大气区
2	30	80	
3	40	80	
4	20	浪溅	模拟浪溅区。通过干湿循环的方法,采用浓度为1.8%的盐水,每次浸没1h,两次浸没时间间隔为11h
5	20	水位变动	模拟水位变动区。通过干湿循环的方法,采用浓度为1.8%的盐水,每次浸没8h,两次浸没时间间隔为4h

混凝土材料考虑了水胶比、水泥用量、掺合料、含盐量等因素,混凝土配合比如表16-2所示。

混凝土配合比 表16-2

编号	水胶比 W/B	水泥用量 (kg/m³)	粉煤灰掺量(%)	矿渣掺量(%)	硅灰掺量(%)	含盐量(%)	变量	混凝土混合物(kg/m³) ($W:B:S:G$)
CR1	0.4	300	0	0	0	0.23	水泥用量	120:300:650:1 380
CR2	0.4	360	0	0	0	0.23		144:360:623:1 323
CR3	0.4	420	0	0	0	0.23		168:420:596:1 266
CR4	0.4	480	0	0	0	0.23		192:480:569:1 209

续上表

编号	水胶比 W/B	水泥用量 (kg/m³)	粉煤灰掺量 (%)	矿渣掺量 (%)	硅灰掺量 (%)	含盐量 (%)	变量	混凝土混合物(kg/m³) $(W:B:S:G)$
SR1	0.3	420	0	0	0	0.23	水胶比	126:420:609:1 295
SR2	0.4	420	0	0	0	0.23		168:420:596:1 266
SR3	0.5	420	0	0	0	0.23		210:420:501:1 061
FR1	0.4	420	0	0	0	0.23	粉煤灰	168:420:596:1 266
FR2	0.4	420	10	0	0	0.23		168:(C378+F42):596:1 266
FR3	0.4	420	30	0	0	0.23		168:(C294+F126):596:1 266
FR4	0.4	420	50	0	0	0.23		168:(C210+F210):596:1 266
KR1	0.4	420	0	0	0	0.23	矿渣	168:420:596:1 266
KR2	0.4	420	0	30	0	0.23		168:(C294+K126):596:1 266
KR3	0.4	420	0	50	0	0.23		168:(C210+K210):596:1 266
GR1	0.4	420	0	0	0	0.23	硅灰	168:420:596:1 266
GR2	0.4	420	0	0	5	0.23		168:(C399+G21):596:1 266
GR3	0.4	420	0	0	10	0.23		168:(C378+G42):596:1 266
LR1	0.4	420	0	0	0	0.11	含盐量	168:420:596:1 266
LR2	0.4	420	0	0	0	0.17		168:420:596:1 266
LR3	0.4	420	0	0	0	0.23		168:420:596:1 266

注：含盐量为氯化钠含量占混凝土的百分比；W 为用水量；B 所有胶凝材料用量，包括水泥、粉煤灰、矿渣和硅灰；S 为细集料用量；G 为粗集料用量。

混凝土试块中一侧布置三根钢筋，三个钢筋的间距为100mm、角部钢筋距离侧面距离为50mm。混凝土试块尺寸为 300mm×250mm×200mm，采用三种钢筋直径（2ZR1：12mm、2ZR2：20mm和2ZR3：25mm）、三种保护层厚度（2BR1：30mm、2BR2：50mm和2BR3：70mm）。

采用 Gecor 8 利用线性极化法测试混凝土中钢筋腐蚀电流密度。在现有成果的基础上，结合本研究考虑的海洋环境中区域变化、掺合料和钢筋直径等影响，建立了多系数的腐蚀电流密度与钢筋表面氯离子浓度的关系式，如式(16-5)。

$$\ln K_d K_m K_{i,RH} i = 16.816 + 0.618\ln C_b - 3\ 034/T - 0.028T - 5\times 10^{-3}\rho \quad (16\text{-}5)$$

式中：i——钢筋腐蚀电流密度；

T——环境平均温度；

ρ——混凝土电阻率；

K_d——钢筋直径影响系数，$K_d = 3.68\left(\dfrac{d}{20}\right)^2 - 8.48\left(\dfrac{d}{20}\right) + 5.82$；

d——钢筋直径(mm)；

K_m——材料影响系数：当掺合料为矿渣且掺量为30%~50%时 $K_m = 1.72$，当掺合料为硅灰时 $K_m = e^{5.167y}$，其他工况 $K_m = 1.0$；

$K_{i,RH}$——环境系数：当结构处于大气区时，$K_{i,RH} = 1.0$，当结构处于浪溅区和水位变动区时，$K_{i,RH} = 1/6 \sim 1/3$。

采用式(16-5)计算得到的腐蚀电流密度与试验室实测电流密度之比汇总见图16-3。可以看出计算值与实测值的比值基本在0.8~1.2之间,说明式(16-5)计算结果可反映实际检测值。

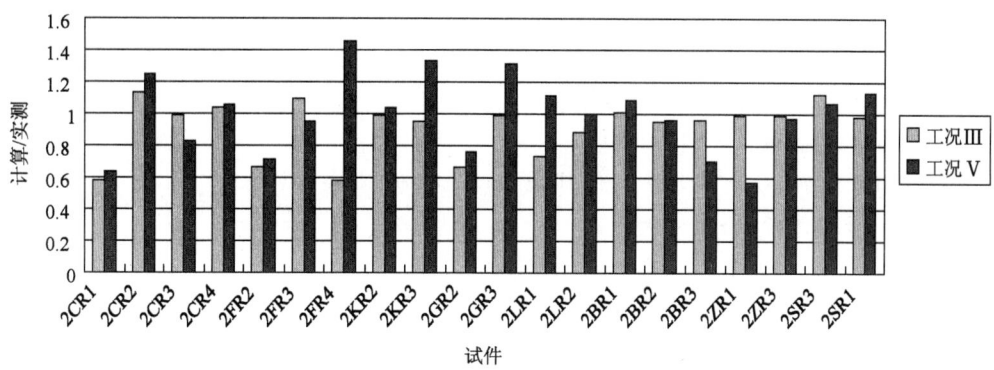

图 16-3 钢筋腐蚀电流密度计算值与试验值的比值

16.2.3 测试流程

通过本项内容研究,可以采用无损、快捷的检测手段随时桥梁混凝土结构中钢筋腐蚀电流密度 i,计算钢筋表面氯离子浓度,根据建立的模型预测桥梁混凝土结构钢筋开始锈蚀的时间,即未来抗氯离子侵蚀寿命,即避免对结构经常性的破损,又可随时掌握结构未来耐久性能。测试流程见图16-4。

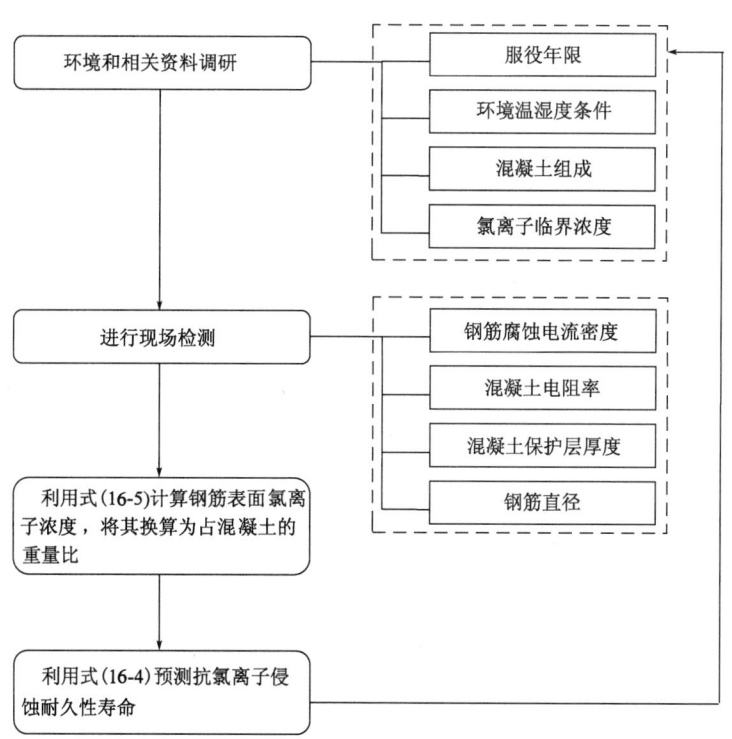

图 16-4 耐久性寿命预测过程图

16.3 工程示范

山东双岛海湾大桥混凝土箱梁处于北方沿海环境中,欲利用本项目研究得到的方法,对其进行耐久性寿命预测,需要进行的工作:

(1) 调研资料:

①桥梁结构已服役时间:12年;

②年平均环境温度:10℃(283K);

③氯离子临界浓度:根据环境条件和现有研究成果,确定为0.13%(占混凝土重);

④环境区域湿度条件:$K_{i,RH}=1$;

⑤混凝土组成:结构混凝土无掺合料,$K_m=1.0$。

(2) 采用无损手段现场实测参数:

①钢筋腐蚀电流密度:$0.2\mu A/cm^2$;

②电阻率:$25.2k\Omega\cdot cm$;

③混凝土保护层厚度:45mm;

④钢筋直径:25mm,$K_d=0.97$。

(3) 抗氯离子侵蚀耐久年限预测。

根据式(16-5),计算得到钢筋表面氯离子浓度为$1.72kg/m^3$,占混凝土重为0.07%;利用钢筋表面氯离子浓度所反映出来的环境与结构相互作用的信息,根据式(16-4),计算得到混凝土箱梁结构在这种环境中的耐久年限为15年,桥梁已经运营12年,如果不采取维护措施,那么结构抗氯离子侵蚀剩余耐久年限仅为3年。

16.4 本章小结

在海洋环境中,氯离子诱发钢筋锈蚀是最为主要的劣化形式。本章通过现场检测数据分析、室内试验研究,并结合Fick第二定律,建立了钢筋表面氯离子浓度与钢筋腐蚀电流密度的相关关系,从而建立了基于钢筋腐蚀电流密度预测海洋环境中混凝土桥梁结构抗氯离子侵蚀耐久寿命的无损测试方法。通过工程实例表明,该方法简单、快速,可重复应用,适用于海洋环境下混凝土中氯离子渗透性能的长期观测。

第5篇

长期性能改进技术

大规模集成电路

17 公路桥梁混凝土长期性能改进的技术措施

17.1 提升混凝土自身质量

混凝土长期性能的主要影响因素包括外部因素和内部因素。内部因素主要是指混凝土本身的质量。混凝土本身的质量越高,其耐久性能越好,抵御外界侵蚀的能力越强。提升混凝土质量措施,除提高混凝土密实度和抗裂性外,主要包括以下几个方面:①适宜的原材料;②适用于环境条件的混凝土组分和配合比;③控制碱集料反应;④控制预制构件养护温度。

17.1.1 采用适宜的原材料

(1)合理的水泥细度及组分

细度是指水泥颗粒总体的粗细程度,水泥细度对混凝土整体质量起关键作用。水泥颗粒级配的结构对水泥的水化硬化速度、需水量、和易性、放热速度、特别是对强度有很大的影响。在一般条件下,水泥颗粒在$(0 \sim 10) \mu m$时,水化最快,在$(3 \sim 30) \mu m$时,水泥的活性最大,大于$60 \mu m$时,活性较小,水化缓慢,大于$90 \mu m$时,只能进行表面水化,只起到微集料的作用。所以,在一般条件下,为了较好地发挥水泥的胶凝性能,提高水泥的早期强度,就必须提高水泥细度,增加$(3 \sim 30) \mu m$的级配比例。但必须注意,水泥细度过细,比表面积过大,小于$3 \mu m$的颗粒太多,水泥的需水量就偏大,将使硬化水泥浆体因水分过多引起孔隙率增加而降低强度。同时,水泥细度过细,亦将影响水泥的其他性能,如储存期水泥活性下降较快,水泥的需水性较大,水泥制品的收缩增大,抗冻性降低等。另外,水泥过细将显著影响水泥磨的性能发挥,使产量降低,电耗增高。所以,生产中必须合理控制水泥细度,使水泥具有合理的颗粒级配。一方面细度满足水泥水化活性要求,另一方面控制水泥颗粒不宜过细。

国家标准《通用硅酸盐水泥》(GB 175—2007)规定,硅酸盐水泥和普通硅酸盐水泥比表面积应大于$300 m^2/kg$,矿渣硅酸盐水泥、火山灰质硅酸盐水泥、粉煤灰硅酸盐水泥和复合硅酸盐水泥的细度以筛余表示,其$80 \mu m$方孔筛余不大于10%或$45 \mu m$方孔筛余不大于30%。

与20世纪早期水泥相比,现代水泥为满足3d与28d强度标准要求,追求早期强度,逐渐增大了水泥细度,并且水泥熟料中硅酸三钙(C3S)的含量越来越高,约占50%~60%,甚至部分已超过60%,硅酸二钙(C2S)含量越来越少,约占20%。水泥熟料中高含量的硅酸三钙(C3S)水化快,使水泥早期强度可以发展的很高,但后期强度增长极少;硅酸二钙(C2S)水化慢,早期强度低,但在水泥硬化后还会有长时间的水化过程,不断提升混凝土后期强度,并且可以使混凝土内部早期微缺陷得到修补。许多过于追求早强的现代混凝土结构更易于开裂,暴露在侵蚀环境中时劣化起来要比预期的服役寿命短得多。为提高混凝土质量,保障其长期性能,需合理控制水泥熟料中的硅酸三钙与硅酸二钙含量,适当加大硅酸二钙含量,为混凝土强度生长与早期缺陷愈合留出一定裕度。

(2) 控制粗集料质量

控制粗集料质量主要从以下几个方面出发：

①严格控制有害杂质含量：粗集料中常含有一些有害杂质，如黏土、淤泥、细屑、硫酸盐、硫化物和有机杂质。当粗集料中夹杂着活性氧化硅（活性氧化硅的矿物形式有蛋白石、玉髓和鳞石英等，含有活性氧化硅的岩石有流纹岩、安山岩和凝灰岩等）时，这些有害杂质易引发碱集料破坏。因此要严格控制集料中有害杂质的含量，重要工程的混凝土所使用的碎石或卵石应进行碱活性检验。

②具有良好的颗粒形状及表面特征：碎石具有棱角，表面粗糙，与水泥黏结较好，而卵石多为圆形，表面光滑，与水泥的黏结较差，工程中应合理选用碎石与卵石含量。除此之外，针、片状颗粒过多，会使混凝土强度降低，因而要控制针片状颗粒的含量。

③用合适的最大粒径及颗粒级配：在普通配合比的结构混凝土中，集料粒径应小于40mm。集料最大粒径还受结构型式和配筋疏密限制。根据《公路桥涵施工技术规范》（JTG/T F50—2011）的规定，混凝土粗集料的最大粒径不得超过结构截面最小尺寸的1/4，同时不得大于钢筋间最小净距的3/4。集料的最大公称粒径不宜大于板厚的1/3，且不得大于37.5mm。单粒级一般用于组合成具有要求级配的连续粒级，它也可与连续粒级的碎石或卵石混合使用，以改善它们的级配或配成较大粒度的连续粒级。

④具有足够的强度和坚固性：为保证混凝土的强度要求，粗集料都必须质地致密、具有足够的强度。当混凝土强度等级为C60及以上时，应进行岩石抗压强度检验。在选择采石场或对粗集料强度有严格要求或对质量有争议时，也宜用岩石立方体强度作检验。有抗冻要求的混凝土所用粗集料，需测定其坚固性。有腐蚀性介质作用或经常处于水位变化区的地下结构或有抗疲劳、耐磨、抗冲击等要求的混凝土用碎石或卵石，其质量损失应不大于8%。

⑤准确判断集料的含水状态及饱和面干吸水率：一些大型水利工程常以饱和面干状态集料为基，这样混凝土的用水量和集料用量的控制就较准确。而在一般工业与民用建筑工程中混凝土配合比设计，常以干燥状态集料为基准。这是因为坚固的集料其饱和面干吸水率一般不超过2%，而且在工程施工中，必须经常测定集料的含水率，以及调整混凝土组成材料实际用量的比例，从而保证混凝土的质量。

(3) 控制细集料质量

河砂资源日益短缺，质量良莠不齐，目前很多工程已开始探索采用机制砂替代河砂作为细集料配制混凝土。控制细集料质量主要从以下几个方面出发：

①严格控制细集料有害杂质含量：配制混凝土的细集料要求清洁不含杂质，以保证混凝土的质量。而砂中常含有一些有害杂质，如云母、黏土、淤泥、粉砂等，会降低混凝土抗冻性和抗渗性。一些有机杂质、硫化物及硫酸盐，它们都对水泥有腐蚀作用。重要工程混凝土使用的砂，应进行碱活性检验。用海砂配制混凝土时，海砂中氯离子含量不应超过0.06%（以干砂重的百分率计）。预应力混凝土不宜用海砂。若必须使用海砂时，则应经淡水冲洗，其氯离子含量不得大于0.02%。

②对于机制砂，宜具有良好的颗粒形状及表面特征。细集料的颗粒形状及表面特征会影响其与水泥的黏结及混凝土拌合物的流动性。机制砂的颗粒多具有棱角，表面粗糙，与水

泥黏结较好,用它拌制的混凝土强度较高,但是会影响拌合物的流动性,需要控制颗粒形状。

③采用合适的颗粒级配及粗细程度:粗砂和细砂均不利于配制具有良好工作性的混凝土,当采用粗砂时,宜复合使用适量的中砂及细砂,实现空隙率及总表面积均较小,这样的砂比较理想,不仅水泥浆用量少,而且还可提高混凝土的密实性与强度。

④具有良好的坚固性:按标准《普通混凝土用砂、石质量及检验方法标准》(JGJ 52—2006)规定,砂的坚固性用硫酸钠溶液检验,试样经5次循环后其质量损失应符合相应规定。有抗疲劳、耐磨、抗冲击要求的混凝土用砂或有腐蚀介质作用或经常处于水位变化区的地下结构混凝土用砂,其坚固性质量损失率应小于8%。

(4)合理使用外加剂

外加剂应与水泥及掺合料具有良好的适应性。常用外加剂主要有:减水剂、引气剂、缓凝剂、早强剂和膨胀剂。

使用减水剂时应注意:①使用前应进行混凝土试配试验,以求最佳掺量。减水剂掺量与减水剂的固含量有关。②聚羧酸系一般不可与萘系高效减水剂复配使用,与其他外加剂复配使用时也应预先进行混凝土相容性试验。

使用引气剂时应注意:①AH系列引气剂与水泥、砂、石一起加入搅拌机,搅拌时间需延长1~2min。②抗冻融要求较高的混凝土,以及冬季施工混凝土,其掺量应根据混凝土含气量的要求,通过试验确定。③引气剂可配制溶液使用,但必须充分溶解。④引气量受配制混凝土的材料及配制操作环境温度影响,故必须尽量保持稳定才能控制含气量波动范围。⑤高频振捣不超过20秒。

使用缓凝剂时应注意:①缓凝型外加剂应配制成溶液,与拌和水同时掺入拌合物中,溶液中的水量应从拌和水中扣除。②溶液中的缓凝型外加剂固体沉淀物,必须及时清除。严禁使用分层或已沉淀地缓凝型外加剂溶液拌制水泥混凝土。③最佳掺量应通过各项性能试验优选,满足具体工程全部使用要求,一般不大于该外加剂的饱和掺量。

使用早强剂时应注意:按照《混凝土外加剂》(GB 8076—2008)标准,要求早强剂和早强减水剂的凝结时间之差为正负90min,即要求早强剂或早强减水剂对混凝土凝结时间不能有太大影响。在钢筋混凝土结构中,严禁使用氯盐类早强剂。

使用膨胀剂时应注意:①膨胀混凝土拌和时,搅拌机械必须为强制式搅拌机,膨胀剂应以粉状拌和使用,拌和时间比普通混凝土应延长20~30s。②膨胀混凝土浇筑时,在计划浇筑段内应连续浇筑,不得中断。浇筑应阶梯式推进,浇筑间隔时间不得超过混凝土的初凝时间。振捣应密实,不得漏振、欠振和过振。为防止沉缩裂缝和新老混凝土结合开裂,终凝前,应采用机械或人工多次抹压表面。③对于大体积混凝土和大面积混凝土,宜采用有效的保湿措施,养生时间不应少于14d。对于挡土墙、薄壁桥墩、箱梁、T梁等不易保湿养生的结构,宜喷洒养生剂或安装水管喷淋,拆模时间不应早于10d,拆模后宜喷洒养生剂或包裹保湿膜或塑料薄膜,养生天数应根据膨胀混凝土达到设计强度的80%确定。低温施工,应采用塑料薄膜和保温材料覆盖保温保湿养生,养生期最短不应少于14d。对于挡土墙、薄壁桥墩、桥台等带模养生期最短不应少于21d。

(5)合理使用掺合料

使用粉煤灰时应注意:较小掺量的粉煤灰只是一定程度上降低了混凝土的水化热,由于水泥本身所能提供的碱性环境是有限的,因此在未掺入粉煤灰活化剂的情况下,粉煤灰的掺量不宜大于20%,若要加大粉煤灰的掺量,需要经过试验验证。

使用硅粉时应注意:硅粉混凝土的干缩率尤其是早期干缩率较大,使硅粉混凝土在应用中易于出现干缩裂缝,影响其整体强度和使用效果。这一问题在施工后早期加强洒水养护可以有所减小,但在许多工程施工中裂缝仍不可避免。

使用矿渣时应注意:矿渣粉的质量要严格控制,特别是矿渣粉的细度。因为细度的降低会给混凝土带来诸多问题。控制好矿渣粉的掺量根据具体的施工部位和施工要求控制好矿渣粉的掺量,避免盲目提高掺量。过大的掺量会明显延长混凝土的凝结时间,不利于施工。对竖向结构,掺量过高会使混凝土长期处于塑性状态,使混凝土发生较大沉降收缩,造成沿钢筋的环形裂缝。掺矿渣粉的混凝土或双掺粉煤灰和矿渣粉的混凝土对养护条件要求比普通混凝土更为苛刻,最好能保持湿养护14d左右。

17.1.2 适用于环境条件的混凝土组分和配合比

由于不同的外部环境条件对混凝土长期性能的影响机理和影响程度有所差别,根据本书第2篇和第3篇的论述,在不同环境中存在与之相适宜的混凝土组分和配合比。

(1) 一般大气环境

在混凝土胶凝材料中掺入不高于30%的粉煤灰或不高于35%的矿渣粉,均有利于混凝土的长期力学性能和抗渗性能的改善;掺入聚羧酸盐高性能减水剂,降低水胶比对提高混凝土的长期力学性能和抗渗性能最为显著;早强剂虽然有利于提高混凝土的早期力学性能和抗渗性能,但降低了长期力学性能的发展和抗渗性能;引气剂对混凝土的力学性能和抗渗性能无论是早龄期还是长龄期均是不利的。因此,对于一般大气环境中的桥梁高性能混凝土,可以掺入30%粉煤灰或35%的矿渣粉,并采用聚羧酸减水剂降低水胶比,一般不推荐掺加早强剂和引气剂,尤其对预应力混凝土结构不推荐掺加引气剂。

(2) 冻融环境

影响混凝土抗冻性的配合比因素很多,包括水灰比、胶凝材料种类及掺量、外加剂、纤维等。对于冻融环境中的桥梁混凝土,可掺入15%~35%的磨细矿渣,以改善胶凝体系的颗粒级配,利用其微集料填充效应和火山灰效应细化混凝土内部孔隙,提高混凝土的孔结构致密性和抗渗性能,从而提高混凝土的抗冻性能。不可掺入粉煤灰,主要因为粉煤灰活性较低明显降低混凝土的早期强度,不利于混凝土抗冻,而且随粉煤灰掺量的增加,混凝土性能的劣化越严重。混凝土中可以掺入引气剂,通过引入大量稳定、分布良好的微细气泡,缓解冻胀压力,对混凝土的抗冻性能具有改善作用。因此,为提高冻融环境中桥梁混凝土的抗冻性能,在混凝土组成与配合比设计中,除采用较低的水胶比外,宜掺入25%~35%的矿渣粉,不宜掺入粉煤灰或粉煤灰掺量控制在10%以下;同时,应掺入适量的引气剂,并进行强度比对试验,调整水胶比,以确保掺入引气剂前后混凝土的强度相同。

(3) 氯盐-冻融复合作用

现有相关研究结果表明,混凝土中掺加磨细矿渣,可改善混凝土的抗盐冻侵蚀性能。混凝土中掺加粉煤灰,可减小了盐冻侵蚀过程中混凝土的表面剥蚀,改善了其抗渗性能;但当粉煤灰掺量超过20%后,对混凝土的强度发展不利。混凝土中掺加引气剂对混凝土的抗盐冻侵蚀性能具有改善作用。因此,对处于氯盐-冻融循环复合作用下的桥梁混凝土,为改善其长期性能,建议采用较低的水胶比;掺入25%～35%的矿渣粉,不宜掺入粉煤灰或掺量宜控制在10%以下;应掺入适量的引气剂,同时要降低水胶比以确保掺入引气剂前后混凝土的强度相同;当对桥梁混凝土长期性能要求较高时,还可以在混凝土中掺入适量的聚丙烯纤维或其他合成纤维来减少混凝土表面剥蚀。

(4)硫酸盐侵蚀环境

与其他环境相同,当混凝土中掺入粉煤灰时可以降低混凝土孔隙率,从而有效改善混凝土的抗干湿循环-硫酸盐侵蚀性能。然而,由于粉煤灰的活性较低,当粉煤灰掺量超过10%后,混凝土的强度和抗裂性能会降低,使得硫酸盐侵蚀介质更易侵入材料内部,从而加快了混凝土各项物理力学性能的损伤速率。磨细矿渣掺入混凝土中,有利于改善干湿循环-硫酸盐侵蚀作用下混凝土的各项物理力学性能;然而当与粉煤灰复掺时,其性能损伤加快。引气剂掺入混凝土中,引入了大量微细气泡,对混凝土的初始性能不利。但早强剂和引气剂的复掺可以延缓干湿循环-硫酸盐侵蚀作用下混凝土强度与抗渗性能的劣化。因此,为了改善干湿循环-硫酸盐侵蚀环境下桥梁高性能混凝土的长期性能,可对其组成和配比采取以下措施:采用较低的水胶比;掺入25%～35%的矿渣粉,或掺入10%左右但不超过20%的粉煤灰;同时,可掺入适量的引气剂或硫酸盐早强剂。

(5)干湿循环环境

掺合料和外加剂的掺入是影响荷载-环境因素耦合作用下桥用混凝土性能的重要因素。荷载-干湿循环耦合作用试验结果显示,随着水胶比的增加,混凝土性能孔隙率增加,氯离子越易侵入材料内部,混凝土的氯离子渗透深度明显增加。矿物掺合料掺入混凝土中,改善了胶凝体系的颗粒级配,其微集料填充效应和火山灰效应能够细化混凝土内部孔隙,提高了混凝土的孔结构致密性和抗渗性能,从而减小了混凝土的氯离子渗透深度。早强剂和引气剂的掺入提高了侵蚀过程中混凝土的氯离子渗透深度值。因此,在干湿环境中,提高混凝土长期性能主要措施是:降低混凝土配合比的水胶比,以及掺入适量的矿渣粉或粉煤灰来共同细化混凝土的孔结构,改善混凝土的界面结构。

(6)荷载-氯盐-冻融复合作用

适量矿渣粉、粉煤灰等矿物掺合料掺入混凝土中,改善了胶凝体系的颗粒级配,从而减小了混凝土的强度损伤。引气剂掺入混凝土中,引入了大量微细气泡,明显减小了混凝土的初始强度,对侵蚀过程中混凝土的强度损伤影响不大。荷载-氯盐-冻融复合作用下桥梁混凝土的长期性能改善的措施与盐冻环境的基本相似:应采用较低的水胶比;掺入25%～35%的矿渣粉,或掺入10%～20%的粉煤灰;掺入引气剂的同时应降低水胶比以确保掺入引气剂前后混凝土的强度相同;盐冻要求较高时,还可以掺入适量的聚丙烯纤维或其他合成纤维来减少盐冻剥蚀。

17.1.3 抑制碱集料反应

混凝土集料中碱性物质会与活性物质发生反应生成膨胀物质引起混凝土开裂。混凝土碱集料反应是在整个混凝土结构中的,破坏发生难以预防且不易修补,因此被称为混凝土的"癌症"。碱集料反应会严重影响混凝土桥梁的耐久性,因此要严格控制混凝土中碱性物质含量,抑制碱集料的发生,提升混凝土质量。

①粉煤灰应采用Ⅰ级或Ⅱ级F类粉煤灰,技术指标应满足现行国家标准《用于水泥和混

凝土中的粉煤灰》(GB/T 1596)中相关技术要求,CaO 含量宜小于 8%,碱含量宜不大于 2.0%。粉煤灰的碱含量和 CaO 含量试验方法应按现行国家标准《水泥化学分析方法》(GB/T 176)执行。

②粒化高炉矿渣粉宜采用 S95 和 S105,技术指标应满足现行国家标准《用于水泥、砂浆和混凝土的粒化高炉矿渣粉》(GB/T 18046)中相关技术要求,碱含量宜不大于 1.0%。粒化高炉矿渣粉的碱含量试验方法应按现行国家标准《水泥化学分析方法》(GB/T 176)执行。

③硅灰技术指标应满足现行国家标准《砂浆和混凝土用硅灰》(GB/T 27690)中相关技术要求,碱含量宜不大于 1.5%。碱含量试验方法应按现行国家标准《水泥化学分析方法》(GB/T 176)执行。

④外加剂宜选用低碱含量类型,带入混凝土中的总碱含量不宜大于 $0.25kg/m^3$。当外加剂带入混凝土中的总碱含量大于 $0.25kg/m^3$ 时,应采取措施保证其在混凝土中分散均匀性,并不应超过混凝土最大碱含量要求。不宜使用氯盐类外加剂。外加剂的碱含量试验方法应按现行国家标准《混凝土外加剂匀质性试验方法》(GB/T 8077)执行。

⑤拌和用水的碱含量应不大于 1 500mg/L,不得直接使用海水,地下水需经检验确认满足要求方可使用。水的碱含量试验方法应符合现行行业标准《混凝土用水标准》(JGJ 63)的规定。

⑥水泥宜采用硅酸盐水泥和普通硅酸盐水泥。当采用其他通用硅酸盐水泥时,水泥中的粉煤灰和粒化高炉矿渣等混合材掺量超过 20% 时,超过部分可分别作为掺入混凝土中的粉煤灰和粒化高炉矿渣粉计算掺量。

17.1.4 预制构件养护温度控制

温度对于混凝土质量有很大的影响,当温度低于某一限值时,水泥水化反应将不能进行,混凝土强度停止发展,这个温度一般为 -10℃ 左右。实际上,在温度低于 0℃ 的情况下,混凝土中的水分已经开始部分结冰,这将导致混凝土的冰冻损伤。所以一般要求避免混凝土早期受冻。但是,并不是温度越高对混凝土强度越有利,温度过高,尤其是升温速度过快时,混凝土表面的水分必定会大量的蒸发,导致混凝土表层水泥因缺水而水化不良;同时,由于温度很高,内部水泥水化速度明显加快,有可能导致水化产物分布不均匀以及过多过快形成的水化产物阻碍水泥与水的接触,从而影响水泥继续水化,使混凝土后期强度发展缓慢,甚至停止发展;而且,升温过快会导致混凝土局部受热不均匀,易产生有害热应力使混凝土内部出现裂纹,增加结构缺陷,使混凝土强度下降。另外,高温蒸养尤其在 65℃ 以上,容易导致钙矾石分解。在后期使用过程中,构件内部温度降低,钙矾石重新形成。由于钙矾石的晶体结构中结合了 32 个水分子,会使钙矾石的体积膨胀 1.25 倍左右,会导致水泥浆体和集料界面出现裂缝甚至破碎。通常,混凝土养护温度不宜超过 60℃。

17.2 提高结构对外界环境侵蚀的防御能力

17.2.1 防止混凝土结构开裂

混凝土在使用过程中普遍会产生裂缝,裂缝会影响混凝土结构的长期性能。如顺筋裂缝是众多裂缝中降低混凝土保护能力的最主要的裂缝形式,其主要是由于钢筋锈蚀膨胀而造成的,为腐蚀介质入侵提供了的通道,加速混凝土性能劣化,一旦出现顺筋裂缝,就表明混凝土结构的耐久性已经较差。

混凝土桥梁裂缝按生成原因可以分为干缩裂缝、塑性收缩裂缝、沉陷裂缝、温度裂缝、化学反应引起裂缝和施工产生裂缝。桥梁混凝土的微裂缝初期对结构安全和运营状况影响较小,在桥梁养护过程中容易被忽视,但是随着服役时间的增长,裂缝会致使桥梁劣化速度加快,严重影响混凝土桥梁长期性能。以下将针对不同裂缝成因提出相关预防措施。

(1)干缩裂缝成因及预防措施

混凝土干缩裂缝主要是水分蒸发速度不同,导致混凝土湿度不同,变形有差异,从而产生干缩裂缝。干缩裂缝多出现在混凝土养护结束后的一段时间或是混凝土浇筑完毕后的一周左右。当混凝土受外部条件的影响,表面水分损失过快,变形较大,内部湿度变化较小,变形小,较大的表面干缩变形受到混凝土内部约束,产生较大拉应力从而产生裂缝。相对湿度越低,水泥浆体干缩越大,干缩裂缝越易产生。

预防措施:①选用收缩量较小的水泥,一般采用中低热水泥和粉煤灰水泥,同时降低水泥的用量。②混凝土水灰比对混凝土干缩影响较大,水灰比越大,干缩越大。在设计混凝土配合比时控制水灰比,保持水泥用量不变的情况下,降低水灰比可以使混凝土抗拉强度增长大于混凝土干缩应力的增加,可以有效减少干缩裂缝,同时掺加适量的减水剂,降低砂率并尽量采用粗砂也有预防干缩裂缝的效果。③混凝土浇筑时进行正确振捣方式,成型后加强早期养护。施工时要充分振捣,保证混凝土密实度,同时要避免振捣过度。混凝土养护时要加强湿水养护,确保养护质量,必要时适当延长混凝土的养护时间。冬季施工时要对混凝土进行保温养护,并涂刷养护剂养护。④采用合理的设计构造措施:在混凝土结构中设置收缩缝,减小约束作用,减小约束范围,同时薄壁构架配筋采用小直径,增加布筋密度,这样可以减缓裂缝发展趋势。

(2)塑性收缩裂缝产生原因及预防措施

塑性收缩裂缝和干缩裂缝不同,虽然都是由于混凝土失水产生的表面张力引起,但干缩主要是由混凝土终凝后内部水泥石的孔隙(气孔、毛细孔、凝胶孔)水蒸发而产生,干缩量随龄期逐渐增长,形成的干缩裂缝一般垂直于长度方向或在边角呈45°;塑性收缩是由于混凝土终凝以前表面失水引起毛细管压力而产生的表面收缩,裂缝在混凝土终凝之前形成。一般分布不规则,易出现龟裂状。混凝土在终凝前几乎没有强度或者混凝土刚刚终凝而强度很小时,受高温或较大风力的影响,混凝土表面失水过快,造成毛细管中产生较大的负压而使混凝土体积急剧收缩,而此时混凝土的强度又无法抵抗其本身收缩,因此产生龟裂。影响混凝土塑性收缩开裂的主要因素有水灰比、混凝土的凝结时间、环境温度、风速、相对湿度,等等。

塑性收缩应力是由混凝土表面的毛细管压力引起的,因此预防塑性收缩裂缝需要从减少早期毛细管压力和增加混凝土表面的抗拉强度着手。主要措施有:①减缓混凝土表面水分的蒸发速度。特别是在温度高、多风夏季,注意减少或避免混凝土表面被太阳光直射,同时降低混凝土表面风速。②缩短凝结时间。混凝土凝结时间越长,暴露在空气中非养护的时间越长,相应混凝土表面失水量也越大,也越容易出现塑性收缩裂缝。因此工程中要尽量避免混凝土凝结时间过长。③尽量避免或减少用粉煤灰等掺合料以及缓凝剂以提高终凝前混凝土表面的抗拉强度。④及时覆盖塑料薄膜或者潮湿的草垫、麻片等,保持混凝土终凝前表面湿润,或者在混凝土表面喷洒养护剂等进行养护。⑤在高温和大风天气要设置遮阳和挡风设施,及时养护。

(3)沉陷裂缝产生原因及预防措施

沉陷裂缝的是由于桥梁地基土质不匀且松软,或回填土不实、浸水而造成不均匀沉降所致;另一种情况是因为模板刚度不足,模板支撑间距过大或支撑底部松动等导致,特别是在冬季,如模板支撑在冻土上,冻土化冻后产生不均匀沉降,致使混凝土结构产生裂缝。此类裂缝多为深进或贯穿性裂缝,其走向与沉陷情况有关,一般沿与地面垂直或呈30°~45°角方向发展,较大的沉陷裂缝,往往有一定的错位,裂缝宽度往往与沉降量成正比关系。裂缝宽度受温度变化的影响较小。地基变形稳定之后,沉陷裂缝也基本趋于稳定。

预防措施:①施工现场,在上部结构施工前对松软土、填土地基应进行充分的夯实和加固。②保证模板有足够的强度和刚度,且支撑牢固,同时使地基平整受力均匀。③施工时,防止混凝土浇灌过程中地基被水浸泡。④混凝土模板拆除的时间不能太早,同时要注意拆模的先后次序。⑤在冻土上搭设模板时要注意采取一定措施应对冻土融化产生不均匀沉降的问题。

(4)温度裂缝产生原因及预防措施

温度裂缝多发生在大体积混凝土表面或温差变化较大地区的混凝土结构中。混凝土浇筑后,在硬化过程中,水泥水化产生大量的水化热。由于混凝土的体积较大,大量的水化热聚积在混凝土内部而不易散发,导致内部温度急剧上升,而混凝土表面散热较快,这样就形成内外的较大温差,较大的温差造成内部与外部热胀冷缩的程度不同,使混凝土表面产生一定的拉应力。当拉应力超过混凝土的抗拉强度极限时,混凝土表面就会产生裂缝,这种裂缝多发生在混凝土施工中后期。在混凝土的施工中当温差变化较大,或者是混凝土受到寒潮的袭击等,会导致混凝土表面温度急剧下降,而产生收缩,表面收缩的混凝土受内部混凝土的约束,将产生很大的拉应力而产生裂缝,这种裂缝通常只在混凝土表面较浅的范围内产生。

预防措施:①对混凝土本身,尽量选用低热或中热水泥,如矿渣水泥、粉煤灰水泥等,同时减少水泥用量;降低水灰比,一般混凝土的水灰比控制在0.6以下;除此之外,改善集料级配,掺加粉煤灰或高效减水剂等来减少水泥用量,降低水化热。②在混凝土中掺加一定量的具有减水、增塑、缓凝等作用的外加剂,改善混凝土拌合物的流动性、保水性,降低水化热,推迟热峰的出现时间。③改善混凝土的搅拌加工工艺,在传统的三冷技术的基础上采用二次风冷新工艺,降低混凝土的浇筑温度。④加强混凝土养护,混凝土浇筑后,及时用湿润的草帘、麻片等覆盖,并注意洒水养护,适当延长养护时间,保证混凝土表面缓慢冷却。在寒冷季节,混凝土表面应设置保温措施,以防止寒潮袭击;高温季节浇筑时可以采用搭设遮阳板等辅助措施控制混凝土的温升,降低浇筑混凝土的温度。⑤加强混凝土温度的监控,及时采取冷却、保护措施。在大体积混凝土内部设置冷却管道,通冷水或者冷气冷却,减小混凝土的内外温差;预留温度收缩缝。

(5)化学反应引起的裂缝及预防措施

碱集料反应裂缝和钢筋锈蚀引起的裂缝是钢筋混凝土结构中最常见的由于化学反应而

引起的裂缝。混凝土拌和后会产生一些碱性离子,这些离子与某些活性集料产生化学反应并吸收周围环境中的水而体积增大,造成混凝土酥松、膨胀开裂。这种裂缝一般出现中混凝土结构使用期间,一旦出现很难补救,因此应在施工中采取有效措施进行预防。

预防措施:选用碱活性小的砂石集料、选用低碱水泥和低碱或无碱的外加剂、选用合适的掺合料抑制碱集料反应等。具体措施参看17.1.3。

(6)施工引起的裂缝及预防措施

由于混凝土浇筑、振捣不良或者是钢筋保护层较薄,有害物质进入混凝土使钢筋产生锈蚀,锈蚀的钢筋体积膨胀,导致混凝土胀裂,此种类型的裂缝多为纵向裂缝,沿钢筋的位置出现。

预防措施有:①浇筑前检查模板支护的稳定性以及接缝的密合情况,保证在浇筑过程中不失稳、不跑模和不漏浆。表面干燥的地基土、垫层、木模板应浇水湿润。②夏季天气炎热时,混凝土拌合物入模温度不应高于35℃,宜选择晚间或夜间浇筑混凝土;现场温度高于35℃时,宜对金属板进行浇水降温,但不得有积水,并宜采取遮挡措施避免阳光照射金属模板。当冬季施工时,混凝土拌合物入模温度不应低于5℃,并应有保温措施。在环境相对湿度较小、风速较大的条件下浇筑混凝土时,应采取适当措施防止混凝土表面过快失水。③在浇筑过程中应控制混凝土的均匀性、密实性和整体性;输送管道中的混凝土不得混入不同配合比或不同强度等级的混凝土。④混凝土应按一定的厚度、顺序和方向分层浇注,且应在下层混凝土初凝或能重塑前浇筑完成上层混凝土;上下层同时浇筑时,上层与下层的前后浇筑距离应保持1.5m以上;在倾斜面上浇筑混凝土时,应从底处开始逐层扩展升高,并保持水平分层。⑤采用附着式振动器(平板振动器)振动时,附着式振动器安装在混凝土模板上需坚固牢靠,附着式振动器轴承不应承受轴向力,在使用时,电动机轴应保持水平状态。

17.2.2 增加防护涂层

(1)混凝土防护涂层

混凝土表面涂层主要功能为阻止空气中的氧、水和盐类介质向混凝土中渗透和扩散,延缓混凝土性能劣化和钢筋锈蚀。混凝土表面涂层主要分为两类:一类是涂覆于混凝土表面形成致密的保护膜,切断氯离子或其他侵蚀介质的侵蚀路径。这类涂层的耐光氧老化性能及与混凝土的黏结性能是判断涂层优劣的主要技术指标。这类涂层主要有水泥基覆盖、混凝土表面涂层、隔离层等。二类是渗透型涂层,即在表面涂覆以后,可以向混凝土内部渗入一定深度,形成憎水层,从而达到防止水分侵入的作用。水是钢筋腐蚀的主要成分,防止水分侵入,在一定程度上即阻止或延缓了钢筋的腐蚀;另外,由于憎水层,有害介质不能通过渗透的方式侵入混凝土内部,延缓了劣化过程。

水泥基覆盖层(砂浆)包括普通水泥砂浆层和聚合物改性水泥砂浆层。普通水泥砂浆层:在混凝土外表面涂抹5~20mm厚的水泥砂浆层,在减缓碳化影响方面有一定作用,砂浆越密实效果越明显。本方法最为经济方便,可用于很轻微的腐蚀环境中。聚合物改性水泥砂浆层:这是近些年发展起来的新型混凝土覆面材料,具有很多优点。聚合物多以乳液形式掺入水泥砂浆中,大大提高了砂浆层密实性和黏结力,可在潮湿基面上施工、不需要专业防腐队伍,其耐久性可与基体(混凝土)保持一致等。这也是其目前发展迅速、应用广泛的原因所在。聚合物改性水泥砂浆毕竟是水泥基材料,原则上是不耐酸的,因此不适宜在较强的酸性环境中采用。另外大面积施工也有不便之处。

混凝土表面涂层是种类最多、最普遍的防护涂层,大致可分为:沥青煤焦油类、油漆类、防水涂料和树脂类涂料。沥青、煤焦油类:大量用于地下工程,有较好的防水、防腐性能,价格低廉。油漆类涂层一般不能在潮湿基面上施工,易老化、不耐久等也是其不足之处;该涂料会在混凝土表面成膜堵塞混凝土毛细孔,隔绝外界物质的渗透从而达到混凝土防护目的。该类涂料的最大优点是种类多,可针对不同环境、不同耐久性要求提供相应的防腐蚀涂层体系。防水涂料:一般腐蚀条件下,能有效防止水、水汽进入混凝土中,则能起到防止、减缓钢筋混凝土腐蚀的效果。树脂类涂料:环氧树脂、乙烯基树脂、丙烯酸树脂、聚氨酯等都可用于混凝土的面层涂料,以环氧树脂为主的涂层,有较好的防护性能和耐久性,可用于较严酷的腐蚀环境中。树脂类涂料价格较贵,一般不能在潮湿基面上施工。

隔离层主要有玻璃鳞片覆层、纤维增强树脂(玻璃钢)隔离层和砖板、橡胶衬里层。玻璃鳞片覆层:在树脂类材料中掺入很薄的玻璃鳞片,以数毫米的厚型涂层涂覆在混凝土表面,以达到较长期的完全隔离环境之目的。纤维增强树脂(玻璃钢)隔离层:在混凝土表面涂一层树脂(如环氧树脂),再粘铺一层玻璃布或无纺布,然后在布面上刷涂树脂后再粘铺布。可根据需要粘铺多层,施工质量良好的该类隔离层,能够起到良好的防护作用。本方法价格较贵,也存在老化等问题。砖板、橡胶衬里层:采用树脂胶泥、树脂砂浆(如环氧树脂、水性树脂等)做胶结料,将砖板、石材或橡胶板等衬砌在混凝土表面,以阻止外界腐蚀介质的渗入,可取得很好的防护效果。这与施工质量关系密切,费用较高。

渗透型涂层的典型代表应属有机硅类材料,如烷基烷氧基硅烷等。含有机硅树脂的稀溶液,具有很强的渗透性,它本身有很高的憎水性,并能与混凝土组分起作用,可堵塞空隙和在孔壁形成憎水膜。能防水但允许气体交换,有"呼吸"功能。此类渗透型涂层,多用于轻腐蚀环境下的防混凝土"老化",如防碳化、中性化等,对于氯盐环境也有一定防护功能。有效期一般为 5~10 年。

(2)钢筋涂层

钢筋表面涂层主要功能为阻止腐蚀介质侵入钢筋表面,阻止钢筋发生化学反应或电化学反应。钢筋表面涂层主要有环氧树脂涂层等。另外,还有镀锌涂层,通过金属活性更高的锌的提前腐蚀,达到保护钢筋的目的。锌涂层也是一种牺牲阳极的阴极保护。

环氧树脂涂层钢筋是将环氧树脂、颜填料、固化剂以粉末的形式通过静电喷涂方法喷涂到钢筋表面并高温熔融固化附着于钢筋表面,如图 17-1 所示,其一次成膜厚度可达 300μm 以上。环氧树脂粉末涂层具备以下性能:耐碱性,能长期经受混凝土的强碱性环境(pH:12.5~13.5);耐化学侵蚀,由于环氧树脂粉末涂层具有很高的化学稳定性和耐腐蚀性,并且膜层具有不渗透性,因此能阻止水、氧、氯盐等腐蚀介质与钢筋接触;具有良好的弹性和耐摩擦性。

但现在该技术还未大规模使用,其原因是环氧树脂涂层钢筋存在很多不足,如价格高,运输过程及施工弯折、混凝土振捣等时候易造成破坏,形成潜在腐蚀点,而且使钢筋与混凝土的握裹力会损失。即使是采取了相应的措施,有时还难以避免膜层损伤的情况,另外,还可能长期处于潮湿、高氯盐的使用环境,这时,为了更"保险"和提高效能,国外规定和倡导,在使用环氧涂层钢筋的同时,掺用一定量的钢筋阻锈剂,以弥补此方面的不足。

图 17-1　钢筋涂层

17.2.3　使用阻锈剂

从防止钢筋锈的角度来讲,为了保护混凝土内的钢筋不受腐蚀,还可以在混凝土内掺加阻锈剂。钢筋阻锈剂可以抑制钢筋表面阳极反应或阴极反应或同时抑制阳极和阴极反应,提高钢筋腐蚀的门槛值,从而达到抑制钢筋腐蚀或延长钢筋开始腐蚀时间的目的,主要用于预防盐类侵蚀污染混凝土引起的钢筋锈蚀,是一种最简便、最直接的预防钢筋锈蚀的措施。

阻锈剂根据使用方法可分为掺入拌和型与涂覆渗透型两种。掺入拌和型阻锈剂一般用于新建工程防腐蚀以及旧混凝土结构的修复;表面涂覆渗透型阻锈剂一般用于旧混凝土结构的表面防护,也可在新建工程中与掺入拌和型阻锈剂同时采用。

目前常见的掺入拌和型阻锈剂主要有 RI 型阻锈剂、亚硝酸钙阻锈剂、Sica 掺入型阻锈剂等;表面涂覆型阻锈剂主要有 Sica 表面涂覆型阻锈剂、MCI 迁移型阻锈剂等。阻锈剂在一些工程防腐中已取得良好的效果。

17.2.4　阴极保护

阴极保护主要是通过补偿铁原子失去的电子而防止钢筋锈蚀,包括外加电流阴极保护法和牺牲阳极阴极保护法。

外加电流的阴极保护法是以钢筋为阴极,铸铁或阳极网为阳极,在阴阳极之间外加一定电压的直流电,使钢筋不发生氧化反应。牺牲阳极的阴极保护法是以钢筋为阴极,将比铁更活泼的金属(如镁),直接与钢筋相连。由于在电位序中,镁的电位较铁负得多,镁可向铁(钢筋)提供电子(如同外电源的负极),这样可达到阴极保护的目的。在此过程中,镁作为阳极而腐蚀。外加电流阴极保护法和牺牲阳极保护法都应用于海洋环境混凝土结构的腐蚀控制。美国已有数百座桥梁采用了阴极保护的方法,大多用于已经受到腐蚀破坏的桥梁,这些桥梁主要是受到了化冰盐和海洋环境的侵蚀。

外加电流阴极保护系统使用金属钛之类的惰性电极材料,有助于减慢钢筋的锈蚀,用整流器为这一系统提供动力。整流器把交流电转化为直流电。外加电流阴极保护系统的一个好处是可以调整和控制电流。在海洋环境中,大气区、浪溅区和干湿交替区的腐蚀率差别很明显。不同的钢筋密度也影响电流的分布。因此,设计中要考虑独立的分区和电极系统的控制。对于外加电流系统的正常运行,电极和钢筋间的电流控制很关键。如果电极和钢筋发生接触,短路能使电极区域部分或全部失效。对外加电流阴极保护法电极寿命的要求比牺牲阳极保护法的要高。例如,海洋环境中传导镀层系统的寿命可能会少于10年,而金属钛网的寿命可能超过75年。

牺牲阳极保护法是以不同的金属腐蚀规律和特定金属在电流串联中的相对位置为基础的。牺牲阳极系统具有无须辅助动力供应,以及在后张法预应力混凝土中应用不会导致钢筋脆性破坏的优点。牺牲阳极产生的电流直接与它所处的环境有关。在潮湿环境中阳极会产生更高的电流。由于驱动电压较低,牺牲阳极系统适用于有独立钢筋网的结构,如桥梁基础。表17-1给出了这两种阴极保护系统的优点和缺点。

阴极保护系统的比较 表17-1

系统	外加电流系统	牺牲阳极系统
优点	阳极寿命长; 能控制电流; 详细跟踪记录	简单; 无须观测和维修; 不需要供电设备; 高强钢筋发生氢脆断的风险小; 无须锯齿形切口和密封混凝土
缺点	需要观测和维护; 需要为电极和钢筋供应电流; 需要导线管和布线; 对预应力混凝土需要进行观测和控制	电极寿命较短; 电极电流的分布依赖电极的化学性质和周围的环境; 不能调节和控制电流

17.3 及时维护

17.3.1 预防养护

1) 预防性维护的定义

预防性维护措施是指预防或减轻桥梁损伤的措施,而实质性维护措施是指修复桥梁损伤的措施。本质上,实质性维护是被动的,而预防性维护是主动的。从桥梁的使用寿命来看,预防性维护是一系列维持桥梁良好运营状况的微小维护措施。美国国家公路与运输协会(AASHTO)在1999年对桥梁预防性维护(Bridge Preventive Maintenance)做出如下定义:在桥梁建成后,为了使桥梁长时间保持良好服役状态、具有更长的使用寿命,并且要求在寿命周期内养护费用最低,桥梁管理者对技术状况较好的桥梁施以一系列预防性维护措施,避免桥梁技术状况地明显下降,维持和改善桥梁良好技术状况的桥梁养护过程。AASHTO道路和桥梁维护手册将预防性维护措施组分为两类:计划性维护和响应性维护。计划性维护是指定期进行有计划的维护措施。通常,计划性维护措施包括清洁和修补混凝土板以及清理桥梁排水沟和排水管。响应性维护措施是指通过桥梁检查确定维护措施的必要性,响应性维护措施中许多维护操作是实质性修复维护,但仍有多种操作,例如电化学除盐等属于预防性维护。我国桥梁预防性维护研究学者依据AASHTO的定义,提出了相应的桥梁预防性维护的概念,是指通过对桥梁检查,提高对桥梁病害的前期认识,发现桥梁结构中隐藏的病害或者预测出可能会产生的病害,避免病害的进一步发展或发生,在不增加桥梁结构承载力的前提下,采取恰当的预防性措施,使桥梁构件处于良好状态、桥梁总体功能性状况得到改善和提高。

2)预防性维护措施

(1)计划性维护措施

桥梁的预防性维护措施中的计划性维护通常旨在缓解影响桥梁耐久性的两个最大威胁:水和交通。水可以带来有害离子,冲刷混凝土表面从而加快混凝土的劣化,另外,流水还会带来河道中的沉积物,并且促进混凝土表面绿苔等生物的生长。交通事故引发的碰撞会破坏桥梁结构,超载会使桥梁结构产生损伤,并且桥梁的桥面板不平整也会使车辆的冲击力加速桥面板和伸缩缝的磨损。针对以上引起桥梁劣化的因素,计划性维护措施通常主要分为以下几个方面:

①从车行道到地面排水沟以及桥址附近,确保排水设施适当且通畅;

②对于水下构件,采取涂层等方法防止其直接暴露在水下;

③在过水处的桥下保持足够畅通的水路;

④为桥上道路和立交桥下的司机提供适当的指示牌引导。

(2)响应性维护措施

响应性维护需要通过桥梁检查确定其必要性,如桥梁混凝土出现较严重劣化,但又不至于采取更换混凝土、结构加固等修复维护措施时,可采用响应性预防维护措施,预防性维护中响应性维护措施主要有以下几个方面:

①混凝土再碱化。

针对混凝土在大气中 CO_2 作用下碳化而使混凝土中高碱性环境消失,易诱发混凝土中钢筋锈蚀以及水泥水化产物不稳定,而采取的恢复混凝土内高碱性的一种技术措施。电化学再碱化法是 20 世纪 70 年代末在美国和欧洲兴起的一种用于修复碳化混凝土内钢筋腐蚀的重要方法,它主要通过无损伤的电化学手段使其 pH 值恢复到 11.5 以上,从而降低钢筋腐蚀活性,使钢筋表面恢复钝化,以减缓或阻止锈蚀钢筋的继续腐蚀。电化学再碱化会降低钢筋与混凝土的黏结性,对于高强钢筋还会因电解反应削弱钢筋承载力使其呈脆性。东南大学研究了一种碱性表面渗透涂料,将其涂于混凝土结构表面直接渗入混凝土内部,从而提高该范围内的混凝土 pH 值。试验结果表明,采用液体涂料浸泡混凝土试件,渗透深度可达 10mm,混凝土 pH 值从 10.86 提高到 12.03,但是工程现场无法应用;将溶液改为凝胶,渗透效果大大降低,渗透深度只有 4mm 左右,且 pH 值仅从 11.12 增加到 11.51,增加幅度较小。且液体浸泡和凝胶涂覆时间均为 28d,处理时间偏长,工程适用性有待于提高。

②混凝土电化学除盐。

电化学除盐技术是将工具式阳极系统敷设于被保护的钢筋混凝土表面上,对被保护构件的钢筋在较短的时间内施加较大的外加电流,从而在电压的作用下排出混凝土中的氯离子,电化学除盐无需长期的监控管理,还能克服传统修补方式凿除、修复工作量大和效果差的不足。电化学除氯在原理上与电化学再碱化技术相似,两者只是应用环境不同。20 世纪 70 年代电化学除盐法(electrochemical chloride extraction)首先由美国联邦高速公路局研究出来,后来用于美国战略公路研究规划,并被欧洲 Norcure 使用。该方法已在北美、英国、德国、瑞典、日本及中东等约 20 个国家和地区中应用,应用面积达 15 万 m^2。电化学除盐虽然对受氯盐侵蚀的钢筋混凝土结构具有较好的修复效果,但会对其产生一些不利影响。研究发现,电化学除盐时钢筋表面会发生析氢反应,即"氢脆",导致钢筋-混凝土间黏结力下降,降低钢筋延性。另外,电化学除盐会使 K^+、Na^+ 向钢筋阴极附近大量聚集,易削弱钢筋与混凝土的黏结能力,增加碱集料反应风险。有关电化学除盐的电压、电流、电解液、处理时间等技术参数和对其他结构性能的影响在应用过程中需要引起注意,美国在这方面已经发布相应的标准规范。

③电沉积修复技术。

这是一项最近兴起的一种修复混凝土内部和表观裂纹的新技术。其基本原理是把带裂缝的混凝土结构中的钢筋作为阴极,以溶在水或海水中的各类矿物化合物(或加入合适的矿物质)作为电解质,并在混凝土结构附近设置一定面积的阳极,在两者之间施加微弱的低压直流电。因为混凝土是一种多孔材料,而其孔隙液中就有一种电解质,所以在混凝土中就会发生电迁移,在混凝土结构的表面和裂缝处就有沉积物如 $CaCO_3$ 和 $Mg(OH)_2$ 等生成,填充、密实混凝土的裂缝,封闭混凝土的表面,进而达到修复的效果。国内对电沉积修复法的机理及电沉积溶液、电流密度等指标对电沉积效果的影响研究,取得了一定成效,研究表明 $ZnSO_4$、$MgSO_4$ 和 $MgCl_2$ 溶液作为电沉积溶液效果较好,电学参数、修复时间和现场应用工艺等有待继续完善。

④阻锈剂与电渗阻锈技术。

阻锈剂是掺入混凝土配合料中或涂在已建混凝土表面上后能够阻碍钢筋锈蚀的物质。对已建结构使用更多的是迁移性钢筋阻锈剂,其特点是能够由混凝土表面随时间慢慢迁移到钢筋表层实现阻锈效果,从而提升结构的耐久性能。

但进一步的研究表明,根据混凝土保护层厚度以及混凝土密实性的不同,这类阻锈剂在混凝土中渗透深度有很大的差异,很多情况下,阻锈剂并不能达到钢筋表面,因而不能起到应有的阻锈效果。电渗阻锈法将电迁移原理和阻锈剂相结合,利用电场电迁移的作用将有效阻锈基团快速渗入到达钢筋,以达到抑制钢筋腐蚀的目的。其原理是在混凝土表面铺设阳极,并使阳极处于含有一定浓度的阻锈剂的碱性电解质中,在阴极(钢筋)与阳极之间通以直流电流。在电场的作用下,外部电解质溶液中的阳离子阻锈基团快速向混凝土内部迁移,混凝土内带负电荷的氯离子向外部迁移,同时在阴极上发生生成 OH^- 的阴极反应。当钢筋周围混凝土孔隙液中有效阻锈基团的含量与氯离子含量达到一定比例时,即可使钢筋恢复钝化状态,停止腐蚀。

⑤双向渗透法。

该方法是结合电化学除氯技术特点和电迁移型阻锈剂的基础上提出,其基本工作原理是在外加电场的作用下,混凝土钢筋表面及孔隙液的氯离子向阳极迁移进入电解质溶液中,而电解质溶液中的阳离子阻锈剂向阴极钢筋处迁移。这种方法使保护层中的阻锈剂浓度提高,氯离子浓度减小,对钢筋锈蚀有明显的修复和抑制作用。另外,将纳米材料制作为阻锈剂或将阻锈剂与纳米材料一起使用引入双向电渗,关于这方面,国外正处于研究起步阶段。

3)成本效益

预防性维护措施具有显著成本效益,不仅因为预防性维护降低了桥梁服役期间维修所产生的材料和劳动力成本,而且还在于预防性维护将影响交通的成本降至最低。对于劣化严重桥梁,如果采取拆除措施重建新桥,则需要关闭车道以允许工人和重型设备拆除和更换损坏的桥梁结构,因此进行大量维修工作将对交通产生重大影响。相比之下,预防性维护措施实施很快,通常只需要临时控制通行即可让维修人员进行维护活动,并且耗费时间极短即可立即继续进行下一桥段维护。预防性维护措施能够延长结构的寿命,并最大限度地减少恢复正常服役状态所需的实质性维护措施的次数,因此预防性维护可以最大限度地减少对交通的影响。

一些研究人员提出了桥梁退化的数值模型和生命周期成本计算方法。但是,此类模型在确定预防性维护的实际成本效益方面的能力有限。这些模型在对维护操作的有效性进行分析时考虑了大量的维修措施,如图17-2b)所示,大量的维修工作将桥梁构件的状态恢复到其原始状态或某种可接受的状态。但是,预防性维护措施可降低劣化速率,而不是大幅改善桥梁构件的状况。如果没有数据可用来预测维修后构件的劣化速率,则可以假定先前的劣化速率用于分析,如图17-2a)所示。预防性维护可以通过更低的成本,降低桥梁劣化速率,从而延长桥梁服役年限。

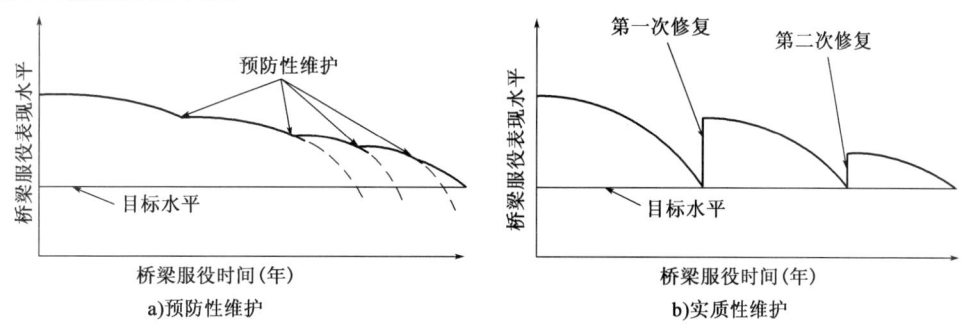

图17-2 不同维护措施下桥梁服役表现水平

在1998年针对纽约市交通运输主管部门的一项研究中,Yanev将平均桥梁损坏速率确定为系统平均桥梁状况评级模型中的最大因素。他认为平均桥梁劣化速率直接受到桥梁维护工作(包括预防性维护)的影响。不过,在过去的几年中,很少有研究可以精确地量化预防性维护措施对劣化速率的影响。即使没有精确量化成本和收益,预防性维护措施仍是改进桥梁耐久性的有效措施,因为它们有助于桥梁保持最佳服役状态。

4)保养检查

桥梁检查是桥梁维护过程的关键。预防性维护工作通常由特定路段的维护人员执行。这些人员通常是与特定公路桥梁接触最频繁的人员,并且是最能观察到桥梁劣化的人员,不仅是劣化的迹象,而且是最可能观察到桥梁劣化诱因的人员。

美国许多公路部门要求维护主管定期检查其指定区域内的所有结构。例如,得克萨斯州交通运输主管部门(DOT)每6个月就要求其桥梁维护主管进行检查,对桥梁结构的检查都会对桥梁的每个构件进行四组观察。主要是:

①桥梁构件的材料状况;
②桥梁保护系统(桥面铺装、结构涂层等)的完整性;
③构件结构的完整性;
④构件的方向/对齐状况。

混凝土可能会因劣化或钢筋腐蚀而开裂,木材可能会裂开或腐烂。任何检查都应包括检查可见表面是否有变质迹象。许多构件都有防护系统,其中最明显的是对钢结构的喷漆,其他防护系统包括桥面板覆盖层以及岩石或混凝土护堤。预防性维护的重点是保持这些系统的有效性。一旦桥梁结构出现任何的不确定性,桥梁检查人员应立即进行检查。但是,维护检查不仅涉及主要结构构件的完整性,而且还涉及伸缩缝等构件的完整性。维护人员应注意承载构件(如主梁)的裂缝和断面,以及伸缩缝的损坏。同样,构件应按预期方式定向和对齐。子结构构件(如墩和基台后壁)的垂直表面应垂直。观察时,支座应相对于环境温度处于正确的膨胀或收缩位置。伸缩缝和引桥桥面应与桥面板的磨损表面齐平。

除了对桥梁上每个构件的观察之外,维护检查员还应对桥梁现场进行整体检查,并确定该现场有:

①远离桥梁和引水道的正排水;
②为驾驶员在桥上和立交桥下的正确指导;
③保持桥下水流通畅。

桥面板上的积水可能表明排水沟堵塞,桥台翼缘周围的侵蚀可能表明桥台与引道之间的坡度不够。在这两种情况下,都可以采用简单的维护措施来恢复适当的排水,并将水对结构的危害作用降到最低。帮助驾驶员安全地完成驾驶任务是降低碰撞成本的最经济有效的方法,对驾驶员的正确指导包括指明道路变向和限高结构;用标识提醒驾驶员注意可能出现与其行驶期望不同的情况,如高空净空较低等。冲刷是桥梁劣化的主要原因之一,高流速冲刷下来的碎屑积聚可能会堵塞水道,导致水道变窄,水流流速更快,加剧冲刷效果。因此保持桥下水流通畅是桥梁预防性维护的主要措施之一。

总之,预防性维护是为了保持桥梁的构件的良好状态,而不是将损坏的构件恢复到其原始状态。这些维护措施有可能节省桥梁业主在建设和维护行动中的大量资金,并保持设施运行良好,对交通的影响最小。虽然个别维护措施相对细微,但必须在维护中早期使用,以达到最佳的效果。

17.3.2 修复养护

预防性维护是为了预防或减轻桥梁损坏的措施,但是当桥梁已经出现破坏时就需要进行实质性修复维护措施。修复维护可以定义为减轻桥梁构件恶化或修复构件破坏并保持其功能的措施。

现代公路桥梁建设中最常用的材料是混凝土。由于其相对较低的抗拉能力,它一般是与高抗拉能力的钢筋相结合,形成复合材料,即钢筋混凝土。公路桥梁的大部分修复维护活动都是对混凝土构件的维修,由于混凝土的抗拉强度较低,几乎所有材料的损坏,无论是由于劣化还是由于外部原因造成的,在本质上都有相同的表现。当超过水泥浆和集料混凝土基体的抗拉强度时,混凝土将开裂。在钢筋构件中,随着裂缝的增长,钢筋和混凝土之间的黏结受到破坏,混凝土开始从钢筋上剥离或分层。随着裂缝的进一步发展将影响桥梁结构的承载力。针对混凝土剥落和结构承载力降低的修复维护方法主要有:聚合物砂浆修补法、超高性能混凝土结构层改造与补强法、增大截面加固法、粘贴钢板加固法、粘贴纤维复合材料加固法、体外预应力加固法和改变结构体系加固法等。对混凝土的修补可采用聚合物砂浆修补发、超高性能混凝土结构层改造与补强法、增大截面法。

(1)聚合物砂浆修补法

聚合物砂浆是近年来工程上新兴的一种混凝土表面修补加固材料,由水泥、集料和可以分散在水中的有机聚合物搅拌而成,聚合物可以是由一种单体聚合而成的均聚物,也可以由两种或更多的单聚体聚合而成的共聚物。它是以聚合物和水泥共同作胶结材料,与集料结合形成的借以改善水泥砂浆各项性能的复合修补材料。聚合物在混凝土内形成膜状体,填充水泥的空隙,增强与集料的黏结。另外,聚合物膜横跨在微裂缝上,它的黏结作用有效地阻止裂缝的扩展,断裂韧性、变形性能都比水泥材料有很大的提高。这种材料在磨损过程中,由于在磨损表面有一定数量的有机聚合物起到黏结作用,防止水泥材料的颗粒从表面脱落,可使水泥混凝土的耐磨性大幅度提高。

聚合物砂浆以少量水溶性聚合物改性剂,再掺入一定量的活性成分、膨胀成分配制。由于聚合物及活性成分的掺入,改善了聚合物水泥砂浆的物理,力学及耐久性能。主要体现在:

①活性作用。聚合物乳液中有表面活性剂,能够起到减水作用。同时对水泥颗粒有分散作用,改善砂浆和易性,降低用水量,从而减少水泥的毛细孔等有害孔,提高砂浆的密实性和抗渗透能力。

②桥键作用,聚合物分子中的活性基因与水泥水化中游离 Ca^{2+}、Al^{3+}、Fe^{2+} 等离子进行交换,形成特殊的桥键,在水泥颗粒周围发生物理、化学吸附、成连续相,具有高度均一性,降低了整体的弹性模量,改善了水泥浆物理的组织结构及内部应力状态,使得承受变形能力增加,产生微隙的可能性大大减少。即使产生微裂隙,由于聚合物的桥健作用,也可限制裂缝的发展。

③充填作用。聚合物乳液迅速凝结,形成坚韧、致密的薄膜,填充于水泥颗粒之间,与水泥水化产物形成连续相填充空隙,隔断了与外界联系的通道。

聚合物的活性作用,桥健作用,充填作用改善了硬化水泥浆体的物理结构及内应力,降低了整体的弹性模量,减少用水量、改善了硬化水泥浆体内部毛细孔等。与普通砂浆相比,聚合物砂浆具有抗拉强度高、拉压弹性模量低、干缩变形小、抗冻、抗渗、抗冲耐磨、与混凝土黏结强度高、具有一定的弹性、抗裂性能高等优点。与环氧砂浆相比,还具有施工工艺简单、操作方便、无毒、成本低(是环氧砂浆的 $1/3 \sim 1/5$)等优点。

聚合物砂浆适用于桥梁工程中混凝土结构因环境侵蚀而引起的混凝土表层开裂、剥蚀等混凝土表面层修补,对与混凝土保护层出现严重破损的构件可使替换混凝土保护层的方法。为实现与原混凝土具有良好的黏结一体性,可在其中加入钢丝网进行加固补强,即钢丝网砂浆加固补强。钢丝网砂浆是在混凝土表面铺设钢丝网,然后压抹或浇注水泥砂浆,使其与原结构共同工作,以提高结构承载力的一种方法。由于钢丝网比较柔软,可以紧贴被加固结构表面,施工质量容易保证。

采用聚合物砂浆进行加固处理时,应根据当地的气候条件、工程特点及施工进度合理组织施工。施工流程为:旧混凝土凿毛→除锈除污→涂刷钢筋防锈剂→用清水冲洗饱和→绑扎钢丝网(如有必要)→基面涂刷界面剂→抹聚合物砂浆→养护。

聚合物砂浆的配置,先将称好的水泥和砂搅拌均匀,再将称好改性乳液、活性剂及其他外加剂和水混合后加入,充分搅拌均匀即可,各组分配比必须严格控制。若人工拌和,宜在铁皮板上进行,以防止拌和水流失,从而导致砂浆水灰比改变而影响砂浆的和易性。拌和水应采用饮用水。每次拌和砂浆的方法应根据砂浆施工的进度确定。拌和好的砂浆存放的时间不宜超过45min。若拌成砂浆未及时使用而出现干硬现象,不能再加水重新拌和,应舍弃不用。施工中,如修补厚度超过3cm时,应分层施工。层与层之间应间隔4h;对于破坏较深的部位(大于5cm),可先采用聚合物混凝土进行修补,养护3~5d后,再抹砂浆。砂浆宜在5~30℃的环境温度下进行施工。如环境温度超出此范围,应根据实际情况对材料及配比进行调整。用砂浆抹面后,应及时采用人工洒水并用塑料布或湿麻袋覆盖养护,避免砂浆产生干缩裂缝。24h内对终凝后的复合砂浆进行保湿养护,及时浇水,湿养护7d,自然养护28d。

(2)超高性能混凝土结构层改造与补强法

超高性能混凝土(UHPC)作为一种新型水泥基材料,具有强度高、耐久性优异的优点。超高性能混凝土的抗压强度高于150MPa,约是传统混凝土的3倍以上。超高性能混凝土具有优异的韧性和断裂能,和高性能混凝土相比,超高性能混凝土的韧性提高了300倍以上,和一些金属相当,使得混凝土结构在超载环境下或地震中具有更优异的结构可靠性。超高性能混凝土具有优异的耐久性能,可大幅度提高混凝土结构的使用寿命,减小混凝土结构的维修费用。在开裂情形下,由于超高性能混凝土存在大量未水化水泥颗粒,使得混凝土具有自修复功能。超高性能混凝土还具有比重轻的特性,可在重量不增加的前提下增加结构构件的跨度或长度、高度等,或者在跨度不变的前提条件下使梁的高度减小,以提供更大的净空,节约材料,经济性更好。相比普通混凝土,超高性能混凝土的使用寿命会更长,优良的耐久特性(致密结构)满足各种特殊结构的苛刻要求,减少维护维修费用。超高性能混凝土几乎是抗渗透的,几乎无碳化,氯离子渗透和硫酸盐渗透也几乎为零。超高性能混凝土因具有致密结构,还有耐腐蚀、气密性好、外观平整光滑、防火性能好、材料稳定性好和成本易控制等优点。超高性能混凝土的出现解决了结构工程向高度更高、跨度更大、承受荷载更重的方向发展的要求,同时综合性能更高,耐久性更好。它适应时代发展的要求,使混凝土的性能得了更大的提升,被公认为是过去三十年中最具创造性的水泥基工程材料,可实现工程材料性能的巨大跨越。

超高性能混凝土(UHPC)具有韧性高、抗压强度高和耐久性能好等优异性能,在桥梁加固补强工程中相比于普通混凝土具有明显优势,也成为桥梁耐久性提升与结构改造补强的热点。采用超高性能混凝土加固桥梁技术是通过在原有桥梁结构基础上增设超高性能混凝土层来提高原有构件的承载力、刚度和耐久性。跟传统增大截面法等类似加固技术对比,超高性能混凝土加固桥梁技术在不明显增加桥梁结构的自重的前提下,可有效提高结构的承载能力,并且增设的超高性能混凝土层可作为一层致密且具有一定变形能力的保护层,对结构耐久性有极大的提高,特别适合在严苛环境下的混凝土桥梁结构。

超高性能混凝土加固桥梁结构及改善耐久性能,可以采用增设超高性能混凝土层或增设配筋超高性能混凝土层进行改造补强,加固方式可在结构上表面进行摊铺,或者在结构下部或侧面支模后进行灌注施工。实施耐久性提升加固时可以采用应变强化型超高性能混凝土材料,也可采用应变软化型超高性能混凝土材料。采用应变强化型超高性能混凝土材料可将约束变形转化为不可视的多点分布微裂纹,并且微裂纹会较快自愈,不会明显降低抗渗性和耐久性,因此对于应变强化型超高性能混凝土材料进行耐久性加固时,不需要考虑受到约束后的收缩开裂问题。但采用应变软化型超高性能混凝土材料时需考虑受到约束后超高性能混凝土的收缩开裂问题。使用超高性能混凝土加固桥梁技术加固混凝土构件时,新浇筑的超高性能混凝土层中的混凝土必须在施工中实现设计要求的结构,根据超高性能混凝土层加固的经验,加固时超高性能混凝土层的厚度宜在20～300mm范围内。增设超高性能混凝土层时,原构件混凝土表面需进行凿毛处理,此外还应采取种植剪切销钉(钢筋)或将加固层新增钢筋与原构件钢筋采用短筋连接等措施,以保证超高性能混凝土层与旧普通混凝土可以共同作用。超高性能混凝土对养护要求严苛,养护制度应按照产品说明书执行,当组分中含有膨胀基材料时,按照静养、保湿养护、自然养护制度执行;当组分中不含膨胀基材料时,按照静养、保湿养护、高温蒸汽养护制度执行。超高性能混凝土浇筑完毕后,应进行静养,静养的环境温度应在10℃以上,相对湿度60%以上,静养时间不少于24h且直至同条件养护试块抗压强度达到40MPa。超高性能混凝土静养结束后,可拆除外模板,进行保湿养护,保湿养护持续时间不少于48h且超高性能混凝土外表观温度与环境温度温差小于±5℃时,方可结束保湿养护。当需要高温蒸汽养护时,高温蒸汽养护宜在保湿养护完成后实施,保湿养护与高温蒸汽养护时间间隔不长于7d,在间隔期间,应做好构件的防晒、防雨措施;养护升温阶段,升温速度不应大于10℃/h;养护结束后,降温速度不应超过15℃/h。当养护温度恒定在90℃以上时,总养护时间不应少于48h;当养护温度恒定在80℃～90℃时,总养护时间不应少于72h;养护过程中的相对湿度不低于95%。超高性能混凝土在加固桥梁的养护需要结合实际工程情况进行,因地制宜,若不具备热养护条件而采用其他养护方式时,则需通过试验验证后方可采用。

(3)增大截面法

目前,国内有相当一部分桥梁,在修建时,其荷载等级仅适应当年的要求,因而按当时荷载等级设计的桥梁,面对今天交通事业的发展,已表现出荷载等级偏低、承载力不足的缺陷,病害也逐渐产生和发展,成为危桥。其主要原因是:原桥钢筋和截面尺寸偏小,不能满足当今交通需要。当梁的强度、刚度、稳定性和抗裂性能不足时,通常可采用增大构件截面和增加配筋的加固方法。对抗拉强度不足的简支梁桥进行补强施工时,可在梁底部或侧面增配补强主筋,或在腹板上增设补强箍筋,然后喷涂或浇筑混凝土,从而使梁的抗弯截面增大,以提高梁的承载能力。增大截面法的优点是,能在桥下施工,不影响交通,加固工作量不大,而且加固的效果也较为显著。因此,在桥梁结构补强加固中,是一种应用较多的方法。增大构件截面的途径有:增大受力钢筋主筋截面、加大主梁混凝土截面、加厚桥面板和喷锚四种方法。

增大截面法适用于钢筋混凝土和预应力钢筋混凝土受弯构件、钢筋混凝土受压构件的加固。加固可提高受弯构件的抗弯承载力、抗剪承载力和刚度;提高受压构件的正截面承载力和刚度。

附录

附录 A 混凝土在冻融循环-氯盐侵蚀下性能长期演变加速试验方法

A.1 目的、适用范围和引用标准

本试验方法适用于测定强度等级在 C40 及以上的混凝土试件在加速冻融循环-氯盐侵蚀作用下,质量、相对动弹模量、抗压强度、抗折强度、氯离子扩散系数等性能长期演变的加速试验。

引用标准:

GB/T 50081—2002 普通混凝土力学性能试验方法标准

T 0564—2005 水泥混凝土动弹性模量试验方法(共振仪法)

GB/T 50082—2009 普通混凝土长期性能和耐久性能试验方法标准

A.2 仪器设备和试剂

(1)快速冻融试验装置:能使试件固定在水中不动,依靠热交换液体的温度变化而连续、自动地按照本方法第 4 条的要求进行冻融的装置。满载运行时冻融箱内各点温度的极差不得超过 2℃。

(2)试件盒:橡胶盒,净截面尺寸为 110mm × 110mm,高 500mm。

(3)动弹性模量测定仪:共振法频率测量范围 100Hz ~ 20kHz。

(4)台秤:量程不小于 20kg,感量不大于 10g。

(5)热电偶电位差计:能测量试件中心温度,测量范围 -20 ~ 20℃,允许偏差为 ±0.5℃。

(6)压力机或万能试验机:应符合 GB/T 50081—2002 中 4.3 的规定。

(7)球座:应符合 GB/T 50081—2002 的规定。

(8)微变形测量仪:符合《杠杆千分表产品质量分等》(JB/T 54251—1994)中的技术要求,千分表 2 个(0 级或 1 级);或精度不低于 0.001mm 的其他仪表,如引伸仪。

(9)微变形测量仪固定架两对,标距为 150mm。

(10)钢尺(量程 600mm,分度值为 1mm)、502 胶水、铅笔和秒表等。

(11)抗折试验装置,即三分点处双点加荷和三点自由支承式混凝土抗折强度试验装置。

(12)NEL 型混凝土氯离子扩散系数测试仪(或 RCM 试验装置)。

(13)试剂:化学纯氯化钠试剂。

A.3 试样制备

(1)采用 100mm × 100mm × 400mm 的棱柱体混凝土试件,冻融试验前,采用环氧树脂隔离试件表面,仅留试件的一个非成型面(侧面)作为测试面接触侵蚀介质。盐冻侵蚀试件示意图如图 A-1 所示。至测试龄期,切割成与测试性能相对应的混凝土试件。试件尺寸推荐如下:抗压试件尺寸 100 mm×100mm×100mm;抗折强度和相对动弹模量试件尺寸 100mm×100mm×400mm;抗渗性能试件尺寸 100mm×100mm×50mm 或 φ100mm×50mm。除制作冻融试件外,尚应制备中心可插入热电偶电位差计测温的同样形状、尺寸的标准试件,其抗冻性能应高于冻融试件。

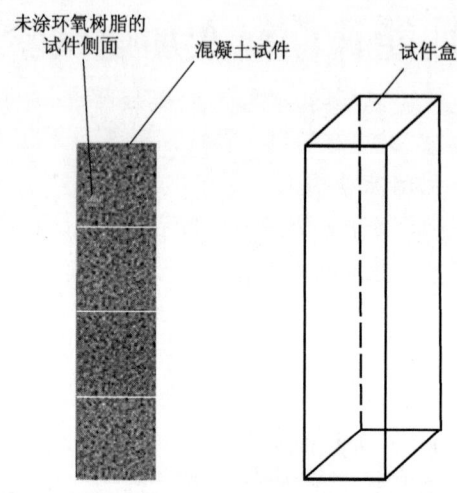

图 A-1　盐冻侵蚀试件示意图

（2）也可以是现场切割的试件,尺寸为 100 mm×100mm×400mm。

A.4　试验步骤

（1）按《普通混凝土力学性能试验方法标准》(GB/T 50081—2002) 规定进行试件的制作和养护。试验龄期如无特殊要求一般为 28d。在规定龄期的前 4d,将试件放在 15～20℃ 水中浸泡 4d,水面至少高出试件 20mm(对水中养护的试件,到达规定龄期时可直接用于试验)。

（2）浸泡完毕,取出试件,用湿布擦去表面水分。按《水泥混凝土动弹性模量试验方法（共振仪法）》(T 0564—2005) 测横向基频,并称其质量;按《普通混凝土力学性能试验方法标准》(GB/T 50081—2002) 测抗压强度和抗折强度;按 NEL 渗透试验方法测试件的氯离子扩散系数[或采用 RCM 法参照《普通混凝土长期性能和耐久性能试验方法标准》(GB/T 50082—2009)],并做必要的外观描述。NEL 渗透试验方法具体见附录 E。

（3）采用环氧树脂隔离试件表面,仅留试件的一个非成型面(侧面)作为测试面接触 3% 氯化钠溶液。将试件放入橡胶试件盒内,并倒入 3% 氯化钠溶液,使其没过试件顶面约 5mm。试件离容壁之间应保持 10mm±5mm 的距离,试验溶液被混凝土吸附 7d 后,开始进行冻融试验。

（4）在盐冻试验中每进行 50 次冻融循环更换 1 次氯化钠溶液,以确保混凝土试件在冻融过程中处于基本相同的离子浓度中。

（5）冻融循环试验应符合下列要求:

每次冻融循环应在 2～4h 完成,其中用于融化的时间不得小于整个冻融时间的 1/4。

在冻结和融化终了时,试件中心温度应分别控制在 -18℃±2℃ 和 5℃±2℃。中心温度应以测温标准试件实测温度为准。

在试验箱内,各个位置上的每个试件从3℃降至-16℃所用的时间,不得少于整个受冻时间的1/2,每个试件从-16℃升至3℃所用的时间也不得少于整个融化时间的1/2,试件内外温差不宜超过28℃。

冻和融之间的转换时间不应超过10min。

(6)每25次盐冻循环测一次试件的横向基频、质量、抗压强度、抗折强度、氯离子扩散系数。测试时,小心将试件从试件盒中取出,冲洗干净,擦去表面水,进行称重及横向基频的测定,并做必要的外观描述。测试完毕后,将试件调头后重新装入试件盒中,继续试验。试件在测试过程中,应防止失水,待测试件须用湿布覆盖。

(7)如果试验因故中断,应将试件在受冻状态下保存在原试验箱内。如果达不到这个要求,试件处在融解状态下的时间不宜超过两个循环。

(8)冻融试验进行至以下两种情况中的一种,即可停止试验。

试件相对动弹模量下降到60%以下;

试件质量损失率达5%。

A.5 试验结果

(1)相对动弹性模量 P 按式(A-1)计算。

$$P = \frac{f_n^2}{f_0^2} \times 100 \tag{A-1}$$

式中:P——经 n 次盐冻循环后试件的相对动弹模量(%);

f_n——盐冻 n 次循环后试件的横向基频(Hz);

f_0——试验前试件的横向基频(Hz)。

以3个试件的平均值为试验结果,结果精确至0.1%。

(2)质量变化率 W_n 按式(A-2)计算。

$$W_n = \frac{m_0 - m_n}{m_0} \times 100 \tag{A-2}$$

式中:W_n—— n 次盐冻循环后的试件质量变化率(%);

m_0——盐冻循环前的试件质量(kg);

m_n—— n 次盐冻循环后的试件质量(kg)。

以3个试件的平均值为试验结果,精确至0.1%。

(3)强度损失率(抗压、抗折)K_c 按式(A-3)计算。

$$K_c = \frac{f_0 - f_n}{f_0} \times 100 \tag{A-3}$$

式中:K_c—— n 次盐冻循环后的试件强度损失率(%);

f_0——盐冻循环前的试件强度(MPa);

f_n—— n 次盐冻循环后的试件强度(MPa)。

以3个试件的平均值为试验结果,精确至0.1%。

(4)氯离子扩散系数以NEL法按附录E方法计算(或以RCM法计算)。

A.6 试验报告

试验报告应包括以下内容:
(1)要求检测的项目名称、执行标准;
(2)原材料的品种、规格和产地;
(3)仪器设备的名称、型号及编号;
(4)环境温度和湿度;
(5)试件在各测试龄期的质量变化率、相对动弹模量、抗压强度、抗折强度和氯离子扩散系数;
(6)要说明的其他内容。

附录 B　混凝土在干湿循环-硫酸盐侵蚀下性能长期演变加速试验方法

B.1　目的、适用范围和引用标准

本试验方法适用于测定强度等级在 C40 及以上的混凝土试件，在遭受干湿循环-硫酸盐侵蚀作用下，质量、相对动弹模量、抗压强度、抗折强度、抗渗性能等性能演变的加速试验。

引用标准：

GB/T 50081—2002　普通混凝土力学性能试验方法标准

T 0564—2005　水泥混凝土动弹性模量试验方法（共振仪法）

GB/T 50082—2009　普通混凝土长期性能和耐久性能试验方法标准

B.2　仪器设备和试剂

(1) 烘箱：应能使温度稳定在 80℃ ±5℃。

(2) 容器：应至少能容纳 36L 溶液的带盖耐盐腐蚀的容器。

(3) 动弹性模量测定仪：共振法频率测量范围 100Hz～20kHz。

(4) 台秤：量程不小于 20kg，感量不大于 10g。

(5) 压力机或万能试验机：应符合 GB/T 50081—2002 中 4.3 的规定。

(6) 球座：应符合 GB/T 50081—2002 的规定。

(7) 微变形测量仪：符合《杠杆千分表产品质量分等》(JB/T 54251—1994) 中技术要求，千分表 2 个（0 级或 1 级）；或精度不低于 0.001mm 的其他仪表，如引伸仪。

(8) 微变形测量仪固定架两对，标距为 150mm。

(9) 钢尺（量程 600mm，分度值为 1mm）、502 胶水、铅笔和秒表等。

(10) 抗折试验装置，即三分点处双点加荷和三点自由支承式混凝土抗折强度试验装置。

(11) NEL 型混凝土氯离子扩散系数测试仪（或 RCM 试验装置）。

(12) 化学纯无水硫酸钠试剂。

B.3　试样制备

(1) 针对不同的测试性能指标，选择不同的试件尺寸。其中，抗压强度试件尺寸 100mm × 100mm × 100mm；抗折强度和相对动弹模量试件尺寸 100mm × 100mm × 400mm；抗渗试件尺寸 100mm × 100mm × 50mm 或 φ100mm × 50mm。

(2) 也可以是现场切割的试件，尺寸为与上同。

B.4　试验步骤

(1) 按《普通混凝土力学性能试验方法标准》(GB/T 50081—2002) 规定进行试件的制作和养护。试验龄期如无特殊要求一般为 28d。

(2)养护完毕,取出试件,用湿布擦去表面水分。按《水泥混凝土动弹性模量试验方法(共振仪法)》(T 0564—2005)测横向基频,并称其质量;按《普通混凝土力学性能试验方法标准》(GB/T 50081—2002)测抗压强度和抗折强度;按 NEL 渗透试验方法测试件的氯离子扩散系数[或采用 RCM 法,参照《普通混凝土长期性能和耐久性能试验方法标准》(GB/T 50082—2009)],并做必要的外观描述。NEL 渗透试验方法具体见附录 E。

(3)将试件放入烘箱中,立即升温至 80℃,开始烘干过程,升温过程应在 30min 内完成。温度升至 80℃后,将温度维持在 80℃ ±5℃。从升温开始到开始冷却的时间为 48h。烘干结束后,防止干燥环境中冷却到室温。

(4)将试件放入侵蚀容器中,试件之间保持 50mm 的间距,试件与容器壁的间距不小于 20mm。将配制好的 10% 硫酸钠溶液注入容器内,直至溶液超过最上层试件上表面 50mm 左右,开始浸泡过程。从硫酸钠溶液开始浸泡试件,到浸泡过程结束的时间为 16h ±0.5h。

(5)浸泡过程结束后,立即排空溶液,然后将试件置于室温风干。从溶液开始排泄到试件风干的时间为 1h。

(6)风干过程结束后立即升温,将试件盒内的温度升到 80℃,开始烘干过程,升温过程应该在 30min 内完成。温度升到 80℃后,将温度维持在 80℃ ±5℃。从升温开始到开始冷却的时间为 6h。

(7)从开始冷却到将试件盒内的试件表面温度冷却到 25~30℃ 的时间为 1h。

(8)冷却后过程结束后,完成一个干湿循环 - 硫酸盐侵蚀试验。每次循环的总时间为 24h ±0.5h。然后再次放入溶液,按照上述(3)~(6)的步骤进行下一个循环。

(9)每天对溶液定时进行搅拌,搅拌方式、时间、次数完全相同,以保证溶液不沉淀和结晶,以及溶液的均匀性。同时盛装侵蚀溶液的容器应密封严密,以防止水分蒸发引起侵蚀溶液浓度变化。为保证侵蚀溶液的 pH 值的稳定,侵蚀溶液每 7 次循环更换一次,测试一次溶液 pH 值,使之维持在 6~8 之间。溶液温度应控制在 20~25℃。

(10)每 7 次干湿循环测一次试件的横向基频和质量。测试时,小心将试件取出,冲洗干净,擦去表面水,进行称重及横向基频的测定,并做必要的外观描述。测试完毕后,放回试件,继续试验。试件在测试过程中,应防止失水,待测试件须用湿布覆盖。每 50 次(或 25 次)干湿循环测一次试件的抗压强度、抗折强度和氯离子扩散系数。

(11)干湿循环-硫酸盐侵蚀试验进行至以下两种情况中的一种,即可停止试验:试件相对动弹模量下降到 60% 以下;试件质量损失率达 5%。

B.5 试验结果

(1)相对动弹性模量 P 按式(B-1)计算。

$$P = \frac{f_n^2}{f_0^2} \times 100\% \tag{B-1}$$

式中:P——经 n 次循环后试件的相对动弹模量;
f_n——n 次循环后试件的横向基频(Hz);
f_0——试验前试件的横向基频(Hz)。

以 3 个试件的平均值为试验结果,结果精确至 0.1%。

（2）质量变化率 W_n 按式（B-2）计算。

$$W_n = \frac{m_0 - m_n}{m_0} \times 100\% \quad \text{(B-2)}$$

式中：W_n——n 次循环后的试件质量变化率；
　　　m_0——循环前的试件质量（kg）；
　　　m_n——n 次循环后的试件质量（kg）。

以 3 个试件的平均值为试验结果，精确至 0.1%。

（3）强度损失率（抗压、抗折）K_c 按式（B-3）计算。

$$K_c = \frac{f_0 - f_n}{f_0} \times 100\% \quad \text{(B-3)}$$

式中：K_c——n 次循环后的试件强度损失率；
　　　f_0——循环前的试件强度（MPa）；
　　　f_n——n 次循环后的试件强度（MPa）。

以 3 个试件的平均值为试验结果，精确至 0.1%。

（4）氯离子扩散系数以 NEL 法按附录 E 方法计算（或以 RCM 法计算）。

B.6　试验报告

试验报告应包括以下内容：

（1）要求检测的项目名称、执行标准；
（2）原材料的品种、规格和产地；
（3）仪器设备的名称、型号及编号；
（4）环境温度和湿度；
（5）试件在各测试龄期的质量变化率、相对动弹模量、抗压强度、抗折强度、氯离子扩散系数；
（6）要说明的其他内容。

附录C 混凝土在荷载-干湿循环作用下抗渗性能加速试验方法

C.1 目的、适用范围和引用标准

本试验方法适用于测定强度等级在C40及以上的混凝土试件,在遭受荷载、干湿循环作用下抗渗性能演变的加速试验。

引用标准:
GB/T 50081—2002 普通混凝土力学性能试验方法标准

C.2 仪器设备和试剂

(1)烘箱:应能使温度稳定在80℃±5℃。
(2)容器:采用容积至少为600mm×500mm×100mm的带盖耐盐腐蚀的容器。
(3)台秤:量程不小于20kg,感量不大于10g。
(4)化学纯氯化钠试剂。
(5)加载装置:操作简单,加载准确,无锈蚀危险(示意图如图C-1)。

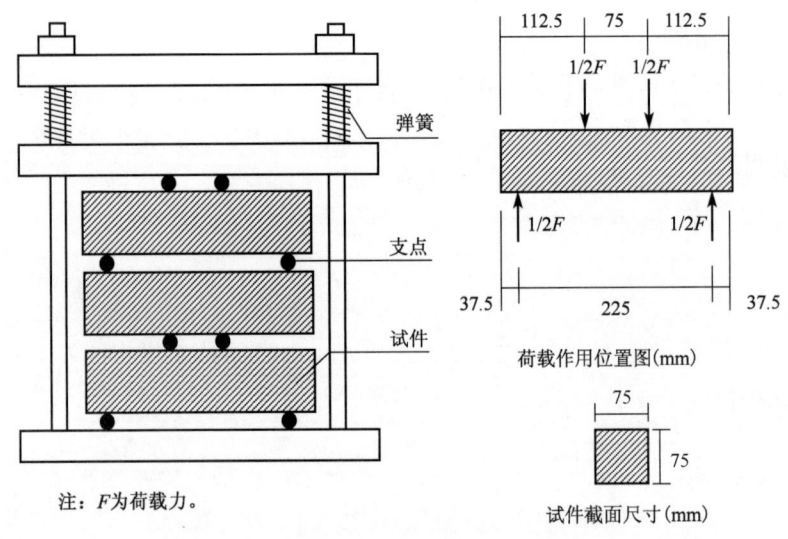

图C-1 荷载-干湿循环试验加载装置

C.3 试样制备

(1)采用75mm×75mm×300mm的棱柱体混凝土试件,加载侵蚀试验前,采用环氧树脂隔离试件表面,仅留试件受拉面作为测试面接触侵蚀介质,使氯离子渗透符合一维模式。
(2)也可以是现场切割的试件,尺寸为75mm×75mm×300mm。

（3）若采用其他尺寸试件,试验过程中应保证试件弯拉应力应达到极限应力的 0.5 倍。

C.4 试验步骤

（1）按《普通混凝土力学性能试验方法标准》（GB/T 50081—2002）规定进行试件的制作和养护。试验龄期如无特殊要求一般为 28d。

（2）养护完毕,取出试件,用湿布擦去表面水分。按《水泥混凝土动弹性模量试验方法（共振仪法）》（T 0564—2005）测横向基频,称其质量,并做必要的外观描述。

（3）采用环氧树脂隔离试件表面,仅留试件受拉面作为测试面,接触 10% 氯化钠溶液。将密封好的试件按照三个一组叠放,试件之间的支点交错布置。每一个试件的支点跨距分别为:受拉区为 225mm,受压区为 75mm。同一个荷载架中的试件都安装好以后,再施加预先确定的荷载。弯曲荷载水平为 0.5（基于试件 28d 抗折强度）。

（4）将荷载架连同试件放入烘箱中,立即升温至 80℃,开始烘干过程,升温过程应在 30min 内完成。温度升至 80℃ 后,将温度维持在 80℃ ±5℃ 的时间为 22h。

（5）烘干结束后,立即冷却试件,从开始冷却到试件表面温度达 25～30℃ 的时间为 1h。

（6）将荷载架连同试件站立放入侵蚀容器中,荷载架之间保持 50mm 的间距,荷载架与容器壁的间距不小于 20mm。将配制好的 10% 氯化钠溶液注入容器内,直至溶液超过最上层试件上表面 50mm 左右,开始浸泡过程。从氯化钠溶液开始浸泡试件,到浸泡过程结束的时间为 48h±1h。

（7）浸泡过程结束后,立即排空溶液,然后将试件置于室温风干。从溶液开始排泄到试件风干的时间为 1h。

（8）试件风干过程结束后,完成一个荷载-干湿循环侵蚀试验。每次循环的总时间为 72h ±1h。然后再次放入溶液,按照上述（4）～（7）的步骤进行下一个循环。

（9）每天对溶液定时进行搅拌,搅拌方式、时间、次数完全相同,以保证溶液不沉淀和结晶,以及溶液的均匀性。同时盛装侵蚀溶液的容器应密封严密,以防止水分蒸发引起侵蚀溶液浓度变化。溶液温度应控制在 20～25℃。每 3 次循环更换一次侵蚀溶液。

（10）每 3 次循环侵蚀试验结束,测一次试件的氯离子渗透深度。测试时,小心卸载,将试件取出,冲洗干净,擦去表面水,仔细检查试件表面有无可见裂纹。取样时,避开裂纹的位置,在试件中心部位切取 3 块厚度为 20mm 的薄片试件,通过喷洒硝酸银溶液,测试氯离子渗透深度。每一个薄片测 7～8 个点,每组三个试件。以所有点的平均值为试验结果。

C.5 试验报告

试验报告应包括以下内容:

（1）要求检测的项目名称、执行标准;

（2）原材料的品种、规格和产地;

（3）仪器设备的名称、型号及编号;

（4）环境温度和湿度;

（5）试件在各测试龄期的氯离子渗透深度;

（6）要说明的其他内容。

附录D 混凝土在荷载-冻融-盐侵蚀下强度演变加速试验方法

D.1 目的、适用范围和引用标准

本试验方法适用于测定强度等级在C40及以上的混凝土试件,在荷载-氯盐-冻融循环侵蚀作用下强度演变的加速试验。

引用标准:

GB/T 50081—2002 普通混凝土力学性能试验方法标准

JC/T 726—1997 水泥胶砂试模

JC/T 724—1996 水泥物理检验仪器 电动抗折试验机

DL/T 5150—2001 水工混凝土试验规程

T 0506—2005 水泥胶砂强度检验方法(ISO法)

D.2 仪器设备和试剂

(1)快速冻融试验装置:能使试件固定在水中不动,依靠热交换液体的温度变化而连续、自动地按照本方法第4条的要求进行冻融的装置。满载运行时冻融箱内各点温度的极差不得超过2℃。

(2)试件盒:橡胶盒,净截面尺寸为50mm×50mm,高200mm。

(3)动弹性模量测定仪:共振法频率测量范围100Hz~20kHz。

(4)天平:感量为1g。

(5)热电偶电位差计:能测量试件中心温度,测量范围-20~20℃,允许偏差为±0.5℃。

(6)试模:极限最小尺寸为40mm×40mm×160mm的棱形试件,可同时成型三条,试模为可装卸的三联模,由隔板、端板、底座等部分组成,制造质量应符合JC/T 726的规定。

(7)抗压试验机和抗压夹具:抗压试验机的吨位以200~300kN为宜。在较大的4/5量程范围内使用时,记录的荷载应有±1.0%的精度,并具有按2 400N/s±200N/s速率的加荷能力,应具有一个能指示试件破坏时荷载的指示器。当试验机没有球座,或球座不灵活或直径大于120mm时,应采用抗压夹具,由硬质钢材制成,受压面积为40mm×40mm。

(8)抗折试验机和抗折夹具:应符合JC/T 724中的要求。

(9)加载装置:操作简单,加载准确,无锈蚀危险。加载装置示意图如图D-1所示。结构尺寸适应于40mm×40mm×160mm的混凝土试件。

(10)混凝土冻融介质:3%的氯化钠溶液。

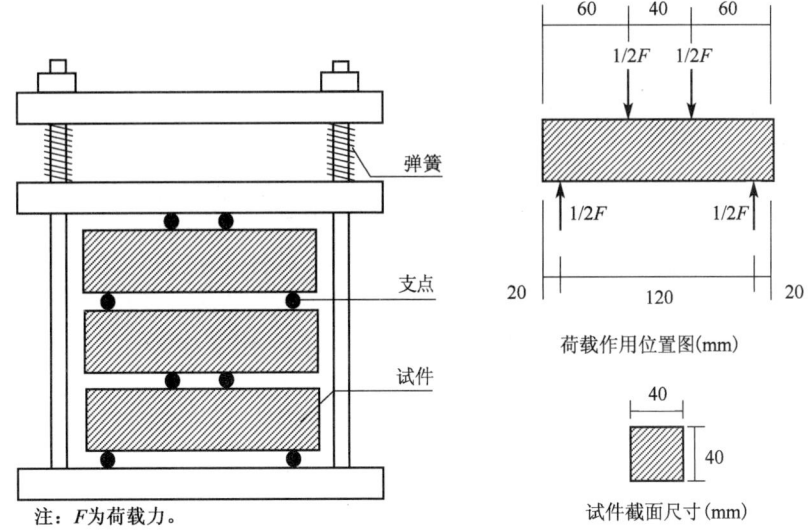

图 D-1　荷载-氯盐-冻融循环试验加载装置

D.3　试样制备

（1）采用 40mm×40mm×160mm 的棱柱体混凝土试件,混凝土最大粒径不超过 10mm。除制作冻融试件外,尚应制备中心可插入热电偶电位差计测温的同样形状、尺寸的标准试件,其抗冻性能应高于冻融试件。

（2）也可以是现场切割的试件,尺寸为 40mm×40mm×160mm。

D.4　试验步骤

（1）按《普通混凝土力学性能试验方法标准》(GB/T 50081—2002)规定进行试件的制作和养护。试验龄期如无特殊要求一般为 28d。在规定龄期的前 4d,将试件放在 15～20℃水中浸泡,水面至少高出试件 20mm(对水中养护的试件,到达规定龄期时可直接用于试验)。浸泡 4d 后进行冻融试验。

（2）浸泡完毕,取出试件,用湿布擦去表面水分。按《水工混凝土试验规程》(DL/T 5150—2001)测横向基频,并称其质量；按《水泥胶砂强度检验方法(ISO 法)》(T 0506—2005)测抗压强度和抗折强度；并做必要的外观描述。

（3）将试件按照三个一组叠放,试件之间的支点交错布置。每一个试件的支点跨距分别为：受拉区为 120mm,受压区为 40mm。同一个荷载架中的试件都安装好以后,再施加预先确定的荷载。弯曲荷载水平分别为 0.5(基于试件 28d 抗折强度)。

（4）将试件连同荷载架放入橡胶试件盒中,加入清水,使其没过最上层试件顶面约 5mm。将装有试件的试件盒放入冻融试验箱的试件架中。试验溶液被混凝土吸附 7d 后,开始进行冻融试验。

（5）冻融循环试验应符合下列要求：

每次冻融循环应在 2～4h 完成,其中用于融化的时间不得小于整个冻融时间的 1/4。

在冻结和融化终了时,试件中心温度应分别控制在 -18℃±2℃ 和 5℃±2℃。中心温度应以测温标准试件实测温度为准。

在试验箱内,各个位置上的每个试件从3℃降至-16℃所用的时间,不得少于整个受冻时间的1/2,每个试件从-16℃升至3℃所用的时间也不得少于整个融化时间的1/2,试件内外温差不宜超过28℃。

冻和融之间的转换时间不应超过10min。

(6)每25次冻融循环测一次试件的横向基频、质量、抗压强度和抗折强度。测试时,小心地将试件从试件盒中取出,卸载,冲洗干净,擦去表面水,进行称重及横向基频的测定,并做必要的外观描述。测试完毕后,将试件重新加载,装入试件盒中,注入清水,继续试验。试件在测试过程中,应防止失水,待测试件须用湿布覆盖。每进行100次冻融循环更换1次氯化钠溶液,以确保混凝土试件在冻融过程中处于基本相同的离子浓度中。

(7)如果试验因故中断,应将试件在受冻状态下保存在原试验箱内。如果达不到这个要求,试件处在融解状态下的时间不宜超过两个循环。

(8)冻融试验进行至以下两种情况中的一种,即可停止试验。

试件相对动弹模量下降到60%以下;

试件质量损失率达5%。

D.5 试验结果

(1)相对动弹性模量 P 按式(D-1)计算。

$$P = \frac{f_n^2}{f_0^2} \times 100 \tag{D-1}$$

式中:P——经 n 次冻融循环后试件的相对动弹模量(%);

f_n——冻融 n 次循环后试件的横向基频(Hz);

f_0——试验前试件的横向基频(Hz)。

以3个试件的平均值为试验结果,结果精确至0.1%。

(2)质量变化率 W_n 按式(D-2)计算。

$$W_n = \frac{m_0 - m_n}{m_0} \times 100 \tag{D-2}$$

式中:W_n——n 次冻融循环后的试件质量变化率(%);

m_0——冻融循环前的试件质量(kg);

m_n——n 次冻融循环后的试件质量(kg)。

以3个试件的平均值为试验结果,精确至0.1%。

(3)强度损失率(抗压、抗折)K_c 按式(D-3)计算:

$$K_c = \frac{f_0 - f_n}{f_0} \times 100 \tag{D-3}$$

式中:K_c——n 次盐冻循环后的试件强度损失率(%);

f_0——盐冻循环前的试件强度(MPa);

f_n——n 次盐冻循环后的试件强度(MPa)。

以3个试件的平均值为试验结果,精确至0.1%。

D.6 试验报告

试验报告应包括以下内容：
(1)要求检测的项目名称、执行标准；
(2)原材料的品种、规格和产地；
(3)仪器设备的名称、型号及编号；
(4)环境温度和湿度；
(5)试件在各测试龄期的质量变化率、相对动弹模量、抗压强度、抗折强度；
(6)要说明的其他内容。

附录 E NEL 渗透试验方法（资料性附录）

E.1 目的、适用范围和引用标准

本试验方法采用氯离子扩散系数评价混凝土的渗透性，适用于各种硅酸盐水泥混凝土的渗透性检测。

引用标准：

GB/T 50081—2002 普通混凝土力学性能试验方法标准

CCES 01—2004 混凝土结构耐久性设计与施工指南

E.2 仪器设备和试剂

（1）计算机：可为笔记本或台式，要求至少有一个串口未用。

（2）Advanced Permeability Tester（APT）：是基于 R232 串口通信和控制的，用于快速检测混凝土中氯离子扩散系数的核心部件。可在小于 8V，检测时间小于 8min 的条件下，测定混凝土氯离子扩散系数。

（3）试件夹具：由有机玻璃架、紫铜电极组成。

（4）化学纯氯化钠试剂。

（5）NEL 混凝土真空饱盐设备。

E.3 试样制备

将混凝土试件（可为钻芯样）切割成 100mm×100mm×50mm 或 ϕ100mm×50mm 的试样（试样厚度可自定，但至少要大于一倍最大集料粒径），上下表面应平整且表面不得有浮浆层。

E.4 试验步骤

（1）按《普通混凝土力学性能试验方法标准》（GB/T 50081—2002）规定进行试件的制作和养护。试验龄期如无特殊要求一般为 28d。至规定龄期，切割混凝土试样以满足 E.3 的要求。

（2）用化学纯氯化钠和蒸馏水搅拌配制 4M 氯化钠盐溶液，静停 24h 备用。

（3）将切割好的混凝土试样垂直码放于 NEL 混凝土真空饱盐设备的真空室内的不锈钢套桶中，试样间要留空隙，如果试样分两层，则上层与下层间应通气。

（4）调整液位传感器高度，使之刚好放于最上层试样表面，注意不能水平放于试样上面，也不能让试样夹住。

（5）注水孔下端的橡胶软管若不能放于套桶内壁的专用半圆通道中，则应置于试样底部，防止注水时四处溅射。对称拧紧真空室盖上的螺栓，将真空室封闭。

（6）顺序打开电源适配器开关、真空泵、真空室的抽气开关，当真空室的真空度达到 −0.08MPa 后，保持 4~6h，之后关闭真空室的抽气球阀，打开注水开关，将氯化钠盐溶液引

入真空室,当液位指示灯熄灭时,立即关闭注水开关,然后打开抽气开关,抽真空至 $-0.08MPa$,保持 $1\sim2h$,关闭抽气开关和真空泵(也可不关闭)。静停24h,放气,取出试样,准备渗透性检测。

(7)量测氯离子扩散系数 D_{NEL}:擦去饱盐试样侧面盐水并置于试样夹具中两 $\phi50mm$ 紫铜电极间(如果混凝土试样表面略不平整,可在两电极与试样表面各加一浸有 $4mol/L$ 的 NaCl 的80目铜网),用 NEL 型混凝土渗透性电测仪(APT)进行量测,混凝土渗透性电测仪可自动调节电压,直接给出该混凝土试样中氯离子扩散系数 D_{NEL} 值。

E.5 试验结果

将每个试样中相差在5%以内的数据进行平均,作为该试样的测定值;将三块平行试样的测定值中与平均值相差在15%以内的数值进行平均,作为测试混凝土中的离子扩散系数值;若三块平行试样的测定值与平均值相比均超过15%,则需重新进行检测。

可参照表 E-1 对混凝土渗透性进行分级。

混凝土渗透性评价标准 表 E-1

氯离子扩散系数 D_{NEL} ($\times 10^{-12} m^2/s$)	混凝土渗透性等级	混凝土渗透性评价
>10	I	高
5~10	II	中
1~5	III	低
0.5~1	IV	很低
<0.5	V	极低

注:1. 当氯离子扩散系数 D_{NEL} 恰好为两等级的边界值时,取为上一等级。
    2. 小于 $5\times10^{-12} m^2/s$ 的混凝土通常必须掺有适量的矿物掺合料。

E.6 试验报告

试验报告应包括以下内容:
(1)要求检测的项目名称、执行标准;
(2)原材料的品种、规格和产地;
(3)仪器设备的名称、型号及编号;
(4)环境温度和湿度;
(5)试件在各测试龄期的氯离子扩散系数;
(6)要说明的其他内容。

参 考 文 献

[1] 项海帆,潘洪萱,张圣城,等.中国桥梁史纲[M].上海:同济大学出版社,2009.

[2] 吴科如,张东.混凝土材料的变革和发展:开展混凝土第六组分的研究[J].建筑材料学报,2000,3(1):14-18.

[3] 郑必杰,杨丹,宋萌.新型混凝土材料在土木工程领域中的应用[J].硅谷,2009(16).

[4] 王永胜,翟龙,胡峻铭,等.智能混凝土应用技术研究综述[J].四川水泥,2017(12):184.

[5] 贺勇,王火明.特殊功能混凝土材料综述[J].山西建筑,2007,33(4):196-197.

[6] 赵尚传,张劲泉,左志武.沿海地区混凝土桥梁耐久性评价与防护[M].北京:人民交通出版社,2010.

[7] 赵尚传.钢筋混凝土结构基于可靠度的耐久性评估与试验研究[D].大连:大连理工大学,2002.

[8] 王少鹏.公路桥梁混凝土材料的工程使用年限研究[D].北京:交通运输部公路科学研究所,2019.

[9] 贡金鑫,赵国藩.考虑抗力随时间变化的结构可靠度分析[J].建筑结构学报,1998(05):43-51.

[10] 江见鲸,李杰,金伟良.高等混凝土结构理论[M].北京:中国建筑工业出版社,2007.

[11] 过镇海,时旭东.钢筋混凝土原理和分析[M].北京:清华大学出版社,2003.

[12] 侯云芬,王林,岳雪涛,等.胶凝材料[M].北京:中国电力出版社,2012.

[13] 袁润章.胶凝材料学[M].武汉:武汉工业大学出版社,1996.

[14] 何娟,杨长辉.硅酸盐水泥混凝土的碳化分析[J].硅酸盐通报,2009(06):1225-1229.

[15] 冯乃谦,邢锋.混凝土与混凝土结构的耐久性[M].北京:机械工业出版社,2009.

[16] 高向玲,颜迎迎,李杰.一般大气环境下混凝土经时抗压强度的变化规律[J].土木工程学报,2015(01):19-26.

[17] WASHA G. W.,Saemann J. C.,Cramer S. M. 50 Year Properties Of Concrete Made In 1937[J]. Aci Materials Journal,1989,86(4):367-371.

[18] WASHA G. W., WENDT K. F. Fifty Year Properties Of Concrete. Aci Materials Journal[J],1975.

[19] WITHEY M. O. Fifty Year Compression Test Of Concrete. Aci Materials Journal[J],1961.

[20] Withey M. O., WENDT K. F. Some Long Time Tests Of Concrete[J]. Aci Materials Journal,1943.

[21] ROSHORE E. C. Investigation of Performance of Concrete and Concreting Materials Exposed to Natural Weathering,Volume 2 Completed Investigations[R]. Technical Report,1968.

[22] FUKUTE T., HAMADA H., YAMAMOTO K. A Study On The Durability Of Concrete Exposed In Marine Environment For 20 Years[J]. Doboku Gakkai Ronbunshu,1992(442):43-52.

[23] 濱田秀則,Mohammed T. U.,山路徹,等.海洋環境下におけるコンクリートの長期耐

久性 -長期暴露試験結果より得られること-[J].コンクリート工学,2001,39(10):17-24.

[24] MONTEIRO P.,MEHTA P. Concrete:Microstructure[J]. Properties and Materials,2006.

[25] PHUNGQ. T.,MAES N.,JACQUES D. Current Concerns on Durability of Concrete Used in Nuclear Power Plants and Radioactive Waste Repositories[J]. Singapore:Springer Singapore,2018:1107-1121.

[26] REVERTEGAT E.,RICHET C.,GÉGOUT P. Effect of pH on the durability of cement pastes[J]. Cement & Concrete Research,1992,22(2-3):259-272.

[27] 马孝轩,仇新刚,陈从庆.混凝土及钢筋混凝土土壤腐蚀数据积累及规律性研究[J].建筑科学,1998(01):7-12.

[28] 马孝轩.我国主要类型土壤对混凝土材料腐蚀性规律的研究[J].建筑科学,2003(6):56-57.

[29] 牛荻涛,王庆霖.一般大气环境下混凝土强度经时变化模型[J].工业建筑,1995(06):36-38.

[30] 霍洪磊.混凝土碳化特性及其与表面硬度的关系[J].硅酸盐通报,2016(5):1642-1646.

[31] 黄巍林,马志鸣,赵铁军,等.混凝土在海洋环境下硫酸盐侵蚀机理研究[J].混凝土与水泥制品,2014(7):17-20.

[32] STATION W. E. Investigation of Performance of Concrete and Concreting Materials Exposed to Natural Weathering, Volume 1: Active Investigations[R]. Technical Report Archive & Image Library,1960.

[33] E Ott,B Hui,KR Chu. Investigation of Performance of Concrete and Concreting Materials Exposed to Natural Weathering Volume 2:Completed Investigations[R]. Revision.,1973.

[34] IRASSAR E. F.,MAIO A. D.,BATIC O. R. Sulfate attack on concrete with mineral admixtures[J]. Cement & Concrete Research,1996,26(1):113-123.

[35] MALHOTRA V. M.,BREMNER T. W. Performance of concrete at Treat Island, USA: CANMET investigations[J]. Special Publication,1996,163:1-52.

[36] CARLOS R.,ERIC D.,EDUARDO S. How does sodium sulfate crystallize? Implications for the decay and testing of building materials[J]. Cement and Concrete Research,2000,30:1527-1534.

[37] ROBERT C.,JAROSLAVA D.,PAVLA R. The effects of thermal load and frost cycles on the water transport in two high-performance concretes[J]. Cement and Concrete Research,2001,31:1129-1140.

[38] 李金玉,曹建国,徐文雨,等.混凝土冻融破坏机理的研究[Q]//混凝土与水泥制品1997年学术年会论文集[C],1997:58-69.

[39] 李金平,盛煜,丑亚玲.混凝土冻融破坏研究现状[J].路基工程,2007(3):1-3.

[40] 张誉,蒋利学,等.混凝土结构耐久性概论[M].上海:上海科学技术出版社,2003:45-63.

[41] 黄士元,蒋家奋,杨南如,等.近代混凝土技术[M].陕西:陕西科学技术出版社,1998: 32-53.

[42] 商怀帅,宋玉普.不同水灰比混凝土冻融循环后双轴压试验研究[J].大连理工大学学报,2007,47(6):862-866.

[43] 潘钢华,孙伟,姜阳.高强混凝土抗冻性的理论和实验研究[J].硅酸盐学报,1999,27(6):637-643.

[44] 徐辉,李克亮,蔡跃波,等.矿物掺合料对高性能混凝土的孔结构及抗冻性能的影响[J].工业建筑,2006,36:857-859.

[45] HALIT Y. The effect of silica fume and high-volume Class C fly ash on mechanical properties, chloride penetration and freeze-thaw resistance of self-compacting concrete [J]. Construction and Building Materials, 2007:1-7.

[46] 陈惠苏,孙伟,慕儒.掺不同品种混合材的高强砼与钢纤维高强砼在冻融、冻融-氯盐同时作用下的耐久性[J].混凝土与水泥制品,2000(2):36-39.

[47] 施士升.冻融循环对混土力学性能的影响[J].土木工程学,1997,30(4):35-42.

[48] 程红强,等.冻融对混凝土强度的影响[J].河南科学,2003,21(2):214-216.

[49] 李金玉,等.混凝土冻融破坏机理的研究[J].水利学报,1999(1):41-49.

[50] 杨全兵.冻融循环条件下氯化钠浓度对混凝土内部饱水度的影响[J].硅酸盐学报,2007,35(1):96-100.

[51] 陈少峰,孙立,李振宝.混凝土盐冻破坏的试验研究[J].公路,2006(4):216-219.

[52] JOHN J, VALENZA II, GEORGE W. S. A review of salt scaling: II. Mechanisms [J]. Cement and Concrete Research,2007,37:1022-1034.

[53] 卢景岐,霍雷声,丁培建,等.防冰盐对混凝土结构腐蚀破坏探讨[J].公路,2001(12):102-103.

[54] Jan Deja. Freezing and de-icing salt resistance of blast furnace slag concretes [J]. Cement & Concrete Composites,2003,25:357-361.

[55] 慕儒.冻融循环与外部弯曲应力、盐溶液复合作用下混凝土的耐久性与寿命预测[D].博士学位论文.南京:东南大学,2000.

[56] 王亮.硫酸盐侵蚀混凝土耐久性评估方法研究[D].济南:山东科技大学,2017.

[57] 魏广和,张玉生.氯化钠溶液对混凝土抗冻性的影响[J].工业建筑,2001,31(10):50-53.

[58] 魏广和,慕儒.氯盐溶液与快速冻融共同作用下混凝土的性能[J].建筑技术,2001,32(10):658-660.

[59] 缪昌文,刘加平,慕儒.混凝土抗除冰盐的剥落性能与机理研究[J].公路,2001(12):88-92.

[60] VESA P. Surface and internal deterioration of concrete due to saline and non-saline freeze-thaw loads [J]. Cement and Concrete Research,2006,36:921-928.

[61] FREDRIK P. G, JACQUES M., ERIC S. Durability of Concrete—Degradation Phenomena Involving Detrimental Chemical Reactions [J]. Cement and Concrete Research,2008,38:

226-246.

[62] Mindess S., Young J. F., Darwin D. Concrete,2nd ed. Pearson Education [M]. 吴科如,等译,混凝土. 北京:化学工业出版社,2004:419-450.

[63] NIKHILAN. Sulfate Attack on Portland Cement-based Materials:Mechanisms of Damage and Long-term Performance [D]. Atlanta:Georgia Institute of Technology,2003.

[64] MANU S,MENASHI D. C., JAN O. Sulfate attack research-whither now[J]. Cement and Concrete Research,2001,31:845-851.

[65] 邓德华,等. 水泥基材料的碳硫硅钙石型硫酸盐侵蚀(TSA)[J]. 建筑材料学报,2005,8(5):533-538.

[66] CRAMMOND N. J. The thaumasite form of sulfate attack in the UK [J]. Cement Concrete Composites,2003 (25):809-818.

[67] 胡明玉,唐明述. 碳硫硅钙石型硫酸盐腐蚀研究综述[J]. 混凝土,2004,6:17-19.

[68] ADAMN. The confused world of sulfate attack on concrete [J]. Cement and Concrete Research, 2004,34:1275-1296.

[69] SAHMARAN M., ERDEM T. K., YAMAN I. O. Sulfate resistance of plain and blended cements exposed to wetting-drying and heating-cooling environments[J]. Construction and Building Materials,2007,21:1771-1778.

[70] 梁咏宁,袁迎曙. 硫酸盐侵蚀环境因素对混凝土性能退化的影响[J]. 中国矿业大学学报,2005,34(4):452-457.

[71] 金祖权,孙伟,张云升,等. 混凝土在硫酸盐、氯盐溶液中的损伤过程[J]. 硅酸盐学报,2006,34(5):630-635.

[72] 乔宏霞,何忠茂,等. SO_4^{2-}存在下水泥基复合材料力学性能研究[J]. 应用基础与工程科学学报,2006,14(1):69-75.

[73] 乔宏霞,何忠茂,等. 盐渍土地区高性能混凝土耐久性研究[J]. 中国铁道科学,2006,27(4):32-37.

[74] 金祖权,孙伟,等. 桥梁高性能混凝土的耐久性研究及寿命预测[J]. 桥梁建设,2005(2):5-7.

[75] AL-DULAIJAN S. U., MASLEHUDDIN M., AL-ZAHRANI M. M., et al. Sulfate resistance of plain and blended cements exposed to varying concentrations of sodium sulfate[J]. Cement & Concrete Composites,2003,25:429-437.

[76] IRASSAR E. F., MAIO A. D, BATIC O. R. Sulfate attack on concrete with mineral admixtures[J]. Cement and Concrete Research,1996,26(1):113-123.

[77] ESHMAIEL G,HOMAYOON S P. Effect of magnesium and sulfate ions on durability of silica fume blended mixes exposed to the seawater tidal zone[J]. Cement and Concrete Research,2005,35:1332-1343.

[78] MUSTAFA Ş., VICTOR C. L. De-icing salt scaling resistance of mechanically loaded engineered cementitious composites [J]. Cement and Concrete Research,2007:1-12.

[79] MU R,MIAO C. W., LUO X., et al. Interaction between loading, freeze-thaw cycles, and

chloride salt attack of concrete with and without steel fiber reinforcement [J]. Cement and Concrete Research, 2002, 32: 1061-1066.

[80] SUN W., MU R., LUO X., et al. Effect of chloride salt, freeze-thaw cycling and externally applied load on the performance of the concrete [J]. Cement and Concrete Research, 2002, 32: 1859-1864.

[81] 黄鹏飞,包亦望,姚燕. 在盐冻循环、钢锈与弯曲荷载协同作用下钢筋混凝土的损伤失效研究[J]. 工业建筑,2005,35(5):63-67.

[82] 严安,李启令,吴科如. 高性能混凝土在荷载作用下的冻融性能及其可靠性分析[J]. 混凝土与水泥制品,2000,(3):3-6.

[83] 慕儒,孙伟,缪昌文. 荷载作用下高强混凝土的硫酸盐侵蚀[J]. 工业建筑,1999,29(8):52-55.

[84] 陈拴发,郑木莲,王秉纲. 粉煤灰混凝土应力腐蚀特性试验研究[J]. 中国公路学报,2005,18(3):14-17.

[85] 董必钦,罗帅,邢锋. 多因素作用对混凝土硫酸盐腐蚀的影响研究[J]. 混凝土,2007,(9):33-36.

[86] 余红发,孙伟,何庆勇. 盐湖地区混凝土的耐久性研究Ⅲ—盐湖卤水类型对混凝土耐久性的影响[J]. 混凝土,2007(2):1-4.

[87] 刘崇熙,汪在芹,李珍. 高性能混凝土若干理论问题[J]. 混凝土,2003(6):3-29.

[88] MARTIN-PEREZ B., LOUNIS Z. Numerical modelling of service life of reinforced concrete structures [J]. Proceedings of 2nd International RILEM Workshop on Life Prediction and Aging Management of Concrete Structures, 2003: 71-79.

[89] 金祖权. 西部地区严酷环境下混凝土的耐久性与寿命预测[D]. 博士学位论文. 南京: 东南大学,2006.

[90] 杨华全,李文伟. 水工混凝土研究与应用[M]. 北京: 中国水利水电出版社,2005.

[91] RAPHAEL T., BARZIN M., M. ASCE. Modeling of Damage in Cement-Based Materials Subjected to External Sulfate Attack. I: Formulation [J]. Journal of materials in civil engineering, 2003: 305-313.

[92] MONTEIRO P. J. M., KURTIS K. E.. Time to failure for concrete exposed to severe sulfate attack [J]. Cement and Concrete Research, 2003, 33: 987-993.

[93] CORR D., MONTEIRO P. J. M., KURTIS K. E., et al. Sulfate attack of concrete: a reliability analysis [J]. ACI Mater, 2001, 98: 99-104.

[94] ELLEN R., FRANK S., MATIAS K., et al. Transreac: a model for the calculation of combined chemical reactions and transport processes and its extension to a probabilistic model [J]. Cement and Concrete Research, 2005, 35(9): 1734-1740.

[95] 杜应吉,李元婷. 高性能混凝土抗硫酸盐侵蚀耐久寿命预测初探[J]. 西北农林科技大学学报(自然科学版),2004,32(12):100-102.

[96] 王显利,李雪艳,孟宪强. 钢筋混凝土锈胀开裂耐久寿命的预测[J]. 东北林业大学学报,2007,35(8):54-57.

[97] 施惠生,王琼.海工混凝土使用寿命预测研究[J].建筑材料学报,2004,7(2):161-167.

[98] 马亚丽,张爱林.基于规定可靠指标的混凝土结构氯离子侵蚀耐久寿命预测[J].土木工程学报,2006,39(2):36-41.

[99] 田冠飞,安雪晖,沈乔楠.混凝土结构碳化寿命的时变可靠度分析[J].哈尔滨工业大学学报,2007,39(6):967-971.

[100] 李润记,刁波.混凝土结构碳化寿命预测模型分析[J].混凝土,2009 (2):4-7.

[101] 金祖权,孙伟,张云升,等.粉煤灰混凝土的多因素寿命预测模型[J].东南大学学报（自然科学版）,2005,35:149-154.

[102] ASTM C666-03,Standard Test Method for Resistance of Concrete to Rapid Freezing and Thawing[S],2003.

[103] 中华人民共和国国家标准.普通混凝土长期性能和耐久性试验方法:GBJ 82—1985[S].北京:中国建筑工业出版社,1985.

[104] 中华人民共和国行业标准.公路工程水泥及水泥混凝土试验规程:JTG E30—2005[S].北京:人民交通出版社,2005.

[105] 中华人民共和国行业标准.水工混凝土试验规程(DL/T 5150—2001)[S].北京:中国水利水电出版社,2001.

[106] DONALD J.J,MARK B.S. Resistance of Concrete to Freezing and Thawing[M]. Strategic Highway Research Program, National Research Council. Washington DC,1994.

[107] SETZER M.J.,FAGERLUND G.,JANSSEN D.J. CDF Test-Test method for freeze-thaw resistance of concrete-tests with sodium chloride solution (CDF) [J]. Materials and Structures,1996,29:523-528.

[108] TANG L., PETERSSON P.-E.. Slab test: Freeze/thaw resistance of concrete Internal deterioration[J]. Materials and Structures,2004,37:754-759.

[109] ASTM C672-03,Standard Test Method for Scaling Resistance of Concrete Surfaces Exposed to Deicing Chemicals[S],2003.

[110] 李中华,巴恒静,邓宏卫.混凝土抗冻性试验方法及评价参数的研究评述[J].混凝土,2006,6:9-11.

[111] 冷发光,张仁瑜.混凝土标准规范及工程应用[M].北京:中国建材工业出版社,2005,10.

[112] ASTM C452-02,Standard test method for potential expansion of Portland-cement mortars exposed to sulfate[S],2002.

[113] TERRY P. The development of ASTM C1012 with recommended acceptance limits for sulfate resistance of hydraulic cement[J]. Cement concrete and aggregates,1991,1(13):50-57.

[114] ASTM C1012-02,Standard test method for length change of Hydraulic-cement mortars exposed to sulfate[S],2002.

[115] KURTIS K.E., et. al. Accelerated test for measuring sulfate resistance of calcium sulfoaluminate,calcium aluminate,and Portland cements[J]. Journal of materials in civil

engineering,2001:216-221.

[116] MEHTA P. K. Evaluation of sulfate-resisting cements by a new test method[J]. ACI,1975(72):573-575.

[117] PAUL W. B. An evaluation of the sulfate resistance of cements in a controlled environment[J]. Cement and concrete research,1981(11):719-727.

[118] MENASHI D. Sulfate attack on concrete-research needs[J]. ACI Materials Journal,1991,1(88):62-69.

[119] 中华人民共和国国家标准. 水泥抗硫酸盐侵蚀试验方法:GB 749—1965[S]. 北京:中国标准出版社,1966.

[120] 中华人民共和国国家标准. 水泥抗硫酸盐侵蚀快速试验方法:GB 2420—1981[S]. 北京:中国标准出版社,1981.

[121] 袁晓露,周明凯,李北星. 混凝土抗硫酸盐侵蚀性能的测试与评价方法综述[J]. 混凝土,2008(2):39-40.

[122] 邢锋,冷发光,冯乃谦,等. 长期持续荷载对素混凝土氯离子渗透性的影响[J]. 混凝土,2004(5):3-8.

[123] 李滢,杨静. 复合矿物掺合料颗粒级配对水泥砂浆强度及微观结构的影响[J]. 青海大学学报(自然科学版),2003,21(5):24-27.

[124] OLIVIERC,PAULO J. M. M. Poroelastic model for concrete exposed to freezing temperatures[J]. Cement and Concrete Research,2008,38:40-48.

[125] 张立华,胡曙光,丁庆军. 多组分水泥基材料微观结构的研究[J]. 武汉理工大学学报,2002,24(6):11-14.

[126] CARLOS R,ERIC D,EDUARDO S. How does sodium sulfate crystallize? Implications for the decay and testing of building materials[J]. Cement and Concrete Research,2000,30:1527-1534.

[127] 蔡四维,蔡敏. 混凝土的损伤断裂[M]. 北京:人民交通出版社,1999.

[128] 单辉祖,谢传峰. 工程力学[M]. 北京:高等教育出版社,2004.

[129] 刘思峰,党耀国,方志耕. 灰色系统理论及其应用[M]. 北京:科学出版社,2004.

[130] 邓聚龙. 灰理论基础[M]. 武汉:华中科技大学出版社,2002.

[131] MARTIN-PEREZ B,LOUNIS Z. Numerical modelling of service life of reinforced concrete structures[J]. Proceedings of 2nd International RILEM Workshop on Life Prediction and Aging Management of Concrete Structures,Paris,France,May 5-6,2003:71-79.

[132] SCHNEIDER U. ,CHEN S. W. Deterioration of high-performance concrete subjected to attack by the combination of ammonium nitrate solution and flexure stress[J]. Cement and Concrete Research,2005,35(9):1705-1713.

[133] ATKINSON. A,HEARNE. J. A. Mechanistic model for the durability of concrete barriers exposed to sulfate-bearing groundwater[C]. Materials Research Society Symposium Proceedings,1990(176):149-156.

[134] 余红发,孙伟,麻海燕,等. 混凝土使用寿命预测方法的研究Ⅲ——混凝土使用寿命的

影响因素及混凝土寿命评价[J]. 硅酸盐学报,2002,30(6):676-701.

[135] CLIFTON J. R., FROHNSDORFF G., FERRARIS C. Standard for evaluation the susceptibility of cement-based materials to external sulphate attack [C]. Materials Science of Concrete-Sulfate Attack Mechanisms, Special Volume. Quebec: Proceedings from Seminar on Sulfate Attack,1999.

[136] KRISTEK V, BAZANT Z. P, ZICH M, KOHOUTKOVA A. Box Girders Box Deflections [J]. Concrete International,2006,23(1):55-63.

[137] BAZANTZ. P, WITTMANN F. H. Creep and Shrinkage in Concrete Structures[M]. New York:John Wiley & Sons,1983:374.

[138] MU R., MIAO C. W., LUO X., SUN W. Interaction between Loading, Freeze – Thaw Cycles,and Chloride Salt Attack of Concrete with and without Steel Fiber Reinforcement [J]. Cement and Concrete Research,2002,32(7):1061-1066.

[139] Sun W., Zhang Y. M., Han H. D., Mu R. Damage and Damage Resistance of High Strength Concrete under the Action of Load and Freeze-Thaw Cycles[J]. Cement and Concrete Research,1999,29(9):1519-1523.

[140] SUN W.,MU R.,LUO X.,MIAO C. W. Effect of Chloride Salt,Freeze-Thaw Cycling and Externally Applied Load on the Performance of the Concrete[J]. Cement and Concrete Research,2002,32(12):1859-1864.

[141] NEVILLE A. M, DILGER W. H, BROOKS J. J. Creep of plain and structural concrete[M]. London and New York:Construction Press,1983,361.

[142] 赵庆新,孙伟,郑克仁,等. 粉煤灰掺量对高性能混凝土徐变性能的影响及其机理[J]. 硅酸盐学报,2006,34(4):446-451.

[143] 谢友均,马昆林,刘宝举,等. 复合超细粉煤灰混凝土的徐变性能[J]. 硅酸盐学报,2007,35(12):1636-1640.

[144] LOHTIA R P, NAUTIUAL B D, JAIN O P. Creep of fly ash concrete[J]. Journal of the American Concrete Institute,1976,73(8):469-472.

[145] NAGATAKJ S, OHGA H, SAKAI E. Mechanical properties of concrete with fly ash under high temperature curing[J]. Doboku Gakkai Rombun Hokokushu /Proceedings of the Japan Society of Civil Engineers,1988,8(390):189-197.

[146] SWAMY R N. Fly ash concrete-Potential without misuse[J]. Materials and Structures/ Materiaux et Constructions,1990,23(138):397-411.

[147] DHIR R K . Munday J G L, Ong L T. Investigations of the engineering properties of OPC/ pulverized fuel ash concrete:deformation properties[J]. Structural Engineer,Part B,1986, 64b(2):36-42.

[148] STURRIP V R. Review of the use of Ontario hydro fly ash in concrete[J]. Electric Power Research Institute,Coal Combustion Systems Division,(Report) EPRICS,1982,3:12-24.

[149] BAMFORTH P. B. In situ measurement of the effect of partial Portland cement replacement using e11her fly ash or ground granulated blast-furnace slag on the performance of mass

concrete. Proceedings of the Institution of Civil Engineers (London) [J]. Part l-Design & Construction,1980: 777-800.

[150] STODOLA P. R. Performance of fly ash in hardened concrete[J]. Concrete International: Design and Construction, 1983,5(12):64-65.

[151] GSOSH R. S. ,Timusk J. Creep of fly ash concrete[J]. Journal of The American Concrete Institute, 1981,78(5):351-357.

[152] ALEXANDER K. M. A 4∶1 range in concrete creep when cement SO3 content, curing temperature and fly ash content are varied[J]. Cement and Concrete Research,1986,16 (2):173-180.

[153] SIVASUNDARAM V. ,CARETTE G. G. ,Malhotra V M. Selected properties of high-volume fly ash concretes[J]. Concrete International: Design and Construction, 1990, 12 (10): 47-50.

[154] DAY R. L. Strength,durability and creep of fly-ash concrete Part Ⅱ[J]. Serv Durability Constr Mater Proc First Mater Eng Congr, 1990:864-873.

[155] 惠荣炎,黄国兴. 粉煤灰混凝土依时性变形的试验研究[J]. 水利水电技术,1992,8: 56-61.

[156] 李光伟. 粉煤灰掺量对混凝土徐变性能的影响[J]. 水电工程研究,1994,1:50-53.

[157] 叶鸥,宋培建. 掺合料对混凝土收缩和徐变的影响[J]. 建工技术,1999,33-37.

[158] 邹建喜,李显金,迟培云. 粉煤灰混凝土的变形性能研究[J]. 混凝土,2003,6:38-58.

[159] 谢友均,马昆林,刘宝举,等. 复合超细粉煤灰混凝土的徐变性能[J]. 硅酸盐学报, 2007,35(12):1636-1640.

[160] 秦鸿根,潘钢华,孙伟. 掺粉煤灰高性能桥用混凝土变形性能研究[J]. 东南大学学报 (自然科学版),2002,32(5):779-782.

[161] 李益进,周士琼,尹健,等. 预应力高性能混凝土梁中超细粉煤灰合理掺量研究[J]. 中国铁道科学,2005,26(1):36-41.

[162] 罗许国,钟新谷,戴公连. 高性能混凝土梁长期变形性能试验研究[J]. 铁道科学与工程学报,2005,2(4):45-49.

[163] 罗许国,钟新谷,戴公连. 无粘结预应力高性能粉煤灰混凝土桥梁收缩与徐变变形试验研究[J]. 工程力学,2006,23(7):136-141.

[164] 赵庆新,孙伟. 磨细矿渣和粉煤灰对高性能砼徐变性能的影响[J]. 武汉理工大学学报,2005,27(11):35-38.

[165] 赵庆新,孙伟,等. 粉煤灰掺量对高性能混凝土徐变性能的影响及其机理[J]. 硅酸盐学报,2006 ,34(4):446-451.

[166] 赵庆新,孙伟,缪昌文. 粉煤灰掺量和水胶比对高性能混凝土徐变性能的影响及其机理[J]. 土木工程学报,2009,42(12):76-82.

[167] 谢友均. 超细粉煤灰高性能混凝土的研究与应用[D]. 长沙:中南大学,2006.

[168] 黎纵宇. 超细粉煤灰高性能混凝土的流变模型及试验研究[D]. 长沙:中南大学,2008.

[169] PODVALNYI A. M. Creep of Freezing Concrete[J]. Dokl. Akad. Nauk. SSSR. 1963,148(5):1148-1151.

[170] BAZANT Z. P. and BAWEJA S. Creep and Shrinkage Prediction Model for Analysis and Design of Concrete structures-Model B3[J]. Materials and Structures, 1995, 28(6):357-365.

[171] BAZANT Z. P. and BAWEJA S. Justification and Refinements of Model B3 for Concrete Creep and Shrinkage. 2. Updating and Theoretical Basis[J]. Materials and Structures, 1995,28(8):488-495.

[172] 刘本万,杨长辉,王自强,等.简化成熟度在粉煤灰混凝土同条件养护早期强度推定中的应用[J].混凝土,2005(6):117-120.

[173] LIAO W. C., LEE B. J., KANG C. W. A humidity-adjusted maturity function for the early age strength prediction of concrete[J]. Cement & Concrete Composites, 2008, 30:515-523.

[174] TANK, R. C., CARINO, N. J. Rate constant functions for strength development of concrete[J]. ACI material Journal,1991,88(1):74-83.

[175] Bazant, A B Hauggaard, S Baweja, F-J Ulm. Microprestress-solidification theory for concrete creep. I: Aging and Drying Effects[J]. Journal of engineering mechanics, 1997(11):1188-1194.

[176] BAZANT Z. P., HAUGGAARD A. B., BAWEJA S. Microprestress-solidification theory for concrete creep. II: Algorithm and Verification[J]. Journal of engineering mechanics,1997(11):1195-1201.

[177] BAZANT Z P., Santosh Prasannan. Solidification theory for concrete creep I: Formulation[J]. Journal of engineering mechanics,1989,115(8):1691-1703.

[178] BAZANT Z P., SANTOSH P. Solidification theory for concrete creep II: Verification and application[J]. Journal of engineering mechanics,1989,115(8):1704-1725.

[179] BAZANT Z P., G Cusatis, L Cedolin. Temperature effect on concrete creep modeled by Microprestress-Solidification theory[J]. Journal of engineering mechanics, 2004(6):691-699.

[180] BAZANT Z P., KIM J-K. Improved prediction model for time dependent deformations of concrete:part1-shrinkage[J]. Materials and Structures,1991(24):327-345.

[181] BAZANT Z P., KIM J-K. Improved prediction model for time dependent deformations of concrete:part2-basic creep[J]. Materials and Structures,1991(24):409-421.

[182] BAZANT Z P., KIM J-K. Improved prediction model for time dependent deformations of concrete:part3-creep at drying[J]. Materials and Structures,1992(25):21-28.

[183] BAZANT Z P., KIM J-K. Improved prediction model for time dependent deformations of concrete:part5-cyclic load and cyclic humidity[J]. Materials and Structures,1992(25):163-169.

[184] 王建,戴会超,顾冲时.混凝土湿度运移数值计算综述[J].水力发电学报,2005,24

(2):85-89.

[185] HANSEN. Creep of concrete: The influence of variations in the humidity of the ambient atmosphere[J]. Sixth congress of the international association for bridge and structural engineering, Stockholm Preliminary Publication, 1960, :57-65.

[186] 永山功, 陈鼎. 掺粉煤灰混凝土的长期强度实验研究[J]. 国外水电技术. 1995(3): 52-63.

[187] 陈磊, 聂强. 粉煤灰对长龄期混凝土抗压强度的影响[J]. 粉煤灰综合利用, 2008(1): 43-45.

[188] HANSEN, T. C. Long-term strength of high fly ash concretes[J]. Cement and Concrete Research, 1990, 20(2):193-196.

[189] SADOWSKI, T., GOLEWSKI, G. Effect of aggregate kind and graining on modelling of plain concrete under compression [J]. Computational Materials Science, 2008 (43): 119-126.

[190] BASHEER, L., BASHEER, P. A. M. Long, A. E. Influence of coarse aggregate on the permeation, durability and the microstructure characteristics of ordinary Portland cement concrete[J]. Construction and Building Materials, 2005, 19:682-690.

[191] SCRIVENER, K. L., BENTUR, A., Pratt, P. L. Quantitative characterization of the transition zone in high strength concretes[J]. Adv. Cem. Res., 1988(1):230-237.

[192] CARPINTERI, A., CHIAIA, B. Multifractal nature of concrete fracture surfaces and size effects on nominal fracture engery[J] Materials and Structures, 1995, 28(82):435-442.

[193] XI, Y. P., BAZANT, Z. P. Modeling chloride penetration in saturated concrete[J]. Journal of Materials in Civil Engineering, 1999, 11(1):58-65.

[194] SIDNEY, D., HUANG, J. The ITZ in concrete - a different view based on image analysis and SEM observations[J]. Cement and Concrete Composites, 2001(23):179-188.

[195] TULIN, A., MUSTAFA, T. CELIKA, T., Assessing the ITZ microcracking via scanning electron microscope and its effect on the failure behavior of concrete[J]. Cement and Concrete Research, 2005(35):358-363.

[196] POWERS, T. C., BROWNYARD, T. L. Studies of the physical properites of hardened Portland cement paste[J]. Journal of American Concrete Institute, 1946-47, 18:101-132.

[197] WALKER, S., BLOEM, D. L.. Effect of aggregate size on properties of concrete[J]. Journal of American Concrete Institute, 1960, 32(3):283-298.

[198] 王雨利, 管学茂, 潘启东, 等. 粗骨料颗粒级配对混凝土强度的影响[J]. 焦作工学院学报(自然科学版), 2004, 23(3):213-215.

[199] 齐宝中, 李宝林, 张海英. 粗骨料强度对高强混凝土的影响[J]. 水利科技与经济, 2005, 11(2):124-125.

[200] 徐天水, 邹超英, 王文博. 应力状态对混凝土杭冻性能的影响[J]. 哈尔滨工业大学学报(增刊), 2005.

[201] MAURICIO L, KAHN L F., KIMBERLY E. K. Characterization of elastic and time-

dependent deformations in normal strength and high performance concrete by image analysis[J]. Cement and Concrete Research,2007,37:1265-1277.

[202] 安小平.粉煤灰混凝土徐变性能研究[D].北京:北京交通大学,2009.

[203] 李金玉,杜小春.气泡性质对混凝土抗冻性影响的研究[J].水力发电,1991(1):35-38.

[204] 范沈抚.硬化混凝土气泡结构性质的试验研究[J].混凝土与水泥制品,1993(2):24-26.

[205] 许丽萍,吴学礼.抗冻混凝土的设计[J].上海建材学院学报.1993,6(2):112-123.

[206] 中华人民共和国行业标准.公路水泥混凝土路面施工技术规范:JTG F30—2003[S].北京:人民交通出版社,2004.

[207] 王媛俐,姚燕.重点工程混凝土耐久性的研究与工程应用[M].北京:中国建材工业出版社,2001.

[208] 唐腾.混凝土长期性能指标现场快速无损检测方法的研究[D].长沙理工大学,2010:1-5.

[209] 张建仁,陈照全,王磊,等.锈蚀钢筋混凝土矩形梁抗弯刚度研究[J].中外公路,2007,27(3):74-78.

[210] 金伟良,夏晋,王伟力.锈蚀钢筋混凝土桥梁力学性能研究综述(I)[J].长沙理工大学学报,2007,4(2):1-12.

[211] 周履,陈永春.收缩徐变[M].北京:中国铁道出版社,1994.

[212] 陈开利.帕劳共和国的桥梁倒塌事故[J].国外公路,1998,18(3):31-33.

[213] 杨丽,郭志恭.高层钢筋混凝土结构设计中如何考虑徐变、收缩的作用[J].工业建筑.1995(4):40-46.

[214] 李国豪.桥梁结构稳定与振动[M].北京:中国铁道出版社,1996.

[215] 李宏男,李东升.土木工程结构安全性评估、健康监测及诊断评述[J].地震工程与工程振动,2002,22(3):82-30.

[216] 尹荣.超声波测早期混凝土强度探讨[J].无损检测,1999,22(5):210-212.

[217] 王忠德,张彩霞,等.使用建筑材料试验手册[M].北京:中国建筑工业出版社,2003.

[218] 中华人民共和国国家标准.普通混凝土力学性能试验方法标准:GB 50081—2002 [S].北京:建筑工业出版社,2002.

[219] 李清富,张鹏,章宝雷.塑性混凝土弹性模量的试验研究[J].水利发电,2005,31(3):30-32.

[220] 张竞南,胡晓波,鲍光玉,等.粉煤灰高性能混凝土弹性模量的试验研究[J].混凝土,2003(11):42-44.

[221] 周继凯,吴胜兴,赵丽红,等.不同模量的全级配混凝土静动态特性试验研究[J].河海大学学报(自然科学版),2005,33(1):94-98.

[222] SANAALONE M,CARINO NJ. Impact-echo:A method for flaw detection in concrete using transient stress waves [R]. National Bureau of standards Report NBSR86-3452, Gaithersburg,Marylang,1986.

[223] 罗骐先.用纵波超声换能器测量混凝土表面波速和动弹性模量[J].水利水运科学研究,1996(3):264-270.

[224] 缪群,李为杜.硅灰高强混凝土超声测强及影响因素研究[J].无损检测,1999,21(8):356-361.

[225] 郝恩海,刘杰,王忠海,等.混凝土超声波声速与强度和弹性模量的关系研究[J].天津大学学报,2002,35(3):380-383.

[226] 张玉敏,王忠海.混凝土抗压强度和弹性模量与其超声声速之间的关系试验研究[J].混凝土,2002(12):40-42.

[227] 刘宏伟,谢丽,吴胜兴.混凝土早龄期弹性模量无损检测初探[J].混凝土,2008(6):36-38.

[228] 朱浮声,黄志烨,许研,等.普通回弹仪在高强混凝土强度检测中的应用[J].东北大学学报,2002,23(5):474-476.

[229] 陈启昕,蒋林华.长龄期混凝土强度非破损检测研究[D].南京:河海大学,2005:1-33.

[230] 吴慧敏.结构混凝土现场检测技术[M].长沙:湖南大学出版社,1998.

[231] LONG A. E., BASHEER P. A. M, RANKIN G. I. B. In-situ Testing of Near surface Concrete[J]. The Foundation for Service Life Prediction. NDT in civil Engineering, INSIGHT,1997,139(7):482-487.

[232] 中国工程建设标准化协会标准.后装拔出法检测混凝土强度规程:CECS 69:94[S].北京:中国计划出版社,1994.

[233] 中国工程建设标准化协会标准.超声回弹综合法检测混凝土强度技术规程:CECS 02:2005[S].北京:中国计划出版社,2005.

[234] 王新友,吴科如.混凝土拔出试验的非线性有限元分析与破坏机理[J].混凝土与水泥制品,1990(2):9-11.

[235] 陈启昕.长龄期混凝土超声回弹综合法测强曲线研究[J].水利科技,2006(3):35-37.

[236] 黄允萍.后装拔出法测强曲线影响因素的研究与验证[J].质量检测,2009,27(6):33-35.

[237] 国家建筑工程质量监督检验中心.混凝土无损检测技术[M].北京:中国建材工业出版社,1996.

[238] PHANIAHAR A., JOSHUA S. W., JOHEPH A. Diffusion of ultrasonic in concrete[J]. Ultrasonics,2001,(39):429-435.

[239] 梁晖.混凝土现场无损检测技术的新发展[J].建筑技术,2003(4):295-296.

[240] 刘秉京.混凝土技术[M].北京:人民交通出版社,1998.

[241] 徐峰.几种非破损检测方法的特征及其比较[J].混凝土,1991,9(2):48-51.

[242] 中国工程建设标准化协会标准.超声法检测混凝土缺陷技术规程:CECS 21:2000[S].中国计划出版社,2000.

[243] 王铁兵.超声波检测结构水泥混凝土强度的研究[D].大连理工大学,2003:1-25.

[244] 杜功焕,朱哲民,龚秀芬.声学基础-下册[M].南京:南京大学出版社,1981.

[245] 尹健,童寿兴.用超声纵波换能器测量混凝土动弹性模量[J].建筑材料学报,2006(4):404-407.

[246] 中华人民共和国国家标准.混凝土长龄期和耐久性试验方法:GB J82—1985[S].北京:中国标准出版社,1985.

[247] 王中平,吴科如,张青云,等.混凝土气体渗透系数测试方法的研究[J].建筑材料学报,2001,4(4):317-321.

[248] CABREREET J. G., et. al. A New Gas Permeameter for Measuring the Permeability of Mortar and Concrete [J]. Magazine of Concrete Research,1988,40(144):177-182.

[249] STANISH K.,HOOTON R. D.,THOMAS M. D. A.. A novel method for describe chloride ion transport due to an electrical gradient in concrete:Part2,Experimental study[J]. Cem. Concr. Res,2003,34(1):51-57.

[250] TANG L.,NILSSON L. O.. Rapid determination of the chloride diffusivity in concrete by applying an electrical field[J]. ACI Materials Journal,1992,89(1):49-53.

[251] LU X. Y. Application of the Nernst-Einstein equation to concrete [J]. Cement and concrete Research,1997,27(2):293-302.

[252] HADI M. N. S., LI J.. External reinforcement of high strength concrete columns[J]. Composite Structures,2004,65(3-4):279-287.

[253] FIGG J W. Methods of Measuring the Air and Water Permeability of concrete[J]. Magazine of Concrete Research,1973,25(85):213-219.

[254] 贺拴海.桥梁结构理论与计算方法[M].北京:人民交通出版社,2003.

[255] 杨丽,郭志恭.高层钢筋混凝土结构设计中如何考虑徐变、收缩的作用[J].工业建筑,1995(4):40-46.

[256] 黄兴国,惠荣炎.混凝土的收缩[M].北京:中国铁道出版社,1990.

[257] BRANCH J, HANNANT D J, MULHERON M. Factors affecting the plastic shrinkage cracking of high-strength concrete [J]. Magazine of Concrete Research, 2002, 54 (5): 347-354.

[258] DAVIS H E. Autogenous volume change of concrete[C]. Proceeding of the 43rd Annual American Society for Testing Materials,Atlantic city:ASTM,1940,1103-1113.

[259] BERNARD O,Bruhwiler Euqen. Influence of autogenous shrinkage on early age behaviour of structural elements consisting of concretes of different ages [J]. Materials and structures,2002,35(253):550-556.

[260] EI H. E., MIAO B. Q., CHAALLAL O, et. al. Drying shrinkage of ready-mixed high-performance concrete[J]. ACI Structural Journal,1994,91(3):300-305.

[261] 蒋正武,孙振平,王新友,等.国外混凝土自收缩研究进展评述[J].混凝土,2001(4):30-33.

[262] NEVILLE A. M., DILGER W. H., etal. Creep of plain and structure concrete [M]. London:Construction Press,1983.

[263] RAMACHANDRAN V S.,FELDMAN R. F.,BEANDOIN J. J.著.混凝土科学[M].黄士

元,孙复强,王善拔,等译. 北京:中国建筑工业出版社,1986.

[264] CHAALLAL O,BENMOKRANE B. , BALLIVY G. Drying shrinkage strains:Experimental versus Codes[J]. ACI Materials Journal,1992,89(3):263-266.

[265] 梅明荣,葛世平,陈军,等. 混凝土结构收缩应力问题研究[J]. 河海大学学报,2002,30(1):73-78.

[266] BAZANT Z. P. , KIM J. Improved predication model for time-dependent deformations of concrete:Part 2-Shrinkage[J]. Materials and Structures,1991,24:409-421.

[267] BAZANT Z. P. , KIM J. Improved predication model for time-dependent deformations of concrete:Part 3-Creep at drying[J]. Materials and Structures,1992,25 :21-28.

[268] 杨小兵. 混凝土收缩徐变预测模型研究[D]. 武汉:武汉大学,2004:1-24.

[269] ACKER P. , ULM F-J. Creep and shrinkage of concrete:physical origins and practical measurements[J]. Nuclear Engineering and Design,2001,203(2-3):143-158.

[270] BAZANT Z. P. Prediction of concrete creep and shrinkage:past,present and future [J]. Nuclear Engineering and Design,2001,203:27-38.

[271] BAZANT Z. P. , SANTOSH P. Solidification Theory For Concrete Creep. I:Formulation [J]. Journal of Engineering Mechanics,ASCE,1989,115(8):1691-1703.

[272] BAZANT Z. P. , SANTOSH P. Solidification Theory For Concrete Creep. II:Verification and Application[J]. Journal of Engineering Mechanics,ASCE,1993,119(11):2252-2269.

[273] HUBERT R,DIETER J,HUBERT K H. Creep and shrinkage:their effects on the behavior of concrete structures[M]. New York:Springer-Verlag,1993.

[274] 李传习,夏桂云,刘光栋. 大跨度桥梁结构计算理论[M]. 北京:人民交通出版社,2002.

[275] 徐锦. 连续梁桥的混凝土收缩徐变试验研究及效应分析[D]. 重庆:重庆交通大学,2008:6-33.

[276] 陈肇元,朱金铨,吴佩刚. 高强混凝土及其应用[M]. 北京:清华大学出版社,1992.

[277] 欧阳华林,白山云. 高性能混凝土收缩徐变性能的试验研究[J]. 桥梁建设,2006(2):4-6.

[278] 龚洛书,惠满印,等. 混凝土收缩与徐变的试验研究[R]. 建筑科学研究报告,中国建筑科学研究院,1987:1-4.

[279] 杨美良. 徐变系数计算的实用数学表达式[J]. 湖南交通科技,2000,26(1):42-43.

[280] HANSEN T. C. , MATTOCK A. H. Influence of size and shape of member on the shrinkage and creep of concrete[J]. Journal of the American Concrete Institute,1966,63:267-268.

[281] 汪维安. 高墩大跨连续刚构桥的收缩徐变效应分析[D]. 长沙:长沙理工大学,2005:7-35.

[282] 汪剑. 大跨预应力混凝土箱梁桥非荷载效应及预应力损失研究[D]. 长沙:湖南大学,2006:1-22.

[283] BAZANTZ. P. ,BAWEJA S. Creep and shrinkage prediction model for analysis and design of concrete structures-model B3[J]. Mater. Struct. ,1995,28(1):357-365.

[284] Model Code for Concrete Structures[S]. CEB-FIP,Paris,1978.

[285] CEB 欧洲国际混凝土委员会.1990 年 CEB-FIP 模式规范(混凝土结构)[S].中国建筑科学研究院结构所规范室译,1991:57-70.

[286] ACI Committee 209. Prediction of Creep, Shrinkage and Temperature Effects in Concrete Structures (ACI 209-82)[S]. ACI,1982.

[287] ACI Committee 209 (1992). Prediction of creep, shrinkage and temperature effects in concrete structures[S], Manual of concrete practice, Part 1. American Concrete Institute, 209R,1992.

[288] BS 5400: Part 4: 1984. Code of Practice for Design of Concrete Bridges[S]. British Standard Institute,1984.

[289] GARDNER N J, ZHAO J W. Creep and Shrinkage Revisited[J]. ACI Materials Journal, 1993,90(3):236-246.

[290] GARDNER N J, LOCKMAN M J. Design Provisions for Drying shrinkage and Creep of Normal-Strength Concrete[J]. ACI Materials Journal,2001,98(2):159-167.

[291] 中华人民共和国行业标准.公路钢筋混凝土及预应力混凝土桥涵设计规范:JTJ 023-85[S].北京:人民交通出版社,1985.

[292] 中华人民共和国行业标准.公路钢筋混凝土及预应力混凝土桥涵设计规范:JTG D62-2004[S].北京:人民交通出版社,2004.

[293] 胡狄,陈政清.从短期试验结果预测新建预应力混凝土梁收缩和徐变的长期效应[J].中国铁道科学,2003,24(3):44-49.

[294] RASKO P,OJDROVIC,MEHDI S. Z. Concrete creep and shrinkage prediction from short-term test[J]. ACI Materials Journal,1996,93(2):169-177.

[295] 余志武,陈文彬,罗小勇,等.超细粉煤灰高性能混凝土Ⅲ型轨枕徐变性能研究[J].铁道学报,2002,24(5):107-111.

[296] 陈志华,肖星荣.基于短期试验的高性能混凝土长期徐变预测[J].华东公路,2007,166(4):94-96.

[297] 李学文,姚康宁,颜东煌.利用最小二乘法实现 2004 规范徐变系数的指数函数拟合[J].长沙交通学院学报,2006,22(3):20-24.

[298] 潘立本,张苏俊.混凝土收缩与徐变的试验研究[J].河海大学学报,1997,25(5):84-89.

[299] 潘钻峰,吕志涛,刘钊,等.苏通大桥连续刚构收缩徐变效应的不确定性分析[J].工程力学.2009,26(9):67-73.

[300] 邹超英,王勇,胡琼.再生混凝土徐变度试验研究及模型预测[J].武汉理工大学学报,2009,31(2):94-98.

[301] 陈志华,陕亮,关富玲.基于演化程序的混凝土徐变参数识别[J].长江科学院院报,2005,22(2):47-49.

[302] 王德法,张浩博.轴拉荷载下混凝土徐变性能的研究[J].西安交通大学学报,2000,34(3):95-98.

[303] 张运涛.非标准条件下混凝土收缩徐变试验研究[J].安徽建筑工业学院学报(自然科学版),2009,17(5):9-11.

[304] 张运涛,孟少平,潘钻峰.高强混凝土徐变力学实验研究[J].实验力学,2009,24(6):592-597.

[305] BAZANT Z P, WITTMANN F. H. Creep and shrinkage in concrete structures[M]. New York:John Wiley&Sons,1982:129-161.

[306] BAZANT Z P. Prediction of concrete creep effects using age-adjusted effective modulus method [J]. ACI Journal,1972,69(4):212-217.

[307] 范立础,杜国华,鲍卫刚.桥梁结构徐变次内力分析[J].同济大学学报,1991,19(1):23-31.

[308] 高政国,黄达海,赵国藩.混凝土结构徐变应力分析的全量方法[J].土木工程学报,2001,32(4):10-14.

[309] 颜东煌,田仲初,李学文,等.混凝土桥梁收缩徐变计算的有限元方法与应用[J].中国公路学报,2004,17(2):55-58.

[310] 夏心红,沈蒲生,方辉,等.钢筋混凝土轴压构件分批加载时收缩徐变分析[J].华中科技大学学报(城市科学版),2006,23(4):48-56.

[311] 余钱华.大跨混凝土桥梁施工监控中的应力分析与测试[J].中国公路学报,1999,21(2):68-72.

[312] BAZANT Z P, EBICH S. Statistical linear analysis of prediction models for creep and shrinkage[R]. Cem. Concr. Res. ,1983,13:869-876.

[313] BAZANT Z P, BAWEIJA S. Justification and refinement of model B3 for concrete creep and shrinkage. 1. Statistics and sensitivity[J]. Mater. Struct,1995,28:415-430.

[314] 惠荣炎,黄国兴,易冰若.混凝土的徐变[M].北京:中国铁道出版社,1988.

[315] 丁文胜,吕志涛,孟少平,等.混凝土收缩徐变预测模型的分析比较[J].桥梁建设,2004(6):13-16.

[316] 石观峰,梁志广,李建中.几种常见混凝土收缩徐变模式的比较分析[J].石家庄铁道学院学报,1998,11(1):8-13.

[317] WASSIM N, AMIR M. Creep analysis of axially aoaded fiber reinforced polymer-confined concrete columns[J]. Journal of Engineering Mechanics,2003,129(11):1308-1319.

[318] MEYERSON, R. Compressive Creep of Prestressed Concrete Mixtures with and without Mixtures[D]. Master of Science Thesis in Civil Enginering, Virginal Tech,2001:1-30.

[319] 姚宏旭,陈政清,唐小弟.高性能混凝土徐变试验分析[J].中南林学院学报.2006, 26(3):113-116.

[320] 林波.混凝土收缩徐变及其效应的计算分析和试验研究[D].南京:东南大学,2006:12-32.

[321] 曹国辉,方志,方智锋.钢筋混凝土梁徐变效应试验研究与分析[J].建筑科学,2007,23(3):52-55.

[322] 薛伟辰,胡于明,王巍,等.1200d 预应力高性能混凝土梁长期性能试验研究[J].同济

大学学报(自然科学版),2008,36(8):1018-1023.

[323] BROOKS J. J., NEVILLE A. M. Estimating Long Term Creep and Shrinkage from Short-Term Tests[J]. Magazine of Concrete Research,1975,27(90):51-60.

[324] 胡于明,祁德庆.基于短期试验预测混凝土长期收缩徐变[J].山西建筑,2008,34(19):18-19.

[325] BROOKS JJ. NEVILLE A. M. Prediction Long Term Creep and Shrinkage from Short-Term Tests[J]. Magazine of Concrete Research,1978,30(103):51-60.

[326] 孙海林,叶列平,冯鹏.钢筋混凝土梁长期变形的计算[J].工程力学,2007,24(11):88-92.

[327] 吴小平,宋一凡,贺拴海.公路钢筋混凝土梁桥的长期挠度分析[J].交通运输工程学报,2001,1(4):48-50.

[328] 薛伟辰,王巍.城市轻轨预应力混凝土轨道梁徐变性能试验研究[J].铁道学报,2006,28(6):93-98.

[329] 余志武,刘小洁.自密实混凝土梁长期变形性能研究[J].土木工程学报,2006,39(10):12-18.

[330] 罗许国,钟新谷,戴公连.高性能混凝土梁长期变形性能试验研究[J].铁道科学与工程学报,2005,2(4):45-49.

[331] 曹国辉,方志.体外CFRP筋预应力混凝土箱梁长期受力性能试验研究[J].预应力技术,2009(5):17-26.

[332] 张建仁,王海臣,杨伟军.混凝土早期抗压强度和弹性模量的试验研究[J].中外公路,2003,23(3):89-92.

[333] 杨放,韩晓健.高强混凝土的配制与强度发展规律的研究[J].南京建筑工程学院学报,1995,35(4):22-25.

[334] 吕德生,汤骅.高强混凝土弹性模量与抗压强度的相关性试验研究[J].混凝土与水泥制品,2004,1(6):19-20.

[335] 胡狄.预应力混凝土桥梁徐变效应分析[D].长沙:中南大学,2003:1-11.

[336] 范立础.预应力混凝土连续梁桥[M].北京:人民交通出版社.1999.

[337] 肖汝诚.桥梁结构分析及程序系统[M].北京:人民交通出版社,2002.

[338] 杨美良,李传习,夏桂云.初应变法在节段施工桥梁徐变分析中的应用[J].长沙交通学院报,2000,16(3):47-52.

[339] 陈永春,马国强.考虑混凝土收缩徐变和钢筋松弛相互影响的预应力损失的计算[J].建筑结构学报,1981,(6):31-46.

[340] 陈永春.混凝土徐变问题的中值系数法[J].建筑科学,1991,(2).

[341] 范立础等.桥梁结构徐变次内力分析[J].同济大学学报,1991,19(1):23-31.

[342] 李传习,夏桂云.大跨径桥梁结构计算理论[M].北京:人民交通出版社,2002.

[343] 汪维安.高墩大跨连续刚构桥的收缩徐变效应分析[D].长沙:长沙理工大学,2005.

[344] 余钱华.大跨混凝土桥梁施工监控中的应力分析与测试[J].中国公路学报,1999,21(2):68-72.

[345] 黄侨,吴红林,王宗林.基于时效分析理论的预应力混凝土结构分析[J].同济大学学报(自然科学版),2003,31(7):813-818.

[346] V. MOHAN M, ZHANG M-H, PAUL H. Read and John Ryell. Long-term mechanical properties and durability characteristics of high-strength/high-performance concrete incorporating supplementary cementing materials under outdoor exposure conditions[J]. ACI Materials Journal,2000,97(5).

[347] 杨之健.混凝土构件裂缝产生原因及预防措施[J].山西建筑,2017,43(24):98-99.

[348] 李静.混凝土工程中常见裂缝问题的预防与处理措施[J].国外建材科技,2006(02):31-33.

[349] 王涛,邵正明,仲晓林.混凝土塑性收缩裂缝的影响因素及预防措施[J].混凝土,2003(01):53-54+52.

[350] 薛顺利.温度裂缝产生的原因及预防措施[A]//河南省建筑业行业优秀论文集(2005)[C].河南省建筑业协会,2005:4.

[351] 赵尚传.海潮影响区既有混凝土桥梁抗氯离子侵蚀耐久性恢复设计[J].公路,2007(01):152-156.

[352] 冯乃谦,顾晴霞,郝挺宇.混凝土结构的裂缝与对策[M].北京:机械工业出版社,2006.

[353] 金伟良,吴航通,许晨,等.钢筋混凝土结构耐久性提升技术研究进展[J].水利水电科技进展,2015(05):74-82+141.

[354] 中国土木工程学会标准.混凝土结构耐久性设计与施工指南(2005修订版)[S].北京:中国建筑工业出版社,2005.